Qu'est-ce qu'on mange ??

Volume 2

Qu'est-ce qu'on mange ??

Mille et une nouvelles façons de varier la cuisine de tous les jours
et de créer des menus pour toutes les occasions

Volume 2

Les Cercles des Fermières du Québec

Concept
Communiplex Marketing inc.

Direction de projet
Chef Yvan Bélisle

Coordination de projet
Martine Lamarche

Saisie et standardisation
Marie-Rose Poudrier
Lavergne et associés inc. ①
Communiplex Marketing inc.

Textes d'accompagnement
Chantal Racine, diététiste
Lavergne et associés inc.

Photographie
Studio Michel Bodson inc.

Stylisme
Muriel Bodson

Fonds peints
Luc Normandin

Préparation des recettes
Chef Stéphane Drouin

Assistance à la cuisine
Isabelle Gagnon

Conception graphique
Communiplex Marketing inc.
Lavergne et associés inc. ②

Réalisation infographique
Lavergne et associés inc. ③
Communiplex Marketing inc.

Traitement photos
Lavergne et associés inc. ④
Communiplex Marketing inc.

Révision finale d'épreuves
Communiplex Marketing inc.

Pelliculage et quadrichromie
Groupe 5 Litho inc.

Conseiller juridique pour Les Cercles de Fermières du Québec
Robert Brunet, c.r.
Brunet et Brunet, avocats.

---

① *sauf pour* *L'agneau, Les poissons et les fruits de mer, La viande chevaline et la viande sauvagine, Les substituts, Les accompagnements, Les salades, Les fromages, Les menus, Le lexique*
② *pour* *Les liminaires, La table des matières, Les menus, Les index*
③ *sauf pour* *Le lexique, Les accompagnements, Les fromages, les pages chapitres et sous-chapitres*
④ *sauf pour* *Les pages chapitres et sous-chapitres*

L'éditeur remercie, pour leur gentillesse et leur exceptionnelle collaboration, les boutiques et fournisseurs suivants:
Pier 1 Imports, La Baie Centre-Ville, Stokes Ltée et la pâtisserie et boulangerie Afroditi inc.

Dépôt légal, premier trimestre 1993

Bibliothèque nationale du Québec

Bibliothèque nationale du Canada

Publié par Communiplex Marketing inc. pour Les Cercles de Fermières du Québec

ISBN : 2-920908-15-4

AVANT-PROPOS

Avec fierté et en réponse à l'importante demande du public en ce sens, les Cercles de Fermières du Québec vous présente « Qu'est-ce qu'on mange ?? volume 2 ». Quoique constitué de recettes totalement différentes du « Qu'est-ce qu'on mange ? », le livre que nous vous présentons aujourd'hui partage cette même qualité d'être simple et abondamment illustré !

Attentives à vos commentaires, nous vous offrons ici ces mêmes caractéristiques avantageuses qui vous ont rendu indispensable le « Qu'est-ce qu'on mange ? » et qui vous ont fait souhaiter la sortie du volume 2.

Soucieuses d'une grande perfection, nous avons apporté au « Qu'est-ce qu'on mange ?? volume 2 » quelques modifications qui, nous en sommes certaines, vous plairont.

En effet, pour vous simplifier la consultation du livre et, incidemment, vous rendre plus agréable la recherche du « p'tit plat » à cuisiner, le « Qu'est-ce qu'on mange ?? volume 2 » vous présente ses recettes dans l'ordre d'un repas. Le chapitre des potages et entrées est donc le premier chapitre du livre ; il est suivi des entremets, des plats principaux, des accompagnements, des salades puis des fromages et, enfin, des desserts. Le livre se termine par un chapitre « Menus » où, en quête d'idées pour des occasions spéciales, des repas équilibrés et des menus économiques, vous trouverez des suggestions utiles !

Le « Qu'est-ce qu'on mange ?? volume 2 » vous offre, aussi, un double index. « L'index général » vous réfère aux chapitres du livre et les recettes y sont classées en ordre alphabétique. « L'index complémentaire », lui, vous permet de repérer une recette par l'ingrédient vedette qu'elle contient ; il vous sera ainsi possible, à l'occasion, de profiter de certains spéciaux sur le marché et, par exemple, de cuisiner vos « pommes », vos « fruits secs », vos « agrumes », etc. sous toutes les formes possibles, en mets principal, en salade ou en dessert... !

Pour vous plaire mais également pour vous informer sur la valeur nutritive des plats et des menus que vous préparez pour vous-même ou les vôtres, nous avons requis l'intervention d'une diététiste pour la rédaction des textes d'introduction aux différents chapitres et sous-chapitres.

Comparativement au « Qu'est-ce qu'on mange ? » et à votre demande, le chapitre des desserts est beaucoup plus élaboré dans le volume 2.

Merci aux membres des Cercles de Fermières du Québec qui nous permettent de transmettre, par ce livre, une tradition familiale héritée de plusieurs générations conscientes de la nécessité d'une saine alimentation tant pour le plaisir que pour le maintien d'un bon état de santé. Merci aussi à vous tous de prendre place à notre table...

Bon appétit !

Louise Déziel-Fortin

Louise Déziel-Fortin,
présidente provinciale
Les Cercles de Fermières
du Québec

POURQUOI CE LIVRE ?

Le premier volume « Qu'est-ce qu'on mange ? », des Cercles de Fermières du Québec, a conquis le cœur des Québécois!

Voici le « Qu'est-ce qu'on mange ?? volume 2 » ; comme son prédécesseur, il a été pensé pour vous, cuisinière et cuisinier, qui aimez bien manger et bien faire manger !

La monotonie a pris le pas sur le plaisir de vous cuisiner un « p'tit quelque chose de différent » ? L'angoisse vous tenaille à l'idée d'accueillir un ou plusieurs autres convives à votre table ? Le « Qu'est-ce qu'on mange ?? volume 2 » est un outil indispensable pour vous.

Du plat raffiné mais vite fait au repas de tous les jours, en passant par les réceptions de grande envergure, le « Qu'est-ce qu'on mange ?? volume 2 » est votre allié principal. Vous y trouverez une section très complète sur les bouchées et hors-d'œuvre ainsi que de nombreuses suggestions d'entrées froides et chaudes qui sauront mettre en appétit vos convives. Une section entière porte sur la boulangerie : plus aucune raison d'hésiter avant de mettre la main à la pâte ! Quant aux pâtisseries et autres succulentes gâteries qui viennent couronner vos repas en beauté, elles occupent, ici, une place d'honneur !

Les très nombreuses illustrations agrémentant cet ouvrage n'ont pas pour seul but de vous mettre l'eau à la bouche... Leur rôle consiste également à vous aider dans le montage et la présentation des plats et à vous faciliter la compréhension de certaines techniques culinaires.

Appuyées de textes courts, clairs et complets, les nombreuses photos de technique savent expliquer simplement les recettes, vous permettant de réussir des plats savoureux.

Les auteures de ce livre sont les membres des Cercles de Fermières du Québec, des femmes qui, à la grandeur du Québec, ont cultivé « l'art du bien manger » !

Depuis des générations, elles ont entretenu, de façon pratique et efficace, l'art de la table au Québec. Depuis des décennies, sensibles aux influences exotiques et aux valeurs alimentaires, elles ont raffiné les plats traditionnels et créé une cuisine québécoise originale et moderne.

Le « Qu'est-ce qu'on mange ? » vous avait permis d'apprécier le sens pratique et créatif des femmes de chez-nous. Le « Qu'est-ce qu'on mange ?? volume 2 », avec toute la générosité légendaire qu'on reconnaît aux femmes du Québec, poursuit l'exercice avec un talent hors pair !

QUE PEUT-ON EN RETIRER ?

L'originalité du « Qu'est-ce qu'on mange ?? volume 2 » est d'être construit comme un repas : dans l'ordre, les chapitres vous conduisent des hors-d'œuvre aux desserts, en passant par l'entrée, l'entremets, le plat principal, les accompagnements, les salades et les fromages... ; créer vos propres menus est devenu un jeu d'enfant ! C'est là, de fait, l'un des grands objectifs de ce nouvel ouvrage.

Vous hésitez à servir certains plats dans un même repas ? Vous cherchez l'accompagnement idéal à votre recette préférée ? Le «Qu'est-ce qu'on mange ?? volume 2 » vous propose, au chapitre des menus, à la fin de l'ouvrage, une foule de suggestions pour la composition des menus : menus de tous les jours, menus de réception, menus santé... La diversité des recettes à l'intérieur de chacun des chapitres vous permettra de créer des menus originaux, élaborés ou très simples.

Afin de faciliter la consultation, le « Qu'est-ce qu'on mange ?? volume 2 » a répertorié ses recettes dans deux index différents. L'index général classe les recettes par chapitre et par ordre alphabétique. L'index complémentaire, lui, regroupe un certain nombre de recettes ayant en commun des aliments ou ingrédients. Cet index peut devenir très utile lorsque vous voulez, par exemple, profiter des spéciaux de la semaine chez votre épicier !

Enfin, les recettes réservées à la cuisson au micro-ondes se repèrent facilement grâce à une icône ; quelques trucs vous sont aussi donnés pour adapter les recettes à différents modes de cuisson.

TABLE DES MATIÈRES

Les Cercles de Fermières du Québec comprend 819 cercles locaux, répartis dans 25 Fédérations présentes partout au Québec. Nous souhaitons vous faire part de la contribution des Fédérations à la réalisation du présent livre. Chacune est désignée, ici, par son numéro de Fédération seulement.

LA DIÉTÉTIQUE

« Qu'est-ce qu'on mange ?? volume 2 » nous stimule à briser la monotonie dans notre façon de cuisiner. Bien manger, malgré nos horaires chargés, est un défi ; « Qu'est-ce qu'on mange ?? volume 2 » nous aide à le relever.

En suivant les conseils proposés au début de chaque section, nous pouvons faire des choix judicieux et atteindre l'équilibre alimentaire proposé par les diététistes. De plus en plus d'études font le lien entre notre alimentation et notre santé, reconnaissant l'importance d'une saine alimentation dans la prévention des maladies telles l'hypertension, les maladies coronariennes, l'obésité et le cancer.

En mars 1990, Santé et Bienêtre social Canada publiait ses nouvelles recommandations alimentaires pour les Canadiens et Canadiennes ; les voici :

- agrémentez votre alimentation par la variété ;

- donnez la plus grande part de l'ensemble de votre alimentation aux céréales, pains et autres produits céréaliers ainsi qu'aux légumes et aux fruits ;

- optez pour les produits laitiers, les viandes et les aliments cuisinés les plus maigres ;

- cherchez à atteindre et à maintenir un poids-santé, en étant régulièrement actif et en mangeant sainement ;

- ne consommez le sel, l'alcool et la caféine qu'avec modération.

Avec un peu d'imagination, il est possible de transformer notre alimentation et de varier nos menus quotidiens. Pour se sentir en pleine forme et obtenir les nutriments nécessaires à notre bonne santé, la variété est, en effet, le secret d'un régime équilibré. Chaque jour, nous devons consommer des aliments de chacun des groupes du Guide alimentaire canadien :

- **les produits céréaliers** incluent toutes les sortes de pains, les céréales, le riz et les pâtes alimentaires ; ils fournissent principalement des vitamines du complexe B et des fibres alimentaires ;

■ **les fruits et légumes** sont une source de fibres alimentaires, de vitamine A et de vitamine C ;

■ **les produits laitiers,** si importants à la croissance des os des adolescents et au maintien de l'ossature des adultes, contiennent surtout du calcium et des protéines ;

■ **les viandes et substituts** sont d'excellentes sources de fer et de protéines ; ils englobent toutes les viandes, le poisson, les œufs, le tofu, les légumineuses et les noix.

Bien sûr, les aliments qui ne font pas partie du Guide alimentaire canadien ne sont pas à proscrire mais à consommer avec modération. Les matières grasses ainsi que le sucre raffiné doivent aussi être consommés de façon réduite.

Dans le dernier chapitre du « Qu'est-ce qu'on mange ?? volume 2 », nous vous proposons des exemples de menus santé, c'est-à-dire de menus équilibrés selon le Guide alimentaire canadien. Nous vous proposons également un exercice de conversion d'un menu dit « standard » en menu santé.

Autant se rendre à l'évidence : le plaisir de manger et bien manger, ce n'est pas compliqué !

Chantal Racine,
diététiste

LE LEXIQUE

ABAISSE Pâte étalée sur une égale épaisseur à l'aide d'un rouleau à pâtisserie.

AMANDES GRILLÉES Amandes tranchées qui ont été colorées au four.

AMANDES MONDÉES Amandes blanchies, puis débarrassées de leur peau.

ARROSER Verser graduellement du liquide sur un aliment afin qu'il ne se dessèche pas pendant la cuisson.

BADIGEONNER Enduire d'un autre aliment.

BAIN-MARIE Récipient contenant de l'eau très chaude, dans lequel ou au-dessus duquel on place un autre récipient contenant le mélange à cuire ou à réchauffer, sans contact direct avec le feu.

BARDER Entourer d'une mince tranche de lard gras.

BÂTONNET Coupe rectangulaire d'aliments. Dans la famille des bâtonnets, on retrouve la **jardinière**, avec des morceaux de 3 à 6 cm (1 ¼ à 2 ½ po) de longueur par 0,5 cm (¼ po) de côté, la **paysanne**, avec des morceaux de 1 à 2 cm (⅓ à ¾ po) de longueur par 0,5 cm (¼ po) de côté, et la **julienne,** avec des morceaux de 5 à 10 cm (2 à 4 po) de longueur par 0,25 cm (⅛ po) de côté. L'appellation **bâtonnet** est réservée aux morceaux de 3 à 6 cm (1 ¼ à 2 ½ po) de longueur par 1 cm (⅓ po) de côté.

BEURRE CLARIFIÉ Beurre qu'on a fait fondre doucement sans remuer, dont on a retiré l'écume à la cuillère, puis qu'on a coulé avec précaution dans un autre récipient, de façon que le dépôt blanchâtre reste dans la casserole.

BEURRE MANIÉ Mélange en parts égales de beurre et de farine, travaillé à froid.

BLANCHIR Plonger un aliment dans l'eau bouillante légèrement salée pendant quelques minutes afin de l'attendrir, d'en enlever l'âcreté ou de faciliter l'enlèvement de la peau.

BOUQUET GARNI Bouquet composé de branches de différentes plantes aromatiques attachées ensemble.

BRIDER Attacher les membres d'une volaille à l'aide d'une ficelle.

CARAMÉLISER (1) Enduire l'intérieur d'un moule d'une couche de caramel. (2) Enrober un aliment de caramel fondu.

CISELER Émincer un aliment très finement.

CUBE Coupe d'aliments carrée. La **brunoise**, avec des cubes de 0,25 cm (⅛ po), est la plus petite des coupes carrées ; on obtient aussi le **dé**, de 0,5 à 1 cm (¼ à ⅓ po) de côté. L'appellation **cube** est réservée aux plus grosses coupes.

CUL DE POULE Bol à mélanger métallique à fond arrondi.

DÉGLACER Verser un liquide dans un récipient, après avoir fait revenir des légumes ou de la viande, afin de mélanger le « gratin » à une sauce.

DÉGRAISSER Enlever la graisse qui se trouve à la surface d'un liquide (jus ou bouillon). (2) Retirer le surplus de gras d'une poêle ou d'une casserole.

DÉLAYER Amener à une consistance plus liquide.

DÉPIAUTER Retirer la peau d'une volaille ou d'un poisson avant la cuisson.

DISSOUDRE Décomposer entièrement.

DORER (1) Badigeonner d'œuf battu une pâtisserie avant sa cuisson. (2) Faire cuire à feu très vif un aliment dans un corps gras, jusqu'à la coloration désirée.

DRESSER Disposer les aliments.

ÉCHALOTES De la famille des échalotes, on retrouve ici 2 variétés : (1) l'**échalote verte**, petit légume à tête blanche et à longue queue verte et (2) l'**échalote sèche**, petit légume de forme ovale à pelure brune et à chair blanche légèrement violacée, qui a l'apparence d'un petit oignon. Si une recette demande simplement de l'**échalote**, utilisez l'une ou l'autre des variétés, selon votre préférence.

ÉGOUTTER Débarrasser de tout liquide.

ÉMINCER Couper en tranches très minces.

ÉPÉPINER Retirer les pépins.

FONTAINE Trou que l'on creuse au centre de la farine pour y verser les ingrédients liquides.

FRÉMIR Chauffer un liquide juste au-dessous du point d'ébullition. La surface du liquide tremble, mais ne fait pas de bulles.

GRATIN (1) Couche de fromage ou de chapelure dont on recouvre les mets avant de les faire dorer au four sous le gril. (2) Partie de certains mets (légumes, viande) qui reste collée au fond du récipient dans lequel ils cuisent.

GRATINER Faire cuire un plat préalablement recouvert de chapelure ou de fromage.

HACHER Réduire en très petits morceaux.

HOMOGÈNE Mélangé ou réparti de façon uniforme.

LIER Donner une consistance plus épaisse à un liquide avec des jaunes d'œuf battus, de la crème, du beurre manié, un roux ou de la fécule.

MACÉDOINE Mélange de fruits ou de légumes coupés en dés.

MALAXEUR Appareil servant à manier, pétrir ou mélanger des ingrédients pour homogénéiser un mélange.

MARINADE (1) Liquide composé d'un élément gras, d'un élément acide et d'aromates, servant à parfumer, à attendrir ou à conserver. (2) Légume ou condiment mariné.

MARQUER Donner, à un aliment grillé, un quart de tour sur lui-même durant la cuisson, de façon à marquer un quadrillage sur ses faces, à l'aide de l'empreinte de la grille chaude.

MÉLANGEUR Appareil servant à réduire les aliments en purée (ne s'utilise pas pour les ingrédients secs).

MIXETTE Appareil portatif, s'utilisant aux mêmes fins que le mélangeur.

NAPPAGE Préparation fondue de confiture ou de gelée aromatisée, dont on enduira une pâtisserie pour lui donner une apparence brillante.

NAPPER Recouvrir d'une couche de crème, de sauce, etc.

PANER À L'ANGLAISE Fariner des aliments et les passer d'abord dans du jaune d'œuf, puis dans de la chapelure, avant de les faire cuire.

PAPILLOTE (1) Papier résistant à la chaleur dont on enveloppe les aliments pour les cuire. (2) Décoration de papier dont on couvre le manche d'un gigot ou le bout des pilons d'une volaille.

PARER Débarrasser un aliment des éléments inutiles.

PARISIENNE Coupe de légumes ou de fruits à chair ferme, façonnés en sphères d'environ 2 cm (3/4 po) de diamètre, à l'aide d'une cuillère parisienne. La **parisienne** est la plus grosse des sphères ; en utilisant des cuillères de différentes grosseurs, on obtient aussi la **noisette** de 1,5 cm (2/3 po) de diamètre, la **perle** de 1 cm (1/3 po) et l'**olive**, de forme ovale, d'environ 2 x 1 cm (3/4 x 1/3 po).

PARSEMER Couvrir par endroits.

PÉDONCULE Queue d'un légume ou d'un fruit.

PELER À VIF Enlever l'écorce d'un aliment à l'aide d'un couteau tranchant.

PIQUER Insérer, à l'aide d'un couteau, des morceaux d'ail, de lardons ou d'aromates dans une viande ou une volaille à cuire.

QUARTIER Morceau qui représente environ le quart d'un aliment ou la division naturelle d'un fruit.

RAMEQUIN Petit plat utilisé pour la cuisson au four ou au bain-marie.

RÂPER Réduire en poudre grossière ou en petites lamelles très minces.

RÉDUIRE Diminuer le volume d'un liquide par ébullition et par évaporation, dans un récipient non couvert, pour l'épaissir et en augmenter la saveur.

RÉSERVER Mettre à part (pour utiliser plus tard).

ROBOT CULINAIRE Appareil à utilisations multiples (moudre, hacher, trancher, mélanger).

ROUX Mélange de farine et de beurre, roussi, utilisé pour lier les sauces.

SAUTER Faire dorer, au beurre ou à l'huile, un aliment pour le saisir.

SINGER En cours de cuisson, saupoudrer les aliments de farine.

SUER, FAIRE Faire revenir, sans coloration, des aliments dans une matière grasse.

SUPRÊME Quartier d'orange ou de pamplemousse pelé à vif.

TOMBER Faire cuire des aliments sans coloration, jusqu'à ce qu'ils perdent leur fermeté.

ZESTE Écorce d'orange ou de citron râpée et coupée en petits morceaux.

LES POTAGES ET LES ENTRÉES

Les potages et les entrées commencent merveilleusement bien un repas. Accompagnés d'une salade croquante et d'un petit pain de blé entier, ils peuvent même constituer un repas équilibré.

Dans cette section, nous trouverons des recettes alléchantes ; elles peuvent convenir autant à nos réceptions qu'à nos menus de tous les jours.

N'oublions pas, cependant, qu'un potage consistant ou une entrée substantielle accompagnera avec succès un mets principal léger mais alourdira inutilement un menu où le plat principal est déjà riche et nourrissant.

LES BOUCHÉES ET LES HORS-D'ŒUVRE

Les bouchées et hors-d'œuvre stimulent l'appétit et donnent un air de fête à nos repas ! Vous trouverez ici une variété d'amuse-gueule tout aussi affriolants les uns que les autres. Il est recommandé, toutefois, de modérer notre consommation de petites bouchées car elles sont une source appréciable de matières grasses.

Tomates tapenade

24 BOUCHÉES

24	tomates cerises
60 ml	(¼ tasse) olives noires
1	filet d'anchois
1	gousse d'ail
5 ml	(1 c. à t.) huile d'olive
10 ml	(2 c. à t.) persil, haché
1 ml	(¼ c. à t.) sel d'oignon
1	trait de sauce Worcestershire
	poivre du moulin

■ Coupez une petite tranche d'environ 0,5 cm (¼ po) d'épaisseur sur la calotte de chaque tomate. Réservez les capuchons. À l'aide d'une petite cuillère ou d'un couteau, évidez légèrement les tomates pour pouvoir les farcir. Réservez.

■ Hachez finement les olives, le filet d'anchois et l'ail ; mélangez bien. Incorporez le reste des ingrédients.

■ Farcissez chaque tomate de 5 ml (1 c. à t.) du mélange d'olives. Placez les capuchons sur la farce. Servez.

Recette illustrée

VARIANTE
● Utilisez des olives farcies. Ajoutez 15 ml (1 c. à s.) de parmesan râpé à la farce.

Petits choux au fromage

36 BOUCHÉES

125 ml	(½ tasse) beurre
½	oignon, tranché
125 ml	(½ tasse) farine
625 ml	(2 ½ tasses) lait
500 ml	(2 tasses) gruyère, râpé
5 ml	(1 c. à t.) sel
2 ml	(½ c. à t.) poivre
36	choux *(p. 356)*

■ Dans un poêlon, faites fondre le beurre ; à feu doux, faites suer l'oignon 3 minutes. Retirez l'oignon ; jetez-le.

■ Ajoutez la farine au beurre fondu ; mélangez bien. Laissez cuire 1 minute. Incorporez le lait. Continuez la cuisson jusqu'à épaississement, en brassant constamment.

■ Ajoutez le fromage et les assaisonnements sans cesser de remuer. Une fois le fromage complètement fondu, retirez du feu ; laissez refroidir jusqu'à ce que la préparation fige.

■ Pratiquez une petite incision sur le côté de chaque chou. À l'aide d'un sac à pâtisserie muni d'une douille unie, farcissez les choux de la préparation au fromage. Placez au réfrigérateur 1 heure.

■ Entre-temps, préchauffez le four à 175 °C (350 °F).

■ Sur une plaque allant au four, disposez les choux ; recouvrez de papier d'aluminium. Faites chauffer au four 20 minutes. Retirez le papier d'aluminium 5 minutes avant la fin de la cuisson. Servez très chauds.

Bouchées au thon

24 BOUCHÉES	
225 g	(8 oz) fromage à la crème, ramolli
125 ml	(¹/₂ tasse) thon, en conserve, égoutté
60 ml	(¹/₄ tasse) mayonnaise
5 ml	(1 c. à t.) estragon
1	pincée de poivre
60 ml	(¹/₄ tasse) amandes grillées

■ Dans un bol, combinez les 5 premiers ingrédients ; mélangez jusqu'à l'obtention d'une mousse à consistance solide.

■ Façonnez le mélange en 24 boulettes ; enrobez d'amandes grillées. Placez au réfrigérateur 1 heure. Servez.

Boulettes aux œufs

24 BOUCHÉES	
6	œufs durs
5 ml	(1 c. à t.) persil, haché
15 ml	(1 c. à s.) oignon, haché
125 ml	(¹/₂ tasse) jambon, haché finement
60 ml	(¹/₄ tasse) mayonnaise
	sel et poivre
	pacanes hachées

■ Coupez ou hachez finement les œufs durs. Ajoutez le persil, l'oignon, le jambon et la mayonnaise ; mélangez bien. Assaisonnez au goût.

■ Façonnez le mélange en 24 boulettes ; enrobez de pacanes hachées. Placez au réfrigérateur 1 heure. Servez.

Trempette aux fruits frais

ENVIRON 500 ML (2 TASSES)	
165 g	(6 oz) fromage à la crème, ramolli
15 ml	(1 c. à s.) cassonade
2 ml	(½ c. à t.) gingembre moulu
15 ml	(1 c. à s.) vinaigre de vin rouge
250 ml	(1 tasse) framboises, écrasées
	fruits frais, en bouchées

- Dans un bol, combinez les 4 premiers ingrédients. Incorporez les framboises ; mélangez. Placez au réfrigérateur 30 minutes.
- Servez la trempette avec des fruits frais, enfilés sur de longs cure-dents.

Mini-pains pita au poulet

24 AMUSE-GUEULE	
12	pains pita miniatures
250 ml	(1 tasse) poulet, cuit, en dés
1	échalote verte, hachée
1	gousse d'ail, hachée
60 ml	(¼ tasse) tomates, en dés
30 ml	(2 c. à s.) mayonnaise
15 ml	(1 c. à s.) jus d'oranges
	sel et poivre

- Coupez chaque pain pita en deux demi-lunes. Réservez.
- Mélangez les autres ingrédients. Assaisonnez.
- Répartissez le mélange dans les petites pochettes. Servez.

Biscottes aux huîtres

20 AMUSE-GUEULE	
104 g	(3 ½ oz) huîtres fumées, en conserve
45 ml	(3 c. à s.) mayonnaise
15 ml	(1 c. à s.) sauce Chili
4	gouttes de Tabasco
2	feuilles de laitue
20	petites biscottes
3	tranches de citron, très fines

- Égouttez les huîtres sur du papier essuie-tout. Réservez.
- Mélangez la mayonnaise, la sauce Chili et le Tabasco.
- Découpez 20 morceaux de laitue de même grandeur que les biscottes. Réservez.
- Taillez 20 pointes de citron.
- Badigeonnez chaque biscotte de 3 ml (¾ c. à t.) de sauce ; recouvrez de laitue ; déposez une huître ; décorez d'une pointe de citron. Servez.

Bâtonnets au prosciutto

24 AMUSE-GUEULE	
24	tranches de jambon prosciutto, très minces
30 ml	(2 c. à s.) moutarde forte
24	petits bâtonnets aux graines de sésame

- Badigeonnez chaque tranche de jambon d'une très fine couche de moutarde.
- Enroulez les tranches de jambon, côté moutarde sur les bâtonnets, en prenant soin de bien serrer pour que le jambon ne se déroule pas. Servez.

Brochettes d'escargots surprises

12 AMUSE-GUEULE	
36	escargots
45 ml	(3 c. à s.) beurre, fondu
1	gousse d'ail, hachée
5 ml	(1 c. à t.) persil, haché
1	pincée de poivre
36	feuilles d'épinard, équeutées

- Dans un plat allant au four à micro-ondes, mélangez les escargots, le beurre, l'ail, le persil et le poivre. Faites cuire 1 minute, à ÉLEVÉ. Laissez reposer 2 minutes.
- Entre-temps, dans une casserole d'eau bouillante légèrement salée, faites blanchir les feuilles d'épinard environ 30 secondes. Retirez les épinards ; plongez dans un bol d'eau très froide. Égouttez ; épongez bien.
- Enveloppez chaque escargot d'une feuille d'épinard. Sur de longs cure-dents ou sur de petites brochettes de bois, enfilez les escargots trois par trois.
- Remettez au four à micro-ondes 45 secondes, à ÉLEVÉ. Laissez reposer 1 minute. Servez.

Brochettes de légumes au bleu

12 AMUSE-GUEULE	
6	rondelles de courgette
12	petits bouquets de brocoli
12	petits bouquets de chou-fleur
12	tomates cerises
12	petits champignons

Trempette
125 ml	(½ tasse) yogourt nature épais
15 ml	(1 c. à s.) fromage bleu, émietté
5 ml	(1 c. à t.) jus de citron
1	trait de sauce Worcestershire
	sel et poivre

- Coupez chaque rondelle de courgette en demi-lunes.
- Dans une casserole d'eau bouillante légèrement salée, faites blanchir le brocoli et le chou-fleur 1 minute. Ajoutez les courgettes ; continuez la cuisson environ 30 secondes.
- Retirez les légumes. Plongez dans un bol d'eau glacée. Une fois rafraîchis, égouttez ; épongez.
- Sur de petites brochettes, enfilez un morceau de chaque légume. Réservez.
- Au robot culinaire, mélangez bien les ingrédients de la trempette.
- Servez les brochettes, accompagnées de la trempette.

Dans le sens horaire, commençant à gauche : brochettes de légumes au bleu, brochettes d'escargots surprises, biscottes aux huîtres, mini-pains pita au poulet

Bouchées aux champignons

24 BOUCHÉES	
24	gros champignons
115 g	(4 oz) pâté de foie, ramolli
1	échalote, hachée finement
30 ml	(2 c. à s.) chapelure
125 ml	(½ tasse) fromage brick, râpé

- Préchauffez le four à 205 °C (400 °F).

- Retirez les pieds des champignons. Hachez grossièrement les pieds ; réservez les têtes.

- Dans un bol, mélangez le pâté de foie, l'échalote, la chapelure et les pieds des champignons.

- Remplissez de farce les têtes des champignons ; recouvrez de fromage ; faites cuire au four 5 minutes. Servez.

Bouchées au jambon

24 BOUCHÉES	
450 g	(1 lb) jambon, haché
2	œufs
250 ml	(1 tasse) céréales de flocons de maïs, du commerce, émiettées
30 ml	(2 c. à s.) oignon, haché finement
5 ml	(1 c. à t.) persil
1	pincée de sel assaisonné
3 ml	(¾ c. à t.) moutarde
125 ml	(½ tasse) sauce barbecue, du commerce
250 ml	(1 tasse) confiture d'abricots

- Préchauffez le four à 175 °C (350 °F).

- Dans un bol, mélangez les 7 premiers ingrédients. Façonnez en boules de 2,5 cm (1 po).

- Sur une lèchefrite beurrée, disposez les boulettes ; faites dorer au four 15 minutes.

- Entre-temps, combinez la sauce barbecue et la confiture. Réservez.

- Retirez les boulettes du four ; nappez de sauce ; continuez la cuisson 5 à 10 minutes. Servez, piquées d'un cure-dent.

Pailles au fromage

48 HORS-D'OEUVRE	
500 ml	(2 tasses) fromage, râpé
500 ml	(2 tasses) farine tout usage
90 ml	(6 c. à s.) huile de maïs
1 ml	(1/4 c. à t.) sel
1	pincée de poivre de Cayenne
250 ml	(1 tasse) eau froide
1	jaune d'œuf
15 ml	(1 c. à s.) lait
	paprika

▪ Préchauffez le four à 190 °C (375 °F).

▪ Dans un bol, mélangez les 5 premiers ingrédients. Incorporez l'eau graduellement, jusqu'à consistance d'une pâte molle.

▪ À l'aide d'un rouleau à pâtisserie, étendez le mélange jusqu'à former une abaisse de 0,25 cm (1/8 po) d'épaisseur ; découpez en lanières de 15 cm (6 po) de longueur et 1,25 cm (1/2 po) de largeur ; tortillez les lanières.

▪ Dans un petit bol, fouettez l'œuf et le lait.

▪ Sur une plaque beurrée, déposez les pailles ; à l'aide d'un pinceau, badigeonnez du mélange d'œuf ; saupoudrez de paprika ; faites dorer au four 15 à 20 minutes. Servez chaudes ou froides.

Pain garni au fromage

12 HORS-D'ŒUVRE	
250 ml	(1 tasse) cheddar, râpé
2	œufs, battus
5 ml	(1 c. à t.) sauce Worcestershire
1 ml	(1/4 c. à t.) sel
2 ml	(1/2 c. à t.) moutarde sèche
12	tranches de pain
6	tranches de bacon

▪ Préchauffez le four à 245 °C (475 °F).

▪ Dans un bol, mélangez les 5 premiers ingrédients. Réservez.

▪ À l'aide d'un verre ou à l'emporte-pièce, taillez le pain en rondelles de 7,5 cm (3 po) ; tartinez du mélange.

▪ Coupez les tranches de bacon en deux ; déposez une moitié sur chaque rondelle ; faites cuire au four 15 minutes ou jusqu'à ce que le bacon soit croustillant. Servez.

Montage des canapés

- Préchauffez le four à GRIL (BROIL).
- Beurrez légèrement les tranches de pain ; faites dorer sous le gril environ 2 minutes de chaque côté.
- Après avoir tartiné les tranches de pain grillé, coupez les croûtes de façon à former des bords bien droits.
- Taillez chaque tranche en 4 petites pointes égales.

Canapés aux légumes

	24 BOUCHÉES	
45 ml	(3 c. à s.) carotte, râpée	
45 ml	(3 c. à s.) poivron vert, haché	
45 ml	(3 c. à s.) tomate, en petits dés	
60 ml	(¼ tasse) fromage à la crème, ramolli	
2	traits de sauce Worcestershire sel et poivre	
6	tranches de pain grillé	
24	tranches de céleri, en biseau	
4 à 6	champignons, émincés	

- Mélangez les 5 premiers ingrédients ; salez et poivrez au goût ; tartinez le pain du mélange. Taillez en canapés.
- Décorez chacun d'une tranche de céleri et d'une tranche de champignon. Servez.

Canapés aux crevettes

	24 BOUCHÉES	
125 ml	(½ tasse) crevettes, hachées	
45 ml	(3 c. à s.) fromage à la crème, ramolli	
15 ml	(1 c. à s.) sauce Chili	
5 ml	(1 c. à t.) raifort, dans le vinaigre sel et poivre	
6	tranches de pain grillé	
24	petites crevettes	
24	brins de persil frais	

- Mélangez les 4 premiers ingrédients ; salez et poivrez ; tartinez le pain du mélange. Taillez en canapés.
- Décorez les canapés de crevettes et de persil. Servez.

Canapés au concombre

	24 BOUCHÉES	
½	concombre	
125 ml	(½ tasse) fromage à la crème, ramolli	
2	traits de sauce Worcestershire	
3 ml	(¾ c. à t.) ciboulette sel et poivre	
6	tranches de pain grillé	
24	brins d'aneth frais	

- Réservez 12 tranches fines de concombre. Épluchez le reste ; épépinez ; réduisez en purée ; mélangez au fromage ; assaisonnez ; tartinez le pain. Taillez en canapés.
- Décorez chacun d'une demi-tranche de concombre et d'un brin d'aneth. Servez.

Canapés au fromage et aux épinards

	24 BOUCHÉES	
180 ml	(¾ tasse) fromage à la crème, ramolli	
60 ml	(¼ tasse) fromage de chèvre, ramolli	
80 ml	(⅓ tasse) épinards, ciselés	
2	traits de sauce Worcestershire sel et poivre	
6	tranches de pain grillé	
6	tomates cerises	

- Mélangez les 4 premiers ingrédients ; salez et poivrez au goût ; tartinez le pain du mélange. Taillez en canapés.
- Décorez chaque canapé d'un quartier de tomate. Servez.

Canapés au saucisson

	24 BOUCHÉES	
6	tranches de pain grillé	
60 ml	(¼ tasse) moutarde	
6 à 12	tranches de salami	
80 ml	(⅓ tasse) mayonnaise	
24	olives noires, tranchées	

- Tartinez le pain de moutarde ; couvrez de salami. Taillez en canapés.
- À l'aide d'un sac à pâtisserie, dessinez des lignes de mayonnaise sur les canapés ; décorez de 4 tranches d'olives. Servez.

VARIANTE
- Utilisez de la moutarde forte, du jambon et des moitiés d'olives farcies.

Canapés au pâté de foie

	24 BOUCHÉES	
6	tranches de pain grillé	
375 ml	(1 ½ tasse) pâté de foie, ramolli	
12	petits cornichons	

- Tartinez le pain de pâté de foie. Taillez en canapés.
- Tranchez les cornichons en deux, sur la longueur. Découpez chaque demi-cornichon en éventail. Garnissez-en chaque canapé. Servez.

Canapés au saumon fumé

	24 BOUCHÉES	
6	tranches de pain grillé	
60 ml	(¼ tasse) mayonnaise	
6	tranches de saumon fumé	
60 ml	(¼ tasse) oignon, haché	
45 ml	(3 c. à s.) câpres	
15 ml	(1 c. à s.) jus de citron	

- Tartinez le pain de mayonnaise ; recouvrez du saumon. Taillez en canapés.
- Répartissez l'oignon haché sur les canapés ; décorez chacun de 3 ou 4 câpres. Arrosez légèrement de jus de citron. Servez.

LES SOUPES ET LES POTAGES

Quoi de plus réconfortant qu'une bonne chaudrée de soupe fumante lors d'une froide journée d'hiver ?

Par contre, les potages se servent aussi bien l'été que l'hiver, certains pouvant même être adaptés à la saison chaude. En effet, toutes les soupes-crèmes que nous trouvons dans cette section peuvent être servies froides. Nous vous référons, entre autres, au potage aux poireaux (p. 30).

Les soupes sont idéales pour utiliser les restes de viandes, de nouilles, de riz ou de légumes cuits. De plus, elles se congèlent bien et peuvent se préparer à l'avance.

Pour réduire avantageusement la teneur en sodium et en gras des soupes, un petit conseil : utilisons du bouillon maison que nous aurons pris soin de dégraisser au préalable.

Potage santé

4 PORTIONS	
2	courgettes, en dés
2	pommes de terre moyennes, pelées, en dés
2	oignons moyens, en dés
2	carottes, pelées, en dés
	eau
500 ml	(2 tasses) bouillon de poulet
	sel et poivre
	brins de persil frais

▪ Dans une grande casserole, couvrez les légumes d'eau ; amenez à ébullition. Couvrez ; à feu doux, laissez mijoter 10 minutes. Retirez du feu ; laissez refroidir un peu.

▪ Au robot culinaire, réduisez en purée. Incorporez le bouillon de poulet ; salez et poivrez au goût.

▪ Reversez le potage dans la casserole ; réchauffez. Servez, garni d'un brin de persil.

Potage aux poireaux

6 PORTIONS	
10 ml	(2 c. à t.) beurre
3	poireaux, émincés
1	petit oignon, émincé
2	pommes de terre, pelées, en dés
1	branche de céleri, émincée
500 ml	(2 tasses) bouillon de poulet
	sel et poivre
500 ml	(2 tasses) lait
	persil, ciboulette ou basilic frais, haché

▪ Dans une casserole, faites fondre le beurre ; faites revenir les légumes.

▪ Ajoutez le bouillon de poulet ; salez et poivrez au goût ; amenez à ébullition. Couvrez ; à feu doux, faites cuire environ 15 minutes ou jusqu'à ce que les légumes soient tendres.

▪ Entre-temps, dans une petite casserole, faites chauffer le lait sans laisser bouillir. Réservez.

▪ À l'aide d'un pilon, réduisez les légumes en purée. Incorporez le lait chaud ; faites mijoter 10 à 15 minutes. Parsemez de persil haché. Servez.

Recette illustrée

VARIANTE
• Remplacez le lait par du jus de tomate.

Potage vert

6 À 8 PORTIONS	
1,5 L	(6 tasses) bouillon de poulet
4	carottes, pelées, hachées grossièrement
3	blancs de poireaux, lavés, hachés
1	oignon, haché
500 ml	(2 tasses) épinards frais, hachés
1	laitue, hachée
4	pommes de terre, pelées, en dés
2	navets, pelés, hachés
1	panais, pelé, haché
	sel et poivre du moulin
250 ml	(1 tasse) lait écrémé
2	échalotes, hachées (facultatif)

▪ Dans une casserole, faites chauffer le bouillon. Ajoutez les légumes ; amenez à ébullition. Couvrez ; à feu doux, laissez mijoter 20 minutes ou jusqu'à ce que les légumes soient tendres ; laissez refroidir un peu.

▪ Au mélangeur, réduisez en purée ; salez et poivrez au goût. Reversez dans la casserole ; faites réchauffer.

▪ Versez dans une soupière. Ajoutez le lait, en formant des spirales ; garnissez d'échalotes hachées, si désiré. Servez.

Potage au fenouil

6 PORTIONS	
125 ml	(1/2 tasse) oignons
250 ml	(1 tasse) carottes
250 ml	(1 tasse) bulbe de fenouil
2	pommes de terre, pelées
60 ml	(1/4 tasse) beurre
1 L	(4 tasses) bouillon de poulet ou de bœuf
	sel et poivre
	lait
30 ml	(2 c. à s.) ciboulette, hachée

▪ Coupez grossièrement les légumes. Réservez, en mettant à part les pommes de terre.

▪ Dans une casserole, faites fondre le beurre. Ajoutez les légumes, sauf les pommes de terre ; à feu doux, faites suer 15 à 20 minutes.

▪ Ajoutez le bouillon et les pommes de terre ; salez et poivrez au goût ; amenez à ébullition. Couvrez ; à feu doux, laissez mijoter jusqu'à ce que les pommes de terre soient tendres.

▪ Au mélangeur, réduisez en purée. Incorporez assez de lait pour obtenir une crème consistante. Reversez dans la casserole ; faites réchauffer. Parsemez de ciboulette hachée. Servez.

Potage nivernais

6 À 8 PORTIONS	
15 ml	(1 c. à s.) beurre
125 ml	(1/2 tasse) carottes, en dés
125 ml	(1/2 tasse) navet, en dés
125 ml	(1/2 tasse) pommes de terre, pelées, en dés
125 ml	(1/2 tasse) céleri, en dés
125 ml	(1/2 tasse) bouillon de poulet
375 ml	(1 1/2 tasse) lait
1 ml	(1/4 c. à t.) muscade
	sel et poivre
15 ml	(1 c. à s.) sucre
1	jaune d'œuf
	cerfeuil, haché

- Dans une casserole, faites fondre le beurre ; en remuant fréquemment, faites revenir les légumes 4 à 5 minutes.
- Ajoutez le bouillon de poulet, le lait, la muscade, le sel, le poivre et le sucre ; amenez à ébullition. Couvrez ; à feu doux, faites mijoter 20 minutes, en remuant de temps à temps.
- Au mélangeur, réduisez en purée. Reversez dans la casserole ; réchauffez.
- Dans un bol, fouettez le jaune d'œuf ; incorporez au potage. Saupoudrez de cerfeuil. Servez.

Potage aux carottes et aux panais

6 À 8 PORTIONS	
60 ml	(1/4 tasse) beurre
1	oignon moyen, tranché
1	petite gousse d'ail, hachée
1,25 L	(5 tasses) eau
375 ml	(1 1/2 tasse) carottes, tranchées
250 ml	(1 tasse) panais, émincés
60 ml	(1/4 tasse) riz à grains longs
30 ml	(2 c. à s.) bouillon de poulet concentré
	sel et poivre
	persil, haché

- Dans une casserole, faites fondre le beurre ; faites sauter l'oignon et l'ail.
- Ajoutez les autres ingrédients, sauf le persil ; amenez à ébullition. Couvrez ; à feu doux, laissez mijoter 20 à 30 minutes.
- Au mélangeur, réduisez en purée. Parsemez de persil haché. Servez.

Potage frisé

6 PORTIONS	
45 ml	(3 c. à s.) beurre
2	oignons, hachés
750 ml	(3 tasses) laitue fanée, déchiquetée
45 ml	(3 c. à s.) riz, cuit
280 g	(10 oz) petits pois congelés
1 L	(4 tasses) bouillon de poulet
15 ml	(1 c. à s.) aneth, haché
	sel et poivre
1	pincée de muscade
	zeste râpé de ½ citron
250 ml	(1 tasse) crème à 35 %
	citron, en lamelles
	brins d'aneth frais

- Dans une casserole, faites fondre le beurre ; faites sauter les oignons. En brassant, ajoutez la laitue ; faites ramollir.

- Incorporez le riz et les pois ; ajoutez le bouillon, l'aneth, les assaisonnements et le zeste ; amenez à ébullition. Couvrez ; à feu doux, laissez mijoter 20 minutes.

- Au mélangeur, réduisez en purée. Reversez dans la casserole ; réchauffez. Incorporez la crème. Garnissez de lamelles de citron et de brins d'aneth. Servez.

VARIANTE
- Sans réchauffer, placez la purée au réfrigérateur 1 heure. Ajoutez la crème et la garniture. Servez glacé.

Potage de chou-fleur à l'échalote

8 PORTIONS	
30 ml	(2 c. à s.) beurre
1	petit oignon, émincé
3	pommes de terre, pelées, émincées
1	petit chou-fleur, en bouquets
	sel et poivre
1,5 L	(6 tasses) bouillon de poulet, chaud
2 ml	(½ c. à t.) basilic
2 ml	(½ c. à t.) thym
1	feuille de laurier
60 ml	(¼ tasse) échalotes, hachées

- Dans une casserole, à feu moyen, faites fondre le beurre ; ajoutez l'oignon. Couvrez. Faites suer 3 ou 4 minutes.

- Incorporez les pommes de terre et le chou-fleur ; faites cuire 1 ou 2 minutes. Salez et poivrez.

- Versez le bouillon de poulet ; ajoutez les fines herbes ; amenez à ébullition. Couvrez ; à feu doux, faites mijoter 40 minutes.

- Au mélangeur, réduisez en purée. Rectifiez l'assaisonnement. Parsemez d'échalotes hachées. Servez.

VARIANTE
- Remplacez le chou-fleur par du brocoli et les échalotes par du persil haché.

Crème de betteraves

4 À 6 PORTIONS

45 ml	(3 c. à s.) beurre
60 ml	(¼ tasse) échalotes, hachées
225 g	(8 oz) feuilles de betteraves
225 g	(8 oz) cresson
30 ml	(2 c. à s.) farine
500 ml	(2 tasses) lait
15 ml	(1 c. à s.) persil frais, haché
2 ml	(½ c. à t.) sel
1 ml	(¼ c. à t.) thym
1 ml	(¼ c. à t.) marjolaine
	poivre du moulin

- Dans une grande casserole allant au four à micro-ondes, déposez le beurre et les écha- lotes ; ajoutez les feuilles de betteraves et le cresson. Cou- vrez la casserole d'une pelli- cule plastique. Faites cuire 4 minutes, à ÉLEVÉ.

- Retirez du four. Brassez ; continuez la cuisson 1 à 2 mi- nutes ou jusqu'à ce que les légumes soient tendres.

- Au mélangeur, réduisez les légumes en purée. Reversez dans la casserole. Incorporez la farine, en brassant conti- nuellement. Ajoutez le reste des ingrédients.

- Faites mijoter 8 minutes, à MOYEN. Brassez une fois durant la cuisson. Servez.

Recette illustrée

Crème de navets

4 À 6 PORTIONS

375 ml	(1 ½ tasse) navets, en dés
250 ml	(1 tasse) pommes de terre, pelées, en dés
500 ml	(2 tasses) eau
1	feuille de laurier
	sel et poivre
1	jaune d'œuf
60 ml	(¼ tasse) crème à 15 %
	brins de persil frais

- Dans une casserole, couvrez les légumes d'eau ; amenez à forte ébullition. Ajoutez la feuille de laurier, le sel et le poivre. Réduisez le feu ; faites mijoter 10 minutes. Retirez la feuille de laurier.

- Au mélangeur, réduisez en purée. Reversez dans la cas- serole. Réservez.

- Dans un bol, fouettez le jau- ne d'œuf et la crème. Incorpo- rez aux légumes. À feu doux, faites réchauffer, en remuant. Garnissez de brins de persil. Servez.

Crème de tomates maison

4 PORTIONS

6	tomates, pelées, hachées ou
375 ml	(12 oz) tomates, en conserve, égouttées
15 ml	(1 c. à s.) beurre
1	oignon, haché finement
1	gousse d'ail, émincée
30 ml	(2 c. à s.) pâte de tomates
2 ml	(½ c. à t.) sucre
	sel et poivre
1 ml	(¼ c. à t.) thym
125 ml	(½ tasse) bouillon de légumes ou de poulet
125 ml	(½ tasse) crème à 15 %
	tomate, tranchée
	basilic et persil frais, hachés

■ Pour peler les tomates fraîches, déposez dans un bol allant au four à micro-ondes ; couvrez d'eau chaude. Recouvrez le bol d'une pellicule plastique. Amenez à ébullition, à ÉLEVÉ. Retirez. Pelez sous l'eau froide du robinet.

■ Dans un autre bol, combinez le beurre, l'oignon et l'ail. Faites cuire au four 1 minute, à ÉLEVÉ.

■ Retirez du four. Ajoutez les tomates, la pâte de tomates et le sucre ; assaisonnez ; continuez la cuisson 7 minutes, à ÉLEVÉ. Brassez une fois.

■ Au mélangeur, réduisez en purée. Incorporez le bouillon et la crème. Servez chaude ou froide, garnie d'une tranche de tomate, de basilic et de persil.

Crème de pommes de terre

4 À 6 PORTIONS

750 ml	(3 tasses) eau
750 ml	(3 tasses) pommes de terre, pelées, en dés
2	tranches d'oignon
30 ml	(2 c. à s.) beurre
45 ml	(3 c. à s.) farine
500 ml	(2 tasses) lait condensé
2 ml	(½ c. à t.) sel de céleri
	sel et poivre
15 ml	(1 c. à s.) persil, haché

■ Dans une grande casserole, combinez l'eau, les pommes de terre et l'oignon. Faites cuire jusqu'à ce que les légumes soient tendres.

■ Égouttez les légumes, en réservant 500 ml (2 tasses) d'eau de cuisson. Passez au tamis afin d'obtenir 500 ml (2 tasses) de pulpe. Réservez.

■ Dans un bain-marie, faites fondre le beurre ; saupoudrez de farine ; liez bien. Versez lentement le lait et l'eau de cuisson des légumes. Faites cuire jusqu'à épaississement.

■ Ajoutez la pulpe des légumes, en remuant sans cesse. Assaisonnez au goût ; saupoudrez de persil. Servez très chaude.

Soupe aux épinards garnie

6 PORTIONS

1	noix de beurre
1	oignon, haché finement
280 g	(10 oz) épinards frais ou congelés
180 ml	(3/4 tasse) farine tout usage ou farine de blé
1	œuf
1 L	(4 tasses) lait
	sel de céleri
	poivre

• Dans une casserole, faites fondre le beurre ; faites sauter l'oignon. Ajoutez les épinards. Couvrez ; à feu moyen, faites cuire jusqu'à ce que les épinards soient tendres ; brassez de temps en temps.

• Entre-temps, dans un bol, versez la farine ; creusez une fontaine. Déposez l'œuf dans le creux ; à l'aide d'une fourchette, mélangez. Façonnez en petites boulettes.

• Ajoutez le lait aux épinards cuits ; faites monter le lait, en remuant continuellement ; assaisonnez.

• Déposez les boulettes de pâte une à une. Couvrez ; retirez du feu ; laissez reposer 5 minutes. Servez.

Soupe au pesto

6 PORTIONS

750 ml	(3 tasses) bouillon de légumes
250 ml	(1 tasse) bouillon de poulet
125 ml	(1/2 tasse) vermicelles
125 ml	(1/2 tasse) feuilles de basilic frais
45 ml	(3 c. à s.) pignons
3	gousses d'ail
15 ml	(1 c. à s.) parmesan, râpé
10 ml	(2 c. à t.) huile d'olive
1	trait de sauce Worcestershire
	sel et poivre

• Dans une casserole, amenez à ébullition les bouillons. Ajoutez les vermicelles ; faites mijoter 10 minutes.

• Réservez 2 feuilles de basilic et 10 ml (2 c. à t.) de pignons pour la garniture.

• Dans le bol du robot culinaire, combinez le reste du basilic et des pignons, l'ail, le parmesan et l'huile ; réduisez en purée. Incorporez au bouillon ; mélangez bien ; laissez mijoter 5 minutes.

• Entre-temps, ciselez les feuilles de basilic pour la garniture ; dans un bol, mélangez aux pignons. Réservez.

• Assaisonnez la soupe de sauce Worcestershire, de sel et de poivre ; garnissez du mélange de basilic et de pignons. Servez.

Soupe aux foies de poulet

6 PORTIONS

750 ml	(3 tasses) bouillon de poulet
250 ml	(1 tasse) bouillon de bœuf
45 ml	(3 c. à s.) riz brun
115 g	(4 oz) foies de poulet
10 ml	(2 c. à t.) huile d'olive
1	gousse d'ail, hachée
30 ml	(2 c. à s.) oignon, haché
2 ml	(1/2 c. à t.) coriandre, hachée
1	trait de sauce Worcestershire
	sel de mer
	poivre du moulin

• Dans une casserole, faites chauffer les deux bouillons. Ajoutez le riz ; laissez mijoter environ 10 minutes.

• Entre-temps, parez les foies de poulet, en ne laissant aucun gras ; coupez chaque foie en 4 morceaux. Réservez.

• Dans un poêlon, faites chauffer l'huile ; faites saisir les foies de poulet 4 minutes. Ajoutez l'ail, l'oignon et la coriandre ; remuez ; continuez la cuisson environ 3 minutes.

• Versez la préparation aux foies dans le bouillon ; laissez mijoter 10 minutes ; assaisonnez de sauce Worcestershire, de sel et de poivre. Servez.

Soupe au chou et au lait

6 PORTIONS

1	petit chou
1	oignon moyen
375 ml	(1 1/2 tasse) eau froide
2 ml	(1/2 c. à t.) sucre
2 ml	(1/2 c. à t.) sel
45 ml	(3 c. à s.) beurre
60 ml	(1/4 tasse) farine
625 ml	(2 1/2 tasses) lait
	poivre, au goût

• Hachez le chou et l'oignon ; déposez dans une casserole. Ajoutez l'eau, le sucre et le sel ; amenez à ébullition ; laissez réduire 30 minutes ou jusqu'à ce que l'eau soit presqu'évaporée ; retirez du feu. Réservez.

• Dans une deuxième casserole, faites fondre le beurre ; saupoudrez de farine ; mélangez. À feu doux, incorporez le lait, en brassant sans arrêt ; faites cuire jusqu'à un léger épaississement ; assaisonnez.

• Versez le mélange au lait sur le chou ; remuez la soupe délicatement. Servez chaude.

Commençant en haut, à gauche : soupe au chou et au lait, soupe aux foies de poulet, soupe au pesto

Velouté de têtes de violon avec croûtons à l'ail

6 PORTIONS	
450 g	(1 lb) têtes de violon
45 ml	(3 c. à s.) beurre
125 ml	(¹/₂ tasse) oignons, émincés
125 ml	(¹/₂ tasse) blanc de poireau, en julienne
1,25 L	(5 tasses) bouillon de poulet, chaud
	sel et poivre
¹/₂	baguette de pain
2	gousses d'ail
60 ml	(¹/₄ tasse) crème à 35 %

▪ Nettoyez bien les têtes de violon. Réservez-en quelques-unes pour la garniture.

▪ Dans une casserole, faites fondre le beurre ; faites revenir les légumes 2 à 3 minutes. Recouvrez du bouillon de poulet chaud ; assaisonnez légèrement. Amenez à ébullition. Couvrez ; à feu doux, laissez mijoter 20 minutes.

▪ Entre-temps, coupez la baguette de pain en rondelles ; faites griller au four. Frottez les croûtons d'ail. Faites blanchir les têtes de violon réservées 1 minute dans de l'eau bouillante légèrement salée.

▪ Versez la crème dans le bouillon de légumes ; liez. Rectifiez l'assaisonnement. Garnissez de têtes de violon. Servez le velouté, accompagné des croûtons.

Recette illustrée

Velouté aux carottes

6 PORTIONS	
90 ml	(6 c. à s.) beurre non salé
500 ml	(2 tasses) carottes, en dés
125 ml	(¹/₂ tasse) poireaux, émincés
60 ml	(¹/₄ tasse) oignons, émincés
2,5 L	(10 tasses) bouillon de poulet
60 ml	(¹/₄ tasse) farine de riz ou fécule de pommes de terre
	sel, au goût
2 ml	(¹/₂ c. à t.) poivre

▪ Dans une casserole, faites fondre la moitié du beurre ; faites suer les légumes sans laisser dorer. Versez le bouillon de poulet. Amenez à ébullition. Couvrez ; à feu doux, laissez mijoter 1 heure.

▪ Dans un bol, versez 250 ml (1 tasse) du bouillon chaud. Diluez la farine de riz dans le bouillon ; laissez refroidir. Ajoutez graduellement à la soupe, en remuant sans arrêt.

▪ Au mélangeur, réduisez en purée. Reversez dans la casserole ; rectifiez l'assaisonnement. Laissez mijoter 1 à 2 minutes pour bien lier. Ajoutez le reste du beurre, en noisettes. Servez chaud.

Velouté garbure

---

4 À 6 PORTIONS

2	cubes de bouillon de poulet
625 ml	(2 ¹/₂ tasses) eau, bouillante
750 ml	(3 tasses) navets, émincés
2	pommes de terre, pelées, en dés
60 ml	(¹/₄ tasse) beurre
1	oignon, haché
2	échalotes, hachées
45 ml	(3 c. à s.) farine
750 ml	(3 tasses) lait
	sel et poivre

■ Faites diluer les cubes de bouillon dans l'eau. Ajoutez les navets et les pommes de terre. Amenez à ébullition. Couvrez ; à feu doux, laissez mijoter 15 minutes.

■ Dans une casserole, faites fondre le beurre ; faites sauter l'oignon et les échalotes 4 minutes. Saupoudrez de farine ; liez bien. Incorporez le lait petit à petit, en brassant continuellement ; faites mijoter 10 minutes jusqu'à épaississement.

■ Combinez le mélange de lait aux légumes ; liez bien ; assaisonnez. Servez.

Soupe aux pois chiches

---

6 À 8 PORTIONS

---

15 ml	(1 c. à s.) huile végétale
80 ml	(¹/₃ tasse) céleri, haché finement
80 ml	(¹/₃ tasse) carottes, hachées finement
80 ml	(¹/₃ tasse) oignons, hachés finement
2	gousses d'ail, émincées
1 L	(4 tasses) bouillon de légumes
500 ml	(2 tasses) pois chiches, en conserve, égouttés
15 ml	(1 c. à s.) sauce Chili
15 ml	(1 c. à s.) jus de citron
5 ml	(1 c. à t.) cari
2 ml	(¹/₂ c. à t.) sel
125 ml	(¹/₂ tasse) fromage, râpé

■ Dans une casserole, faites chauffer l'huile ; faites dorer les légumes et l'ail. Réservez.

■ Dans une deuxième casserole, combinez le bouillon et les pois chiches. Amenez à ébullition. Couvrez ; à feu doux, laissez mijoter environ 15 minutes.

■ Incorporez les légumes au bouillon ; assaisonnez. À feu toujours doux, continuez la cuisson 30 minutes.

■ Dans des bols individuels, répartissez la soupe et le fromage râpé. Servez.

Soupe aux pois verts

8 PORTIONS	
60 ml	(¼ tasse) beurre
1 L	(4 tasses) laitue, déchiquetée
1	oignon moyen, émincé
15 ml	(1 c. à s.) farine
5 ml	(1 c. à t.) sucre
1 ml	(¼ c. à t.) persil, haché
1 ml	(¼ c. à t.) coriandre moulue
1,3 L	(42 oz) bouillon de poulet, en conserve
560 ml	(2 ¼ tasses) petits pois congelés
250 ml	(1 tasse) lait
	feuilles de menthe fraîche

• Dans une casserole, faites fondre le beurre ; en remuant souvent, faites dorer la laitue et l'oignon.

• Incorporez le reste des ingrédients, sauf le lait et les feuilles de menthe ; mélangez ; amenez à ébullition. Couvrez ; à feu doux, faites mijoter 15 minutes. Retirez quelques petits pois, pour la décoration.

• Au mélangeur, réduisez le potage en purée, 250 ml (1 tasse) à la fois ; reversez dans la casserole. Ajoutez le lait ; réchauffez. Servez, garnie de quelques petits pois et d'une feuille de menthe.

Soupe repas aux pois cassés

6 À 8 PORTIONS	
30 ml	(2 c. à s.) huile de maïs
2	oignons moyens, émincés
5 ml	(1 c. à t.) graines de céleri
1	feuille de laurier
250 ml	(1 tasse) pois jaunes cassés
125 ml	(½ tasse) orge mondé ou perlé
2,5 L	(10 tasses) bouillon de poulet
3	carottes, émincées
1	pomme de terre, pelée, en dés
2 ml	(½ c. à t.) basilic sel et poivre
30 ml	(2 c. à s.) persil, haché (facultatif)

• Dans une casserole, faites chauffer l'huile ; faites dorer les oignons. Ajoutez les graines de céleri, la feuille de laurier, les pois cassés et l'orge.

• Versez le bouillon ; amenez à ébullition. Couvrez ; à feu doux, faites cuire 75 minutes.

• Ajoutez les carottes, la pomme de terre et le basilic ; continuez la cuisson 15 à 20 minutes. Salez et poivrez ; parsemez de persil. Servez.

VARIANTE

• Remplacez le bouillon de poulet par toute autre eau de cuisson ou par un bouillon maison.

Soupe aux lentilles rouges

8 PORTIONS	
250 ml	(1 tasse) lentilles rouges, en conserve
4	tranches de bacon, en dés
1	oignon, haché finement
1	gousse d'ail, émincée
1	poivron rouge, en dés
1	branche de céleri, tranchée finement
1,5 L	(6 tasses) bouillon de poulet, dégraissé
1	feuille de laurier
1	pincée de curcuma
1	pincée de thym
	sel et poivre

Garniture (facultatif)

cornichons sucrés, hachés très finement

persil, haché

œuf dur, haché

oignon, haché finement

- Rincez les lentilles ; égouttez bien. Réservez.

- Dans une casserole, faites cuire les dés de bacon jusqu'à ce qu'ils soient croustillants. Retirez de la casserole ; déposez sur un papier essuie-tout pour absorber tout le gras possible. Réservez.

- Retirez le gras de bacon de la casserole, sauf 15 ml (1 c. à s.). En remuant, faites saisir l'oignon, l'ail, le poivron et le céleri 2 minutes ; arrosez du bouillon de poulet ; amenez à ébullition. Incorporez les lentilles ; assaisonnez. Couvrez ; laissez mijoter 1 heure, en brassant de temps en temps. Incorporez les dés de bacon.

- Si désiré, dans un petit bol, mélangez bien la garniture de cornichons, de persil, d'œuf et d'oignon ; parsemez sur la soupe. Servez très chaude.

Recette illustrée

VARIANTE
- Afin d'obtenir une soupe plus crémeuse, réduisez en purée au mélangeur avant d'incorporer le bacon. Reversez dans la casserole ; faites réchauffer. Ajoutez les dés de bacon et la garniture, si désiré

Soupe aigre et piquante

6 PORTIONS

750 ml	(3 tasses) bouillon de poulet
250 ml	(1 tasse) bouillon de légumes
10 ml	(2 c. à t.) huile d'arachide
2 ml	(½ c. à t.) huile de sésame
60 ml	(¼ tasse) carottes, en julienne
60 ml	(¼ tasse) navet, en julienne
60 ml	(¼ tasse) brocoli, en bouquets
60 ml	(¼ tasse) champignons chinois
1	gousse d'ail, hachée
15 ml	(1 c. à s.) vinaigre de riz
15 ml	(1 c. à s.) sauce soya
60 ml	(¼ tasse) tofu, en dés
45 ml	(3 c. à s.) cornichons dans le vinaigre, en julienne
	sel et poivre

▪ Dans une casserole, amenez à ébullition les deux bouillons. Réduisez le feu ; laissez mijoter 10 minutes.

▪ Entre-temps, dans un poêlon, faites chauffer les deux huiles ; faites sauter les légumes et l'ail environ 2 minutes afin qu'ils restent croquants. Réservez.

▪ Versez le vinaigre de riz et la sauce soya dans le mélange de bouillons ; laissez mijoter 5 minutes.

▪ Incorporez les légumes sautés, le tofu et les cornichons ; assaisonnez au goût. Servez.

Recette illustrée ci-dessus

VARIANTES
• Remplacez le bouillon de légumes par du jus de tomate, tel qu'illustré ci-contre.

• Remplacez les champignons chinois par des pleurotes, coupés en 4 morceaux, tel qu'illustré ci-contre.

Soupe minestrone

8 PORTIONS	

Boulettes

225 g	(8 oz) bœuf et veau hachés
30 ml	(2 c. à s.) oignon, haché
1	gousse d'ail, hachée
30 ml	(2 c. à s.) chapelure à l'italienne
1	petit jaune d'œuf
1	pincée de basilic
1	pincée d'origan
1	pincée de persil
	sel et poivre

Soupe

30 ml	(2 c. à s.) huile d'olive
60 ml	(¹/₄ tasse) haricots rouges, en conserve
60 ml	(¹/₄ tasse) céleri, en biseau
60 ml	(¹/₄ tasse) chou, en lamelles
60 ml	(¹/₄ tasse) navet, en très petits dés
45 ml	(3 c. à s.) oignon, haché
1	gousse d'ail, hachée
500 ml	(2 tasses) bouillon de bœuf
398 ml	(14 oz) tomates italiennes, en conserve
1	feuille de laurier
1	clou de girofle
	sel et poivre
45 ml	(3 c. à s.) parmesan, râpé

■ Dans un bol, mélangez bien les ingrédients des boulettes. Façonnez en boulettes de la grosseur d'une olive.

■ Dans une casserole, faites chauffer l'huile ; faites brunir les boulettes. Une fois cuites, retirez-les de la casserole. Réservez.

■ Rincez les haricots ; égouttez bien. Réservez.

■ Dans la casserole, versez les légumes frais et l'ail ; faites cuire 5 minutes. Incorporez le bouillon de bœuf et les tomates ; mélangez bien ; amenez à ébullition ; à feu doux, laissez mijoter 20 minutes, en brassant de temps à autre.

■ Ajoutez les boulettes, les haricots, la feuille de laurier et le clou de girofle ; laissez mijoter 10 minutes. Assaisonnez. Versez dans des bols individuels ; saupoudrez d'environ 5 ml (1 c. à t.) de parmesan. Servez.

VARIANTES
• Remplacez les boulettes par 375 ml (1 ¹/₂ tasse) de macaronis cuits.

• Remplacez le bouillon de bœuf par du bouillon de poulet et les tomates en conserve par des tomates fraîches, blanchies et pelées.

Soupe aux huîtres

4 À 6 PORTIONS	
36	huîtres dans leur jus
750 ml	(3 tasses) lait
250 ml	(1 tasse) crème à 15 %
1	oignon moyen, haché
2	branches de céleri, émincées
2	branches de persil, hachées
	poivre blanc, au goût
60 ml	(¼ tasse) beurre
	sel de céleri
	paprika

■ À l'aide d'un tamis fin ou d'un coton fromage, égouttez les huîtres. Réservez le jus et les huîtres séparément.

■ Dans une casserole, versez le lait et la crème. Ajoutez l'oignon, le céleri, le persil et le poivre ; faites mijoter quelques minutes, sans laisser bouillir.

■ Passez le lait et la crème au tamis. Versez à nouveau dans la casserole ; ajoutez le jus des huîtres. Réservez.

■ Dans un grand poêlon, faites fondre le beurre à feu moyen. Ajoutez les huîtres ; faites cuire 1 minute pour que les huîtres gonflent.

■ Ajoutez au mélange liquide ; faites chauffer jusqu'à ce que le bord des huîtres ondule.

■ Versez la soupe dans des bols chauds. Saupoudrez de sel de céleri et de paprika. Servez.

Soupe aux crevettes

6 PORTIONS	
1 L	(4 tasses) eau
1	oignon moyen, haché
1	petit poireau, haché
2	branches de céleri, en dés
1	carotte, en dés
1	pomme de terre moyenne, pelée, en dés
225 g	(8 oz) saumon, en dés
450 g	(1 lb) crevettes de Matane
1 ml	(¼ c. à t.) poivre de Cayenne
	sel et poivre
60 ml	(¼ tasse) crème à 35 %

■ Dans une grande casserole, amenez à ébullition l'eau. Ajoutez les légumes ; faites cuire 10 minutes.

■ Incorporez le saumon en dés ; laissez mijoter 5 minutes. Ajoutez les crevettes ; assaisonnez ; continuez la cuisson 2 minutes.

■ Versez la crème ; liez bien. Faites réchauffer. Servez.

Soupe à la morue fumée

8 PORTIONS	
60 ml	(¼ tasse) beurre
2	oignons, hachés
15 ml	(1 c. à s.) farine
1 L	(4 tasses) eau, bouillante
180 ml	(¾ tasse) céleri, haché
500 ml	(2 tasses) pommes de terre, pelées, en dés
500 ml	(2 tasses) morue fumée, en dés
750 ml	(3 tasses) jus de tomate
0,5 ml	(⅛ c. à t.) poivre
	persil, au goût
	thym, au goût

■ Dans une casserole, faites fondre le beurre ; faites cuire les oignons 5 minutes. Saupoudrez de farine ; continuez la cuisson, en remuant pour bien lier.

■ Ajoutez les autres ingrédients ; amenez à ébullition. Réduisez le feu ; laissez mijoter 30 minutes. Servez.

Soupe aux fruits de mer

8 PORTIONS	
60 ml	(¼ tasse) beurre
1	oignon, émincé
2	branches de céleri, émincées
284 ml	(10 oz) champignons tranchés, en conserve
450 g	(1 lb) pétoncles, en dés
450 g	(1 lb) flétan, en dés
225 g	(8 oz) saumon, en dés
450 g	(1 lb) morue, en dés
500 ml	(2 tasses) eau
284 ml	(10 oz) bisque de homard ou de crabe, en conserve ou soupe de poisson, en conserve
142 ml	(5 oz) palourdes, en conserve, dans leur jus
450 g	(1 lb) crevettes, cuites
500 ml	(2 tasses) lait

■ Dans une casserole, faites fondre le beurre ; faites revenir l'oignon, le céleri et les champignons. Ajoutez les poissons crus ; continuez la cuisson 5 minutes.

■ Versez l'eau ; amenez à ébullition. Ajoutez la bisque, les palourdes dans leur jus et les crevettes ; amenez à ébullition une fois de plus.

■ Incorporez le lait ; continuez la cuisson 5 minutes, sans laisser bouillir. Servez très chaude.

Potage au crabe

6 PORTIONS	
30 ml	(2 c. à s.) beurre
3	blancs de poireaux, émincés
750 ml	(3 tasses) bouillon de poulet
4	pommes de terre, pelées, tranchées
500 ml	(2 tasses) lait
142 ml	(5 oz) crabe, en conserve
60 ml	(2 oz) sherry sec
15 ml	(½ oz) kirsch
	sel et poivre
	ciboulette, hachée

- Dans une casserole, faites fondre le beurre ; faites cuire les poireaux jusqu'à ce qu'ils soient tendres. Incorporez le bouillon et les pommes de terre. Amenez à ébullition. Couvrez ; à feu doux, laissez mijoter 20 minutes.

- Au mélangeur, réduisez en purée. Reversez le potage dans la casserole.

- Ajoutez le lait, le crabe, le sherry et le kirsch. Faites réchauffer ; salez et poivrez ; garnissez de ciboulette. Servez.

Potage aux palourdes

6 À 8 PORTIONS	
540 ml	(19 oz) palourdes, en conserve, dans leur jus
30 ml	(2 c. à s.) beurre
1	oignon moyen, émincé
1 L	(4 tasses) eau, bouillante
3 ml	(¾ c. à t.) sel
2 ml	(½ c. à t.) poivre
1	pomme de terre moyenne, pelée, en dés
250 ml	(1 tasse) crème à 15 %
250 ml	(1 tasse) lait
	fécule de maïs (facultatif)
	paprika

- Égouttez les palourdes. Réservez 250 ml (1 tasse) de leur jus (si le jus est insuffisant, allongez avec de l'eau).

- Dans une casserole, faites fondre le beurre ; faites cuire l'oignon jusqu'à ce qu'il soit transparent. Incorporez les palourdes ; continuez la cuisson 5 minutes. Versez dans un bol. Réservez.

- Dans la même casserole, combinez l'eau bouillante, le jus de palourdes, le sel et le poivre. Faites mijoter 25 minutes. Ajoutez la pomme de terre ; continuez la cuisson 5 minutes.

- Incorporez la crème et le lait ; réchauffez. Ajoutez la préparation aux palourdes. Faites mijoter 5 minutes.

- Au besoin, faites épaissir en ajoutant de la fécule de maïs diluée dans un peu d'eau. Saupoudrez d'une pincée de paprika. Servez.

Chaudrée fromagée de poisson

6 PORTIONS	
450 g	(1 lb) filets de poisson frais ou congelés (morue, sole, etc.)
450 g	(1 lb) crevettes fraîches ou congelées
30 ml	(2 c. à s.) beurre
60 ml	(¼ tasse) oignon, haché finement
250 ml	(1 tasse) carottes, hachées finement
80 ml	(⅓ tasse) céleri, en dés
60 ml	(¼ tasse) farine
2 ml	(½ c. à t.) sel
1	pincée de paprika
500 ml	(2 tasses) bouillon de poulet
750 ml	(3 tasses) lait
125 ml	(½ tasse) fromage à tartiner

- Si vous utilisez du poisson et des crevettes congelées, faites décongeler.
- Coupez les filets de poisson en cubes ; combinez aux crevettes. Réservez.
- Dans une casserole, faites fondre le beurre ; faites sauter les légumes jusqu'à ce que l'oignon soit transparent. Ajoutez la farine, le sel et le paprika.
- En remuant constamment, versez peu à peu le bouillon de poulet et le lait ; continuez à remuer jusqu'à épaississement.
- Ajoutez le poisson et les crevettes. Faites mijoter 5 minutes ou jusqu'à ce que le poisson soit cuit. Incorporez le fromage ; faites fondre, en remuant. Servez très chaude.

Bouillabaisse créole

6 PORTIONS	
450 g	(1 lb) poisson frais ou congelé
60 ml	(¼ tasse) huile
2	oignons, hachés
1	branche de céleri, en dés
2	poivrons verts, en dés
3 ou 4	gousses d'ail, hachées
30 ml	(2 c. à s.) persil, haché
30 ml	(2 c. à s.) origan
30 ml	(2 c. à s.) marjolaine
1	feuille de laurier
60 ml	(¼ tasse) farine
540 ml	(19 oz) tomates, en conserve
750 ml	(3 tasses) bouillon de poulet

- Si vous utilisez du poisson congelé, faites décongeler.
- Coupez le poisson en cubes de 2,5 cm (1 po). Réservez.
- Dans une casserole à fond épais, faites chauffer l'huile ; faites sauter les oignons, le céleri, les poivrons, l'ail et les assaisonnements quelques minutes.
- En remuant constamment, incorporez la farine. Ajoutez les tomates et le bouillon de poulet. Amenez à ébullition, en brassant.
- Ajoutez le poisson. Couvrez ; à feu doux, faites mijoter 15 minutes ou jusqu'à ce que le poisson s'effeuille facilement ; remuez de temps à autre. Rectifiez l'assaisonnement. Servez très chaude.

Vichyssoise chaude ou froide

	6 PORTIONS
5 ml	(1 c. à t.) huile d'arachide
1	oignon moyen, haché
1 L	(4 tasses) eau
500 ml	(2 tasses) pommes de terre, pelées, en dés
250 ml	(1 tasse) poireaux, tranchés
	sel de mer, au goût
	fines herbes, au goût
30 ml	(2 c. à s.) ciboulette fraîche, hachée
60 ml	(¼ tasse) persil frais, haché

■ Dans une casserole, faites chauffer l'huile ; faites sauter l'oignon quelques minutes.

■ Ajoutez l'eau et les légumes ; amenez à ébullition. Couvrez ; à feu doux, laissez mijoter 30 minutes.

■ Au mélangeur, réduisez en purée ; assaisonnez de sel de mer et de fines herbes. Servez chaude ou froide, garnie de ciboulette et de persil.

Potage de poivrons verts

	4 PORTIONS
3	poivrons verts, hachés finement
15 ml	(1 c. à s.) huile de maïs
1	gros oignon, haché
1	petite branche de céleri, hachée
250 ml	(1 tasse) bouillon de légumes
250 ml	(1 tasse) bouillon de bœuf
1 ml	(¼ c. à t.) origan
2 ml	(½ c. à t.) basilic
20 ml	(4 c. à t.) farine de blé entier
500 ml	(2 tasses) lait écrémé
	sel et poivre

■ Réservez 30 ml (2 c. à s.) de poivrons verts hachés pour la garniture.

■ Dans une casserole, faites chauffer l'huile ; faites sauter les légumes. Ajoutez les bouillons et les fines herbes ; à feu doux, laissez mijoter 10 minutes.

■ Au mélangeur, réduisez en purée. Reversez le potage dans la casserole.

■ Dans un bol, délayez la farine dans le lait. Incorporez au potage ; à feu doux, faites réchauffer, en remuant ; salez et poivrez. Servez chaud ou froid, garni de poivrons verts hachés.

Soupe à la citrouille

	4 PORTIONS
30 ml	(2 c. à s.) beurre
30 ml	(2 c. à s.) farine
1	branche de céleri, en dés
1	pomme de terre, pelée, en dés
1	oignon, haché
250 ml	(1 tasse) chair de citrouille, en dés
250 ml	(1 tasse) bouillon de poulet
15 ml	(1 c. à s.) jus de citron
3	gouttes de Tabasco
1 ml	(¼ c. à t.) paprika
1	pincée de muscade
1 ml	(¼ c. à t.) clou de girofle moulu
250 ml	(1 tasse) lait
	sel et poivre
60 ml	(¼ tasse) crème à 35 %

■ Dans une casserole, faites fondre le beurre ; saupoudrez la farine ; faites un roux. Ajoutez les légumes et la citrouille ; mélangez bien. Incorporez les autres ingrédients, sauf la crème ; à feu doux, laissez mijoter jusqu'à ce que la pomme de terre soit cuite.

■ Au mélangeur, réduisez en purée. Ajoutez la crème ; remuez bien. Servez chaude.

VARIANTE
■ Placez la purée au réfrigérateur. Une fois refroidie, ajoutez la crème. Servez glacée.

Soupe Yocoto

	6 À 8 PORTIONS
250 ml	(1 tasse) yogourt nature
250 ml	(1 tasse) lait
2	concombres, pelés, en dés
2	tomates, en dés
30 ml	(2 c. à s.) persil frais, haché
30 ml	(2 c. à s.) huile d'olive
	quelques feuilles de basilic frais, hachées
30 ml	(2 c. à s.) ciboulette, hachée
	sel et poivre

■ Au robot culinaire, fouettez le yogourt et le lait.

■ Versez dans un grand bol. Incorporez les autres ingrédients ; assaisonnez, au goût.

■ Si nécessaire, placez au réfrigérateur. Servez très froide.

Commençant en haut : soupe à la citrouille, potage de poivrons verts, soupe Yocoto

LES ENTRÉES FROIDES

Les entrées froides qui nous sont présentées ici sont faciles à préparer ; elles trouveront leur place dans les buffets et les réceptions.

Certaines recettes de cette section sont particulièrement faibles en gras et en calories : le bortsch à la cosaque et les concombres au vert (p. 54), notamment.

Boules de fromage aux poivrons

6 PORTIONS	
450 g	(1 lb) bacon
450 g	(1 lb) cheddar, râpé
225 g	(8 oz) fromage à la crème, ramolli
1	poivron vert, haché grossièrement
1	poivron rouge, haché grossièrement
60 ml	(¼ tasse) persil frais, haché
60 ml	(¼ tasse) noix, hachées finement
	craquelins

■ Dans une poêle, faites cuire le bacon jusqu'à ce qu'il soit croustillant ; déposez sur du papier essuie-tout pour absorber tout le gras possible.

■ Dans un bol, combinez le bacon, les fromages et les poivrons ; divisez en 3 parts égales.

■ Au robot culinaire, mélangez chaque tiers du mélange jusqu'à ce qu'une boule se forme ; façonnez la préparation obtenue en une grosse boule ou plusieurs petites boules. Réservez.

■ Dans un grand bol, combinez le persil et les noix ; enrobez chaque boule du mélange ; enveloppez de pellicule plastique ou de papier d'aluminium. Placez au réfrigérateur au moins 24 heures. Servez à la température ambiante, accompagnées de craquelins.

Entrée nature

4 PORTIONS	
250 ml	(1 tasse) fromage ricotta
80 ml	(⅓ tasse) dattes, hachées finement
80 ml	(⅓ tasse) noix, hachées finement
80 ml	(⅓ tasse) raisins secs, hachés finement
30 ml	(2 c. à s.) mayonnaise
	feuilles de laitue

■ Dans un grand bol, mélangez bien tous les ingrédients, sauf la laitue ; placez au réfrigérateur au moins 1 heure avant de servir.

■ Retirez du réfrigérateur. Servez sur un nid de laitue.

Chou-fleur mariné

6 PORTIONS	
250 ml	(1 tasse) yogourt nature
5 ml	(1 c. à t.) sauce Worcestershire
15 ml	(1 c. à s.) persil frais, haché
1 ml	(¼ c. à t.) origan
1 ml	(¼ c. à t.) ail, émincé
1 ml	(¼ c. à t.) paprika
1	pincée de thym
750 ml	(3 tasses) chou-fleur, en bouquets

■ Au robot culinaire, mélangez tous les ingrédients, sauf le chou-fleur. Réservez la marinade obtenue.

■ Dans une casserole d'eau bouillante légèrement salée, faites blanchir le chou-fleur 1 minute. Retirez les bouquets de chou-fleur de la casserole ; plongez-les dans un bol d'eau très froide ; égouttez bien.

■ Versez la marinade sur le chou-fleur. Placez au réfrigérateur 3 heures. Servez.

Roulés aux asperges

6 PORTIONS	
12	tranches de pain de blé entier, sans croûte
113 g	(4 oz) fromage à la crème, ramolli
12	asperges, cuites
45 ml	(3 c. à s.) parmesan, râpé
20 ml	(4 c. à t.) persil, haché
1	œuf, battu légèrement

■ Préchauffez le four à 190 °C (375 °F).

■ À l'aide d'un rouleau à pâtisserie, amincissez chaque tranche de pain ; tartinez de fromage à la crème ; placez une asperge à l'extrémité de chaque tranche; roulez. Réservez.

■ Dans un grand bol, mélangez bien le parmesan et le persil. Réservez.

■ Badigeonnez légèrement chaque roulé d'œuf battu ; enrobez du mélange de parmesan et de persil ; coupez chacun en 3 rondelles.

■ Déposez sur une plaque à biscuits à revêtement anti-adhésif ; faites cuire au four 7 à 8 minutes. Laissez tiédir 15 minutes. Servez.

Concombres au vert

	4 PORTIONS
2	concombres bien fermes, pelés
125 ml	(¹/₂ tasse) yogourt nature
30 ml	(2 c. à s.) ciboulette fraîche, hachée finement
30 ml	(2 c. à s.) menthe fraîche, hachée finement
	sel et poivre
4	feuilles de chou vert

▪ Coupez les concombres en deux, dans le sens de la longueur. Épépinez. Tranchez finement. Réservez.

▪ Dans un bol, mélangez le yogourt, la ciboulette et la menthe. Assaisonnez. Incorporez le concombre ; mélangez délicatement. Placez au réfrigérateur au moins 30 minutes.

▪ Tapissez 4 petites assiettes de feuilles de chou vert. Répartissez le concombre dans chacune. Servez.

Bortsch à la cosaque

	6 À 8 PORTIONS
398 ml	(14 oz) betteraves, en conserve, égouttées — réservez 250 ml (1 tasse) de jus
2	sachets de gélatine sans saveur
250 ml	(1 tasse) bouillon de bœuf
60 ml	(¹/₄ tasse) épinards, ciselés
15 ml	(1 c. à s.) jus de citron
125 ml	(¹/₂ tasse) yogourt nature
	ciboulette fraîche

▪ Dans une casserole, versez le jus de betterave ; saupoudrez de gélatine. À feu doux, faites dissoudre la gélatine en remuant constamment. Retirez du feu. Réservez.

▪ Réduisez en purée les betteraves et le bouillon de bœuf. Incorporez à la gélatine. Ajoutez les épinards. Arrosez du jus de citron. Versez dans une soupière. Couvrez. Placez au réfrigérateur jusqu'à ce que la soupe fige à moitié.

▪ Décorez d'un tourbillon de yogourt. Saupoudrez de ciboulette hachée. Servez.

VARIANTE

▪ Versez dans un moule à aspic. Placez au réfrigérateur jusqu'à ce que le mélange fige. Démoulez. Garnissez de yogourt et de ciboulette. Servez.

Recette illustrée

Cœurs vinaigrette

4 À 6 PORTIONS	
125 ml	(½ tasse) huile d'olive
30 ml	(2 c. à s.) vinaigre de vin
1	oignon, haché finement
1	gousse d'ail, émincée
2 ml	(½ c. à t.) basilic, haché
	sel et poivre
284 ml	(10 oz) cœurs d'artichauts, en conserve, en quartiers
284 ml	(10 oz) cœurs de palmier, en conserve, tranchés
	feuilles de laitue
	persil frais

■ Dans un bol, fouettez les 6 premiers ingrédients jusqu'à l'obtention d'une vinaigrette onctueuse. Ajoutez les cœurs d'artichauts et de palmier ; mélangez délicatement.

■ Placez au réfrigérateur. Laissez mariner au moins 3 heures, en remuant de temps en temps.

■ Dressez sur un lit de laitue. Garnissez de persil. Servez.

Oranges garnies

2 PORTIONS	
2	grosses oranges
1	pomme, en julienne
1	carotte, râpée grossièrement
60 ml	(¼ tasse) céleri, émincé
30 ml	(2 c. à s.) raisins secs
30 ml	(2 c. à s.) pistaches
2 ml	(½ c. à t.) sel
60 ml	(¼ tasse) crème sure
60 ml	(¼ tasse) yogourt nature

■ Découpez la calotte de chaque orange. À l'aide d'une cuillère, retirez la pulpe sans briser l'écorce. Coupez la pulpe en dés. Réservez les écorces.

■ Dans un bol, mélangez la pulpe avec tous les autres ingrédients. Liez bien. Réservez.

■ À l'aide d'un petit couteau, dentelez la bordure des écorces d'oranges. Farcissez du mélange. Servez.

Coupes de carottes aux abricots

	6 PORTIONS
15 ml	(1 c. à s.) gélatine sans saveur
60 ml	(¹⁄₄ tasse) eau froide
300 ml	(1 ¹⁄₄ tasse) jus d'ananas
2 ml	(¹⁄₂ c. à t.) sel
60 ml	(¹⁄₄ tasse) jus de citron
30 ml	(2 c. à s.) sucre
250 ml	(1 tasse) abricots, en conserve, égouttés, en dés
250 ml	(1 tasse) carottes, râpées
	feuilles de laitue (facultatif)
	bâtonnets de carottes

- Dans une casserole, saupoudrez la gélatine sur l'eau. À feu doux, faites dissoudre. Ajoutez le jus d'ananas, le sel, le jus de citron et le sucre. Laissez tiédir.

- Incorporez les abricots et les carottes. Versez la préparation dans des moules. Placez au réfrigérateur 1 heure.

- Démoulez sur des feuilles de laitue, si désiré. Servez, accompagnées de bâtonnets de carottes.

Antipasto

	8 PORTIONS
284 ml	(10 oz) cœurs de palmier, tranchés
284 ml	(10 oz) maïs miniatures, en conserve, en morceaux
284 ml	(10 oz) cœurs d'artichauts, en conserve
125 ml	(¹⁄₂ tasse) olives noires
125 ml	(¹⁄₂ tasse) poivron rouge, en lanières
125 ml	(¹⁄₂ tasse) poivron vert, en lanières
125 ml	(¹⁄₂ tasse) champignons frais, tranchés
	feuilles de laitue

Vinaigrette

60 ml	(¹⁄₄ tasse) vinaigre de vin rouge
180 ml	(³⁄₄ tasse) huile d'olive
5 ml	(1 c. à t.) moutarde de Dijon à l'estragon
5 ml	(1 c. à t.) sel
2 ml	(¹⁄₂ c. à t.) sucre
2 ml	(¹⁄₂ c. à t.) poivre noir
2 ml	(¹⁄₂ c. à t.) basilic
2 ml	(¹⁄₂ c. à t.) origan
1	gousse d'ail, écrasée
30 ml	(2 c. à s.) eau

- Mélangez tous les légumes, sauf la laitue.

- Au mélangeur, fouettez les ingrédients de la vinaigrette. Versez sur les légumes. Laissez mariner au réfrigérateur 12 heures.

- Dressez l'antipasto sur un nid de laitue. Servez.

Salade russe

	6 PORTIONS
6	tomates moyennes, bien mûres
80 ml	(1/3 tasse) concombre, en dés
80 ml	(1/3 tasse) petits pois, en conserve, égouttés
60 ml	(1/4 tasse) cornichons marinés non sucrés, émincés
30 ml	(2 c. à s.) câpres
1	trait de vinaigre
	sel et poivre
125 ml	(1/2 tasse) poulet, cuit, refroidi, en dés
60 ml	(1/4 tasse) mayonnaise
	feuilles de laitue
	persil frais, haché finement

- Coupez la calotte de chaque tomate. À l'aide d'une cuillère, évidez. Réservez.
- Dans un bol, combinez 80 ml (1/3 tasse) de pulpe de tomates à tous les autres ingrédients, sauf la laitue et le persil ; mélangez délicatement. Farcissez les tomates évidées du mélange. Dressez sur les feuilles de laitue. Garnissez de persil. Servez.

Salade de chou aux pommes

	4 PORTIONS
500 ml	(2 tasses) chou rouge, râpé
1/2	pomme, hachée finement
30 ml	(2 c. à s.) poivron vert, haché finement
125 ml	(1/2 tasse) yogourt nature
30 ml	(2 c. à s.) sucre
1 ml	(1/4 c. à t.) graines de céleri
	sel et poivre

- Dans un bol moyen, mélangez le chou, la pomme et le poivron. Réservez.
- Dans un autre bol, fouettez le reste des ingrédients jusqu'à consistance onctueuse. Versez sur le mélange de chou ; remuez délicatement. Placez au réfrigérateur environ 1 heure. Servez.

Jambon roulé

8 PORTIONS	
225 g	(8 oz) fromage à la crème, ramolli
60 ml	(¼ tasse) échalotes vertes, émincées
15 ml	(1 c. à s.) persil frais, haché
60 ml	(¼ tasse) mayonnaise
24	tranches de jambon

- Dans un bol, mélangez tous les ingrédients, sauf le jambon. Tartinez chaque tranche de jambon du mélange ; roulez ; coupez chaque roulade en tranches de 1,5 cm (³/₄ po).

- Répartissez sur des petites assiettes individuelles. Servez, accompagné de crudités.

Recette illustrée ci-contre

VARIANTES

- Remplacez la mayonnaise par de la sauce Chili, tel qu'illustré ci-contre.

- Remplacez le jambon par de la dinde fumée, tel qu'illustré ci-dessous.

Coquilles farcies

4 PORTIONS

16	grosses coquilles
250 ml	(1 tasse) poulet, cuit, haché
15 ml	(1 c. à s.) oignon, émincé
15 ml	(1 c. à s.) poivron, émincé
15 ml	(1 c. à s.) céleri, émincé
45 ml	(3 c. à s.) mayonnaise
	paprika (facultatif)
	persil frais, haché (facultatif)
	feuilles de laitue
4	tranches de tomate
	olives

■ Dans une casserole d'eau bouillante légèrement salée, faites cuire les coquilles.

■ Entre-temps, dans un bol, mélangez le poulet, l'oignon, le poivron, le céleri et la mayonnaise. Réservez.

■ Égouttez bien les coquilles cuites. Farcissez du mélange de poulet ; saupoudrez de paprika ou de persil, si désiré.

■ Tapissez 4 petites assiettes de feuilles de laitue ; déposez 4 coquilles au milieu de chaque assiette. Servez, accompagnées d'une tranche de tomate et d'olives.

Pêches farcies

4 PORTIONS

115 g	(4 oz) fromage à la crème, ramolli
140 g	(5 oz) flocons de dinde
30 ml	(2 c. à s.) oignon rouge, haché
60 ml	(¼ tasse) mayonnaise
	sel et poivre
796 ml	(28 oz) moitiés de pêches, en conserve, égouttées
	feuilles de laitue
	brins de persil frais

■ Dans un bol, mélangez bien les 5 premiers ingrédients.

■ Farcissez les pêches du mélange. Dressez sur des feuilles de laitue ; garnissez de persil frais. Servez.

Recette illustrée ci-dessus, à gauche

Triangles délicieux

4 À 6 PORTIONS

12	tranches de jambon
12	tranches de fromage
	légumes marinés

■ Sur une assiette, déposez une tranche de jambon ; couvrez d'une tranche de fromage. Répétez ces opérations jusqu'à ce que toutes les tranches soient utilisées. Recouvrez de pellicule plastique ; placez au réfrigérateur 3 heures.

■ Retirez du réfrigérateur. Taillez en triangles ; piquez chaque triangle d'un cure-dent ; disposez dans des assiettes individuelles. Servez, accompagnés de légumes marinés.

Recette illustrée ci-dessus, à droite

Poires d'avocats surprises

4 PORTIONS	
1	poivron vert
1	poivron rouge
2	avocats
180 ml	(³/₄ tasse) jambon, haché
180 ml	(³/₄ tasse) mayonnaise
5 ml	(1 c. à t.) ketchup
	sel et poivre
45 ml	(3 c. à s.) olives farcies, tranchées

• Réservez quelques lanières de poivrons vert et rouge, pour la garniture. Émincez le reste des poivrons. Réservez.

• Coupez les avocats en deux, dans le sens de la longueur. Retirez les noyaux. À l'aide d'une cuillère, évidez, en prenant soin de ne pas briser la peau. Réservez les coquilles d'avocats.

• Dans un bol, réduisez en purée la chair d'avocats. Ajoutez les autres ingrédients, sauf les lanières de poivrons et les olives ; mélangez bien. Farcissez les coquilles d'avocats du mélange.

• Dans une petite assiette, déposez chaque demi-avocat. Garnissez de lanières de poivrons et de tranches d'olives. Servez.

Recette illustrée

Galantine

1,5 L (6 TASSES)	
1,8 kg	(4 lb) épaule de porc
565 g	(1 ¼ lb) pied de porc
2	gros oignons, tranchés
1	poireau, en dés
2	gousses d'ail, émincées
1 ml	(¼ c. à t.) cannelle
5 ml	(1 c. à t.) sarriette
1 ml	(¼ c. à t.) clou de girofle
30 ml	(2 c. à s.) vinaigre de cidre
1,5 L	(6 tasses) eau
	sel et poivre
1	sachet de gélatine sans saveur

• Dans une casserole, déposez tous les ingrédients, sauf la gélatine ; amenez à ébullition. Couvrez ; à feu doux, faites mijoter 2 à 3 heures.

• À l'aide d'un tamis, égouttez la viande au-dessus d'une casserole moyenne. Saupoudrez le bouillon de cuisson de gélatine. À feu doux, faites dissoudre. Réservez.

• Coupez la viande en dés. Déposez dans un moule. Recouvrez du mélange de bouillon et de gélatine. Placez au réfrigérateur 24 heures. Démoulez. Servez.

Mousse au jambon

4 à 6 portions	
184 g	(6 ½ oz) flocons de jambon
225 g	(8 oz) fromage à la crème, ramolli
125 ml	(½ tasse) échalotes, émincées
125 ml	(½ tasse) céleri, émincé
250 ml	(1 tasse) crème sure
1	pincée de paprika
1	sachet de gélatine sans saveur
60 ml	(¼ tasse) eau froide
	craquelins

▪ Dans un bol, défaites le jambon à la fourchette. Incorporez le fromage à la crème et les légumes. Ajoutez la crème sure et le paprika ; liez bien. Réservez.

▪ Dans une petite casserole, saupoudrez la gélatine sur l'eau froide. Faites dissoudre à feu doux. Incorporez au mélange de jambon. Versez la mousse obtenue dans un moule huilé. Placez au réfrigérateur au moins 4 heures.

▪ Servez, accompagnée de craquelins, de biscottes, de croissants ou de croustilles.

Mousse au bœuf

4 à 6 portions	
250 ml	(1 tasse) rôti de bœuf, cuit, haché
225 g	(8 oz) fromage à la crème, ramolli
125 ml	(½ tasse) céleri, émincé
125 ml	(½ tasse) échalotes, émincées
250 ml	(1 tasse) mayonnaise
1 ml	(¼ c. à t.) cari
	sel et poivre
	feuilles de laitue
	persil frais

▪ Dans un bol, mélangez tous les ingrédients, sauf la laitue et le persil ; liez bien. Versez dans un moule huilé. Placez au réfrigérateur au moins 4 heures.

▪ Démoulez la mousse froide sur un plat de service tapissé de feuilles de laitue. Décorez de persil. Servez.

Aspic aux crevettes

6 À 8 PORTIONS	
225 g	(8 oz) fromage à la crème, ramolli
500 ml	(2 tasses) crevettes, hachées
60 ml	(¼ tasse) échalotes, émincées
250 ml	(1 tasse) yogourt nature
1	sachet de gélatine sans saveur
125 ml	(½ tasse) eau froide

- Dans un bol, mélangez le fromage, les crevettes, les échalotes et le yogourt, jusqu'à consistance homogène. Réservez.

- Dans une petite casserole, saupoudrez la gélatine sur l'eau froide ; à feu doux, faites dissoudre ; incorporez à la préparation de crevettes ; mélangez bien. Versez dans un moule à aspic ; couvrez. Placez au réfrigérateur au moins 8 heures.

- Déposez le fond du moule dans un bol d'eau chaude 10 secondes ; démoulez l'aspic. Servez.

Recette illustrée ci-dessus

VARIANTE

- Au premier mélange, ajoutez 60 ml (¼ tasse) de sauce Chili, tel qu'illustré ci-contre.

Ananas des îles

4 PORTIONS	
198 g	(7 oz) thon, en conserve, égoutté, émietté
198 g	(7 oz) saumon, en conserve, égoutté, émietté
60 ml	(¼ tasse) céleri, émincé
3	échalotes, émincées
1	gousse d'ail, émincée
	persil frais, haché finement
30 ml	(2 c. à s.) mayonnaise
7 ml	(½ c. à s.) jus de citron
4	tranches d'ananas, en conserve, égouttées

- Dans un bol, mélangez tous les ingrédients, sauf les ananas ; placez au réfrigérateur 2 heures.
- Déposez chaque tranche d'ananas sur une petite assiette de service ; à l'aide d'une cuillère à crème glacée, garnissez d'une boule de la préparation au poisson. Servez.

VARIANTES

- Remplacez les poissons en conserve par un reste de viande ou de poisson, cuit et haché. Aux ananas, substituez des tranches de tomates.

Poires aux huîtres fumées

4 PORTIONS	
225 g	(8 oz) fromage à la crème, ramolli
10 ml	(2 c. à t.) vodka
5 ml	(1 c. à t.) jus de citron
134 ml	(4 ¾ oz) huîtres fumées, en conserve, égouttées
796 ml	(28 oz) moitiés de poires, en conserve, égouttées
	olives farcies, tranchées

- Dans un bol, mélangez le fromage, la vodka et le jus de citron. Incorporez les huîtres.
- Farcissez les demi-poires de la préparation aux huîtres ; si nécessaire, à l'aide d'une cuillère, creusez une plus grande cavité au milieu de chaque demi-poire ; décorez de tranches d'olives. Servez.

Boule au crabe

6 À 8 PORTIONS	
450 g	(1 lb) chair de crabe, en conserve, égouttée, émiettée
225 g	(8 oz) fromage à la crème, ramolli
15 ml	(1 c. à s.) oignon, émincé
15 ml	(1 c. à s.) jus de citron
10 ml	(2 c. à t.) raifort préparé (facultatif)
2 ml	(½ c. à t.) sauce Worcestershire
2 ml	(½ c. à t.) Tabasco
125 ml	(½ tasse) noix de Grenoble, hachées
60 ml	(¼ tasse) persil frais, haché finement
	craquelins

- Dans un bol, mélangez les 7 premiers ingrédients ; façonnez la préparation en une grosse boule ou en plusieurs petites boules ; placez au réfrigérateur au moins 2 heures.

- Dans un grand bol, combinez les noix et le persil ; enrobez la boule du mélange. Servez, accompagnée de craquelins.

Avocats au crabe épicés

4 PORTIONS	
125 ml	(½ tasse) mayonnaise
125 ml	(½ tasse) céleri, émincé
60 ml	(¼ tasse) piments forts marinés, émincés
60 ml	(¼ tasse) persil frais, haché finement
15 ml	(1 c. à s.) moutarde préparée
	quelques gouttes de Tabasco
	quelques gouttes de sauce Worcestershire
1	pincée de sel
	jus de ½ citron
180 g	(6 oz) chair de crabe, en conserve
2	avocats bien mûrs
	cresson frais
	tomates cerises
	olives noires

- Dans un bol, mélangez les 8 premiers ingrédients et 10 ml (2 c. à t.) de jus de citron. Couvrez. Placez au réfrigérateur.

- Faites égoutter la chair de crabe ; dans un bol, émiettez. Placez au réfrigérateur.

- Pelez les avocats ; dans le sens de la longueur, coupez en deux ; retirez les noyaux. Trempez le côté coupé des avocats dans le reste de jus de citron.

- Tapissez 4 assiettes à salade de cresson. Déposez les moitiés d'avocats sur le cresson ; farcissez de chair de crabe ; nappez généreusement de la mayonnaise épicée ; décorez de tomates et d'olives. Servez.

Mousse de saumon fumé

6 PORTIONS	
225 g	(8 oz) saumon fumé
30 ml	(2 c. à s.) oignon, haché
225 g	(8 oz) fromage à la crème, ramolli
2	filets d'anchois
1	gousse d'ail, hachée
10 ml	(2 c. à t.) persil, haché
1 ml	(¼ c. à t.) sel d'oignon
1	trait de sauce Worcestershire
30 ml	(2 c. à s.) jus de citron
	poivre du moulin
	feuilles de laitue

▪ Au robot culinaire, mélangez tous les ingrédients, sauf la laitue, jusqu'à l'obtention d'une mousse à consistance lisse. Placez au réfrigérateur 12 heures.

▪ À l'aide d'un sac à pâtisserie muni d'une douille cannelée, dressez la mousse sur des feuilles de laitue.

VARIANTES

• Utilisez d'autres variétés de poisson fumé.

Tomates farcies

4 PORTIONS	
4	tomates moyennes
225 g	(8 oz) saumon, en conserve, sans peau ni arêtes
250 ml	(1 tasse) riz, cuit
125 ml	(½ tasse) mayonnaise
	jus de ½ citron
30 ml	(2 c. à s.) persil, haché
2 ou 3	gouttes de Tabasco
	sel et poivre
2	œufs durs
	brins de persil frais
2	olives noires dénoyautées, en moitiés

▪ À l'aide d'un couteau, coupez la calotte de chaque tomate ; évidez. Réservez.

▪ Hachez la chair des tomates ; dans un bol, mélangez avec le saumon, le riz, la mayonnaise, le jus de citron, le persil et les assaisonnements. Farcissez les tomates évidées de la préparation. Réservez.

▪ Séparez les jaunes et les blancs d'œufs ; passez les jaunes au tamis. Réservez.

▪ Hachez finement les blancs d'œufs. Parsemez chaque tomate farcie de jaunes et de blancs d'œufs ; garnissez d'un brin de persil et d'une moitié d'olive. Servez.

Saumon norvégien

10 À 12 PORTIONS

1	saumon entier de 1,4 à 1,8 kg (3 à 4 lb)
60 ml	(¹/₄ tasse) gros sel
125 ml	(¹/₂ tasse) aneth, haché
60 ml	(2 oz) cognac
	jus de 1 citron
	eau

Sauce

250 ml	(1 tasse) crème à 35 %
60 ml	(¹/₄ tasse) moutarde de Dijon
	sel et poivre
	persil haché

- Coupez le saumon en deux dans le sens de la longueur ; retirez l'arête centrale ; n'enlevez pas la peau.

- Dans un plat, déposez le saumon, côté coupé vers le haut. Saupoudrez de gros sel ; frottez pour faire pénétrer le sel ; parsemez d'aneth ; arrosez du cognac et du jus de citron ; couvrez d'eau le fond du plat, jusqu'à la hauteur du poisson mais sans le recouvrir. Placez au réfrigérateur 2 jours.

- Retournez le poisson ; remuez la marinade. Replacez au réfrigérateur 2 autres jours.

- Dans un bol, mélangez tous les ingrédients de la sauce. Coupez le saumon mariné en biseau ; nappez de sauce. Servez immédiatement.

Crevettes d'Orléans

4 PORTIONS

250 ml	(1 tasse) crevettes de Matane
540 ml	(19 oz) morceaux d'ananas, en conserve, dans leur jus
60 ml	(¹/₄ tasse) huile
30 ml	(2 c. à s.) moutarde préparée
15 ml	(1 c. à s.) jus de citron
5 ml	(1 c. à t.) sauce Worcestershire
2	échalotes vertes, émincées
	feuilles de laitue

- Dans un bol, mélangez tous les ingrédients, sauf la laitue ; laissez mariner au réfrigérateur 1 heure.

- Tapissez 4 petites assiettes à salade de feuilles de laitue ; disposez les crevettes marinées dans les assiettes. Servez.

Céviche de saumon et de pétoncles

4 PORTIONS

225 g	(8 oz) filets de saumon frais
225 g	(8 oz) pétoncles frais
125 ml	(1/2 tasse) jus de citron
125 ml	(1/2 tasse) jus de lime
250 ml	(1 tasse) tomates cerises, en moitiés
1/2	oignon rouge, en dés
1	piment vert fort, en conserve, égoutté, en dés
60 ml	(1/4 tasse) huile d'olive
45 ml	(3 c. à s.) jus de lime
15 ml	(1 c. à s.) coriandre fraîche, hachée finement
1	gousse d'ail, émincée
1 ml	(1/2 c. à t.) origan
	sel et poivre
	feuilles de laitue
	brins de coriandre fraîche

- À l'aide de petites pinces, retirez les arêtes du saumon. Coupez la chair en cubes de 1,25 cm (1/2 po).

- Dans un petit bol de verre, combinez le saumon, les pétoncles, les jus de citron et de lime. Couvrez ; placez au réfrigérateur 5 heures ou jusqu'à ce que la chair devienne opaque ; remuez de temps en temps.

- Retirez du réfrigérateur ; égouttez bien. Incorporez les autres ingrédients, sauf la laitue et les brins de coriandre ; mélangez bien. Couvrez. Remettez au réfrigérateur 1 heure.

- Dressez sur des feuilles de laitue ; garnissez de coriandre. Servez.

Entrée de pétoncles

4 PORTIONS

45 ml	(3 c. à s.) huile d'olive
15 ml	(1 c. à s.) vinaigre d'estragon
	sel et poivre
142 ml	(5 oz) quartiers de mandarines, en conserve, égouttés
250 ml	(1 tasse) pétoncles, cuits

- Dans un bol, fouettez l'huile, le vinaigre et les assaisonnements jusqu'à l'obtention d'une vinaigrette onctueuse. Incorporez les mandarines et les pétoncles ; laissez mariner au réfrigérateur 1 heure.

- Répartissez les pétoncles et les mandarines dans 4 assiettes. Servez.

Œufs garnis

4 PORTIONS

6	œufs
45 ml	(3 c. à s.) mayonnaise
10 ml	(2 c. à t.) sauce Chili
	sel et poivre
5 ml	(1 c. à t.) ciboulette, hachée
1	gousse d'ail, hachée
	sel et poivre

Garniture

5 ml	(1 c. à t.) poivre rose
5 ml	(1 c. à t.) câpres
4	filets d'anchois

• Dans une casserole d'eau bouillante légèrement salée, faites cuire les œufs 10 minutes. Sous l'eau froide, rafraîchissez bien. Écalez. Coupez en deux dans le sens de la longueur. À l'aide d'une cuillère, retirez délicatement les jaunes. Réservez les blancs.

• Combinez les jaunes d'œufs aux autres ingrédients ; mélangez bien.

• À l'aide d'un sac à pâtisserie muni d'une douille cannelée, farcissez les blancs d'œufs du mélange.

• Garnissez 4 demi-œufs de poivre rose, 4 demi-œufs de câpres et 4 demi-œufs d'anchois.

• Dans des petites assiettes individuelles, dressez 3 demi-œufs de garnitures différentes par portion.

Œufs pochés

4 PORTIONS

1 L	(4 tasses) eau
30 ml	(2 c. à s.) vinaigre
4	œufs, à la température ambiante
45 ml	(3 c. à s.) mayonnaise
2 ml	(½ c. à t.) raifort préparé
	sel et poivre
4	tranches de jambon maigre

• Dans une casserole, amenez à ébullition l'eau et le vinaigre.

• Entre-temps, dans une tasse individuelle, cassez chaque œuf. Un à un, versez doucement dans l'eau bouillante. Faites pocher environ 5 minutes. À l'aide d'une écumoire, retirez les œufs ; plongez dans un bol d'eau glacée. Réservez.

• Dans un autre bol, mélangez la mayonnaise et le raifort. Assaisonnez. Réservez.

• Roulez les tranches de jambon en cornets. À l'intérieur de chacun, déposez un œuf. Nappez chaque œuf de 10 ml (2 c. à t.) de mayonnaise au raifort. Servez.

Tarte au pâté de foie

6 PORTIONS

180 ml	(¾ tasse) consommé de bœuf, en conserve, non dilué
30 ml	(1 oz) porto
10 ml	(2 c. à t.) gélatine sans saveur
45 ml	(3 c. à s.) eau froide
250 ml	(1 tasse) pâté de foie
1	abaisse de pâte brisée, cuite *(p. 334)*
4 ou 5	tranches de dinde fumée
10 à 12	olives farcies, tranchées
2	œufs durs, tranchés

• Dans une casserole, faites chauffer le consommé à feu doux ; ajoutez le porto. Réservez.

• Dans un bol, faites gonfler la gélatine dans l'eau froide. Ajoutez au consommé ; mélangez bien. Laissez tiédir.

• Entre-temps, au robot culinaire, faites ramollir le pâté de foie.

• Étendez une couche uniforme de pâté dans l'abaisse. Recouvrez des tranches de dinde. Parsemez des tranches d'olives et d'œufs. Versez le consommé tiède sur la tarte, de façon à couvrir la garniture. Placez au réfrigérateur 3 heures. Servez.

Tarte au caviar

6 PORTIONS

180 ml	(¾ tasse) bisque de fruits de mer, en conserve, non diluée
30 ml	(1 oz) vodka
10 ml	(2 c. à t.) gélatine sans saveur
45 ml	(3 c. à s.) eau froide
250 ml	(1 tasse) mousse de saumon fumé *(p. 65)*
1	abaisse de pâte brisée, cuite *(p. 334)*
4 ou 5	tranches de saumon fumé
1	œuf dur, tranché
30 ml	(2 c. à s.) caviar

• Dans une casserole, faites chauffer la bisque à feu doux; ajoutez la vodka. Réservez.

• Dans un petit bol, faites gonfler la gélatine dans l'eau froide. Incorporez à la bisque ; mélangez bien. Laissez tiédir.

• Entre-temps, au robot culinaire, faites ramollir la mousse de saumon.

• Étendez une couche uniforme de mousse dans l'abaisse. Recouvrez des tranches de saumon fumé. Parsemez des tranches d'œuf dur et de caviar. Versez la bisque tiède sur la tarte, de façon à couvrir la garniture. Placez au réfrigérateur 3 heures. Servez.

LES ENTRÉES CHAUDES

Les entrées chaudes proposées dans cette section pourront fort bien remplacer le plat principal lors d'un repas léger.

Cependant, prenons bien soin d'assortir l'entrée au plat principal afin de maintenir l'équilibre alimentaire souhaitable dont il est question particulièrement à la section « Menus ».

Ainsi, par exemple, une entrée de viande complétera adéquatement un plat principal à base de riz ou de pâtes alimentaires.

Carrés aux courgettes

8 PORTIONS	
750 ml	(3 tasses) courgettes, râpées
500 ml	(2 tasses) carottes, râpées
1	oignon moyen, haché finement
125 ml	(½ tasse) parmesan, râpé
4	œufs, battus
125 ml	(½ tasse) huile végétale
250 ml	(1 tasse) farine de blé entier
1 ml	(¼ c. à t.) sel
1 ml	(¼ c. à t.) poivre
1 ml	(¼ c. à t.) persil, haché
1 ml	(¼ c. à t.) basilic

- Préchauffez le four à 175 °C (350 °F). Beurrez un plat de 23 x 33 cm (9 x 13 po) allant au four. Réservez.
- Dans un bol, mélangez tous les ingrédients. Versez dans le plat. Faites cuire au four 10 minutes.
- Retirez du four. Coupez en 24 carrés. Servez chauds.

Tarte aux légumes

6 À 8 PORTIONS	
80 ml	(⅓ tasse) margarine
375 ml	(1 ½ tasse) champignons, émincés
300 ml	(1 ¼ tasse) biscuits soda salés, écrasés
125 ml	(½ tasse) oignons, tranchés
1	courgette, émincée
2	tomates, en tranches fines
3	œufs, battus
15 ml	(1 c. à s.) farine tout usage
250 ml	(1 tasse) lait
1 ml	(¼ c. à t.) sel
1 ml	(¼ c. à t.) poivre
1 ml	(¼ c. à t.) basilic
	persil frais, haché finement
30 ml	(2 c. à s.) parmesan, râpé

- Préchauffez le four à 175 °C (350 °F).
- Dans un poêlon, faites fondre la margarine ; faites sauter les champignons. Ajoutez les biscuits soda ; mélangez bien.
- Dans un moule à tarte profond, de 23 cm (9 po) de diamètre, étendez le mélange sur le fond et la paroi. Déposez les tranches d'oignons et de courgette. Recouvrez des tranches de tomates. Réservez.
- Dans un bol, combinez les œufs au reste des ingrédients, sauf le parmesan. Versez sur le fond de tarte. Saupoudrez du parmesan. Faites cuire au four 25 à 35 minutes. Servez chaude.

Recette illustrée

VARIANTES

- Remplacez les courgettes par tout autre légume. Faites blanchir au préalable les légumes plus fermes comme le navet, la betterave, la carotte, etc.

Quiche au brocoli

6 À 8 PORTIONS	
500 ml	(2 tasses) brocoli, en bouquets
60 ml	(¼ tasse) margarine ou beurre
250 ml	(1 tasse) oignons, hachés
125 ml	(½ tasse) persil frais, haché
1 ml	(¼ c. à t.) basilic
1 ml	(¼ c. à t.) origan
2 ml	(½ c. à t.) sel
2 ml	(½ c. à t.) poivre
500 ml	(2 tasses) mozzarella, râpé
2	œufs, battus
1	paquet de pâte à croissants, du commerce, décongelée
10 ml	(2 c. à t.) moutarde de Dijon

■ Préchauffez le four à 190 °C (375 °F).

■ Dans une casserole d'eau bouillante légèrement salée, faites blanchir le brocoli 1 minute. Retirez-le. Plongez dans un bol d'eau glacée. Égouttez bien. Réservez.

■ Dans une poêle, faites fondre la margarine. Faites sauter les oignons. Ajoutez les fines herbes ; assaisonnez. Mélangez bien. Réservez.

■ Dans un bol, mélangez le brocoli, le mozzarella et les œufs. Ajoutez la préparation aux oignons. Réservez.

■ Dans un moule à quiche ou à tarte, pressez la pâte à croissants ; prenez soin de couvrir la paroi, de façon à former une croûte. Badigeonnez de moutarde.

■ Versez la préparation au brocoli dans le moule. Faites cuire au four 20 minutes ou jusqu'à ce qu'une lame de couteau insérée au centre en ressorte propre. Servez.

Bananes plantains au bacon

6 À 8 PORTIONS	
3	bananes plantains, pelées
450 g	(1 lb) bacon

■ Dans le sens de la longueur, coupez les bananes en tranches de 2,5 cm (1 po) d'épaisseur et 5 cm (2 po) de longueur. Réservez.

■ Taillez chaque tranche de bacon en 3 morceaux. Enrobez les tranches de banane de morceaux de bacon. Déposez dans une poêle ; faites frire. Servez chaudes.

Asperges mimosa

4 PORTIONS	
24	asperges
45 ml	(3 c. à s.) beurre
1	œuf dur, haché finement
1	pincée de muscade moulue
30 ml	(2 c. à s.) persil frais, haché finement

- Épluchez les asperges ; taillez-les à une longueur de 15 cm (6 po) ; lavez bien ; ficelez en botte. Plongez les asperges dans une casserole d'eau bouillante légèrement salée. Faites cuire 10 minutes.

- Entre-temps, faites réchauffer 4 petites assiettes à salade au four.

- Retirez les asperges du feu ; égouttez bien. Dressez sur les assiettes chaudes. Réservez.

- Dans une poêle, faites fondre le beurre. Ajoutez l'œuf ; saupoudrez de muscade ; faites revenir 30 secondes, en remuant la poêle sans cesse. Versez le mélange sur les asperges ; saupoudrez de persil. Servez immédiatement.

Asperges gratinées

4 PORTIONS	
341 ml	(12 oz) pointes d'asperges, en conserve, égouttées
45 ml	(3 c. à s.) beurre
15 ml	(1 c. à s.) farine tout usage
375 ml	(1 ½ tasse) lait
	sel et poivre
80 ml	(⅓ tasse) emmenthal, râpé
15 ml	(1 c. à s.) chapelure
1	pincée de muscade
1 ml	(¼ c. à t.) thym

- Préchauffez le four à 205 °C (400 °F).

- Dans un plat à gratin, disposez les asperges. Réservez.

- Dans une casserole, faites fondre 15 ml (1 c. à s.) de beurre ; saupoudrez de farine ; mélangez ; en remuant, faites cuire 2 minutes. Incorporez le lait ; sans cesser de remuer, continuez la cuisson 6 minutes jusqu'à l'obtention d'une sauce lisse et onctueuse ; assaisonnez.

- Versez la sauce sur les asperges ; parsemez du reste de beurre, en noisettes ; étalez le fromage sur le dessus ; recouvrez de chapelure ; assaisonnez de muscade et de thym. Faites gratiner au four 20 minutes ou jusqu'à l'obtention d'une belle croûte dorée. Servez.

Aubergines croustillantes

4 À 6 PORTIONS

125 ml	(¹/₂ tasse) chapelure
125 ml	(¹/₂ tasse) germe de blé
1 ml	(¹/₄ c. à t.) sel
1	pincée de poivre de Cayenne
1 ml	(¹/₄ c. à t.) basilic, thym ou mélange de fines herbes
2	œufs
1	aubergine, tranchée
125 ml	(¹/₂ tasse) fromage au goût, râpé ou tranché

▪ Préchauffez le four à 175 °C (350 °F). Huilez une plaque à biscuits. Réservez.

▪ Dans une assiette, combinez la chapelure, le germe de blé et les assaisonnements.

▪ Dans un bol, fouettez les œufs. Trempez-y chaque tranche d'aubergine ; enrobez de chapelure assaisonnée ; déposez sur la plaque à biscuits. Faites cuire au four 20 minutes.

▪ Retirez du four ; recouvrez du fromage ; continuez la cuisson jusqu'à l'obtention d'une couleur dorée. Servez.

VARIANTE
• Dans un pain à hamburger, déposez une tranche d'aubergine cuite mais non gratinée. Garnissez de laitue, de tranches de tomate et de mayonnaise.

Fondue aux tomates

6 PORTIONS

796 ml	(28 oz) tomates entières, en conserve
5	gousses d'ail, écrasées
1	poivron vert, haché
2 ml	(¹/₂ c. à t.) Tabasco sel et poivre
450 g	(1 lb) fromage brick, tranché
1	pain baguette, en cubes

▪ Dans un grand bol allant au four à micro-ondes, mélangez les 5 premiers ingrédients ; faites cuire 10 minutes, à ÉLEVÉ.

▪ Retirez du four. Ajoutez le fromage ; mélangez jusqu'à consistance homogène. Servez la fondue très chaude, accompagnée de cubes de pain.

Pâté végétal

6 PORTIONS

180 ml	(³/₄ tasse) farine de blé entier
125 ml	(¹/₂ tasse) graines de tournesol moulues
250 ml	(1 tasse) eau, chaude
30 ml	(2 c. à s.) jus de citron
60 ml	(¹/₄ tasse) huile de tournesol
160 ml	(²/₃ tasse) levure alimentaire (du naturiste)
1	gousse d'ail, émincée
2	oignons, émincés
1	carotte, émincée
1	branche de céleri, émincée
1	pomme de terre crue, pelée, râpée
60 ml	(¹/₄ tasse) sauce tamari
5 ml	(1 c. à t.) basilic
2 ml	(¹/₂ c. à t.) thym
1 ml	(¹/₄ c. à t.) sauge

■ Préchauffez le four à 175 °C (350 °F).

■ Dans un grand bol, mélangez tous les ingrédients. Versez dans un moule à pain de 10 x 20,5 cm (4 x 8 po). Faites cuire au four 45 minutes à 1 heure. Laissez refroidir. Démoulez. Tranchez. Enveloppez de papier d'aluminium. Faites réchauffer. Servez.

Note : le pâté végétal peut se conserver au congélateur 2 mois.

VARIANTE
• Servez froid, accompagné de pain et de marinades.

Riz aux épinards et au fromage

6 À 8 PORTIONS

280 g	(10 oz) épinards surgelés, décongelés, équeutés
2	œufs, battus
369 ml	(13 oz) lait évaporé, en conserve
160 ml	(²/₃ tasse) riz instantané
225 g	(8 oz) fromage à tartiner pasteurisé, en cubes
2 ml	(¹/₂ c. à t.) sel
1 ml	(¹/₄ c. à t.) poivre
60 ml	(¹/₄ tasse) oignon, haché

■ Dans une cocotte de 1,25 L (5 tasses) allant au four à micro-ondes, déposez les épinards. Couvrez. Faites cuire 5 ou 6 minutes, à ÉLEVÉ. Égouttez. Réservez.

■ Dans un bol de 2,5 L (10 tasses) allant au four à micro-ondes, mélangez les œufs, le lait, le riz, le fromage, le sel et le poivre. Faites cuire 2 minutes, à ÉLEVÉ. Brassez. Poursuivez la cuisson 3 ou 4 minutes ou jusqu'à ce que le fromage soit fondu.

■ Incorporez l'oignon et les épinards au mélange de riz et de fromage. Versez dans un moule de 25 x 15 x 5 cm (10 x 6 x 2 po) allant au four à micro-ondes. Faites cuire, à ÉLEVÉ, 10 à 12 minutes ou jusqu'à ce qu'une lame de couteau insérée au centre en ressorte propre. Servez.

Baguette aux champignons

4 À 6 PORTIONS	
15 ml	(1 c. à s.) huile
225 g	(8 oz) champignons, tranchés
2 à 3	échalotes, émincées
30 ml	(2 c. à s.) persil, haché
45 ml	(3 c. à s.) beurre
45 ml	(3 c. à s.) farine
375 ml	(1 ½ tasse) lait
	sel et poivre
16	rondelles de pain baguette
375 ml	(1 ½ tasse) fromage, râpé

■ Préchauffez le four à 175 °C (350 °F).

■ Dans une poêle, faites chauffer l'huile. Faites sauter les légumes et le persil. Réservez.

■ Dans une casserole, faites fondre le beurre. Saupoudrez de farine ; mélangez. Faites cuire 2 minutes, en remuant. Ajoutez le lait. Sans cesser de remuer, continuez la cuisson 6 minutes ou jusqu'à consistance épaisse et onctueuse. Incorporez les champignons sautés. Assaisonnez. Réservez.

■ Sur une plaque à biscuits à revêtement antiadhésif, disposez les rondelles de pain. Nappez de sauce aux champignons. Recouvrez de fromage râpé. Faites cuire au four 5 minutes ou jusqu'à ce que le fromage fonde et commence à griller. Servez.

Champignons farcis au poulet

4 À 6 PORTIONS	
24	gros champignons
115 g	(4 oz) poulet, cuit, en dés
90 ml	(6 c. à s.) chapelure
10 ml	(2 c. à t.) persil frais, haché finement
	sel et poivre
30 ml	(2 c. à s.) beurre
10 ml	(2 c. à t.) oignon, haché finement
180 ml	(³/₄ tasse) cheddar, râpé

■ Préchauffez le four à 220 °C (425 °F).

■ Retirez les pieds des champignons. Réservez les têtes.

■ Hachez finement les pieds des champignons. Versez dans un bol. Ajoutez le poulet, la chapelure et le persil. Assaisonnez ; mélangez.

■ Dans un poêlon, faites fondre le beurre. Faites revenir l'oignon 3 à 4 minutes. Incorporez au mélange de poulet. Farcissez de la préparation les têtes de champignons. Parsemez de fromage.

■ Sur une plaque à biscuits à revêtement antiadhésif, disposez les champignons farcis. Faites cuire au four 8 à 10 minutes. Servez chauds.

VARIANTE

● Omettez les champignons. Farcissez des vol-au-vent.

Crêpes farcies aux épinards

6 PORTIONS

6	**crêpes** (p. 380)
375 ml	(1 ½ tasse) **épinards**, hachés finement
	cannelle

Sauce au fromage

30 ml	(2 c. à s.) **beurre** ou margarine
1	petit **oignon**, haché finement
30 ml	(2 c. à s.) **farine** tout usage
250 ml	(1 tasse) **lait** 2 %
	sel et **poivre**
125 ml	(½ tasse) **cheddar**, râpé

- Préchauffez le four à GRIL (BROIL).

- Sur une plaque à revêtement antiadhésif, déposez les crêpes. Recouvrez d'épinards. Saupoudrez d'une pincée de cannelle. Roulez ou pliez en portefeuille. Réservez.

- Dans un poêlon, faites fondre le beurre. Faites revenir l'oignon. Saupoudrez de farine ; mélangez. Faites cuire 2 minutes, en remuant sans cesse. À feu moyen, incorporez le lait. En remuant toujours, continuez la cuisson jusqu'à consistance lisse. Assaisonnez. Ajoutez le fromage ; brassez pour faire fondre.

- Nappez chaque crêpe de sauce au fromage. Faites gratiner au four 2 ou 3 minutes. Servez immédiatement.

Recette illustrée ci-dessus

VARIANTES

- Remplacez les épinards par des bouquets de chou-fleur blanchis, tel qu'illustré ci-contre, par des bouquets de brocoli blanchis ou par des betteraves en conserve, bien égouttées, tel qu'illustré ci-contre.

Croquettes de riz et de fromage

4 PORTIONS	
60 ml	(¹/4 tasse) huile
1	oignon, haché finement
500 ml	(2 tasses) riz à grains courts, cuit
2	œufs, battus
160 ml	(²/3 tasse) gruyère, râpé
30 ml	(2 c. à s.) farine tout usage
5 ml	(1 c. à t.) cari
	sel et poivre
45 ml	(3 c. à s.) chapelure

■ Dans un poêlon, faites chauffer 15 ml (1 c. à s.) d'huile. Ajoutez l'oignon ; faites sauter. Versez dans un bol. Incorporez le riz, les œufs, le gruyère, la farine et les assaisonnements ; mélangez bien. Les mains mouillées, façonnez 8 croquettes bien compactes. Enrobez de chapelure.

■ Dans le poêlon, à feu moyen, faites chauffer le reste d'huile. Faites cuire les croquettes 10 minutes de chaque côté. Servez.

VARIANTES
• Utilisez différentes variétés de fromage.

Chow mein

6 À 8 PORTIONS	
45 ml	(3 c. à s.) fécule de maïs
80 ml	(¹/3 tasse) sauce soya
284 ml	(10 oz) châtaignes d'eau, en conserve, égouttées, tranchées
540 ml	(19 oz) fèves germées, en conserve, égouttées
198 g	(7 oz) champignons, en conserve, dans leur jus
500 ml	(2 tasses) restes de viande, cuits, en dés
500 ml	(2 tasses) céleri, en tranches diagonales de 1,25 cm (¹/2 po)
250 ml	(1 tasse) oignons, émincés
	riz cuit ou nouilles frites

■ Dans une cocotte de 2,5 L (10 tasses) allant au four à micro-ondes, délayez la fécule de maïs dans la sauce soya. Incorporez les autres ingrédients, sauf le riz ; mélangez. Faites cuire 10 minutes, à ÉLEVÉ. Retirez du four. Brassez. Continuez la cuisson 10 à 12 minutes ou jusqu'à ce que le mélange épaississe. Retirez du four ; laissez reposer 5 minutes.

■ Dressez sur un nid de riz ou de nouilles frites. Servez immédiatement.

Nachos en fête

4 À 6 PORTIONS

5 ml	(1 c. à t.) huile végétale
1	gousse d'ail, émincée
398 ml	(14 oz) haricots rouges, en conserve, égouttés
5 ml	(1 c. à t.) poudre de Chili
1 ml	($^1/_4$ c. à t.) cumin
1	trait de Tabasco
	poivre
36	tortillas rondes de 6 cm (2 $^1/_2$ po)
3	tomates, hachées
1	poivron vert, haché
15 ml	(1 c. à s.) piment Jalapeño mariné, haché finement (facultatif)
250 ml	(1 tasse) cheddar, râpé

■ Dans une cocotte allant au four à micro-ondes, combinez l'huile et l'ail ; faites chauffer 35 secondes, à ÉLEVÉ. Retirez du four. Ajoutez les haricots et les assaisonnements, sauf le poivre ; mélangez. Couvrez ; faites chauffer 2 à 3 minutes ; remuez à la mi-cuisson.

■ Au robot culinaire, réduisez la préparation en purée ; poivrez ; étendez 5 ml (1 c. à t.) du mélange sur chaque tortilla. Disposez dans 2 assiettes de service de 30,5 cm (12 po) ; parsemez de tomates, de poivron et de piment Jalapeño, si désiré ; recouvrez de fromage.

■ Faites cuire au four à micro-ondes, à MOYEN, environ 3 minutes ou jusqu'à ce que le fromage soit fondu. Servez.

Trempette chaude au crabe

4 PORTIONS

225 g	(8 oz) fromage à la crème, ramolli
113 g	(4 oz) chair de crabe, en conserve, égouttée
2	échalotes, hachées finement
2 ou 3	gouttes de sauce Worcestershire
15 ml	(1 c. à s.) jus de citron
	sel et poivre, au goût
	ail, au goût
	crudités et craquelins

■ Préchauffez le four à 150 °C (300 °F).

■ Dans une casserole allant au four, mélangez tous les ingrédients, sauf les crudités et les craquelins. Couvrez ; faites cuire au four 20 minutes.

■ Dans un plat à fondue au chocolat, versez la trempette. Servez chaude, accompagnée d'un plateau de crudités et de craquelins.

Fondue parmesan

	8 PORTIONS
90 ml	(6 c. à s.) beurre
180 ml	(³/₄ tasse) farine
300 ml	(1 ¹/₄ tasse) lait
1	jaune d'œuf
125 ml	(¹/₂ tasse) gruyère, râpé
125 ml	(¹/₂ tasse) parmesan, râpé
	sel et poivre
2 ml	(¹/₂ c. à t.) paprika
1	blanc d'œuf
0,5 ml	(¹/₈ c. à t.) huile
250 ml	(1 tasse) chapelure
15 ml	(1 c. à s.) parmesan, râpé
125 ml	(¹/₂ tasse) farine

- Dans un bol, mélangez les 6 premiers ingrédients ; assaisonnez. Dans un poêlon, à feu doux, faites cuire jusqu'à ce que le fromage soit fondu et que la pâte épaississe ; étendez dans un plat carré de 20,5 cm (8 po) de côté ; placez au réfrigérateur 6 heures.
- Préchauffez le four à 175 °C (350 °F).
- Dans un bol, fouettez légèrement le blanc d'œuf et l'huile.
- Mélangez la chapelure et 15 ml (1 c. à s.) de parmesan.
- Sortez la pâte du réfrigérateur ; coupez en 16 carrés ; enrobez chaque carré de farine, de blanc d'œuf et de chapelure. Disposez sur une plaque à revêtement antiadhésif ; faites cuire au four 20 minutes. Servez chaude.

Rouleaux au fromage

	4 À 6 PORTIONS
500 ml	(2 tasses) farine tout usage
20 ml	(4 c. à t.) poudre à pâte
5 ml	(1 c. à t.) sel
15 ml	(1 c. à s.) beurre, ramolli
15 ml	(1 c. à s.) graisse végétale
250 ml	(1 tasse) lait
250 ml	(1 tasse) cheddar jaune, râpé

- Préchauffez le four à 175 °C (350 °F).
- Dans un grand bol, tamisez deux fois la farine, la poudre à pâte et le sel. Réservez.
- Dans un autre bol, battez le beurre et la graisse végétale. En alternant, incorporez les ingrédients secs et le lait jusqu'à consistance lisse et homogène. À l'aide d'un rouleau à pâtisserie, abaissez la pâte en un rectangle de 1 cm (³/₈ po) d'épaisseur.
- Saupoudrez le rectangle de fromage ; roulez ; coupez en rondelles de 2,5 cm (1 po) d'épaisseur. Sur une plaque à revêtement antiadhésif, disposez les rouleaux au fromage ; faites cuire au four 30 à 40 minutes ou jusqu'à ce que les rouleaux soient légèrement dorés. Servez chauds.

Pétoncles aux légumes

	4 PORTIONS
75 ml	(5 c. à s.) beurre
225 g	(8 oz) pétoncles moyens
15 ml	(1 c. à s.) échalote, hachée
80 ml	(1/3 tasse) carotte, en julienne
80 ml	(1/3 tasse) courgette, en julienne
80 ml	(1/3 tasse) céleri, en julienne
80 ml	(1/3 tasse) poivron rouge, en julienne
80 ml	(1/3 tasse) poivron vert, en julienne
	sel et poivre
	jus de 1/2 citron
2 ml	(1/2 c. à t.) persil, haché

■ Dans un poêlon, faites fondre 30 ml (2 c. à s.) de beurre. Ajoutez les pétoncles. Faites cuire 2 minutes. Incorporez l'échalote ; mélangez bien. Continuez la cuisson 2 minutes, en vous assurant que les pétoncles soient cuits sur les 2 côtés. Réservez.

■ Dans une casserole, faites fondre le reste de beurre. Faites sauter les légumes en julienne 2 minutes. Salez et poivrez.

■ Répartissez les légumes sur 4 petites assiettes. Dressez les pétoncles au milieu. Arrosez du jus de citron ; parsemez de persil. Servez.

Homard à la Newburg

	6 PORTIONS
6	tranches de pain grillé, beurrées
15 ml	(1 c. à s.) beurre
10 ml	(2 c. à t.) farine tout usage
250 ml	(1 tasse) crème à 35 %
250 ml	(1 tasse) chair de homard, cuite, en dés
2	jaunes d'œufs
30 ml	(1 oz) sherry
15 ml	(1/2 oz) cognac
1	pincée de sel
1	pincée de paprika
1	pincée de poivre de Cayenne

■ À l'emporte-pièce ou à l'aide d'un petit couteau, découpez les tranches de pain en croûtons de formes fantaisistes. Réservez.

■ Dans une petite casserole, faites fondre le beurre. Saupoudrez de farine ; mélangez. Ajoutez la crème ; liez bien. Amenez à ébullition ; laissez bouillir 30 secondes. Incorporez le homard ; mélangez. Réservez.

■ Dans un petit bol, fouettez les jaunes d'œufs, le sherry et le cognac. Assaisonnez. Versez dans la casserole ; liez bien. À feu très doux, faites cuire 2 minutes.

■ Dans des assiettes individuelles, répartissez les croûtons de pain. Nappez de la préparation au homard. Servez.

Crabe en feuilleté

	6 PORTIONS
1	oignon, haché finement
6	champignons, émincés
1 ml	(1/4 c. à t.) estragon
225 g	(8 oz) chair de crabe ou goberge
225 g	(8 oz) crevettes de Matane
125 ml	(1/2 tasse) amandes effilées
180 ml	(3/4 tasse) vin blanc
60 ml	(1/4 tasse) crème à 15 %
450 g	(1 lb) pâte feuilletée (p. 335) ou du commerce
60 ml	(1/4 tasse) lait
	sauce au fromage (p. 78)

■ Préchauffez le four à 205 °C (400 °F).

■ Dans une casserole, mélangez les 7 premiers ingrédients. Amenez à ébullition. Réduisez le feu ; laissez mijoter afin de réduire du quart. Incorporez la crème. En remuant, continuez la cuisson 3 minutes ou jusqu'à consistance veloutée.

■ À l'aide d'un rouleau à pâtisserie, abaissez la pâte. Taillez en 6 carrés de 12,5 cm (5 po). Déposez 15 à 30 ml (1 à 2 c. à s.) de la préparation aux fruits de mer sur chacun. Repliez en triangles. Scellez bien les bords.

■ Sur une plaque à revêtement antiadhésif, disposez les feuilletés. Badigeonnez de lait. Faites cuire au four 12 minutes.

■ Servez immédiatement, nappés de sauce au fromage.

Délices au crabe et au fromage

	4 PORTIONS
284 ml	(10 oz) chair de crabe ou crabe et goberge, en conserve, émiettée
60 ml	(1/4 tasse) mayonnaise
1	petit oignon, haché finement
	sel et poivre, au goût
1 ml	(1/4 c. à t.) jus de citron
4	tranches de pain baguette
125 ml	(1/2 tasse) mozzarella, râpé

■ Dans un bol, mélangez bien les 5 premiers ingrédients. Placez au réfrigérateur 2 à 3 heures.

■ Préchauffez le four à 205 °C (400 °F).

■ Répartissez la préparation refroidie sur les 4 tranches de pain. Parsemez de fromage. Disposez sur une plaque à revêtement antiadhésif. Faites cuire au four environ 7 minutes.

■ Augmentez la température du four à GRIL (BROIL). Continuez la cuisson 2 minutes ou jusqu'à ce que le fromage soit doré. Servez.

Dans le sens horaire, commençant en haut, à gauche : crabe en feuilleté, délices au crabe et au fromage, pétoncles aux légumes

Vol-au-vent
au thon

4 PORTIONS	
198 g	(7 oz) thon blanc, en conserve, égoutté, émietté
1	oignon, haché finement
1	gousse d'ail, écrasée
1 ml	(¼ c. à t.) jus de citron
1 ml	(¼ c. à t.) sauce Worcestershire
5 ml	(1 c. à t.) persil frais, haché finement
	sel et poivre
250 ml	(1 tasse) sauce béchamel, chaude
4	vol-au-vent
60 ml	(¼ tasse) parmesan, râpé

- Préchauffez le four à GRIL (BROIL).

- Dans une casserole, mélangez tous les ingrédients, sauf les vol-au-vent et le fromage ; à feu doux, faites chauffer. Versez la préparation chaude dans les vol-au-vent ; saupoudrez de fromage.

- Faites gratiner au four 3 à 4 minutes. Servez.

Coquilles
St-Jacques

4 PORTIONS	
30 ml	(2 c. à s.) beurre
125 ml	(½ tasse) champignons, émincés
125 ml	(½ tasse) échalotes, hachées
500 ml	(2 tasses) sauce béchamel, chaude
450 g	(1 lb) fruits de mer (crevettes, pétoncles, palourdes, etc.)
250 ml	(1 tasse) purée de pommes de terre, chaude
30 ml	(2 c. à s.) beurre, fondu
10 ml	(2 c. à t.) jus de citron

- Préchauffez le four à GRIL (BROIL).

- Dans une casserole, faites fondre le beurre ; faites revenir les champignons et les échalotes. Ajoutez la sauce béchamel et les fruits de mer. Laissez mijoter 3 minutes. Réservez.

- Entre-temps, à l'aide d'un sac à pâtisserie muni d'une douille cannelée, dressez une bordure de purée de pommes de terre autour de 4 coquilles. Répartissez la préparation de fruits de mer dans les coquilles. Badigeonnez la bordure de beurre fondu. Arrosez du citron la préparation de fruits de mer.

- Faites griller au four jusqu'à ce que le tout soit légèrement doré. Servez.

Bouchées de crevettes

4 PORTIONS

2	tranches de pain blanc, sans croûte, déchiquetées
1	œuf, battu légèrement
80 ml	(1/3 tasse) mayonnaise
225 g	(8 oz) crevettes de Matane, hachées
60 ml	(1/4 tasse) poivron rouge, haché finement
60 ml	(1/4 tasse) oignon, haché finement
5 ml	(1 c. à t.) moutarde de Dijon
1 ml	(1/4 c. à t.) poivre du moulin

■ Préchauffez le four à 190 °C (375 °F).

■ Dans un bol, mélangez le pain, l'œuf et la mayonnaise jusqu'à consistance homogène ; incorporez les autres ingrédients ; mélangez bien.

■ Façonnez la préparation en boules de 3,75 cm (1 1/2 po) ; disposez sur une plaque à revêtement antiadhésif. Faites cuire au four 25 minutes ou jusqu'à l'obtention d'une belle couleur dorée. Servez.

Roulés au saumon

12 PORTIONS

198 g	(7 oz) chair de saumon, en conserve, émiettée
250 ml	(1 tasse) cheddar doux, râpé
3	œufs durs, pilés ou en dés
30 ml	(2 c. à s.) poivron vert, haché finement
30 ml	(2 c. à s.) oignon, émincé
30 ml	(2 c. à s.) relish verte
125 ml	(1/2 tasse) mayonnaise
12	pains à hot dog

■ Préchauffez le four à 205 °C (400 °F).

■ Dans un bol, mélangez les 7 premiers ingrédients ; farcissez les pains à hot dog de la préparation. Enroulez individuellement de papier d'aluminium.

■ Déposez sur une plaque. Faites cuire au four 15 à 20 minutes. Servez.

Pizza éclair

6 PORTIONS	
1	croûte à pizza de 25 cm (10 po), du commerce
	ou
1	pain plat à l'italienne
125 ml	(½ tasse) sauce aux tomates
250 ml	(1 tasse) jambon, cuit, en dés
60 ml	(¼ tasse) poivron rouge, tranché
60 ml	(¼ tasse) poivron vert, tranché
½	oignon espagnol
2 ml	(½ c. à t.) basilic
2 ml	(½ c. à t.) origan
250 ml	(1 tasse) cheddar ou mozzarella, râpé

- Préchauffez le four à 205 °C (400 °F).

- Sur une assiette à pizza, déposez la croûte. Badigeonnez de la sauce aux tomates ; recouvrez du jambon et des légumes ; saupoudrez de fines herbes ; couvrez de fromage.

- Déposez la pizza au centre du four ; faites cuire 12 minutes ou jusqu'à ce que le fromage soit doré. Servez.

VARIANTES

- Ajoutez des champignons tranchés.

- Utilisez un fromage écrémé pour un bonus santé !

Petits pains farcis

5 PORTIONS	
45 ml	(3 c. à s.) huile
225 g	(8 oz) porc haché
225 g	(8 oz) veau haché
1	oignon, haché finement
284 ml	(10 oz) soupe au poulet et riz, en conserve
	sel et poivre
30 ml	(2 c. à s.) moutarde sèche
10 ml	(2 c. à t.) sauce soya
2 ml	(½ c. à t.) ketchup
10	pains à salade

- Dans une casserole, faites chauffer l'huile. Ajoutez la viande ; faites cuire 10 minutes, en remuant de temps en temps. Ajoutez l'oignon ; mélangez ; continuez la cuisson 4 minutes. Incorporez les autres ingrédients, sauf les pains ; amenez à ébullition. Réduisez le feu ; laissez mijoter jusqu'à évaporation du liquide ; mélangez bien ; laissez tiédir.

- Préchauffez le four à 175 °C (350 °F).

- Farcissez les pains à salade du mélange. Enveloppez séparément de papier d'aluminium. Déposez sur la grille du four ; faites chauffer 10 minutes. Servez.

Boulettes de veau aux pêches

	8 PORTIONS
675 g	(1 ½ lb) veau haché
1	oignon, haché
1	œuf, battu
125 ml	(½ tasse) mie de pain, déchiquetée
	sel et poivre
15 ml	(1 c. à s.) huile

Sauce

125 ml	(½ tasse) sauce Chili
15 ml	(1 c. à s.) jus de citron
60 ml	(¼ tasse) cassonade
30 ml	(2 c. à s.) moutarde sèche
5 ml	(1 c. à t.) sauce soya
540 ml	(19 oz) morceaux de pêches, en conserve, dans le sirop
	riz, cuit

- Préchauffez le four à 175 °C (350 °F).
- Dans un grand bol, mélangez les 5 premiers ingrédients. Façonnez en boulettes. Réservez.
- Dans un poêlon, faites chauffer l'huile ; faites dorer les boulettes. Déposez dans une casserole munie d'un couvercle, allant au four. Réservez.
- Dans un bol, mélangez tous les ingrédients de la sauce, sauf les pêches. Versez sur les boulettes. Couvrez ; faites cuire au four 30 à 40 minutes.
- Retirez du four. Ajoutez les morceaux de pêches dans le sirop ; continuez la cuisson 15 minutes.
- Dressez chaque portion sur un nid de riz. Servez.

Côtes levées

	4 À 6 PORTIONS
900 g	(2 lb) côtes levées
	sel et poivre
1	petit oignon, haché
2	gousses d'ail, hachées
2	branches de céleri, émincées
180 ml	(¾ tasse) ketchup
250 ml	(1 tasse) eau
30 ml	(2 c. à s.) vinaigre blanc ou jus de citron
30 ml	(2 c. à s.) sauce Worcestershire
30 ml	(2 c. à s.) cassonade
5 ml	(1 c. à t.) moutarde préparée

- Préchauffez le four à 175 °C (350 °F).
- Dans une casserole d'eau bouillante légèrement salée, faites cuire les côtes levées 15 minutes ; retirez les côtes levées ; égouttez bien. Déposez dans un plat allant au four ; salez et poivrez. Réservez.
- Dans un bol, mélangez les autres ingrédients. Versez sur les côtes levées ; à découvert, faites cuire au four 1 heure. Servez.

Fricassée de cailles à l'orange

4 PORTIONS	
4	cailles
30 ml	(2 c. à s.) huile d'arachide
45 ml	(3 c. à s.) miel
1	gousse d'ail, hachée
15 ml	(1 c. à s.) jus de citron
125 ml	(½ tasse) oranges, pelées à vif, en quartiers, dans leur jus
125 ml	(½ tasse) bouillon de poulet
60 ml	(¼ tasse) crème à 35 % sel et poivre

■ Désossez les cailles en 4 morceaux chacune, selon la technique illustrée ci-contre. Réservez.

■ Dans un poêlon, faites chauffer l'huile ; faites dorer les cailles sur un côté ; retournez. Ajoutez le miel et l'ail ; mélangez bien. Incorporez le jus de citron et les oranges dans leur jus ; continuez la cuisson.

■ Une fois le liquide presque tout évaporé, versez le bouillon de poulet dans le poêlon ; laissez réduire de moitié. Ajoutez la crème ; salez et poivrez ; mélangez ; continuez la cuisson 30 secondes ; dressez dans un plat de service. Servez.

■ *Coupez le bout des ailes.*

■ *Pratiquez une incision de chaque côté de l'os du dos. Séparez chaque poitrine, en prenant soin de garder l'articulation de l'aile.*

■ *Repliez les cuisses vers l'extérieur. Dégagez-les.*

Foie savoureux

6 PORTIONS	
30 ml	(2 c. à s.) farine tout usage
450 g	(1 lb) foie de veau, en tranches minces
250 ml	(1 tasse) graisse végétale
1	oignon, émincé
½	poivron vert, émincé
284 ml	(10 oz) soupe aux tomates, en conserve
250 ml	(1 tasse) eau
5 ml	(1 c. à t.) jus de citron

■ Saupoudrez la farine sur les tranches de foie. Réservez.

■ Dans un poêlon, faites fondre la graisse végétale. Incorporez le foie, l'oignon et le poivron ; faites saisir. Versez la soupe aux tomates, l'eau et le jus de citron. Couvrez ; à feu doux, faites mijoter 30 minutes ou jusqu'à ce que le foie soit tendre. Servez.

Saucisses en pâte

4 PORTIONS	
10 ml	(2 c. à t.) beurre
8	saucisses de porc et de veau
45 ml	(3 c. à s.) farine tout usage
450 g	(1 lb) pâte feuilletée *(p. 335)* ou du commerce
125 ml	(½ tasse) pâté de foie
30 ml	(2 c. à s.) moutarde forte

■ Préchauffez le four à 205 °C (400 °F).

■ Dans une poêle, faites chauffer le beurre. Ajoutez les saucisses ; faites cuire à moitié, environ 4 minutes. Réservez.

■ Enfarinez la surface de travail ; abaissez la pâte ; taillez en 8 carrés de 7,5 cm (3 po). Étendez une couche uniforme de pâté de foie sur chaque carré. Badigeonnez de moutarde.

■ Sur l'une des extrémités de chaque carré, déposez une saucisse ; roulez ; scellez bien chaque rouleau. Disposez sur une plaque à revêtement antiadhésif ; faites dorer au four environ 10 minutes. Servez.

De haut en bas :
saucisses en pâte, foie savoureux,
fricassée de cailles à l'orange

LES ENTREMETS

Plats sucrés et presque toujours alcoolisés, les entremets sont habituellement servis après le potage ou l'entrée, lors d'un repas gastronomique.

Cependant, les entremets pourraient également être offerts en guise de dessert, en raison de leur teneur élevée en sucre et en calories.

Certains entremets font toutefois exception et c'est le cas des « fruits glacés » (p. 95) : ils sont, en effet, exempts de sucre ajouté et d'alcool.

Sorbet au pamplemousse et à la vodka

10 À 12 PORTIONS

750 ml	(3 tasses) jus de pamplemousse
60 ml	(2 oz) vodka
30 ml	(2 c. à s.) sucre
	feuilles de menthe fraîche

■ Dans un grand bol, mélangez les 3 premiers ingrédients. Versez dans un contenant hermétique ; placez au congélateur 12 heures ou jusqu'à ce que le mélange soit presque ferme.

■ Au robot culinaire, battez jusqu'à consistance presque lisse ; replacez au congélateur.

■ Retirez du congélateur 15 minutes avant de servir ; si désiré, battez une autre fois pour un sorbet plus crémeux. Servez dans des coupes givrées ; décorez d'une feuille de menthe fraîche.

VARIANTES

SORBET AUX POMMES

● Remplacez le jus de pamplemousse par du jus de pomme et la vodka par du calvados.

SORBET À L'ORANGE

● Remplacez le jus de pamplemousse par du jus d'orange et la vodka par de la liqueur d'orange.

SORBET AU CITRON

● Remplacez le jus de pamplemousse par de la limonade peu sucrée et la vodka par de la téquila.

■ *Au robot culinaire, battez jusqu'à consistance presque lisse.*

■ *Pour une consistance plus crémeuse, battez au robot culinaire une autre fois, 15 minutes avant de servir.*

Sorbet au muscadet

8 PORTIONS

	jus de 6 oranges
	jus de 4 citrons
375 ml	(1 1/2 tasse) sucre
160 ml	(2/3 tasse) muscadet
1	blanc d'œuf
1 ml	(1/4 c. à t.) cannelle
250 ml	(1 tasse) raisins frais

■ Dans une casserole, amenez à ébullition la moitié des jus de fruits et le sucre ; à feu moyen, faites frémir 5 minutes ; laissez tiédir. Incorporez le reste des jus et le vin. Versez dans un contenant hermétique ; placez au congélateur jusqu'à ce que le mélange soit ferme.

■ Dans le bol du malaxeur, combinez le blanc d'œuf et la cannelle ; faites monter en neige ferme. Réservez.

■ Retirez la préparation du congélateur. Au robot culinaire, battez jusqu'à consistance lisse. Incorporez délicatement le blanc d'œuf ; placez au congélateur 3 heures.

■ Retirez du congélateur 15 minutes avant de servir ; si le sorbet est trop dur, battez une seconde fois au robot culinaire pour une consistance plus crémeuse. Servez dans des coupes givrées ; décorez de raisins frais.

Granité au melon

8 À 10 PORTIONS

1	melon miel, écorcé, en morceaux
30 ml	(2 c. à s.) miel liquide
125 ml	(1/2 tasse) sucre
180 ml	(3/4 tasse) vin blanc
	feuilles de menthe fraîche

■ Au robot culinaire, broyez la chair de melon miel jusqu'à consistance lisse. Versez dans un bol. Réservez.

■ Dans une petite casserole, à feu doux, faites dissoudre le miel et le sucre dans le vin. Incorporez à la purée de melon ; à l'aide d'une cuillère de bois, mélangez. Versez dans une lèchefrite ; placez au congélateur 24 heures.

■ Retirez du congélateur ; à l'aide d'une cuillère de métal, raclez jusqu'à ce que le granité se défasse en cristaux. Répartissez dans des coupes givrées ; décorez d'une feuille de menthe. Servez immédiatement.

De gauche à droite : sorbet au pamplemousse et à la vodka, sorbet au muscadet, granité au melon

Délices aux fruits

6 PORTIONS	
15 ml	(1 c. à s.) beurre
3	oranges, pelées, en tranches de 1,25 cm (¹/₂ po) d'épaisseur
3	bananes, pelées, en tranches de 1,25 cm (¹/₂ po) d'épaisseur
	cassonade, au goût
	cannelle, au goût
90 ml	(3 oz) rhum
	crème glacée

■ Placez la grille du four le plus près possible de l'élément supérieur. Préchauffez le four à GRIL (BROIL).

■ Taillez 6 carrés de papier d'aluminium, de 25 cm (10 po) de côté ; beurrez le centre des carrés. Couvrez chacun de 2 tranches d'orange ; répartissez les tranches de bananes ; saupoudrez de cassonade et de cannelle ; arrosez chaque portion de 15 ml (¹/₂ oz) de rhum. Scellez les carrés d'aluminium.

■ Faites cuire au four 5 minutes ; laissez refroidir. Sur chaque délice aux fruits, déposez une cuillerée de crème glacée. Servez.

VARIANTES
● Remplacez le rhum par un autre alcool de votre choix.
● Remplacez la crème glacée par le sorbet de votre choix (p. 406 et 407).

Fruits gratinés

4 PORTIONS	
1 L	(4 tasses) fraises, framboises, bleuets, pêches et cantaloup, en morceaux
45 ml	(3 c. à s.) sucre
180 ml	(6 oz) Grand Marnier
6	jaunes d'œufs
15 ml	(1 c. à s.) eau froide
30 ml	(2 c. à s.) crème à 15 %
30 ml	(2 c. à s.) sucre

■ Dans un grand bol, combinez les fruits, le sucre et le Grand Marnier. Laissez macérer 30 minutes. Égouttez les fruits, en gardant le sirop. Réservez.

■ Préchauffez le four à GRIL (BROIL).

■ Dans un bain-marie, combinez les jaunes d'œufs, l'eau et la crème ; en fouettant rapidement, faites réchauffer jusqu'à l'obtention d'une crème épaisse. Incorporez graduellement le sirop sans arrêter de fouetter. Réservez.

■ Beurrez un plat allant au four. Versez les fruits ; recouvrez de sauce ; saupoudrez de sucre ; faites caraméliser sous le gril. Servez chauds, de préférence.

VARIANTES
● Remplacez le cantaloup par du melon miel ; les fruits par des fruits de saison ; le Grand Marnier par une liqueur au choix.

Fruits glacés

10 À 12 PORTIONS

900 g	(2 lb) raisins verts sans pépins
	feuilles de menthe fraîche

- Dans un bol hermétique, déposez les raisins. Couvrez ; placez au congélateur 24 heures.

- Dans des coupes givrées ou des fruits évidés, répartissez les raisins ; décorez de feuilles de menthe fraîche. Servez immédiatement.

VARIANTES

- Remplacez les raisins verts par des mûres, des fraises en quartiers, des boules de melon façonnées à la cuillère parisienne ou des kiwis coupés en morceaux.

Recette illustrée

- Remplacez les feuilles de menthe par des feuilles de citronnelle.

Fruits des champs givrés

10 À 12 PORTIONS

225 g	(8 oz) framboises
225 g	(8 oz) fraises, en quartiers
225 g	(8 oz) bleuets
225 g	(8 oz) mûres
500 ml	(2 tasses) vin blanc
60 ml	(¼ tasse) sucre glace

- Dans un grand bol, déposez tous les fruits ; recouvrez de vin ; mélangez bien ; laissez macérer au moins 3 heures. Égouttez.

- Sur une plaque à biscuits, disposez les fruits en une seule couche ; placez au congélateur jusqu'à ce que les fruits soient bien fermes. Transférez dans un bol hermétique ; placez au congélateur jusqu'au moment de servir.

- Dans des coupes givrées ou des fruits évidés, répartissez les fruits. Saupoudrez de sucre glace. Servez.

Recette illustrée

- *Taillez une fine tranche à la base de chaque pomme pour l'empêcher de rouler.*

- *Coupez la calotte, en prenant soin de ne pas l'abîmer.*

- *À l'aide d'une cuillère parisienne, évidez bien les pommes. Assurez-vous de ne pas transpercer la peau.*

- *Plongez les pommes évidées et leur calotte dans l'eau glacée additionnée de 5 ml (1 c. à t.) de sel de mer. Laissez tremper 1 minute. Retirez. Secouez bien l'excédent d'eau. Placez les pommes et les feuilles de menthe au congélateur 24 heures.*

- *Au milieu du repas, retirez les pommes du congélateur. Versez 30 ml (1 oz) de liqueur au centre de chacune. Posez une feuille de menthe sur le bord de chaque pomme. Recouvrez de la calotte.*

Trou normand

4 PORTIONS	
4	pommes
1 L	(4 tasses) eau, glacée
5 ml	(1 c. à t.) sel de mer
4	feuilles de menthe fraîche
125 ml	(4 oz) liqueur, au choix

- Taillez une fine tranche à la base de chaque pomme pour l'empêcher de rouler ; coupez la calotte, en prenant soin de ne pas l'abîmer.

- À l'aide d'une cuillère parisienne, évidez bien les pommes ; assurez-vous de ne pas transpercer la peau.

- Plongez les pommes évidées et leur calotte dans l'eau glacée additionnée de sel de mer ; laissez tremper 1 minute. Retirez les pommes ; secouez bien l'excédent d'eau ; placez les pommes et les feuilles de menthe au congélateur 24 heures.

- Au milieu du repas, retirez les pommes du congélateur. Versez 30 ml (1 oz) de liqueur au centre de chacune ; posez une feuille de menthe sur le bord de chaque pomme ; recouvrez de la calotte. Servez immédiatement.

VARIANTES

- Remplacez les pommes par des poires.
- Remplacez la liqueur par une eau-de-vie.

TROU NORMAND AU MELON

- Pour une présentation plus spectaculaire, utilisez un melon !

- *À l'aide d'un couteau pointu, coupez la calotte du melon en dents de loup. Évidez le melon. Rincez à l'eau fraîche. Asséchez bien l'intérieur.*

- *Décorez le melon de petits fruits fixés à l'aide d'un cure-dent, en prenant bien soin de ne pas transpercer l'écorce.*

- *Remplissez le melon d'une liqueur de votre choix. À l'aide d'une louche, servez vos convives, en versant l'alcool dans les « gobelets » de pommes congelées !*

Recette illustrée, page ci-contre

96 LES ENTREMETS

écouvrons, dans ce chapitre, des plats de résistance exquis qui sont à base de volaille, de bœuf, de veau, d'agneau, de porc, de poissons et fruits de mer, de viandes chevaline et sauvagines ainsi que de nombreux plats végétariens.

Le plat principal constitue l'élément central d'un repas où, pour une saine alimentation, doit être servie une portion de viande ou de substituts. La viande est une excellente source de protéines ; elle fournit également du fer, du zinc et des vitamines du complexe B.

Toutefois, les légumineuses et le tofu, lorsqu'ils sont accompagnés de céréales ou de produits laitiers, peuvent remplacer la viande ; bien qu'ils fournissent des protéines de moindre qualité que celles de la viande, ils contiennent moins de matières grasses et sont très nutritifs.

LES PLATS PRINCIPAUX

Toutes les volailles ont la réputation d'être des viandes maigres. Elles le sont, toutefois, à une condition... : il nous faut éviter d'en consommer la peau, presque tout le gras s'y logeant !

Nous devons prendre soin, également, de choisir le plus possible des méthodes de cuisson sans gras. Dans cette section, nous aurons de délicieuses recettes telles que le poulet épicé à l'orange (p. 105) et les suprêmes de dinde en casserole (p. 120) qui contiennent relativement peu de matières grasses.

LES VOLAILLES

- *Retirez les ailes du poulet. Faites une entaille au milieu du dos. Dégagez la poitrine, en pressant la lame contre la carcasse et en descendant lentement.*

- *Détachez la poitrine de la carcasse, en prenant soin de ne pas la dépiauter. Glissez délicatement la pointe du couteau sous la carcasse, afin de séparer la chair sous le poulet.*

- *Une fois les 2 poitrines dégagées, retirez la carcasse. Déposez le poulet à plat. Coupez le bout des pilons des cuisses. Retirez les os des cuisses (voir p. 108).*

Poulet farci aux canneberges

6 PORTIONS	
30 ml	(2 c. à s.) huile
1	petit oignon, haché
225 g	(8 oz) porc haché
60 ml	(¼ tasse) jambon, haché
90 g	(3 oz) canneberges
	zeste de ½ orange ou citron
15 ml	(1 c. à s.) épices mélangées (persil, estragon, ciboulette)
15 ml	(1 c. à s.) thym frais, haché
	set et poivre
1	œuf, séparé
1	poulet entier de 1,6 kg (3 ½ lb), désossé

- Préchauffez le four à 190 °C (375 °F).

- Dans un poêlon, faites chauffer l'huile ; faites sauter l'oignon 2 minutes ; laissez refroidir.

- Dans un grand bol, mélangez l'oignon et le reste des ingrédients, sauf le blanc d'œuf et le poulet. Réservez.

- Au malaxeur, faites monter le blanc d'œuf en neige ferme. Incorporez délicatement à la farce. Réservez.

- Sur un grand papier d'aluminium, déposez le poulet, la peau en-dessous ; recouvrez de la farce ; repliez les côtés du poulet sur la farce, de façon à former un gros rouleau ; pliez aux 2 extrémités.

- Déposez le poulet dans une rôtissoire ; scellez le papier d'aluminium ; faites cuire au four 2 heures. Retirez le papier d'aluminium ; laissez rôtir 10 minutes. Servez.

VARIANTES
- Remplacez les canneberges par des groseilles fraîches ou surgelées.

- Ajoutez un œuf entier à la farce.

Poulet maison

1	poulet de 1,4 à 1,8 kg (3 à 4 lb)
	sel et poivre
500 ml	(2 tasses) ketchup rouge, maison ou du commerce, avec morceaux de légumes
30 ml	(2 c. à s.) farine de blé entier

■ Préchauffez le four à 175 °C (350 °F).

■ Dans une cocotte allant au four, déposez le poulet ; salez et poivrez ; nappez de ketchup. Couvrez ; faites cuire au four 1 heure.

■ Retirez le poulet et le bouillon de cuisson de la cocotte. Réservez le poulet.

■ À l'aide d'un tamis, filtrez le bouillon. Reversez dans la cocotte. Saupoudrez de farine ; à feu moyen, faites épaissir, en remuant bien.

■ Déposez le poulet dans la sauce ; continuez la cuisson 20 minutes ou jusqu'à ce que le poulet soit cuit. Servez, accompagné d'une purée de pommes de terre et d'une salade verte, si désiré.

Poulet grand-mère

15 ml	(1 c. à s.) beurre
2	oignons, émincés
1	branche de céleri, en dés
	sel et poivre
1	poulet de 1,2 à 1,4 kg (2 ½ à 3 lb), paré
375 ml	(1 ½ tasse) bouillon de poulet, chaud
	persil, haché

■ Dans une grande casserole, faites fondre le beurre ; faites suer l'oignon et le céleri.

■ Entre-temps, salez et poivrez l'intérieur du poulet ; déposez le poulet sur les légumes. Ajoutez le bouillon. Couvrez ; à feu doux, faites cuire 2 heures ; au besoin, ajoutez du bouillon afin de maintenir le niveau du liquide. Ajoutez le persil 15 minutes avant la fin de la cuisson.

■ Retirez le poulet et les légumes de la casserole ; égouttez bien. Dans un plat de service, dressez le poulet sur les légumes ; entourez de navets et de carottes en dés, si désiré.

VARIANTES

• Au bouillon de cuisson, ajoutez de la sauce soya et des échalotes hachées. Dressez le poulet sur un nid de riz aux légumes.

• Au bouillon de cuisson, ajoutez 125 ml (½ tasse) de vin blanc et 5 ml (1 c. à t.) de romarin. Aux légumes, incorporez 280 g (10 oz) de têtes de champignons, en conserve, égouttées.

Poulet aux pêches

4 PORTIONS	
30 ml	(2 c. à s.) beurre
4	poitrines de poulet
2	oignons, émincés
1	gousse d'ail, hachée
1/2	poivron vert, en dés
398 ml	(14 oz) moitiés de pêches, en conserve, égouttées — réservez 125 ml (1/2 tasse) du sirop
284 ml	(10 oz) crème de champignons, en conserve
10 ml	(2 c. à t.) basilic
	amandes effilées (facultatif)

• Dans un poêlon, faites fondre le beurre ; faites saisir les poitrines de poulet 2 ou 3 minutes de chaque côté. À la mi-cuisson, incorporez les oignons, l'ail et le poivron ; retirez le poulet ; dégraissez le poêlon.

• Replacez le poulet dans le poêlon. Ajoutez le sirop des pêches, la crème de champignons et le basilic ; mélangez. Couvrez ; à feu doux, laissez mijoter 30 minutes. Incorporez les pêches ; faites réchauffer quelques minutes ; garnissez d'amandes. Servez sur un nid de riz, si désiré.

VARIANTES
• Remplacez la crème de champignons par une crème de poulet.
• Remplacez le basilic par 5 ml (1 c. à t.) de sarriette.

Poitrines de poulet Béarn

6 PORTIONS	
45 ml	(3 c. à s.) beurre
1	oignon, haché finement
225 g	(8 oz) foies de poulet
60 ml	(2 oz) sherry sec
5 ml	(1 c. à t.) paprika
	sel et poivre
6	tranches de pain, sans croûte, grillées
3	poitrines de poulet, en moitiés
	jus de 1 citron
	graines de sésame

• Dans un poêlon, faites fondre 15 ml (1 c. à s.) de beurre ; faites dorer l'oignon. Ajoutez les foies, le sherry et la moitié du paprika ; faites cuire 2 minutes ; salez et poivrez.

• Au robot culinaire, hachez le mélange, jusqu'à consistance homogène ; tartinez les tranches de pain. Réservez.

• Préchauffez le four à 190 °C (375 °F).

• Dans une casserole, faites fondre le reste du beurre ; enrobez les poitrines. Déposez sur une plaque à cuisson ; assaisonnez de sel, de poivre et du reste de paprika ; arrosez du jus de citron ; faites cuire au four 30 minutes. À la mi-cuisson, parsemez de graines de sésame.

• Environ 5 minutes avant la fin de la cuisson, placez le pain garni au four. Au sortir du four, dressez une demi-poitrine sur chaque tranche ; nappez du jus de cuisson. Servez.

Poulet épicé
à l'orange

2 PORTIONS	
	jus de 1 citron
	jus de 1 orange
5 ml	(1 c. à t.) thé noir
5 ml	(1 c. à t.) paprika
5 ml	(1 c. à t.) sel d'ail
2	poitrines de poulet, désossées
30 ml	(2 c. à s.) beurre
1	oignon, haché
2	gousses d'ail, hachées
45 ml	(3 c. à s.) yogourt nature
	zeste de 1 orange
	sel et poivre

• Dans un bol, mélangez les 5 premiers ingrédients. Enrobez les poitrines de poulet du mélange ; faites mariner au réfrigérateur 1 heure.

• Égouttez bien le poulet. Réservez les poitrines et la marinade séparément.

• Dans un poêlon, faites fondre le beurre ; faites dorer l'oignon et l'ail. Ajoutez le poulet ; faites saisir de chaque côté ; arrosez de marinade ; à feu très doux, laissez mijoter 20 minutes ; retirez le poulet du poêlon. Réservez au chaud.

• Au jus de cuisson, incorporez le yogourt et le zeste d'orange. À feu moyen, faites mijoter 1 minute. Rectifiez l'assaisonnement. Nappez le poulet. Servez, accompagné d'une macédoine de légumes, si désiré.

Poulet aigre-doux

4 PORTIONS	
250 ml	(1 tasse) ketchup
250 ml	(1 tasse) eau
15 ml	(1 c. à s.) sauce Worcestershire
60 ml	(¼ tasse) cassonade
30 ml	(2 c. à s.) vinaigre
15 ml	(1 c. à s.) moutarde préparée
	sel et poivre
60 ml	(¼ tasse) beurre
4	poitrines de poulet
2	oignons moyens, tranchés
250 ml	(1 tasse) céleri, tranché

• Préchauffez le four à 175 °C (350 °F).

• Dans un bol, mélangez les 6 premiers ingrédients jusqu'à l'obtention d'une sauce lisse ; assaisonnez. Réservez.

• Dans un poêlon, faites fondre le beurre ; faites dorer les poitrines de chaque côté ; retirez le poulet du poêlon. Réservez.

• Dans le gras de cuisson, faites revenir les oignons et le céleri 2 ou 3 minutes. Versez la sauce ; mélangez ; laissez mijoter 10 minutes.

• Ajoutez les poitrines de poulet ; à découvert, faites cuire au four environ 1 heure, en remuant de temps en temps. Servez, accompagné d'une purée de pommes de terre ou de riz, si désiré.

Poulet beauceron à l'érable

	6 PORTIONS
125 ml	(½ tasse) beurre, fondu
15 ml	(1 c. à s.) moutarde en poudre
6	poitrines de poulet
115 g	(4 oz) lard salé ou bacon, tranché
1	oignon, tranché
250 ml	(1 tasse) sirop d'érable
500 ml	(2 tasses) eau, bouillante
250 ml	(1 tasse) ketchup rouge
45 ml	(3 c. à s.) vinaigre
3	clous de girofle
1	feuille de laurier
1	pincée de thym

- Préchauffez le four à 160 °C (325 °F).

- Mélangez le beurre et la moutarde ; badigeonnez les poitrines de poulet. Dans un plat beurré allant au four, déposez le poulet ; garnissez chaque poitrine d'une tranche de lard et d'une tranche d'oignon ; nappez de sirop d'érable ; faites cuire au four 90 minutes à découvert ; arrosez régulièrement du jus de cuisson ; retirez le poulet. Réservez au chaud.

- Dégraissez le jus de cuisson ; déglacez à l'eau bouillante. Ajoutez le reste des ingrédients ; faites bouillir jusqu'à l'obtention d'une sauce lisse et épaisse.

- Passez la sauce au tamis. Versez sur le poulet ; faites cuire au four 5 à 10 minutes. Servez.

Poulet à l'ancienne

	6 PORTIONS
6	poitrines de poulet
60 ml	(¼ tasse) farine
90 ml	(6 c. à s.) huile d'olive
	sel et poivre
1,25 L	(5 tasses) bouillon de poulet, chaud
20	petits oignons, blanchis, égouttés
1 ml	(¼ c. à t.) basilic
5 ml	(1 c. à t.) thym
5 ml	(1 c. à t.) cerfeuil
1	feuille de laurier
30 ml	(2 c. à s.) persil, haché
225 g	(8 oz) champignons
2	jaunes d'œufs, battus
80 ml	(⅓ tasse) crème à 35 %

- Préchauffez le four à 175 °C (350 °F).

- Dans une casserole d'eau froide, faites bouillir le poulet 5 minutes ; égouttez ; épongez bien. Enrobez de farine.

- Dans une cocotte, faites chauffer l'huile ; faites saisir le poulet de chaque côté ; salez et poivrez ; faites cuire au four 10 minutes. Ajoutez le bouillon, les oignons, les fines herbes et le persil. Couvrez ; faites cuire au four 1 heure. À la mi-cuisson, ajoutez les champignons.

- Dans un bol, mélangez les jaunes d'œufs et la crème. Réservez.

- Retirez le poulet de la cocotte. Au jus de cuisson, incorporez la préparation aux œufs ; faites réchauffer ; nappez le poulet. Servez sur un nid de riz à la tomate, si désiré.

Poulet à la bière

	4 PORTIONS
45 ml	(3 c. à s.) beurre
4	poitrines de poulet, dépiautées
250 ml	(1 tasse) bière
250 ml	(1 tasse) bouillon de poulet
5 ml	(1 c. à t.) thym
	sel et poivre
30 ml	(2 c. à s.) beurre, ramolli
30 ml	(2 c. à s.) farine tout usage

▪ Dans un poêlon, faites fondre le beurre ; à feu moyen, faites sauter les poitrines de poulet 8 à 10 minutes.

▪ Ajoutez la bière, le bouillon de poulet et les assaisonnements ; mélangez. Couvrez ; à feu doux, faites cuire 45 à 50 minutes.

▪ Mélangez le beurre et la farine. Réservez.

▪ Retirez le poulet du poêlon. Au bouillon de cuisson, incorporez le beurre manié ; en remuant sans cesse, faites épaissir la sauce. Versez sur le poulet. Servez, accompagné de riz cuit, d'une macédoine de légumes et d'un bouquet de brocoli, si désiré.

Poulet à la créole

	4 PORTIONS
375 ml	(1 ½ tasse) tomates entières, en conserve
156 ml	(5 ½ oz) pâte de tomates
30 ml	(2 c. à s.) oignon, haché finement
1 ml	(¼ c. à t.) sel
1 ml	(¼ c. à t.) sucre
15 ml	(1 c. à s.) huile végétale
4	poitrines de poulet
125 ml	(½ tasse) poivron vert, haché
125 ml	(½ tasse) champignons, émincés
60 ml	(¼ tasse) oignon, haché
6	olives vertes ou noires, émincées
1	gousse d'ail, hachée
5 ml	(1 c. à t.) persil, haché
1	pincée de thym
15 ml	(½ oz) sherry sec
	riz, cuit

▪ Dans une grande casserole, combinez les 5 premiers ingrédients ; à feu doux, faites mijoter 15 à 20 minutes.

▪ Entre-temps, dans une poêle, faites chauffer l'huile ; faites saisir les poitrines de poulet 3 minutes de chaque côté.

▪ Déposez le poulet dans la préparation aux tomates. Ajoutez le reste des ingrédients, sauf le riz ; à feu toujours doux, laissez mijoter 30 minutes ou jusqu'à ce que le poulet soit cuit ; dressez sur un nid de riz. Servez.

Cuisses de poulet farcies au vermicelle de riz

- *Déposez les cuisses de poulet bien à plat. Coupez le bout des pilons. Pratiquez une incision le long des deux os de la cuisse.*

- *Grattez les os, de façon à les dégager partiellement.*

- *Passez la lame du couteau sous les os. Retirez-les complètement.*

4 PORTIONS

4	cuisses de poulet
30 ml	(2 c. à s.) huile d'arachide
60 ml	(¹/₄ tasse) carotte, en julienne
60 ml	(¹/₄ tasse) poireau, émincé
60 ml	(¹/₄ tasse) navet, en julienne
60 ml	(¹/₄ tasse) oignon, haché
250 ml	(1 tasse) vermicelle de riz, cuit
1	gousse d'ail, hachée
30 ml	(2 c. à s.) graines de sésame
5 ml	(1 c. à t.) huile de sésame
	sel et poivre
30 ml	(2 c. à s.) beurre
5 ml	(1 c. à t.) jus de citron
125 ml	(¹/₂ tasse) oranges, pelées à vif, en quartiers, dans leur jus
125 ml	(¹/₂ tasse) bouillon de poulet
60 ml	(¹/₄ tasse) crème à 35 %

- Préchauffez le four à 175 °C (350 °F).

- Désossez les cuisses de poulet selon la technique illustrée ci-contre. Réservez.

- Dans un poêlon, faites chauffer l'huile ; faites revenir les légumes 1 minute. Ajoutez les vermicelles, l'ail, les graines et l'huile de sésame ; mélangez sans laisser cuire. Retirez du feu ; salez et poivrez. Farcissez chaque cuisse de poulet de 125 ml (¹/₂ tasse) du mélange ; roulez en forme de saucisse ; ficelez.

- Dans un poêlon allant au four, faites fondre le beurre ; faites saisir les roulades sur tous les côtés ; faites cuire au four 20 minutes.

- Entre-temps, dans une casserole, combinez le jus de citron, les oranges dans leur jus et le bouillon de poulet ; amenez à ébullition ; à feu doux, faites mijoter 5 minutes. En remuant, incorporez la crème ; poursuivez la cuisson 10 minutes.

- Retirez les cuisses du four. Enlevez la ficelle ; coupez chaque cuisse en 5 ou 6 rondelles ; nappez de sauce. Servez.

Cuisses de poulet cric, crac, croc

6 PORTIONS

2	œufs
60 ml	(¼ tasse) lait
	sel et poivre
4	cuisses de poulet, dépiautées
250 ml	(1 tasse) céréales de riz soufflé, du commerce, écrasées
15 ml	(1 c. à s.) huile d'arachide
15 ml	(1 c. à s.) beurre
45 ml	(3 c. à s.) eau
375 ml	(1 ½ tasse) sauce barbecue, du commerce
30 ml	(2 c. à s.) persil, haché

- Préchauffez le four à 175 °C (350 °C).

- Dans un bol, fouettez les œufs, le lait, le sel et le poivre ; enrobez les cuisses de poulet ; roulez dans les céréales écrasées. Réservez.

- Dans un poêlon allant au four, faites chauffer l'huile et le beurre ; faites dorer doucement les cuisses de chaque côté ; faites cuire au four 15 minutes.

- Retirez les cuisses du poêlon. Réservez.

- Dégraissez le poêlon ; déglacez avec l'eau. Ajoutez la sauce barbecue ; laissez frémir jusqu'à consistance d'une sauce lisse et onctueuse ; si nécessaire, ajoutez de la fécule de maïs diluée dans un peu d'eau pour épaissir ; nappez de sauce le poulet ; parsemez de persil. Servez.

Poulet aux champignons

4 PORTIONS

4	cuisses de poulet, dépiautées
30 ml	(2 c. à s.) farine
30 ml	(2 c. à s.) beurre, fondu
125 ml	(½ tasse) jus de raisin blanc
80 ml	(⅓ tasse) bouillon de poulet
2 ml	(½ c. à t.) estragon
1 ml	(¼ c. à t.) marjolaine moulue
2	gousses d'ail, écrasées
250 ml	(1 tasse) champignons, tranchés
125 ml	(½ tasse) crème sure
60 ml	(¼ tasse) échalotes, hachées

- Dans un plat allant au four à micro-ondes, déposez les cuisses en étoile, la partie charnue pointant vers l'extérieur. Couvrez le plat d'une pellicule plastique ; à l'aide d'une fourchette, percez-la ; faites cuire le poulet 5 minutes, à ÉLEVÉ. Retournez à la mi-cuisson ; égouttez.

- Dans un bol, mélangez la farine et le beurre. Incorporez le jus de raisin, le bouillon de poulet, les fines herbes, l'ail et les champignons ; à ÉLEVÉ, faites cuire 6 minutes ou jusqu'à consistance onctueuse, en remuant une fois durant la cuisson. Ajoutez la crème sure et la moitié des échalotes. Versez sur le poulet.

- Faites cuire 8 à 10 minutes, à MOYEN ; garnissez du reste d'échalotes. Couvrez ; laissez reposer 5 minutes. Servez.

Cuisses de poulet petit velours

6 PORTIONS	
20 ml	(4 c. à t.) beurre
2	tranches de bacon, en morceaux
6	cuisses de poulet entières
5	échalotes, hachées
	sel et poivre
2 ml	(½ c. à t.) estragon
125 ml	(½ tasse) lait
284 ml	(10 oz) crème de poulet, en conserve

■ Dans un poêlon, faites fondre le beurre ; faites dorer le bacon. Ajoutez les cuisses de poulet et les échalotes ; faites revenir ; assaisonnez. Couvrez ; à feu doux, poursuivez la cuisson 40 minutes.

■ Dans un bol, mélangez le lait et la crème de poulet jusqu'à consistance homogène. Versez sur le poulet ; faites mijoter 15 minutes. Servez.

Cuisses de poulet à la mexicaine

6 PORTIONS	
6	cuisses de poulet entières
250 ml	(1 tasse) ketchup
250 ml	(1 tasse) eau
60 ml	(¼ tasse) eau
60 ml	(¼ tasse) sauce Worcestershire
1	pincée de poivre de Cayenne
15 ml	(1 c. à s.) cassonade
15 ml	(1 c. à s.) beurre
5 ml	(1 c. à t.) sel
5 ml	(1 c. à t.) sel de céleri
5 ml	(1 c. à t.) poudre de Chili
30 ml	(2 c. à s.) jus de citron

■ Préchauffez le four à 160 °C (325 °F).

■ Dans un plat allant au four, déposez les cuisses de poulet. Réservez.

■ Dans un bol, mélangez le reste des ingrédients. Versez sur le poulet ; à découvert, faites cuire au four 2 heures. Servez sur un nid de riz, si désiré.

Poulet en papillote

6 PORTIONS

6	cuisses de poulet
1	petit sachet de crème de champignons
2 ml	(½ c. à t.) épices à volaille
30 ml	(2 c. à s.) persil séché
330 ml	(1 ⅓ tasse) riz à cuisson rapide
2	poivrons verts, en rondelles
3	tomates, en moitiés
180 ml	(¾ tasse) crème à 15 %
330 ml	(1 ⅓ tasse) eau

■ Préchauffez le four à 160 °C (325 °F).

■ Tapissez un plat allant au four de papier d'aluminium ; déposez les cuisses de poulet sur l'aluminium. Réservez.

■ Dans un bol, mélangez la crème de champignons, les épices et le persil. Saupoudrez la moitié du mélange sur le poulet ; entourez du riz, des poivrons et des tomates ; parsemez le reste du mélange de crème aux champignons. Réservez.

■ Dans un bol, mélangez la crème et l'eau. Versez sur le poulet ; scellez le papier d'aluminium ; faites cuire au four 2 heures.

■ Ouvrez la papillote ; laissez dorer le poulet 30 minutes. Servez.

VARIANTES
• Remplacez les cuisses par un poulet entier ou d'autres parties du poulet.
• Remplacez les tomates par des rondelles de carottes et des navets en dés.

Poulet Charnicois

4 PORTIONS

4	cuisses de poulet entières
1	oignon, haché
	sel et poivre
250 ml	(1 tasse) farine
2 ml	(½ c. à t.) sel
2 ml	(½ c. à t.) persil
0,5 ml	(⅛ c. à t.) poivre
0,5 ml	(⅛ c. à t.) poivre de Cayenne
0,5 ml	(⅛ c. à t.) poudre de Chili
0,5 ml	(⅛ c. à t.) sel d'ail
0,5 ml	(⅛ c. à t.) sel d'oignon
1 ml	(¼ c. à t.) paprika
1 ml	(¼ c. à t.) épices barbecue
1 ml	(¼ c. à t.) sel de céleri
1	œuf
30 ml	(2 c. à s.) lait
1 L	(4 tasses) huile d'arachide

■ Dans une casserole d'eau bouillante, déposez le poulet et l'oignon ; salez et poivrez ; faites bouillir 10 minutes. Laissez refroidir.

■ Dans un sac, combinez la farine et les épices.

■ Dans un bol, fouettez l'œuf et le lait ; enrobez les cuisses du mélange. Plongez dans le sac de farine épicée ; secouez pour bien enrober. Réservez.

■ Dans une grande friteuse, faites chauffer l'huile à 205 °C (400 °F) ; faites frire les cuisses jusqu'à l'obtention d'une belle couleur dorée. Servez avec du miel ou de la sauce barbecue, si désiré.

Poulet glacé au miel

4 PORTIONS	
1	poulet de 1,4 kg (3 lb), en 4 morceaux
30 ml	(2 c. à s.) beurre
30 ml	(2 c. à s.) miel
15 ml	(1 c. à s.) sauce soya
1	gousse d'ail, hachée finement
125 ml	(½ tasse) ketchup aux fruits

- Préchauffez le four à 175 °C (350 °F).
- Dans un plat allant au four, muni d'un couvercle, déposez le poulet, la peau en dessous. Réservez.
- Dans une petite poêle, faites fondre le beurre. Ajoutez le reste des ingrédients, sauf le ketchup ; mélangez jusqu'à l'obtention d'une sauce lisse et onctueuse. Retirez du feu ; incorporez le ketchup.
- Versez la moitié de la sauce sur le poulet. Couvrez ; faites cuire au four 40 minutes.
- Retirez le poulet du four ; retournez-le ; nappez du reste de sauce ; à découvert, poursuivez la cuisson au four 20 à 30 minutes. Servez.

Coq au vin

4 PORTIONS	
125 ml	(½ tasse) farine
1	poulet de 1,4 à 1,8 kg (3 à 4 lb), en 10 morceaux
60 ml	(¼ tasse) beurre
	sel et poivre
60 ml	(2 oz) cognac
1 ml	(¼ c. à t.) thym
2	feuilles de laurier
15 ml	(1 c. à s.) cari
500 ml	(2 tasses) vin rouge
4	tranches de lard salé, en dés
12	petits oignons
12	champignons
	triangles de pain grillé

- Enfarinez les morceaux de poulet. Réservez.
- Dans un grand poêlon, faites fondre le beurre ; faites dorer le poulet ; salez et poivrez. Versez le cognac ; faites flamber 30 secondes. Ajoutez les fines herbes ; arrosez de vin pour couvrir le poulet. Couvrez ; à feu doux, laissez mijoter 40 minutes.
- Entre-temps, dans un poêlon, faites revenir le lard salé. Ajoutez les oignons. Couvrez ; à feu doux, faites suer les oignons. Ajoutez les champignons ; poursuivez la cuisson 2 minutes.
- Dans un plat de service chaud, dressez les morceaux de poulet sur un lit de légumes sautés ; arrosez du jus de cuisson épaissi à la fécule de maïs, si désiré ; garnissez de triangles de pain grillé. Servez.

Poulet en sauce

4 PORTIONS

15 ml	(1 c. à s.) huile végétale
45 ml	(3 c. à s.) beurre ou margarine
1	poulet de 1,4 kg (3 lb), en morceaux
45 ml	(3 c. à s.) farine
80 ml	(1/3 tasse) vin blanc ou cidre
500 ml	(2 tasses) eau
1	jaune d'œuf, battu
	sel et poivre
1 ml	(1/4 c. à t.) paprika
5 ml	(1 c. à t.) persil, haché

- Dans un poêlon, faites chauffer l'huile et fondre le beurre ; faites saisir les morceaux de poulet ; retirez du poêlon.
- Saupoudrez le gras de cuisson de farine. Ajoutez graduellement le vin et l'eau ; liez bien ; en remuant, faites cuire jusqu'à l'obtention d'une sauce lisse et épaisse.
- Dans un bol, mélangez le jaune d'œuf et 10 ml (2 c. à t.) de sauce chaude ; incorporez lentement à la sauce dans le poêlon ; déposez le poulet dans la sauce ; assaisonnez. Couvrez ; à feu doux, laissez mijoter 1 heure.
- Servez, accompagné de petites pommes de terre bouillies saupoudrées de paprika et de carottes en dés, si désiré.

Fricassée de poulet diabolo

4 PORTIONS

45 ml	(3 c. à s.) huile de maïs
4	poitrines de poulet, dépiautées, en cubes
	sel et poivre
1	poivron vert, en lanières
1	poivron rouge, en lanières
1	oignon rouge, émincé
3	épis de maïs miniatures, en conserve, égouttés
1 ml	(1/4 c. à t.) thym
1 ml	(1/4 c. à t.) persil, haché
1	petit piment fort, en dés (facultatif)

- Dans une sauteuse, faites chauffer l'huile. Ajoutez le poulet ; salez et poivrez ; faites cuire 10 minutes.
- Ajoutez les légumes, le thym et le persil ; continuez la cuisson 5 minutes.
- Parsemez de dés de piment fort, si désiré. Servez, accompagnée de nouilles nappées de sauce soya, si désiré.

Recette illustrée

Poulet et légumes à la chinoise

	6 PORTIONS
250 ml	(1 tasse) brocoli, en bouquets
250 ml	(1 tasse) chou-fleur, en bouquets
250 ml	(1 tasse) céleri, en biseau
30 ml	(2 c. à s.) fécule de maïs
30 ml	(2 c. à s.) sirop de maïs
15 ml	(1 c. à s.) sauce soya
125 ml	(½ tasse) bouillon de poulet
45 ml	(3 c. à s.) huile de maïs
250 ml	(1 tasse) champignons, en quartiers
250 ml	(1 tasse) tomates, en dés
450 g	(1 lb) restes de poulet, cuits, en lanières

▪ Dans une casserole d'eau bouillante légèrement salée, faites blanchir le brocoli, le chou-fleur et le céleri 1 minute. Réservez.

▪ Dans une casserole, mélangez la fécule, le sirop de maïs, la sauce soya, le bouillon de poulet et l'huile ; liez bien jusqu'à l'obtention d'une sauce onctueuse.

▪ Incorporez les légumes et les lanières de poulet ; à feu doux, faites mijoter 5 à 10 minutes, en remuant de temps à autre. Servez sur un nid de riz blanc, si désiré.

Poulet aux amandes

	4 PORTIONS
20 ml	(4 c. à t.) fécule de maïs
30 ml	(2 c. à s.) sauce soya
450 g	(1 lb) poitrines de poulet, en lamelles
125 ml	(½ tasse) bouillon de poulet
30 ml	(2 c. à s.) huile végétale
500 ml	(2 tasses) céleri, émincé
500 ml	(2 tasses) pois mange-tout, en biseau
250 ml	(1 tasse) carottes, émincées
1 ou 2	gros oignons, émincés
2	gousses d'ail, hachées
30 ml	(2 c. à s.) eau
	sel et poivre
30 ml	(2 c. à s.) amandes émincées, grillées

▪ Délayez 15 ml (1 c. à s.) de fécule de maïs dans la sauce soya ; enrobez le poulet du mélange. Réservez.

▪ Délayez le reste de fécule dans le bouillon de poulet.

▪ Dans un wok, faites chauffer l'huile ; en remuant, faites frire le poulet 4 minutes ou jusqu'à ce que la chair soit opaque ; retirez du wok.

▪ Dans le gras de cuisson, faites frire les légumes et l'ail 1 minute. Versez l'eau. Couvrez ; faites cuire 2 minutes.

▪ Ajoutez le bouillon épaissi et le poulet ; continuez la cuisson 3 à 4 minutes ou jusqu'à ce que la sauce atteigne le point d'ébullition et que les légumes soient tendres mais croquants ; assaisonnez ; saupoudrez d'amandes grillées. Servez sur un nid de riz, si désiré.

Paté au poulet du berger

6 PORTIONS

30 ml	(2 c. à s.) beurre
2	poitrines de poulet, en cubes
180 ml	(³/₄ tasse) oignon, haché
250 ml	(1 tasse) champignons, émincés
675 g	(1 ¹/₂ lb) porc haché
60 ml	(¹/₄ tasse) vin blanc
180 ml	(³/₄ tasse) bouillon de bœuf
2 ml	(¹/₂ c. à t.) sel
2 ml	(¹/₂ c. à t.) poivre
1	pincée de thym
15 ml	(1 c. à s.) persil, haché
30 ml	(2 c. à s.) fécule de maïs
60 ml	(¹/₄ tasse) bouillon de poulet
2	abaisses de pâte brisée (p. 334)

■ Dans une casserole, faites fondre le beurre ; faites dorer le poulet. Ajoutez les légumes et le porc ; à feu moyen, faites cuire 10 à 15 minutes.

■ Arrosez du vin et du bouillon de bœuf ; assaisonnez ; faites cuire 2 à 3 minutes.

■ Délayez la fécule de maïs dans le bouillon de poulet. Versez sur le poulet ; mélangez ; poursuivez la cuisson jusqu'à ce que la sauce épaississe ; laissez refroidir.

■ Préchauffez le four à 175 °C (350 °F).

■ Foncez d'une abaisse un moule démontable de 23 cm (9 po) de diamètre. Versez la préparation au poulet dans le moule ; recouvrez de l'autre abaisse ; faites cuire au four 30 à 40 minutes. Servez.

Note : si la croûte dore trop vite, couvrez de papier d'aluminium.

Croquettes de poulet croustillantes

4 PORTIONS

30 ml	(2 c. à s.) beurre
30 ml	(2 c. à s.) farine
250 ml	(1 tasse) lait
1	pincée de sel d'oignon
10 ml	(2 c. à t.) persil, haché
	sel et poivre
60 ml	(¹/₄ tasse) farine
60 ml	(¹/₄ tasse) chapelure de biscuits soda
4	poitrines de poulet, désossées, hachées
1	œuf, battu
1 L	(4 tasses) huile à friture
	sauce barbecue, du commerce

■ Préchauffez le four à 205 °C (400 °F).

■ Dans une casserole, à feu doux, faites fondre le beurre ; saupoudrez de farine ; faites cuire 2 à 3 minutes. En fouettant vivement, incorporez le lait jusqu'à l'obtention d'une sauce onctueuse ; assaisonnez ; continuez la cuisson 5 minutes.

■ Dans un bol, mélangez la farine et la chapelure.

■ Déposez le poulet dans la sauce ; mélangez. Façonnez en 12 croquettes ; roulez dans l'œuf battu ; enrobez du mélange de chapelure.

■ Dans une friteuse, faites chauffer l'huile à 205 °C (400 °F). Faites frire les croquettes jusqu'à l'obtention d'une belle couleur dorée ; égouttez bien ; nappez de sauce barbecue. Servez.

Ailes de poulet aux carottes

4 PORTIONS	
30 ml	(2 c. à s.) huile végétale
1,4 kg	(3 lb) ailes de poulet
750 ml	(3 tasses) carottes, râpées
250 ml	(1 tasse) champignons, tranchés
250 ml	(1 tasse) oignons, émincés
1	gousse d'ail, écrasée
15 ml	(1 c. à s.) persil, haché
250 ml	(1 tasse) jus de tomate
	sel et poivre

■ Préchauffez le four à 175 °C (350 °F).

■ Dans une poêle, faites chauffer l'huile ; faites saisir les ailes de poulet sur chaque côté.

■ Dans une casserole allant au four, déposez les ailes de poulet. Ajoutez le reste des ingrédients. Couvrez ; faites cuire au four 35 minutes. Servez.

Ailes de poulet trois façons

4 PORTIONS	
180 ml	(³/₄ tasse) sauce à l'ail à l'orientale, du commerce
180 ml	(³/₄ tasse) sauce barbecue, du commerce
1,4 kg	(3 lb) ailes de poulet
	sel et poivre

Première façon : sur la cuisinière

■ Dans une casserole, mélangez les 2 sauces. Ajoutez les ailes de poulet ; assaisonnez au goût ; à feu moyen, faites mijoter jusqu'à ce que les ailes soient cuites. Servez.

Deuxième façon : sur un feu de charbons de bois

■ Dans un bol, mélangez les 2 sauces ; badigeonnez généreusement les ailes de poulet ; assaisonnez ; faites cuire sur un feu de charbons de bois, en badigeonnant de sauce à plusieurs reprises durant la cuisson. Servez.

Troisième façon : au four

■ Préchauffez le four à 230 °C (450 °F)

■ Dans un plat allant au four, mélangez les 2 sauces. Ajoutez les ailes de poulet ; assaisonnez ; faites cuire au four 40 minutes ou jusqu'à ce que les ailes soient tendres ; arrosez de sauce régulièrement. Servez.

VARIANTE
● Pour une touche exotique, ajoutez 1 ml (¹/₄ c. à t.) de gingembre moulu.

Farce au porc

750 ML (3 TASSES)	
60 ml	(¹/₄ tasse) margarine
1	oignon, haché
1	cœur de poulet, haché
1	foie de poulet, haché
1	gésier de poulet, haché
450 g	(1 lb) porc haché
	sel et poivre
	épices à volaille
250 ml	(1 tasse) purée de pommes de terre

■ Dans un poêlon, faites fondre la margarine ; à feu vif, faites revenir l'oignon et les abats ; réduisez le feu ; laissez cuire 5 à 8 minutes.

■ Ajoutez le porc ; assaisonnez ; continuez la cuisson 15 à 20 minutes. Incorporez la purée de pommes de terre.

■ Farcissez un poulet de 1,4 à 1,8 kg (3 à 4 lb) de la préparation ; bridez ou refermez à l'aide de brochettes. Procédez selon la recette de poulet de votre choix.

VARIANTES
● Remplacez le porc haché par des saucisses de porc et la purée de pommes de terre par du riz cuit.
● Ajoutez 125 ml (¹/₂ tasse) de compote de pommes.
● Remplacez la purée de pommes de terre par du couscous cuit. Ajoutez un poivron rouge haché.
● Remplacez le porc haché par du jambon haché et la purée de pommes de terre par du riz cuit à la tomate.

Foies de poulet aux poivrons

4 PORTIONS	
45 ml	(3 c. à s.) beurre ou margarine
675 g	(1 ¹/₂ lb) foies de poulet
	sel et poivre
1	oignon moyen, émincé
1	poivron vert, en lanières
1	poivron rouge, en lanières

■ Dans un poêlon, faites fondre 30 ml (2 c. à s.) de beurre ; faites sauter les foies de poulet ; salez et poivrez ; à feu moyen, laissez cuire 3 à 4 minutes. Réservez.

■ Dans une poêle, faites fondre le reste du beurre ; faites revenir l'oignon émincé 2 ou 3 minutes. Ajoutez les poivrons ; continuez la cuisson 3 minutes.

■ Incorporez les légumes aux foies sautés ; mélangez. Servez sur des fettucine à la tomate, si désiré.

De gauche à droite :
foies de poulet aux poivrons,
ailes de poulet trois façons,
ailes de poulet aux carottes

Dinde farcie d'antan

10 À 12 PORTIONS

1	dinde de 4,5 à 5,4 kg (10 à 12 lb)

Farce

4	tranches de bacon, en dés
1	oignon, haché finement
5	branches de céleri, émincées
675 g	(1 ½ lb) porc haché
	sel et poivre
375 ml	(1 ½ tasse) purée de pommes de terre, sans lait
30 ml	(2 c. à s.) huile (facultatif)

- Préchauffez le four à 160 °C (325 °F)
- Nettoyez et parez la dinde pour la cuisson. Réservez.
- Dans une cocotte, faites revenir le bacon, l'oignon et le céleri. Ajoutez le porc ; assaisonnez au goût ; faites cuire 30 minutes, en retirant régulièrement le jus de cuisson.

- Incorporez la purée de pommes de terre ; mélangez. Farcissez la dinde de la préparation chaude ; bridez ou refermez la dinde à l'aide de brochettes.
- Foncez une rôtissoire de papier d'aluminium. Déposez la dinde dans la rôtissoire ; faites cuire au four 20 à 30 minutes par 450 g (1 lb).

- Lorsque la dinde est cuite, retirez la farce ; faites revenir la farce dans l'huile chaude, si désiré.
- Dressez la dinde dans un grand plat de service. Servez, accompagnée de farce très chaude.

Aspic à la dinde

	6 À 8 PORTIONS
3	sachets de gélatine sans saveur
300 ml	(1 1/4 tasse) bouillon de volaille
250 ml	(1 tasse) mayonnaise
60 ml	(1/4 tasse) crème à 35 %
15 ml	(1 c. à s.) jus de citron
7 ml	(1 1/2 c. à t.) sel
1 ml	(1/4 c. à t.) poivre
1 L	(4 tasses) dinde, cuite, en dés
180 ml	(3/4 tasse) céleri, en dés
60 ml	(1/4 tasse) poivron rouge, en dés
60 ml	(1/4 tasse) poivron vert, en dés
125 ml	(1/2 tasse) raisins rouges sans pépins, en dés

■ Dans un bain-marie, faites fondre la gélatine dans le bouillon de volaille ; laissez tiédir.

■ Dans un grand bol, mélangez la mayonnaise, la crème et le jus de citron ; salez et poivrez.

■ Dans un autre bol, mélangez le reste des ingrédients. Réservez.

■ Incorporez le mélange de gélatine à la mayonnaise crémeuse. Versez dans la préparation à la dinde ; mélangez bien.

■ Déposez dans un moule à aspic de 2 L (8 tasses) ; placez au réfrigérateur 8 heures ou jusqu'à ce que l'aspic soit ferme ; démoulez. Servez.

Croquettes de dinde

	4 PORTIONS
500 ml	(2 tasses) dinde, cuite, hachée
284 ml	(10 oz) crème de poulet, en conserve
15 ml	(1 c. à s.) persil, haché
1	oignon, haché finement
5 ml	(1 c. à t.) jus de citron
375 ml	(1 1/2 tasse) riz, cuit
1	œuf
30 ml	(2 c. à s.) lait
250 ml	(1 tasse) chapelure
1 L	(4 tasses) huile à friture

■ Dans un bol, mélangez les 6 premiers ingrédients ; placez au réfrigérateur 1 heure.

■ Dans un bol moyen, fouettez légèrement l'œuf et le lait. Réservez.

■ Saupoudrez la chapelure dans une assiette. Réservez.

■ Retirez la préparation à la dinde du réfrigérateur. Façonnez en 12 croquettes ; enrobez de chapelure ; trempez dans le mélange d'œuf et de lait ; passez à nouveau dans la chapelure.

■ Dans une friteuse, faites chauffer l'huile à 205 °C (400 °F) ; faites frire les croquettes jusqu'à l'obtention d'une belle couleur dorée. Servez, nappées d'une sauce béchamel, si désiré.

Suprêmes de dinde en casserole

6 PORTIONS	
2	poitrines de dinde, dépiautées, désossées
	sel et poivre
2	courgettes, émincées
1	oignon, émincé
225 g	(8 oz) champignons, émincés
540 ml	(19 oz) sauce aux tomates
2	gousses d'ail, hachées
15 ml	(1 c. à s.) persil, haché
2 ml	(1/2 c. à t.) basilic
2 ml	(1/2 c. à t.) origan
1	pincée de thym

• Préchauffez le four à 175 °C (350 °F)

• Dans une cocotte allant au four, déposez les poitrines de dinde ; salez et poivrez ; recouvrez des légumes.

• Nappez de sauce aux tomates ; saupoudrez de l'ail, du persil et des fines herbes. Couvrez ; faites cuire au four environ 1 heure. Retirez le couvercle ; continuez la cuisson 10 minutes. Servez.

Poitrine de dinde farcie

3 À 4 PORTIONS	
750 ml	(3 tasses) pain de blé entier, en cubes
500 ml	(2 tasses) bouillon de poulet
250 ml	(1 tasse) abats de dinde, hachés
125 g	(4,4 oz) yogourt nature
1	oignon, haché
45 ml	(3 c. à s.) amandes, hachées
15 ml	(1 c. à s.) persil, haché
1	pincée de sauge
1	pincée de thym
1	pincée de paprika
1	pincée de clou de girofle moulu
	sel et poivre
1	poitrine de dinde, dépiautée, désossée

• Préchauffez le four à 205 °C (400 °F).

• Dans un petit bol, arrosez le pain de 125 ml (1/2 tasse) de bouillon de poulet ; faites tremper 5 minutes ; égouttez. Versez le pain dans un grand bol. Ajoutez les abats, le yogourt, l'oignon, les amandes, le persil et les assaisonnements ; mélangez bien.

• Sur le sens de la longueur, faites une incision dans la poitrine de dinde ; farcissez de la préparation au pain ; ficelez ; déposez dans une casserole peu profonde. Versez le reste de bouillon sur la dinde. Couvrez ; faites cuire au four 30 minutes.

• Réduisez la température à 175 °C (350 °F) ; continuez la cuisson 1 heure, en arrosant souvent ; dressez sur un plat de service. Servez.

Cuisse de dindon barbecue

3 À 4 PORTIONS	
1	cuisse de dindon entière, dépiautée
45 ml	(3 c. à s.) huile végétale
	sel, poivre et paprika
1	petit oignon, haché finement
125 ml	(½ tasse) céleri, en dés
180 ml	(¾ tasse) ketchup rouge
250 ml	(1 tasse) eau
30 ml	(2 c. à s.) sauce Worcestershire
15 ml	(1 c. à s.) vinaigre blanc
15 ml	(1 c. à s.) cassonade
5 ml	(1 c. à t.) moutarde sèche

▪ Badigeonnez la cuisse de dindon de 30 ml (2 c. à s.) d'huile ; assaisonnez.

▪ Sur un barbecue, placez une grille huilée à 7,5 cm (3 po) des charbons de bois ; faites rôtir la cuisse 3 minutes de chaque côté.

▪ Relevez la grille à 15 cm (6 po) ; continuez la cuisson environ 25 minutes, en tournant la viande régulièrement ; badigeonnez d'un peu d'huile, au besoin.

▪ Dans un poêlon, faites chauffer le reste de l'huile ; faites revenir les légumes. Ajoutez les autres ingrédients ; mélangez jusqu'à l'obtention d'une sauce homogène ; à feu doux, faites mijoter 15 minutes.

▪ Dressez la cuisse de dindon sur un lit de riz ; nappez de sauce. Servez avec des carottes et des pois mange-tout, si désiré.

Cuisses de dinde flambées

3 À 4 PORTIONS	
125 ml	(½ tasse) beurre ou margarine
2	cuisses de dinde, dépiautées
30 ml	(1 oz) brandy
30 ml	(2 c. à s.) échalotes, émincées
30 ml	(2 c. à s.) persil, haché
1 ml	(¼ c. à t.) thym
	sel et poivre
125 ml	(½ tasse) vin blanc
125 ml	(½ tasse) crème à 35 %

▪ Dans une casserole, à feu doux, faites fondre le beurre ; faites dorer les cuisses de dinde de chaque côté ; continuez la cuisson 15 minutes, en retournant de temps à autre.

▪ Arrosez de brandy ; faites flamber, en remuant la casserole jusqu'à ce que les flammes se soient éteintes.

▪ Incorporez le reste des ingrédients, sauf la crème ; remuez bien. Couvrez ; faites mijoter 45 minutes ou jusqu'à ce que la dinde soit tendre.

▪ Retirez les cuisses de la casserole. Dans le jus de cuisson, versez la crème ; mélangez sans arrêt, jusqu'à consistance onctueuse.

▪ Dressez les cuisses dans un plat de service ; nappez de sauce. Servez.

Canard à l'orange

4 PORTIONS	
1	canard de 2,2 kg (5 lb), paré
30 ml	(2 c. à s.) beurre
1	pincée de muscade
	sel et poivre
250 ml	(1 tasse) jus d'orange
45 ml	(3 c. à s.) zeste d'orange
125 ml	(1/2 tasse) bouillon de poulet
80 ml	(1/3 tasse) miel

■ Préchauffez le four à 175 °C (350 °F).

■ Bridez le canard ; déposez dans une rôtissoire ; badigeonnez de beurre ; assaisonnez ; faites cuire au four 75 minutes, en arrosant régulièrement du jus de cuisson.

■ Entre-temps, dans une casserole, mélangez le reste des ingrédients. Amenez à ébullition ; à feu doux, faites mijoter 30 minutes ou jusqu'à ce que le bouillon soit réduit de moitié.

■ Retirez le canard du four. Taillez en portions ; nappez de sauce. Servez.

Cailles au rhum

2 PORTIONS	
4	cailles, parées
125 ml	(4 oz) rhum brun
30 ml	(2 c. à s.) miel
30 ml	(2 c. à s.) sauce Chili
	sel et poivre
180 ml	(3/4 tasse) bouillon de poulet

■ Préchauffez le four à 175 °C (350 °F).

■ Dans un poêlon allant au four, déposez les cailles. Réservez.

■ Dans un bol, mélangez le rhum, le miel et la sauce Chili jusqu'à consistance d'une sauce lisse et onctueuse ; salez et poivrez ; badigeonnez les cailles du mélange ; faites cuire au four 30 minutes, en badigeonnant de sauce au rhum à toutes les 5 minutes.

■ Retirez les cailles du poêlon. Déglacez avec le bouillon de poulet ; à feu élevé, faites réduire 2 minutes.

■ Dans un plat de service, déposez les cailles ; nappez de sauce. Servez.

Cailles farcies

4 PORTIONS	
	farce au choix, tiède (p. 116)
8	cailles, parées
60 ml	(1/4 tasse) beurre, ramolli
	sel et poivre
	sauce au choix, chaude

■ Préchauffez le four à 175 °C (350 °F).

■ Farcissez les cailles ; bridez ou refermez à l'aide de brochettes.

■ Dans un plat allant au four, déposez les cailles ; badigeonnez de beurre mou ; salez et poivrez ; faites cuire au four 30 minutes.

■ Retirez les cailles du four ; nappez d'une sauce chaude. Servez.

Salade d'oie fumée

4 PORTIONS	
45 ml	(3 c. à s.) huile d'olive vierge
60 ml	(1/4 tasse) bacon, en dés
1	poitrine d'oie fumée, dépiautée, en languettes
	sel et poivre
80 ml	(1/3 tasse) porto
60 ml	(1/4 tasse) vinaigre de vin
560 g	(20 oz) épinards frais, lavés, équeutés

■ Dans un poêlon, faites chauffer 2 ml (1/2 c. à t.) d'huile ; à feu vif, faites dorer le bacon 3 minutes. Ajoutez les languettes d'oie ; mélangez ; faites cuire 3 minutes ; salez et poivrez.

■ Déglacez le poêlon avec le porto et le vinaigre de vin ; poursuivez la cuisson jusqu'à ce que le liquide soit réduit de moitié.

■ Entre-temps, dans un saladier, combinez les épinards et le reste de l'huile ; salez et poivrez ; mélangez.

■ Versez la préparation d'oie sur les épinards ; mélangez bien. Servez.

De haut en bas :
canard à l'orange,
cailles au rhum,
salade d'oie fumée

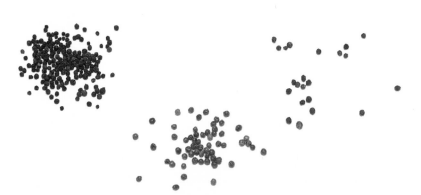

L e bœuf est sans contre-
dit la viande la plus
prisée des Québécois ! Il a
été souvent banni injuste-
ment des régimes à basse
teneur en gras. Il est vrai
qu'il contient des matières
grasses, comme toutes les
viandes d'ailleurs ! Le
bœuf est néanmoins une
excellente source de pro-
téines et de fer ; à ce titre,
il fait donc partie d'une
alimentation saine et
équilibrée.

Pour réduire notre consommation de gras, choisissons
des coupes de bœuf mai-
gre, enlevons le gras visible
et utilisons des méthodes
de cuisson nécessitant peu
ou pas de matières grasses.

LE BŒUF

Mon rôti préféré

6 PORTIONS	
30 ml	(2 c. à s.) huile
1	rôti de croupe de 1,8 kg (4 lb)
1	oignon moyen, haché grossièrement
1	petite gousse d'ail, hachée
60 ml	(¼ tasse) eau, bouillante
	sel et poivre
45 ml	(3 c. à s.) beurre
45 ml	(3 c. à s.) farine

- Préchauffez le four à 175 °C (350 °F).
- Dans une cocotte, faites chauffer l'huile ; faites saisir le rôti de tous les côtés environ 10 minutes.
- Ajoutez l'oignon et l'ail. Arrosez de l'eau bouillante ; salez et poivrez généreusement. Couvrez ; faites cuire au four 2 heures ou jusqu'à ce que le rôti soit tendre.
- Retirez le rôti de la cocotte ; laissez reposer 5 minutes avant le découpage.
- Entre-temps, dégraissez le jus de cuisson. Réservez.
- Dans une casserole, faites fondre le beurre ; saupoudrez de farine ; faites blondir. En remuant bien, ajoutez 500 ml (2 tasses) du jus de cuisson dégraissé. Si le jus est insuffisant, allongez avec de l'eau ; laissez mijoter jusqu'à épaississement. Versez dans une saucière.
- Servez le rôti, accompagné de pommes de terre en robe des champs et d'une salade de chou, si désiré.

Rôti aux poireaux et aux champignons

4 À 6 PORTIONS	
1	petit sachet de soupe aux poireaux
284 ml	(10 oz) crème de champignons, en conserve
	sel et poivre, au goût
375 ml	(1 ½ tasse) eau
1	rôti d'intérieur de ronde de 1,4 à 1,8 kg (3 à 4 lb)

- Préchauffez le four à 160 °C (325 °F).
- Dans un bol, mélangez les 4 premiers ingrédients, jusqu'à consistance d'une sauce homogène.
- Dans une petite rôtissoire, déposez le rôti ; arrosez de sauce. Couvrez ; faites cuire au four environ 3 heures.
- Environ 45 minutes avant la fin de la cuisson, rectifiez l'assaisonnement. Ajoutez 125 ml (½ tasse) d'eau bouillante si la sauce est trop concentrée.
- Retirez le rôti de la rôtissoire ; laissez reposer 5 minutes avant le découpage.
- Entre-temps, dégraissez la sauce.
- Servez le rôti, nappé de sauce.

Recette illustrée

Rosbif classique

8 PORTIONS

1	rôti de contre-filet de 2,2 à 2,6 kg (5 à 6 lb)
4	tranches de bacon, en moitiés (facultatif)
	sel et poivre
2 ml	(½ c. à t.) thym
5 ml	(1 c. à t.) persil, haché
30 ml	(2 c. à s.) farine (facultatif)
60 ml	(¼ tasse) eau ou bouillon de bœuf (facultatif)

■ Préchauffez le four à 160 °C (325 °F). Si le contre-filet est maigre, lardez de tranches de bacon.

■ Dans une rôtissoire munie d'un treillis, déposez la viande, côté gras sur le dessus.

■ Faites cuire au four 20 minutes par 450 g (1 lb) pour une cuisson « saignant » ou 25 à 30 minutes pour une cuisson « médium-bien cuit ». Arrosez souvent ; à la mi-cuisson, assaisonnez.

■ Dans un plat de service, déposez le rosbif. Réservez au chaud 5 minutes avant le découpage.

■ Si vous désirez préparer une sauce, saupoudrez le jus de cuisson de 30 ml (2 c. à s.) de farine ; laissez brunir. Incorporez l'eau ; faites mijoter 4 à 5 minutes, en remuant sans arrêt. Passez la sauce au tamis. Versez dans une saucière.

■ Entourez le rosbif de pommes de terre au four, de fèves vertes et de carottes, si désiré. Servez, accompagné de la sauce.

Bœuf à la mexicaine

4 PORTIONS

30 ml	(2 c. à s.) huile végétale
1	palette de bœuf de 900 g (2 lb)
125 ml	(½ tasse) eau
2 ml	(½ c. à t.) sucre
5 ml	(1 c. à t.) sel
5 ml	(1 c. à t.) poivre de Cayenne
1	pincée de poivre
796 ml	(28 oz) tomates, en conserve, dans leur jus
1	poivron vert, en dés
1 ou 2	carottes, en rondelles
1	gros oignon, haché
125 ml	(½ tasse) champignons, émincés

■ Dans une casserole à fond épais, faites chauffer l'huile ; faites saisir la palette de bœuf de chaque côté. Ajoutez le reste des ingrédients.

■ Couvrez ; laissez braiser 75 minutes ou jusqu'à ce que la viande soit cuite.

■ Retirez la palette de bœuf de la casserole ; découpez en portions individuelles.

■ Redéposez les morceaux de bœuf dans le jus de cuisson ; à feu doux, laissez mijoter 10 minutes à découvert. Servez.

Biftecks au poivre « minute »

4 PORTIONS	
2 à 5 ml	(¹/₂ à 1 c. à t.) poivre
4	biftecks d'intérieur de ronde de 190 g (7 oz)
45 ml	(3 c. à s.) beurre
15 ml	(1 c. à s.) sauce Worcestershire
15 ml	(1 c. à s.) jus de citron
1 ml	(¹/₄ c. à t.) sel de céleri
¹/₂	gousse d'ail, émincée

- Frottez généreusement les biftecks de poivre afin de bien faire adhérer le poivre. Réservez.
- Dans une casserole, faites fondre le beurre. Ajoutez le reste des ingrédients ; mélangez jusqu'à l'obtention d'une sauce homogène ; badigeonnez les biftecks. Réservez au chaud la sauce non utilisée.
- Dans une grande poêle, faites brunir les biftecks environ 5 minutes, en évitant de trop faire cuire.
- Dans des assiettes individuelles, dressez les biftecks ; nappez de sauce. Servez.

Bifteck suisse

4 PORTIONS	
30 ml	(2 c. à s.) farine
5 ml	(1 c. à t.) sel assaisonné
1 ml	(¹/₄ c. à t.) poivre
1	bifteck de palette ou de ronde de 450 g (1 lb), désossé
15 ml	(1 c. à s.) huile végétale
1 ml	(¹/₄ c. à t.) moutarde sèche
2 ml	(¹/₂ c. à t.) sauce Worcestershire
60 ml	(¹/₄ tasse) cassonade
125 ml	(¹/₂ tasse) ketchup
125 ml	(¹/₂ tasse) eau
1	oignon, tranché

- Préchauffez le four à 175 °C (350 °F).
- Dans une assiette, combinez la farine, le sel et le poivre. Enfarinez le bifteck ; martelez la viande afin de bien faire adhérer la farine assaisonnée. Réservez.
- Dans un grand poêlon, faites chauffer l'huile ; faites brunir la viande de chaque côté. Dégraissez le poêlon.
- Dans un petit bol, mélangez le reste des ingrédients, sauf l'oignon. Versez sur le bifteck. Ajoutez les tranches d'oignon. Couvrez ; faites braiser au four 1 heure ou jusqu'à ce que le bifteck soit tendre. Servez.

Biftecks d'aloyau aux légumes

4 PORTIONS

10	échalotes sèches, épluchées
30 ml	(2 c. à s.) de beurre
750 ml	(3 tasses) champignons, en quartiers
284 ml	(10 oz) haricots verts, en conserve, dans leur jus
284 ml	(10 oz) asperges, en conserve, dans leur jus
	sel et poivre
4	tomates, en moitiés
15 ml	(1 c. à s.) huile
4	biftecks d'aloyau de 225 g (8 oz)
90 ml	(3 oz) cognac

■ Dans une casserole d'eau bouillante salée, faites blanchir les échalotes 2 minutes. Égouttez ; épongez bien.

■ Dans un poêlon, faites fondre le beurre ; faites dorer les échalotes et les champignons. Réservez au chaud.

■ Dans une casserole, faites chauffer les haricots et les asperges dans leur jus ; salez et poivrez au goût ; égouttez. Réservez au chaud.

■ Préchauffez le four à GRIL (BROIL).

■ Saupoudrez les moitiés de tomates de poivre. Disposez sur une plaque de cuisson ; faites griller au four 2 à 3 minutes. Réservez au chaud.

■ Dans un poêlon, faites chauffer l'huile ; faites saisir les biftecks 5 minutes de chaque côté. Arrosez de cognac ; faites flamber 30 secondes. Dans un plat de service chaud, dressez les biftecks au centre des légumes. Servez.

Recette illustrée

Biftecks barbecue aux épices

2 PORTIONS

20 ml	(4 c. à t.) beurre
2	biftecks de contre-filet
30 ml	(2 c. à s.) épices barbecue
	sel
30 ml	(1 oz) cognac
125 ml	(½ tasse) vin rouge
5 ml	(1 c. à t.) farine tout usage
30 ml	(2 c. à s.) crème sure

■ Dans un poêlon à fond épais, faites fondre 15 ml (1 c. à s.) de beurre ; à feu vif, faites saisir les biftecks 5 minutes de chaque côté ; assaisonnez. Arrosez de cognac ; faites flamber 30 secondes.

■ Dans un plat de service chaud, dressez les biftecks. Réservez au chaud.

■ Déglacez le poêlon avec le vin ; à feu vif, faites réduire le liquide de moitié.

■ Entre-temps, dans un bol, mélangez le reste du beurre et la farine.

■ En fouettant, incorporez le beurre manié et la crème sure au mélange liquide, jusqu'à l'obtention d'une sauce onctueuse ; nappez les biftecks. Servez.

Faux-filets
au bourbon

4 PORTIONS	
30 ml	(2 c. à s.) beurre
4	faux-filets de 165 g (6 oz)
	sel et poivre
125 ml	(4 oz) bourbon ou whisky
125 ml	(½ tasse) crème à 35 %

■ Dans une poêle, faites fondre le beurre ; faites saisir les faux-filets 3 à 5 minutes de chaque côté ; salez et poivrez. Arrosez de bourbon ; faites flamber 30 secondes.

■ Retirez les faux-filets de la poêle. Réservez au chaud.

■ Dans le gras de cuisson, versez la crème ; fouettez jusqu'à l'obtention d'une sauce onctueuse ; amenez à ébullition. Retirez aussitôt du feu ; nappez les faux-filets. Servez.

Bœuf à la russe

2 PORTIONS	
2	grosses pommes de terre, tranchées
	sel et poivre
2	oignons, en rondelles
2	biftecks de ronde de 225 g (8 oz)
284 ml	(10 oz) soupe aux tomates, en conserve
1	poivron vert, émincé

■ Préchauffez le four à 160 °C (325 °F).

■ Graissez un plat allant au four. Déposez la moitié des pommes de terre au fond du plat ; salez et poivrez ; couvrez de la moitié des rondelles d'oignons ; disposez les biftecks sur les oignons ; étendez le reste des oignons ; terminez par une rangée de pommes de terre.

■ Versez la soupe aux tomates sur la préparation ; parsemez de poivron. Couvrez ; faites cuire au four environ 90 minutes.

■ Environ 15 minutes avant la fin de la cuisson, retirez le couvercle. Servez.

Bœuf au four

6 PORTIONS	
1	gousse d'ail, hachée
5 ml	(1 c. à t.) marjolaine
	sel et poivre
115 g	(4 oz) lard salé, en dés
1	tranche de bœuf de haut de côte de 900 g (2 lb)
6	clous de girofle
15 ml	(1 c. à s.) huile végétale
15 ml	(1 c. à s.) beurre
500 ml	(2 tasses) bouillon de bœuf
1	oignon, haché
3	carottes, tranchées
250 ml	(1 tasse) céleri, haché

▪ Préchauffez le four à 175 °C (350 °F).

▪ Sur un papier ciré, saupoudrez l'ail, la marjolaine, le sel et le poivre. Enrobez les lardons. Faites des incisions dans la tranche de bœuf ; piquez de lardons et de clous de girofle.

▪ Dans une casserole allant au four, faites chauffer l'huile et le beurre ; faites revenir la tranche de bœuf de chaque côté. Arrosez du bouillon ; amenez à ébullition.

▪ Ajoutez l'oignon, les carottes et le céleri ; rectifiez l'assaisonnement. Couvrez ; faites cuire au four 90 minutes ou jusqu'à ce que le bœuf soit tendre. Servez.

VARIANTES
• Utilisez d'autres parties du bœuf comme le paleron, la palette, etc.

Bavettes aux échalotes confites

4 PORTIONS	
10 ml	(2 c. à t.) beurre
16	échalotes sèches, en moitiés
10 ml	(2 c. à t.) moutarde forte
125 ml	(4 oz) porto
125 ml	(½ tasse) bouillon de bœuf
	sel et poivre
30 ml	(2 c. à s.) huile végétale
4	bavettes de bœuf de 190 g (7 oz)

▪ Dans une petite casserole, faites fondre le beurre ; faites revenir les échalotes 5 minutes ; remuez. Ajoutez la moutarde ; mélangez. Arrosez de porto ; à feu vif, laissez réduire le liquide de moitié.

▪ Versez le bouillon dans la casserole. Amenez à ébullition ; laissez réduire de moitié ; salez et poivrez au goût.

▪ Entre-temps, dans une poêle, faites chauffer l'huile. Faites revenir les bavettes de chaque côté.

▪ Dans des assiettes individuelles, dressez les bavettes ; garnissez des moitiés d'échalotes ; nappez de sauce au porto. Servez.

Note : une cuisson « saignant » ou « médium » est recommandée, la bavette bien cuite ayant tendance à durcir.

Recette illustrée

Tournedos recherchés

6 PORTIONS

125 ml	(½ tasse) beurre
6	tomates bien mûres, équeutées
	sel et poivre, au goût
2	aubergines moyennes, pelées, en rondelles
125 ml	(½ tasse) farine
1 L	(4 tasses) huile à friture
2	oignons, en anneaux
60 ml	(¼ tasse) lait
6	tournedos de 115 g (4 oz)
6	tranches de bacon
30 ml	(2 c. à s.) huile
3	pommes de terre, en moitiés, cuites au four
250 ml	(1 tasse) bouillon de bœuf
125 ml	(½ tasse) vin blanc
	persil frais, haché

- Dans un poêlon, faites fondre 45 ml (3 c. à s.) de beurre. Ajoutez les tomates ; assaisonnez. Couvrez ; à feu moyen, faites cuire 10 minutes, en retournant à la mi-cuisson. Réservez les tomates et leur jus de cuisson séparément.

- Saupoudrez les rondelles d'aubergines de sel et de 15 ml (3 c. à s.) de farine.

- Dans une friteuse, faites chauffer l'huile à 205 °C (400 °F) ; faites frire les aubergines environ 5 minutes.

- Trempez les anneaux d'oignons dans le lait. Enrobez du reste de farine. Réservez.

- Retirez les aubergines de la friteuse ; égouttez. Réservez.

- Dans l'huile chaude, faites frire les anneaux d'oignons 3 minutes. Retirez de la friteuse ; égouttez ; salez au goût.

- Ceinturez les tournedos de bacon ; ficelez. Dans un poêlon, faites chauffer 15 ml (1 c. à s.) de beurre ; faites saisir les tournedos 4 minutes de chaque côté, en retournant sans piquer ; salez et poivrez.

- Enlevez la ficelle et le bacon. Continuez la cuisson 1 minute, en roulant les tournedos dans le gras de cuisson.

- Dans un grand plat de service, dressez une couronne de tomates ; déposez un tournedos sur chacune ; couvrez d'anneaux d'oignons. Au centre du plat, dressez les aubergines ; entourez des pommes de terre. Réservez au chaud.

- Dans le gras de cuisson des tournedos, versez le bouillon de bœuf et le jus de cuisson des tomates ; à feu vif, faites réduire du tiers. Retirez du feu. Incorporez le vin blanc et le reste du beurre. Versez dans une saucière.

- Garnissez les tournedos de persil. Servez.

Recette illustrée, photo du haut

VARIANTE
- Remplacez les tomates par des croûtons et les pommes de terre au four par des pommes de terre rissolées, tel qu'illustré ci-dessus.

Filets mignons à la crème fouettée

4 PORTIONS

4	filets mignons de 165 g (6 oz)
4	tranches de bacon
1 ml	(¼ c. à t.) poivre
5 ml	(1 c. à t.) paprika
1 ml	(¼ c. à t.) poudre de Chili
250 ml	(1 tasse) crème à 35 %
45 ml	(3 c. à s.) ketchup
45 ml	(1 ½ oz) cognac

- Préchauffez le four à 160 °C (325 °F).

- Ceinturez chaque filet mignon d'une tranche de bacon. Ficelez ou fixez à l'aide d'un cure-dent ; assaisonnez.

- Dans un plat allant au four, déposez les filets mignons. Couvrez ; faites cuire au four 30 minutes.

- Entre-temps, au malaxeur, fouettez la crème en pointes molles. Incorporez délicatement le ketchup et le cognac. Réservez à la température ambiante.

- Dans des assiettes, dressez les filets mignons ; garnissez de crème fouettée. Servez.

Recette illustrée

Filets mignons subito presto

4 PORTIONS

60 ml	(¼ tasse) beurre, fondu
60 ml	(¼ tasse) sauce soya
4	filets mignons de 225 g (8 oz)

- Mélangez le beurre fondu et la sauce soya ; badigeonnez du mélange chaque côté des filets mignons.

- Dans un plat allant au four à micro-ondes, déposez un filet mignon ; faites cuire au four 1 ½ minute, à MOYEN-ÉLEVÉ. Retournez le filet ; poursuivez la cuisson 1 ½ minute. Retirez le filet du plat. Réservez.

- Répétez l'opération pour chacun des filets.

- Dans le même plat, disposez les 4 filets ; faites cuire 1 minute, à MOYEN-ÉLEVÉ ; laissez reposer 5 minutes. Servez.

Potée de riz
au bœuf

	6 PORTIONS
30 ml	(2 c. à s.) huile végétale
225 g	(8 oz) bœuf dans la croupe, émincé
115 g	(4 oz) champignons frais, tranchés
125 ml	(¹/₂ tasse) oignon, haché
125 ml	(¹/₂ tasse) céleri, haché
500 ml	(2 tasses) eau
284 ml	(10 oz) crème de champignons, en conserve
5 ml	(1 c. à t.) sel
0,5 ml	(¹/₈ c. à t.) poivre
625 ml	(2 ¹/₂ tasses) riz, cuit
375 ml	(1 ¹/₂ tasse) carottes, cuites, tranchées
250 ml	(1 tasse) petits pois, en conserve, égouttés

■ Dans une marmite de 2,5 L (10 tasses), faites chauffer l'huile ; faites revenir le bœuf émincé. Ajoutez les champignons, l'oignon et le céleri ; mélangez.

■ Arrosez d'eau et de crème de champignons ; salez et poivrez ; à feu doux, faites cuire à découvert jusqu'à ce que la viande soit tendre.

■ En remuant, incorporez le reste des ingrédients ; faites mijoter 20 minutes ; remuez bien. Servez.

Bœuf aux amandes

	6 PORTIONS
1 kg	(2 ¹/₄ lb) bifteck de ronde de 2,5 cm (1 po) d'épaisseur
125 ml	(¹/₂ tasse) bouillon de poulet, chaud
1 L	(4 tasses) chou, haché finement
90 ml	(6 c. à s.) huile végétale
1	gousse d'ail, écrasée
30 ml	(2 c. à s.) sauce soya
5 ml	(1 c. à t.) fécule de maïs
60 ml	(¹/₄ tasse) bouillon de poulet, froid
125 ml	(¹/₂ tasse) amandes effilées, grillées

■ Dans le sens contraire des fibres, taillez le bifteck en lanières. Réservez.

■ Dans une casserole, mélangez le bouillon de poulet chaud et le chou ; amenez à ébullition ; faites cuire 2 minutes. Égouttez le chou, en gardant le jus de cuisson. Réservez au chaud.

■ Dans un poêlon, faites chauffer la moitié de l'huile ; faites revenir l'ail. Arrosez de la sauce soya et de 60 ml (¹/₄ tasse) du jus de cuisson ; faites mijoter 2 minutes.

■ Délayez la fécule dans le bouillon de poulet froid. En remuant, incorporez au mélange liquide jusqu'à l'obtention d'une sauce homogène.

■ Dans un grand poêlon, faites chauffer le reste de l'huile ; faites revenir la viande 6 minutes. Arrosez de sauce ; laissez mijoter 5 minutes.

■ Dressez le bœuf en sauce sur un lit de chou ; parsemez d'amandes grillées. Servez.

Ragoût de bœuf à l'érable

	6 À 8 PORTIONS	
45 ml	(3 c. à s.) huile	
900 g	(2 lb) bœuf, en cubes	
250 ml	(1 tasse) oignons, émincés	
1	gousse d'ail, hachée	
60 ml	(¼ tasse) farine	
500 ml	(2 tasses) bouillon de bœuf	
125 ml	(½ tasse) vin rouge	
125 ml	(½ tasse) sirop d'érable	
500 ml	(2 tasses) tomates, concassées	
1 ml	(¼ c. à t.) gingembre frais, râpé	
2 ml	(½ c. à t.) sel	
1 ml	(¼ c. à t.) poivre	
250 ml	(1 tasse) céleri, en dés	
750 ml	(3 tasses) pommes de terre, pelées, en dés	
500 ml	(2 tasses) carottes, en dés	

- Préchauffez le four à 175 °C (350 °F).

- Dans une casserole, faites chauffer l'huile ; faites saisir les cubes de bœuf. Ajoutez les oignons et l'ail ; continuez la cuisson 1 minute. Retirez du feu ; saupoudrez de farine. Arrosez du bouillon. Ajoutez le vin, le sirop d'érable, les tomates et le gingembre ; salez et poivrez. Couvrez ; faites cuire au four 1 heure.

- Ajoutez le reste des ingrédients ; mélangez. Couvrez ; continuez la cuisson au four 1 heure. Servez.

Brochettes de filet mignon

	4 PORTIONS	
8	cubes de bœuf de 30 g (1 oz)	
4	tranches de bacon, en moitiés	
10 ml	(2 c. à t.) beurre	
8	échalotes, hachées	
500 ml	(2 tasses) riz, cuit sel d'ail, au goût	
15 ml	(1 c. à s.) sauce soya	
1	grosse saucisse, en 8 morceaux	
2	oignons, en quartiers	
8	tomates cerises	
45 ml	(3 c. à s.) huile d'arachide	

- Enrobez chaque cube de bœuf d'une demi-tranche de bacon. Réservez.

- Dans un poêlon, faites fondre le beurre ; faites suer les échalotes 30 secondes. Ajoutez le riz cuit, le sel d'ail et la sauce soya ; mélangez bien. Réservez au chaud.

- Sur des brochettes, enfilez un cube de bœuf, un morceau de saucisse, un quartier d'oignon et une tomate cerise.

- Dans une grande poêle, faites chauffer l'huile ; faites cuire les brochettes sur tous les côtés, jusqu'à ce que la viande soit tendre.

- Dans 4 assiettes, dressez un nid de riz. Déposez 2 brochettes dans chaque assiette. Servez, accompagnées d'une salade verte, si désiré.

Recette illustrée

Bœuf Olé !

6 PORTIONS	
1	oignon, haché
2	gousses d'ail
125 ml	(½ tasse) échalotes, hachées
60 ml	(¼ tasse) sauce soya
1 ml	(¼ c. à t.) poivre
900 g	(2 lb) bœuf, en cubes
45 ml	(3 c. à s.) huile
80 ml	(⅓ tasse) cassonade
	eau
2 à 4	piments Chili, hachés
2	poivrons verts, en dés
6	grosses carottes, en bâtonnets
1 L	(4 tasses) jus de tomate
750 ml	(3 tasses) riz à cuisson rapide

- Dans un bol, mélangez les 5 premiers ingrédients. Ajoutez les cubes de bœuf ; laissez mariner au réfrigérateur 30 minutes, en remuant de temps à autre.
- Retirez les cubes de bœuf du réfrigérateur ; égouttez.
- Dans un chaudron, faites chauffer l'huile ; saupoudrez de cassonade ; mélangez. Faites brunir le bœuf de tous les côtés. Ajoutez assez d'eau pour couvrir la viande. Incorporez le reste des ingrédients, sauf le riz. Couvrez ; faites cuire 1 heure ou jusqu'à ce que le bœuf soit tendre. Ajoutez le riz. Couvrez ; laissez mijoter 15 minutes. Servez.

Recette illustrée

VARIANTE
- Remplacez le bœuf par du poulet.

Ragoût barbecue

8 PORTIONS	
1,4 kg	(3 lb) bœuf, en cubes de 2,5 cm (1 po)
250 ml	(1 tasse) sauce barbecue, saveur régulière ou à l'ail, du commerce
375 ml	(1 ½ tasse) eau
5 ml	(1 c. à t.) sel
8	petites pommes de terre
8	carottes, en tronçons de 3,75 cm (1 ½ po)
1	céleri, en tronçons de 3,75 cm (1 ½ po)
1	oignon, en 8 morceaux
45 ml	(3 c. à s.) farine
80 ml	(⅓ tasse) eau froide

- Dans un plat, déposez les cubes de bœuf. Arrosez de sauce barbecue ; mélangez bien ; laissez mariner au réfrigérateur 3 heures.
- Dans une casserole, déposez le bœuf et la marinade ; ajoutez l'eau et le sel ; amenez à ébullition. Couvrez ; laissez mijoter 45 minutes.
- Ajoutez les légumes. Couvrez ; continuez la cuisson 30 minutes ou jusqu'à ce que le bœuf et les légumes soient tendres.
- Entre-temps, délayez la farine dans l'eau froide. Versez sur la préparation au bœuf ; mélangez.
- Amenez à ébullition ; brassez jusqu'à ce que la sauce épaississe ; à feu doux, laissez mijoter 15 minutes. Servez.

Daube aux pruneaux

6 PORTIONS	
500 ml	(2 tasses) vin rouge
125 ml	(½ tasse) vinaigre de vin
15 ml	(1 c. à s.) huile
2	carottes, en rondelles
1	oignon, haché
1	gousse d'ail, hachée
	bouquet garni
	sel et poivre
1,4 kg	(3 lb) bœuf, en cubes
30 ml	(2 c. à s.) beurre
250 ml	(1 tasse) bouillon de bœuf
225 g	(8 oz) pruneaux, séchés
	eau tiède

■ Dans un saladier, combinez les 8 premiers ingrédients. Ajoutez les cubes de bœuf ; mélangez ; laissez mariner au réfrigérateur 12 heures.

■ Retirez les cubes de bœuf du réfrigérateur ; égouttez bien, en gardant la marinade.

■ Dans un poêlon, faites fondre le beurre ; faites revenir les cubes de bœuf. Arrosez du bouillon et de la marinade. Couvrez ; à feu doux, faites cuire 2 ½ heures.

■ Entre-temps, recouvrez les pruneaux d'eau tiède ; laissez gonfler.

■ Environ 15 minutes avant la fin de la cuisson, ajoutez les pruneaux à la préparation au bœuf.

■ Dans un plat de service, dressez les cubes de bœuf au centre des pruneaux. Servez.

Bœuf aux tomates

6 PORTIONS	
60 ml	(¼ tasse) sucre blanc granulé
900 g	(2 lb) bœuf, en cubes
30 ml	(2 c. à s.) huile
1	oignon moyen, haché
796 ml	(28 oz) tomates concassées, en conserve
	sel et poivre
15 ml	(1 c. à s.) fécule de maïs
45 ml	(3 c. à s.) eau froide

■ Enrobez de sucre les cubes de bœuf. Réservez.

■ Dans un poêlon, faites chauffer l'huile ; faites revenir l'oignon et les cubes de bœuf de tous les côtés.

■ Dans une casserole, déposez la préparation au bœuf. Ajoutez les tomates ; mélangez bien ; salez et poivrez au goût ; faites mijoter environ 1 heure.

■ Dans un bol, délayez la fécule de maïs dans l'eau. Versez dans la préparation au bœuf ; remuez jusqu'à ce que la sauce épaississe ; laissez mijoter 10 minutes. Servez.

Gratin de bœuf

4 PORTIONS

15 ml	(1 c. à s.) huile
450 g	(1 lb) bœuf haché
1	petit oignon, haché
125 ml	(½ tasse) poivron vert, haché
227 ml	(8 oz) sauce aux tomates, en conserve
227 ml	(8 oz) champignons, en conserve, égouttés
227 ml	(8 oz) maïs en grains, en conserve
125 ml	(½ tasse) olives farcies, tranchées
250 ml	(1 tasse) macaronis, cuits
	sel et poivre, au goût
250 ml	(1 tasse) mozzarella, râpé

- Préchauffez le four à 175 °C (350 °F).
- Dans un poêlon, faites chauffer l'huile ; faites revenir le bœuf haché, l'oignon et le poivron. Retirez du poêlon ; égouttez. Déposez dans un plat allant au four.
- Incorporez le reste des ingrédients, sauf le fromage ; mélangez bien. Recouvrez du mozzarella.
- Faites cuire au four jusqu'à ce que le fromage soit fondu. Servez.

Pain de viande

4 PORTIONS

675 g	(1 ½ lb) bœuf haché
1	oignon, haché
180 ml	(¾ tasse) farine d'avoine
1	œuf, battu
250 ml	(1 tasse) lait
	sel et poivre
80 ml	(⅓ tasse) cassonade
125 ml	(½ tasse) ketchup rouge
5 ml	(1 c. à t.) moutarde sèche

- Préchauffez le four à 175 °C (350 °F).
- Dans un bol, mélangez les 5 premiers ingrédients ; salez et poivrez au goût.
- Dans un moule à pain beurré, pressez la préparation au bœuf. Réservez.
- Dans un autre bol, mélangez la cassonade, le ketchup et la moutarde sèche jusqu'à consistance homogène. Étendez sur le pain de viande.
- Recouvrez le moule de papier d'aluminium ; faites cuire au four 75 minutes. Environ 45 minutes avant la fin de la cuisson, retirez le couvercle. Servez.

Bœuf haché au vin

4 PORTIONS

15 ml	(1 c. à s.) huile
675 g	(1 ½ lb) bœuf haché
2	oignons, en dés
2	gousses d'ail, écrasées
1	poivron rouge, en dés
1	carotte, en dés
2	branches de céleri, en dés
3	tomates, en morceaux
125 ml	(½ tasse) vin rouge sec
284 ml	(10 oz) bouillon de bœuf, en conserve
15 ml	(1 c. à s.) concentré de bouillon de bœuf
	sel et poivre
15 ml	(1 c. à s.) fécule de maïs
45 ml	(3 c. à s.) eau froide

- Dans une casserole, faites chauffer l'huile ; faites dorer le bœuf haché. Retirez de la casserole. Réservez.
- Dans le gras de cuisson, faites sauter les oignons, l'ail, le poivron, la carotte et le céleri 3 à 4 minutes.
- Incorporez la viande, les tomates, le vin, le bouillon et le concentré de bœuf ; salez et poivrez au goût ; laissez mijoter 30 minutes.
- Dans un petit bol, délayez la fécule de maïs dans l'eau froide. Versez sur la préparation au bœuf ; mélangez bien. En remuant de temps à autre, laissez mijoter 15 minutes. Servez.

Casserole californienne

4 PORTIONS

500 ml	(2 tasses) pommes de terre, en dés
10 ml	(2 c. à t.) sel
1 ml	(¼ c. à t.) poivre
500 ml	(2 tasses) céleri, en biseau
675 g	(1 ½ lb) bœuf haché
125 ml	(½ tasse) oignon, haché finement
250 ml	(1 tasse) brocoli, en bouquets
284 ml	(10 oz) crème de tomates, en conserve

- Préchauffez le four à 160 °C (325 °F).
- Au fond d'une casserole légèrement graissée, déposez les pommes de terre ; salez et poivrez.
- En couches successives, étalez le céleri, le bœuf haché, l'oignon et les bouquets de brocoli ; salez et poivrez entre chaque opération.
- Versez la crème de tomates sur la préparation au bœuf. Couvrez ; faites cuire au four 75 minutes. Servez.

Dans le sens horaire, commençant à gauche : bœuf haché au vin, casserole californienne, pain de viande

Boulettes de viande au cari

4 PORTIONS	
450 g	(1 lb) bœuf haché
2 ml	(½ c. à t.) sel
1	pincée de poivre
180 ml	(¾ tasse) chapelure
1	œuf, battu
60 ml	(¼ tasse) jus de tomate
180 ml	(¾ tasse) oignons, hachés finement
15 ml	(1 c. à s.) huile
15 ml	(1 c. à s.) beurre
125 ml	(½ tasse) céleri, haché
375 ml	(1 ½ tasse) pommes, pelées, en dés
15 ml	(1 c. à s.) poudre de cari
45 ml	(3 c. à s.) farine
	sel et poivre, au goût
284 ml	(10 oz) consommé de bœuf, en conserve
180 ml	(¾ tasse) eau
5 ml	(1 c. à t.) sucre
5 ml	(1 c. à t.) zeste de citron
5 ml	(1 c. à t.) jus de citron

■ Dans un bol, mélangez les 6 premiers ingrédients. Ajoutez 60 ml (¼ tasse) d'oignons. Façonnez en boulettes.

■ Dans un poêlon, faites chauffer l'huile et le beurre ; faites dorer les boulettes 10 minutes. Retirez du poêlon.

■ Dans 5 ml (1 c. à t.) du gras de cuisson, à feu doux, faites revenir le reste des oignons, le céleri et les pommes 2 minutes ; assaisonnez de cari ; faites cuire 1 minute. Incorporez graduellement le reste des ingrédients. Couvrez ; faites mijoter 1 heure.

■ Déposez les boulettes de viande dans la sauce ; faites mijoter 30 minutes. Servez.

Cigares au chou

4 PORTIONS	
12	feuilles de chou rouge
	eau, bouillante
15 ml	(1 c. à s.) vinaigre
15 ml	(1 c. à s.) huile
15 ml	(1 c. à s.) beurre
565 g	(1 ¼ lb) bœuf haché
1	oignon, haché
1	œuf, battu
250 ml	(1 tasse) riz, cuit
10 ml	(2 c. à t.) sel
2 ml	(½ c. à t.) poivre
2 ml	(½ c. à t.) thym
750 ml	(3 tasses) jus de tomate
60 ml	(¼ tasse) eau froide
15 ml	(1 c. à s.) jus de citron
15 ml	(1 c. à s.) cassonade
	sel et poivre, au goût

■ Préchauffez le four à 175 °C (350 °F).

■ Dans une casserole, déposez le chou ; recouvrez d'eau bouillante. Incorporez le vinaigre. Faites mijoter 10 minutes. Égouttez.

■ Dans un poêlon, faites chauffer l'huile et le beurre ; faites revenir le bœuf haché et l'oignon. Retirez du feu. Incorporez l'œuf et le riz cuit ; assaisonnez.

■ Sur une feuille de chou à plat, déposez 60 ml (¼ tasse) de la préparation au bœuf ; roulez en forme de cigare ; fixez à l'aide d'un cure-dent. Formez 12 cigares en tout.

■ Dans un plat allant au four, disposez les cigares au chou ; arrosez de jus de tomate, d'eau et de jus de citron ; saupoudrez de cassonade, de sel et de poivre. Couvrez ; faites cuire au four 1 heure. Servez.

Pâté chinois au riz

	4 PORTIONS
10 ml	(2 c. à t.) huile végétale
2	carottes, en dés
1	oignon, haché
450 g	(1 lb) bœuf haché
160 ml	(²/₃ tasse) bouillon de bœuf
15 ml	(1 c. à s.) pâte de tomates
15 ml	(1 c. à s.) sauce Worcestershire
	sel et poivre
180 ml	(³/₄ tasse) petits pois, frais ou congelés
750 ml	(3 tasses) riz, cuit
1	œuf, battu
250 ml	(1 tasse) cheddar, râpé
125 ml	(¹/₂ tasse) crème sure

▪ Préchauffez le four à GRIL (BROIL).

▪ Dans un poêlon allant au four, de 25 cm (10 po) de diamètre, faites chauffer l'huile ; faites cuire les carottes et l'oignon 3 minutes.

▪ Ajoutez le bœuf haché ; continuez la cuisson. Incorporez le bouillon, la pâte de tomates et la sauce Worcestershire ; salez et poivrez au goût ; faites cuire 5 minutes. Ajoutez les petits pois; faites cuire 1 minute.

▪ Entre-temps, dans un bol, combinez le riz, l'œuf, le fromage râpé et la crème sure ; étendez sur la préparation au bœuf.

▪ Faites griller au four 7 minutes ou jusqu'à ce que le riz soit bien chaud. Servez.

Recette illustrée

Tourte au bœuf savoureuse

	4 PORTIONS
1	abaisse de 23 cm (9 po) *(p. 334)* , mi-cuite
30 ml	(2 c. à s.) beurre
250 ml	(1 tasse) oignons, hachés finement
60 ml	(¹/₄ tasse) courgette, en dés
450 g	(1 lb) bœuf haché
30 ml	(2 c. à s.) farine
3 ml	(³/₄ c. à t.) sel
1 ml	(¹/₄ c. à t.) poivre
15 ml	(1 c. à s.) sauce Worcestershire
250 ml	(1 tasse) fromage cottage
2	œufs, battus
	paprika, au goût

▪ Préchauffez le four à 175 °C (350 °F).

▪ Foncez de l'abaisse un moule à tarte de 23 cm (9 po) de diamètre. Réservez.

▪ Dans un poêlon, faites fondre le beurre ; faites sauter les oignons et la courgette. Ajoutez le bœuf haché ; faites cuire jusqu'à ce que le bœuf perde sa couleur rosée ; saupoudrez de farine ; assaisonnez de sel, de poivre et de sauce Worcestershire.

▪ Dans l'abaisse, versez la préparation au bœuf.

▪ Dans un bol, combinez le fromage et les œufs ; étendez sur la viande ; saupoudrez de paprika ; faites cuire au four 40 minutes. Servez.

Foie de bœuf tomaté

4 PORTIONS	
60 ml	(¼ tasse) farine
1 ml	(¼ c. à t.) poivre de Cayenne
1	pincée d'origan
1	pincée de sel d'ail
	sel et poivre
450 g	(1 lb) foie de bœuf, en lanières
30 ml	(2 c. à s.) beurre
1	oignon, haché finement
398 ml	(14 oz) sauce aux tomates, en conserve

▪ Dans une assiette, mélangez le farine et les épices. Enfarinez les lanières de foie. Réservez.

▪ Dans un poêlon, faites fondre le beurre ; faites revenir l'oignon et les lanières de foie sur tous les côtés 2 ou 3 minutes.

▪ Arrosez de sauce aux tomates ; faites mijoter 20 minutes, en remuant de temps à autre. Servez.

Foie de bœuf princesse

4 PORTIONS	
450 g	(1 lb) foie de bœuf, en tranches
250 ml	(1 tasse) lait
250 ml	(1 tasse) farine
45 ml	(3 c. à s.) moutarde sèche
	sel et poivre, au goût
1	pincée de persil haché
15 ml	(1 c. à s.) huile
1	oignon moyen, haché
1	poivron vert, haché
2	branches de céleri, émincées
2	échalotes, hachées
15 ml	(1 c. à s.) beurre
125 ml	(½ tasse) bouillon de poulet
250 ml	(1 tasse) chou-fleur, en bouquets
12	champignons

▪ Dans un bol, combinez les tranches de foie et le lait ; laissez tremper au réfrigérateur 2 heures. Retirez du réfrigérateur. Égouttez le foie.

▪ Dans une assiette, mélangez la farine, la moutarde, le sel, le poivre et le persil. Enfarinez les tranches de foie.

▪ Dans une poêle, faites chauffer l'huile ; faites sauter l'oignon, le poivron, le céleri et les échalotes 5 minutes.

▪ Préchauffez le four à 175 °C (375 °F).

▪ Dans un poêlon, faites fondre le beurre ; faites saisir les tranches de foie de chaque côté.

▪ Dans un plat allant au four, déposez le foie et les légumes sautés. Arrosez du bouillon ; entourez de chou-fleur et de champignons. Couvrez ; faites cuire au four 30 minutes. Servez.

Carpacio

4 PORTIONS

450 g	(1 lb) entrecôte, parée, émincée (comme pour une fondue chinoise)
15 ml	(1 c. à s.) poivre, moulu grossièrement
15 ml	(1 c. à s.) aneth
2 ml	(½ c. à t.) sel de mer
125 ml	(½ tasse) mayonnaise
15 ml	(1 c. à s.) moutarde forte
15 ml	(1 c. à s.) moutarde de Meaux ou à l'ancienne

▪ Dans 4 assiettes individuelles, répartissez les tranches de bœuf, en les étalant le plus possible ; saupoudrez de poivre, d'aneth et de sel de mer ; pressez la viande de façon à faire pénétrer les aromates.

▪ Enveloppez chaque assiette de pellicule plastique ; placez au réfrigérateur 2 heures.

▪ Entre-temps, dans un bol, mélangez bien le reste des ingrédients. Réservez à la température ambiante.

▪ Retirez les tranches de bœuf du réfrigérateur ; nappez de la mayonnaise. Servez.

Côtes de bœuf à la coréenne

4 PORTIONS

1 kg	(2 ¼ lb) côtes de bœuf
1 L	(4 tasses) eau froide
2	gousses d'ail, émincées
2	champignons, émincés
2	échalotes, en morceaux de 5 cm (2 po)
5 ml	(1 c. à t.) huile de sésame
5 ml	(1 c. à t.) graines de sésame
15 ml	(1 c. à s.) sucre
15 ml	(1 c. à s.) sauce soya

▪ Dans une casserole munie d'un couvercle, déposez les côtes de bœuf ; recouvrez d'eau. Amenez à ébullition. Couvrez ; faites cuire 2 heures ou jusqu'à ce que le liquide réduise de moitié et que le bœuf soit tendre.

▪ Incorporez le reste des ingrédients ; faites mijoter 15 minutes.

▪ Retirez les côtes de bœuf de la casserole ; égouttez bien. Versez le jus de cuisson dans une saucière.

▪ Dans un plat de service, dressez les côtes de bœuf. Servez, accompagnées du jus de cuisson.

Sans restriction, nous pouvons nous permettre d'insérer le veau à notre menu et ce, régulièrement.

Le veau est une viande maigre et tout à fait savoureuse, lorsque bien apprêtée. Le sauté de veau aux tomates (p. 152) constitue un exemple de plat vite fait et nutritif. La recette de boulettes de veau (p. 156) est une judicieuse alternative au ragoût de boulettes traditionnel ; elle contient très peu de matières grasses.

LE VEAU

Rôti de veau braisé

	6 PORTIONS
30 ml	(2 c. à s.) huile d'arachide
1	rôti de veau de 1,4 kg (3 lb), désossé, roulé, bardé de lard gras
3	branches de céleri, en tranches diagonales de 5 cm (2 po)
6	carottes moyennes, en tranches diagonales de 5 cm (2 po)
1	oignon, émincé sel et poivre
5 ml	(1 c. à t.) estragon
10 ml	(2 c. à t.) beurre, fondu

- Préchauffez le four à 175 °C (350 °F).
- Dans une sauteuse, à feu moyen, faites chauffer l'huile ; faites saisir le rôti de veau sur toutes ses faces.
- Entre-temps, dans une casserole d'eau bouillante salée, faites blanchir le céleri et les carottes 1 minute ; égouttez. Réservez.
- Dans une cocotte allant au four, disposez les rondelles d'oignon. Déposez le rôti sur les oignons ; salez et poivrez. Ajoutez les légumes blanchis. Saupoudrez d'estragon ; arrosez de beurre ; faites cuire au four 20 minutes. Réduisez la température du four à 160 °C (325 °F) ; continuez la cuisson environ 1 heure, en arrosant aux 20 minutes.

- Dans un plat de service, dressez le rôti de veau braisé ; nappez du jus de cuisson. Servez.

Recette illustrée

VARIANTES
- Environ 20 minutes avant la fin de la cuisson du rôti, ajoutez 284 ml (10 oz) de cœurs d'artichauts, en conserve, égouttés.
- Variez les fines herbes (thym, persil, sarriette, ail), au goût.

Rôti de veau enrobé

	8 PORTIONS
1	longe de veau de 1,8 kg (4 lb), parée
8	tranches de bacon
1	oignon moyen, haché
15 ml	(1 c. à s.) persil, haché
1	feuille de laurier sel et poivre

- Préchauffez le four à 160 °C (325 °F)
- Bardez le rôti de bacon. Déposez dans une cocotte ; faites cuire au four 30 minutes par 450 g (1 lb). Ajoutez l'oignon et les assaisonnements à la mi-cuisson ; arrosez de jus de cuisson, au besoin.
- Environ 30 minutes avant la fin de la cuisson, retirez le bacon. Réservez.
- Poursuivez la cuisson jusqu'à ce que le rôti soit doré. Servez, garni du bacon.

Rôti de veau à la ciboulette

6 PORTIONS	
1	rôti de veau de 1,4 kg (3 lb)
45 ml	(3 c. à s.) ciboulette, hachée
2 ml	(½ c. à t.) thym
2 ml	(½ c. à t.) poivre noir
30 ml	(2 c. à s.) jus de citron

- Préchauffez le four à 190 °C (375 °F)
- Dans une rôtissoire tapissée de papier d'aluminium, déposez le rôti de veau.
- Assaisonnez ; arrosez de jus de citron.
- Faites cuire le rôti au four environ 90 minutes. Servez.

VARIANTE
- Faites cuire sur un feu de charbons de bois. Un reste de braise, après avoir fait griller des steaks, par exemple, suffit.

Poitrine de veau farcie

6 à 8 PORTIONS	
1	poitrine de veau de 1,4 kg (3 lb), désossée
500 ml	(2 tasses) mie de pain
250 ml	(1 tasse) lait
450 g	(1 lb) veau, haché finement
2	œufs, battus
375 ml	(1 ½ tasse) épinards frais, hachés finement
2	tomates, épépinées, en cubes
	sel et poivre

- Préchauffez le four à 175 °C (350 °F).
- À l'aide d'un couteau, faites une incision sur toute la longueur de la poitrine sans terminer la coupe. Réservez.
- Dans un petit bol, faites imbiber le pain de lait. Ajoutez le reste des ingrédients ; mélangez ; salez et poivrez au goût.
- Farcissez la poitrine de la préparation au pain ; bridez ou refermez la poitrine à l'aide de petites brochettes.
- Dans une rôtissoire, déposez la poitrine farcie ; faites cuire au four, à découvert, environ 90 minutes.
- Servez, accompagnée de carottes et de pommes de terre, si désiré.

Côtelettes de veau St-Denis

	6 PORTIONS
30 ml	(2 c. à s.) farine
6	côtelettes de veau, de 2,5 cm (1 po) d'épaisseur
30 ml	(2 c. à s.) huile
30 ml	(2 c. à s.) beurre
1	oignon, haché
1	carotte, émincée
1	branche de céleri, émincée
1 ml	(¼ c. à t.) marjolaine
1 ml	(¼ c. à t.) romarin
	sel et poivre
2 ou 3	tomates bien mûres, pelées, hachées
125 ml	(½ tasse) bouillon de bœuf
30 ml	(2 c. à s.) beurre, ramolli
5 ml	(1 c. à t.) zeste de citron
1	gousse d'ail, hachée
30 ml	(2 c. à s.) persil, haché

■ Enfarinez les côtelettes.

■ Dans une cocotte, faites chauffer l'huile et fondre le beurre ; faites revenir les côtelettes de chaque côté. Ajoutez l'oignon, la carotte et le céleri ; faites blondir ; assaisonnez.

■ Incorporez les tomates et le bouillon. Couvrez ; à feu doux, faites mijoter 30 minutes. Ajoutez un peu de bouillon si la sauce épaissit trop.

■ Entre-temps, dans un bol, mélangez le beurre, le zeste de citron, l'ail et le persil.

■ Quelques minutes avant la fin de la cuisson, ajoutez le beurre assaisonné à la sauce.

■ Servez, accompagnées de nouilles, si désiré.

Recette illustrée

Côtelettes de veau verdurette

	6 PORTIONS
30 ml	(2 c. à s.) beurre
6	côtelettes de veau
15 ml	(1 c. à s.) farine
500 ml	(2 tasses) bouillon de bœuf
2	oignons, en rondelles
6	feuilles de laitue
3	tomates, tranchées

■ Préchauffez le four à 190 °C (375 °F).

■ Dans un poêlon, faites fondre le beurre ; faites revenir les côtelettes 2 minutes de chaque côté. Retirez du poêlon.

■ Saupoudrez de farine le gras de cuisson ; mélangez. Incorporez le bouillon ; à feu doux, faites mijoter 4 à 5 minutes ou jusqu'à épaississement.

■ Entre-temps, dans un plat allant au four, déposez les côtelettes. En couches successives, recouvrez des oignons, des feuilles de laitue et des tomates ; terminez par un second rang de laitue.

■ Versez assez de sauce pour couvrir la laitue ; si nécessaire, allongez la sauce de jus de tomate ; faites cuire au four 2 heures. Servez.

VARIANTE
● Remplacez la laitue par des épinards.

Côtelettes de veau au fromage

4 PORTIONS	
30 ml	(2 c. à s.) farine
4	côtelettes de veau, parées
30 ml	(2 c. à s.) beurre
	sel et poivre
4	tranches de mozzarella

- Préchauffez le four à GRIL (BROIL).
- Enfarinez les côtelettes. Réservez.
- Dans un poêlon, à feu vif, faites fondre le beurre ; faites saisir les côtelettes ; salez et poivrez. Réduisez le feu ; faites cuire les côtelettes 4 à 6 minutes de chaque côté ; au besoin, ajoutez un peu d'eau pour ne pas faire brûler.
- Dans une lèchefrite, déposez les côtelettes ; recouvrez chacune d'une tranche de mozzarella ; faites griller au four 3 minutes ou jusqu'à ce que le fromage soit à moitié fondu. Servez.

VARIANTES
- Dressez sur un nid de petits pois. Entourez d'une couronne de riz.

Côtelettes de veau à la crème

4 PORTIONS	
125 ml	(½ tasse) farine
	sel et poivre
4	côtelettes de veau
45 ml	(3 c. à s.) beurre
1	échalote, hachée
1	poivron rouge, en lanières
5 ml	(1 c. à t.) estragon
250 ml	(1 tasse) vin blanc
125 ml	(½ tasse) crème à 15 %

- Préchauffez le four à 150 °C (300 °F).
- Dans un petit bol, mélangez la farine, le sel et le poivre ; enfarinez les côtelettes. Réservez.
- Dans un poêlon, faites fondre le beurre ; à feu moyen, faites revenir les côtelettes environ 6 minutes de chaque côté. Retirez les côtelettes du poêlon ; dressez dans un plat de service. Réservez au chaud.
- Dans le gras de cuisson, ajoutez l'échalote, le poivron et l'estragon ; faites cuire 3 minutes.
- À feu vif, déglacez le poêlon avec le vin blanc. Amenez à ébullition ; laissez frémir 3 minutes. Incorporez la crème ; nappez les côtelettes. Servez.

Grenadins de veau, sauce aux crevettes

4 PORTIONS	
30 ml	(2 c. à s.) huile
30 ml	(2 c. à s.) beurre
4	grenadins de veau de 115 g (4 oz)
45 ml	(3 c. à s.) farine
180 ml	(3/4 tasse) bouillon de bœuf
125 ml	(1/2 tasse) crème à 35 %
60 ml	(2 oz) sherry
3 ml	(3/4 c. à t.) sel
1 ml	(1/4 c. à t.) poivre
180 ml	(3/4 tasse) petites crevettes

■ Dans un poêlon, faites chauffer l'huile et le beurre ; faites revenir les grenadins 5 minutes de chaque côté. Retirez du poêlon ; dans des assiettes, dressez les grenadins. Réservez au chaud.

■ Saupoudrez de farine le gras de cuisson ; mélangez ; faites blondir 2 minutes, en remuant. Incorporez lentement le bouillon, la crème et le sherry ; liez bien ; salez et poivrez ; à feu doux, laissez mijoter 4 minutes.

■ Ajoutez les crevettes ; continuez la cuisson 2 minutes ; nappez les grenadins de la sauce aux crevettes. Servez.

VARIANTES
• Remplacez le bouillon de bœuf par du bouillon de poulet.
• Remplacez le sherry par du cidre ou du jus de pomme.

Paupiettes de veau

6 À 8 PORTIONS	
3	œufs durs, hachés
12	olives noires
45 ml	(3 c. à s.) beurre
8	escalopes de veau, très minces
8	tranches de jambon, minces
8	tranches de bacon
8	feuilles de laurier
8 ml	(1/4 oz) cognac
30 ml	(2 c. à s.) beurre
60 ml	(1/4 tasse) lardons
250 ml	(1 tasse) bouillon de poulet
60 ml	(1/4 tasse) oignon, haché
1	gousse d'ail, hachée
60 ml	(1/4 tasse) carottes, en dés

■ Préchauffez le four à 175 °C (350 °F).
■ Dans un bol, mélangez les 3 premiers ingrédients.
■ Recouvrez chaque escalope d'une tranche de jambon et de 30 ml (2 c. à s.) de la préparation aux œufs ; roulez. Dans le sens contraire de la paupiette, enroulez une tranche de bacon ; ficelez ; garnissez d'une feuille de laurier ; arrosez de cognac. À l'aide d'une fourchette, piquez les paupiettes.
■ Dans une casserole munie d'un couvercle, allant au four, faites fondre le beurre. Ajoutez les paupiettes de veau et les lardons ; faites dorer.
■ Incorporez le reste des ingrédients. Couvrez ; faites cuire au four 45 minutes. Servez.

Médaillons de veau aux pois chiches

4 PORTIONS	
60 ml	(1/4 tasse) beurre
250 ml	(1 tasse) pois chiches, en conserve, rincés, égouttés
1	échalote sèche, hachée
1	gousse d'ail, hachée
30 ml	(2 c. à s.) persil, haché
15 ml	(1 c. à s.) huile
8	médaillons de veau de 60 g (2 oz)
	sel et poivre
30 ml	(1 oz) cognac ou calvados
125 ml	(1/2 tasse) crème à 15 %

■ Dans un poêlon, faites fondre la moitié du beurre ; faites sauter les pois chiches quelques minutes. Ajoutez l'échalote, l'ail et la moitié du persil ; continuez la cuisson 5 minutes, en remuant de temps en temps. Retirez le mélange du poêlon. Réservez au chaud.

■ Dans le poêlon, ajoutez le reste du beurre et l'huile ; faites revenir les médaillons de veau 5 à 7 minutes de chaque côté ; salez et poivrez.

■ Arrosez du cognac ; faites flamber 30 secondes. Dans des assiettes, dressez les médaillons. Réservez au chaud.

■ Dans le gras de cuisson, ajoutez la crème ; mélangez ; à feu doux, laissez mijoter 3 minutes.

■ Répartissez la préparation de pois chiches sur les médaillons ; nappez de sauce ; saupoudrez du reste de persil haché. Servez.

Escalopes de veau aux courgettes

4 PORTIONS	
60 ml	(1/4 tasse) farine de blé
4	escalopes de veau de 115 g (4 oz)
30 ml	(2 c. à s.) huile d'olive
	sel et poivre
15 ml	(1 c. à s.) beurre
250 ml	(1 tasse) courgettes, en julienne
30 ml	(2 c. à s.) jus de citron
80 ml	(1/3 tasse) vin blanc sec

■ Préchauffez le four à 175 °C (350 °F).

■ Enfarinez les escalopes de veau.

■ Dans un poêlon, faites chauffer l'huile ; faites saisir les escalopes de chaque côté ; salez et poivrez au goût. Dans un plat allant au four, déposez les escalopes ; faites cuire au four 10 minutes ou jusqu'à ce que le veau soit tendre.

■ Dans le poêlon, faites fondre le beurre ; en remuant, faites cuire les courgettes. Dès que les courgettes changent de couleur, ajoutez le jus de citron et le vin ; mélangez bien ; continuez la cuisson 2 minutes.

■ Dans des assiettes, dressez les escalopes ; nappez de la préparation aux courgettes. Servez.

Dans le sens horaire, commençant en haut, à gauche : paupiettes de veau, escalopes de veau aux courgettes, grenadins de veau, sauce aux crevettes

Émincé de veau
aux légumes

6 PORTIONS	
125 ml	(½ tasse) farine
900 g	(2 lb) veau, en languettes
30 ml	(2 c. à s.) beurre
2	carottes, en rondelles
2	branches de céleri, tranchées
284 ml	(10 oz) haricots verts coupés, en conserve, égouttés
45 ml	(3 c. à s.) sauce soya
500 ml	(2 tasses) bouillon de bœuf
	sel et poivre

■ Préchauffez le four à 175 °C (350 °F)

■ Réservez 15 ml (1 c. à s.) de farine pour la sauce. Passez les languettes de veau dans le reste de farine.

■ Dans une poêle, faites fondre le beurre ; faites saisir les languettes de veau de chaque côté. Retirez de la poêle ; déposez dans un plat muni d'un couvercle, allant au four.

■ Saupoudrez de farine le gras de cuisson ; mélangez. Ajoutez les légumes, la sauce soya et le bouillon ; salez et poivrez au goût ; mélangez.

■ Versez la sauce sur les languettes. Couvrez ; faites cuire au four 1 heure, en remuant de temps à autre ; au besoin, ajoutez 125 ml (½ tasse) de bouillon durant la cuisson. Servez sur un nid de riz, si désiré.

Recette illustrée

Sauté de veau
aux tomates

2 PORTIONS	
10 ml	(2 c. à t.) huile d'olive
250 ml	(1 tasse) oignons, hachés
250 ml	(1 tasse) champignons, émincés
1	gousse d'ail, hachée
280 g	(10 oz) veau, en languettes
500 ml	(2 tasses) tomates, en conserve, égouttées
30 ml	(2 c. à s.) vinaigre de vin
15 ml	(1 c. à s.) moutarde de Dijon
	sel et poivre
	riz brun, cuit (facultatif)
	persil, haché

■ Dans un grand poêlon à revêtement antiadhésif, faites chauffer l'huile ; faites revenir les oignons, les champignons, et l'ail environ 5 minutes.

■ Ajoutez les languettes de veau ; faites saisir 5 minutes.

■ Incorporez les tomates, le vinaigre et la moutarde ; mélangez ; salez et poivrez au goût ; à feu doux, laissez mijoter environ 10 minutes.

■ Dressez le sauté de veau sur un nid de riz brun ou de riz sauvage, si désiré ; garnissez de persil. Servez.

Fricassée de veau

4 PORTIONS	
60 ml	(¹/₄ tasse) farine
5 ml	(1 c. à t.) sel
1 ml	(¹/₄ c. à t.) poivre
2 ml	(¹/₂ c. à t.) paprika
450 g	(1 lb) veau, en languettes
250 ml	(1 tasse) eau
15 ml	(1 c. à s.) sauce Worcestershire
30 ml	(2 c. à s.) ketchup
2	carottes moyennes, tranchées
1	poireau, émincé
1	pomme de terre, pelée, en tranches
2	petits oignons, hachés
125 ml	(¹/₂ tasse) petits pois surgelés

■ Dans une assiette, mélangez la farine, le sel, le poivre et le paprika ; enfarinez les languettes de veau.

■ Dans une casserole munie d'un couvercle, déposez les languettes. Ajoutez l'eau, la sauce Worcestershire et le ketchup. Couvrez ; à feu doux, laissez mijoter 30 minutes ou jusqu'à ce que le veau soit tendre.

■ Ajoutez les légumes, sauf les petits pois ; continuez la cuisson 30 minutes ou jusqu'à ce que les légumes soient tendres.

■ Incorporez les petits pois ; laissez mijoter jusqu'à ce que les petits pois soient cuits. Servez.

Fettucine au veau

4 PORTIONS	
350 g	(12 oz) fettucine
30 ml	(2 c. à s.) huile végétale
350 g	(12 oz) veau, émincé (comme pour la fondue chinoise)
1	oignon, haché
1	gousse d'ail, hachée
1	poivron vert, émincé
1	poivron rouge, émincé
125 ml	(¹/₂ tasse) bouillon de bœuf
	sel et poivre

■ Dans une casserole d'eau bouillante légèrement salée, faites cuire les fettucine.

■ Entre-temps, dans un poêlon muni d'un couvercle, faites chauffer l'huile ; faites saisir le veau émincé. Retirez du poêlon. Réservez.

■ Dans le gras de cuisson, faites revenir l'oignon, l'ail et les poivrons. Couvrez ; à feu doux, faites cuire jusqu'à ce que les légumes soient à peine tendres.

■ Ajoutez le veau et le bouillon de bœuf ; mélangez ; salez et poivrez au goût ; laissez mijoter 2 minutes.

■ Égouttez les fettucine. Dressez la préparation au veau sur un nid de fettucine. Servez.

Sauté de veau Marengo

6 PORTIONS	
45 ml	(3 c. à s.) huile
1,4 kg	(3 lb) veau, en cubes
30 ml	(2 c. à s.) farine de blé
125 ml	(1 tasse) bouillon de bœuf
213 ml	(7 ½ oz) sauce aux tomates épicée, en conserve
2 ml	(½ c. à t.) sel
1 ml	(¼ c. à t.) poivre
2 ml	(½ c. à t.) thym
250 ml	(1 tasse) oignons, en dés
2	gousses d'ail, émincées
15 ml	(1 c. à s.) persil, haché
1	feuille de laurier
225 g	(8 oz) champignons, tranchés

■ Au four à micro-ondes, préchauffez un plat à rôtir 7 minutes, à ÉLEVÉ ; à la même intensité, faites chauffer l'huile 30 secondes ; faites saisir les cubes de veau ; saupoudrez de farine ; mélangez. Incorporez le bouillon et la sauce aux tomates ; faites cuire 3 à 4 minutes, à ÉLEVÉ ; remuez une fois pendant la cuisson.

■ Ajoutez le reste des ingrédients, sauf les champignons. Couvrez ; faites cuire 1 heure, à MOYEN-ÉLEVÉ ; remuez à la mi-cuisson.

■ Retirez du four ; remuez. Incorporez les champignons. Couvrez ; continuez la cuisson 8 à 10 minutes ou jusqu'à ce que le veau soit cuit ; laissez reposer 5 minutes. Servez.

Pâté de veau

4 PORTIONS	
225 g	(8 oz) champignons, tranchés
	jus de 1 citron
15 ml	(1 c. à s.) beurre
750 ml	(3 tasses) veau, cuit, en dés
284 ml	(10 oz) crème de poulet, en conserve
	sel et poivre
500 ml	(2 tasses) purée de pommes de terre
60 ml	(¼ tasse) fromage, râpé
30 ml	(2 c. à s.) chapelure

■ Préchauffez le four à 220 °C (425 °F).

■ Dans un petit bol, arrosez les champignons de jus de citron.

■ Dans un poêlon, faites fondre le beurre ; faites sauter les champignons. Ajoutez le veau en dés et la crème de poulet ; salez et poivrez au goût ; en remuant bien, poursuivez la cuisson quelques minutes.

■ Dans un plat beurré allant au four, déposez le mélange de veau. Couvrez de purée de pommes de terre ; saupoudrez de fromage râpé et de chapelure ; faites cuire au four 20 minutes. Servez.

Blanquette de veau

6 À 8 PORTIONS

1,4 kg	(3 lb) veau, en cubes
1	oignon, émincé
2	carottes, en dés
1	bouquet garni
	sel et poivre, au goût
45 ml	(3 c. à s.) beurre
450 g	(1 lb) champignons, émincés
225 g	(8 oz) petits oignons
30 ml	(2 c. à s.) farine
1	jaune d'œuf
250 ml	(1 tasse) crème à 15 %

• Dans une casserole d'eau bouillante légèrement salée, faites blanchir les cubes de veau 5 minutes. Égouttez ; rincez. Remettez dans la casserole. Couvrez d'eau froide ; amenez à ébullition ; écumez.

• Ajoutez l'oignon, les carottes et les assaisonnements ; à feu doux, laissez mijoter 1 heure.

• Retirez les cubes de veau de la casserole. Réservez le veau et le bouillon de cuisson séparément.

• Dans un poêlon, faites fondre 15 ml (1 c. à s.) de beurre ; faites sauter les champignons et les petits oignons. Réservez.

• Dans le même poêlon, faites fondre le reste du beurre ; saupoudrez de farine ; mélangez bien. Incorporez lentement le bouillon de cuisson du veau ; mélangez. Ajoutez le jaune d'œuf et la crème ; à l'aide d'un fouet, remuez jusqu'à épaississement.

• Déposez les cubes de veau dans la sauce. Ajoutez les légumes sautés ; laissez mijoter 5 minutes. Servez.

Recette illustrée ci-dessus

VARIANTES

• Remplacez les carottes par des bouquets de chou-fleur ou de brocoli, tel qu'illustré ci-dessus.

• Incorporez 45 ml (3 c. à s.) de pâte de tomates à l'eau de cuisson.

Boulettes de veau

6 PORTIONS	
900 g	(2 lb) veau haché
3	œufs
3	gousses d'ail, hachées
125 ml	(1/2 tasse) riz instantané
	sel et poivre, au goût
125 ml	(1/2 tasse) chapelure
1 L	(4 tasses) boisson gazeuse au gingembre
375 ml	(1 1/2 tasse) sauce Chili

- Dans un bol, mélangez les 6 premiers ingrédients. Avec les mains mouillées, façonnez 30 boulettes. Réservez.

- Dans une casserole, combinez la boisson gazeuse et la sauce Chili ; déposez les boulettes dans la sauce ; à feu moyen, faites cuire environ 2 heures.

- Servez, accompagnées de nouilles ou de pommes de terre, si désiré.

Fricadelles de veau

4 PORTIONS	
900 g	(2 lb) veau, haché
1	œuf
30 ml	(2 c. à s.) oignon, haché
30 ml	(2 c. à s.) câpres, hachées
15 ml	(1 c. à s.) persil, haché
15 ml	(1 c. à s.) sauce Worcestershire
2 ml	(1/2 c. à t.) sel
1	pincée de poivre
2 ml	(1/2 c. à t.) sauge
10 ml	(2 c. à t.) huile d'olive
10 ml	(2 c. à t.) beurre
250 ml	(1 tasse) champignons, en quartiers
30 ml	(2 c. à s.) échalotes, hachées
30 ml	(2 c. à s.) vin blanc sec

- Dans un bol, mélangez les 9 premiers ingrédients. Avec les mains mouillées, façonnez 8 croquettes. Réservez.

- Dans un poêlon, faites chauffer l'huile et le beurre ; faites dorer les croquettes. Retirez du poêlon. Réservez.

- Dans le gras de cuisson, faites revenir les quartiers de champignons et les échalotes. Déglacez avec le vin blanc. Amenez à ébullition ; réduisez le feu. Déposez les croquettes de veau dans le poêlon ; faites mijoter 2 à 3 minutes. Servez.

Timbales de veau au Chili

2 PORTIONS	
5 ml	(1 c. à t.) huile végétale
125 ml	(1/2 tasse) oignons, hachés finement
125 ml	(1/2 tasse) poivron vert, émincé
2	gousses d'ail, hachées
280 g	(10 oz) veau haché
5 ml	(1 c. à t.) poudre de Chili
2 ml	(1/2 c. à t.) origan
1	pincée de sel
	quelques gouttes de Tabasco
60 ml	(1/4 tasse) haricots rouges, en conserve, égouttés
125 ml	(1/2 tasse) tomates concassées, en conserve, égouttées
30 ml	(2 c. à s.) pâte de tomates
2	vol-au-vent, du commerce

- Dans un poêlon, faites chauffer l'huile ; faites sauter l'oignon, le poivron et l'ail 5 minutes. Ajoutez le veau ; assaisonnez ; en remuant constamment, faites cuire 3 minutes ou jusqu'à ce que la viande perde sa couleur rosée.

- Incorporez les haricots, les tomates et la pâte de tomates ; faites mijoter 10 minutes, en remuant de temps à autre.

- Répartissez la préparation dans les vol-au-vent. Servez.

Recette illustrée

Pain de veau

6 PORTIONS	
5 ml	(1 c. à t.) graisse végétale
2	œufs durs, tranchés
450 g	(1 lb) veau, cuit, en lanières
225 g	(8 oz) jambon, cuit, en lanières
3	échalotes, hachées
	sel et poivre, au goût
1 ml	(1/4 c. à t.) muscade
1	pincée de poivre de Cayenne
15 ml	(1 c. à s.) gélatine sans saveur
60 ml	(1/4 tasse) eau froide
375 ml	(1 1/2 tasse) bouillon de poulet
1 ml	(1/4 c. à t.) sauce Tabasco

- Refroidissez un moule à pain sous l'eau froide du robinet ; enduisez de graisse végétale. Déposez quelques tranches d'œufs dans le fond ; couvrez de lanières de veau, de jambon et d'échalotes ; assaisonnez. Répétez ces 3 opérations jusqu'à ce que les ingrédients soient utilisés.

- Faites gonfler la gélatine dans l'eau froide.

- Dans une casserole, combinez le bouillon de poulet et la sauce Tabasco ; faites chauffer. En remuant, incorporez la gélatine. Versez le bouillon sur la viande ; à l'aide d'un couteau, faites pénétrer le liquide jusqu'au fond du moule. Placez au réfrigérateur 12 heures.

- Démoulez. Servez, garni de persil, de poivron émincé et de tomates tranchées, si désiré.

Rognons de veau aux canneberges

60 ml	(¼ tasse) farine de blé entier
450 g	(1 lb) rognons, nettoyés, en lobes
45 ml	(3 c. à s.) huile végétale
250 ml	(1 tasse) canneberges fraîches ou surgelées
30 ml	(2 c. à s.) vinaigre de framboise
	sel et poivre
80 ml	(⅓ tasse) bouillon de bœuf
80 ml	(⅓ tasse) bouillon de poulet

- Préchauffez le four à 205 °C (400 °F).

- Enfarinez les rognons.

- Dans un poêlon allant au four, à feu vif, faites chauffer l'huile; faites saisir les rognons 5 minutes, en remuant de temps à autre. Ajoutez les canneberges ; mélangez. Arrosez du vinaigre de framboises ; faites cuire 1 minute ; salez et poivrez au goût.

- Versez les bouillons dans le poêlon ; amenez au point d'ébullition ; faites cuire au four 10 minutes ou jusqu'à ce que les rognons soient tendres. Servez.

Ris de veau meunière

1 L	(4 tasses) eau, chaude
450 g	(1 lb) ris de veau, nettoyés
2 ml	(½ c. à t.) sel
45 ml	(3 c. à s.) jus de citron
1 ml	(¼ c. à t.) gingembre moulu
125 ml	(½ tasse) beurre
80 ml	(⅓ tasse) chapelure persil, haché

- Préchauffez le four à GRIL (BROIL).

- Dans une casserole, amenez à ébullition l'eau, les ris de veau, le sel, 15 m (1 c. à s.) de jus de citron et le gingembre. Couvrez ; à feu doux, faites mijoter 20 minutes.

- Égouttez les ris ; plongez dans un bol d'eau froide. Enlevez les membranes, les veines et le tissu conjonctif ; coupez en deux dans le sens de la longueur.

- Dans une petite casserole, à feu très doux, faites fondre le beurre ; enrobez les ris du beurre ; roulez dans la chapelure. Réservez le reste du beurre fondu.

- Sur le treillis graissé d'une rôtissoire, déposez les ris ; faites dorer au four 4 à 5 minutes par côté.

- Dressez les ris sur un plat de service chaud.

- Dans la casserole, combinez le beurre et le reste du jus de citron ; nappez les ris de sauce. Saupoudrez de persil. Servez.

VARIANTES
- Servez sur un nid de riz ou de pommes de terre en purée.

Langue de veau braisée

2 PORTIONS	
30 ml	(2 c. à s.) lard gras, en dés
1	petit oignon, émincé
30 ml	(2 c. à s.) beurre
30 ml	(2 c. à s.) farine
250 ml	(1 tasse) bouillon de bœuf
4	tranches de langue, cuite, de 60 g (2 oz)
	sel et poivre
500 ml	(2 tasses) purée de pommes de terre, chaude

- Dans une petite cocotte, faites dorer le lard et l'oignon. Incorporez le beurre et la farine. Arrosez du bouillon ; faites mijoter quelques minutes.
- Ajoutez les tranches de langue cuite ; salez et poivrez au goût ; poursuivez la cuisson 10 minutes.
- Entre-temps, fouettez la purée de pommes de terre chaude jusqu'à consistance d'une mousseline ; dressez en couronne autour d'un plat de service.
- Versez les tranches de langue braisée au centre des pommes de terre. Servez.

VARIANTES
- Servez, accompagnée d'une salade de tomates ou de champignons sautés dans le beurre.

Foie de veau au bacon

6 PORTIONS	
1 L	(4 tasses) eau
15 ml	(1 c. à s.) vinaigre
12	tranches de foie de veau de 90 g (3 oz)
60 ml	(¼ tasse) farine
	sel et poivre, au goût
12	tranches de bacon

- Combinez l'eau et le vinaigre. Ajoutez les tranches de foie ; faites dégorger. Retirez ; épongez bien.
- Dans un bol, mélangez la farine, le sel et le poivre ; enfarinez les tranches de foie. Réservez.
- Dans une poêle, faites cuire le bacon. Retirez. Réservez au chaud.
- Dans le gras de cuisson, à feu moyen, faites saisir les tranches de foie enfarinées 3 à 4 minutes de chaque côté.
- Dans un plat de service, dressez les tranches de foie ; garnissez de bacon. Servez.

Pourquoi réserver uniquement l'agneau au repas dominical ? Cette viande à saveur unique se prête à mille et une recettes ; nous pourrons le constater dans cette prochaine section.

L'agneau est délectable lorsqu'il est mariné, notamment dans le rôti d'agneau au gingembre et au citron (p. 162) : apprêté de cette façon, il contient peu de matières grasses, surtout s'il est cuit au four ou grillé par la suite.

L'AGNEAU

Rôti d'agneau au gingembre

6 À 8 PORTIONS

30 ml	(2 c. à s.) gingembre frais, haché finement
15 ml	(1 c. à s.) zeste de citron
3	gousses d'ail, émincées
5 ml	(1 c. à t.) thym séché
60 ml	(¼ tasse) farine
	sel et poivre
80 ml	(⅓ tasse) jus de citron frais
1	gigot d'agneau de 2 kg (4 ½ lb)
180 ml	(¾ tasse) vin blanc sec ou eau
15 ml	(1 c. à s.) fécule de maïs
30 ml	(2 c. à s.) eau froide

■ Préchauffez le four à 230 °C (450 °F).

■ Dans un petit bol, mélangez les 7 premiers ingrédients jusqu'à l'obtention d'une pâte. Réservez.

■ Dégraissez le gigot, en ne laissant qu'une mince couche de gras ; faites des incisions de 1,25 cm (½ po) d'épaisseur sur la longueur du gigot.

■ Badigeonnez le gigot d'agneau de la préparation au gingembre ; faites pénétrer dans les incisions. Couvrez ; placez au réfrigérateur au moins 3 heures ou toute la nuit.

■ Dressez le gigot dans une lèchefrite ; arrosez du vin ; faites cuire au four environ 1 heure 15 minutes ou jusqu'à ce que la température intérieure de la viande atteigne, au thermomètre à viande, 54 °C (130 °F) pour une

viande rosée — ou 60 °C (140 °F) pour une viande bien cuite ; arrosez fréquemment du jus de cuisson ; ajoutez de l'eau au besoin.

■ Retirez le gigot du four. Laissez reposer 15 minutes sous un papier d'aluminium. Découpez en tranches minces. Réservez au chaud.

■ Dégraissez le jus de cuisson. Allongez de vin ou d'eau, si nécessaire. Amenez à ébullition, en râclant bien le fond de la lèchefrite.

■ Entre-temps, délayez la fécule de maïs dans l'eau froide. Ajoutez au jus de cuisson ; en remuant, faites cuire jusqu'à épaississement. Versez sur les tranches de gigot. Servez.

Recette illustrée

Gigot d'agneau farci

6 À 8 PORTIONS

30 ml	(2 c. à s.) huile
900 g	(2 lb) foie de veau
2	oignons, hachés
60 ml	(¼ tasse) persil, haché
	feuilles de menthe, hachées finement
500 ml	(2 tasses) riz, cuit
250 ml	(1 tasse) purée ou compote de pommes
125 ml	(½ tasse) sauce aux tomates
	sel et poivre
1	gigot d'agneau de 2 kg (4 ½ lb) environ
	lard ou bacon

■ Préchauffez le four à 160 °C (325 °F).

(suite page ci-contre)

- Dans une poêle, faites chauffer l'huile ; faites cuire le foie de veau.

- Au hache-viande, hachez le foie, les oignons, le persil et la menthe.

- Dans un bol, combinez le foie haché, le riz, la purée de pommes et la sauce aux tomates ; assaisonnez ; mélangez.

- Farcissez le gigot d'agneau du mélange ; bardez de lard ou de bacon ; ficelez.

- Dans une rôtissoire, déposez le gigot d'agneau ; à découvert, faites cuire au four 30 minutes par 450 g (1 lb) de viande ; arrosez souvent.

- Dressez le gigot d'agneau farci dans un plat de service chaud ; entourez d'une garniture de gelée à la menthe ou de tranches d'orange pelée, si désiré. Servez.

Recette illustrée à droite

Gigot d'agneau au cidre sec

8 PORTIONS	
1	gigot d'agneau de 2,2 kg (5 lb)
1 à 2	gousses d'ail, en morceaux

Marinade

500 ml	(2 tasses) cidre sec
125 ml	(½ tasse) échalotes, hachées
10 ml	(2 c. à t.) persil, haché
1 ml	(¼ c. à t.) origan
5 ml	(1 c. à t.) sel
2 ml	(½ c. à t.) poivre
15 ml	(1 c. à s.) graisse végétale
30 ml	(1 oz) calvados (facultatif)
30 ml	(2 c. à s.) moutarde forte
30 ml	(2 c. à s.) beurre, ramolli
30 ml	(2 c. à s.) farine

- Préchauffez le four à 160 °C (325 °F).

- Parez et épongez le gigot ; faites des incisions sur la longueur du gigot ; insérez les morceaux d'ail.

- Dans un petit bol, mélangez les ingrédients de la marinade. Versez sur le gigot ; faites mariner au réfrigérateur 3 heures. Égouttez le gigot. Réservez la marinade.

- Dans une cocotte, faites fondre la graisse ; faites saisir le gigot sur toutes ses faces. Ajoutez le calvados ; faites flamber. Versez un peu de marinade.

- Faites cuire au four 20 minutes par 450 g (1 lb) pour une viande rosée — 25 minutes pour une viande bien cuite ; arrosez souvent.

- Retirez le gigot du four. Réservez au chaud. Déposez la cocotte sur un feu vif ; dégraissez. Ajoutez la moutarde et le reste de la marinade ; réduisez le feu.

- Dans un petit bol, mélangez le beurre ramolli et la farine ; ajoutez à la marinade ; mélangez ; nappez le gigot de sauce. Servez.

Recette illustrée à gauche

Comment désosser
une longe d'agneau

- *À l'aide d'un couteau, enle-vez le plus de gras possible.*

- *Déposez la longe bien à plat, côté gras en dessous. Glissez la lame du couteau entre la chair et l'os.*

- *Continuez le mouvement en suivant l'os.*

- *Lorsque le premier côté de l'os est dégagé, repliez-le sur lui-même, de façon à pouvoir dégager l'autre côté.*

- *Continuez le mouvement, jusqu'à ce que l'os soit complètement dégagé de la chair, comme ci-dessus. Roulez la longe, ficelez et faites cuire ou farcissez-la avant de la rouler, tel qu'illustré ci-dessous.*

Roulade d'agneau
au cresson

4 PORTIONS	
Farce	
250 ml	(1 tasse) cresson, haché
1	œuf, battu
45 ml	(3 c. à s.) parmesan
	sel et poivre
2	longes courtes d'agneau, désossées selon la technique ci-contre
45 ml	(3 c. à s.) huile d'arachide
45 ml	(3 c. à s.) oignon, haché
45 ml	(3 c. à s.) farine
250 ml	(1 tasse) bouillon d'agneau ou de bœuf

- Préchauffez le four à 175 °C (350 °F).

- Dans un petit bol, combinez les ingrédients de la farce.

- Déposez la moitié de la farce sur chaque longe ; roulez bien serré ; ficelez.

- Dans une poêle, faites chauffer l'huile ; faites colorer les longes sur tous les côtés. Ajoutez l'oignon ; salez et poivrez ; faites cuire 1 minute.

- Dans un plat allant au four, déposez les longes d'agneau ; faites cuire 12 minutes.

- Entre-temps, incorporez la farine au gras de la poêle pour obtenir un roux. Ajoutez le bouillon en deux temps, en remuant sans arrêt ; faites réduire de moitié. Réservez.

- Retirez la viande du four ; laissez reposer 5 minutes ; enlevez la ficelle ; tranchez en 10 rondelles. Dressez dans un plat de service ; nappez de sauce. Servez.

Carré d'agneau
à l'estragon

2 PORTIONS	
30 ml	(2 c. à s.) huile
1	carré d'agneau, paré
125 ml	(½ tasse) vin blanc demi-sec, chaud
1	gousse d'ail écrasée
2 ml	(½ c. à t.) estragon sel et poivre
125 ml	(½ tasse) crème à 35 %
30 ml	(2 c. à s.) câpres

■ Préchauffez le four à 205 °C (400 °F).

■ Dans une poêle, faites chauffer l'huile ; faites brunir le carré d'agneau sur toutes ses faces.

■ Dans un plat allant au four, déposez le carré d'agneau. Arrosez de vin ; ajoutez l'ail et l'estragon ; salez et poivrez ; faites cuire au four 10 minutes.

■ Retirez du four. Versez la crème sur le carré d'agneau ; parsemez de câpres. Faites cuire au four 20 minutes. Servez.

VARIANTES
• Accompagnez de haricots verts et de pommes de terre en purée ou d'aubergines frites.

Carrés d'agneau
surprises

4 PORTIONS	
1	gousse d'ail, hachée
45 ml	(3 c. à s.) chapelure
15 ml	(1 c. à s.) paprika
15 ml	(1 c. à s.) noisettes, émiettées
15 ml	(1 c. à s.) persil, haché
15 ml	(1 c. à s.) menthe, hachée
2	carrés d'agneau, parés noisettes de beurre
15 ml	(1 c. à s.) huile sel et poivre

■ Préchauffez le four à 230 °C (450 °F).

■ Dans un petit bol, combinez l'ail, la chapelure, le paprika, les noisettes, le persil et la menthe. Réservez.

■ Couvrez le côté gras des carrés d'agneau de la moitié du mélange de chapelure ; parsemez de noisettes de beurre.

■ Dans une poêle, faites chauffer l'huile ; faites saisir les carrés d'agneau sur toutes leurs faces.

■ Dans un plat allant au four, déposez les carrés d'agneau ; assaisonnez de sel et de poivre ; faites cuire 15 minutes ; retournez à la mi-cuisson.

■ Retirez du four ; enrobez les carrés d'une deuxième couche du mélange de chapelure ; faites cuire au four 5 minutes. Servez.

Côtelettes d'agneau en pâte

2 PORTIONS	
225 g	(1/2 lb) pâte feuilletée *(p. 335)*
30 ml	(2 c. à s.) beurre
3	échalotes, émincées
125 ml	(½ tasse) champignons tranchés, en conserve, égouttés
2	tranches de jambon, en allumettes
5 ml	(1 c. à t.) pâte de tomates
	sel et poivre
4	côtelettes d'agneau, dégraissées
15 ml	(½ oz) cognac, chaud
1	œuf, battu

■ Préchauffez le four à 205 °C (400 °F).

■ Abaissez la pâte feuilletée en 4 carrés. Réservez.

■ Dans une poêle, faites fondre la moitié du beurre ; faites revenir les échalotes, les champignons et le jambon. Ajoutez la pâte de tomates, le sel et le poivre ; mélangez. Réservez.

■ Dans un poêlon, faites fondre le reste de beurre ; faites saisir les côtelettes d'agneau des deux côtés. Ajoutez le cognac ; faites flamber.

■ Placez les côtelettes sur chaque carré de pâte feuilletée ; garnissez de farce au jambon ; enveloppez de pâte ; laissez le bout des os à découvert. Badigeonnez d'œuf battu ; faites cuire au four 12 minutes ou jusqu'à ce que la pâte soit dorée. Servez.

Garniture

■ Garnissez le bout des os avec des papillotes.

Côtelettes d'agneau en papillotes

3 PORTIONS	
3	pommes de terre, non pelées, cuites à la vapeur
3	gousses d'ail, hachées
30 ml	(2 c. à s.) basilic
30 ml	(2 c. à s.) persil frais, haché
	sel et poivre
5 ml	(1 c. à t.) huile
5 ml	(1 c. à t.) beurre
6	côtelettes d'agneau
2	oignons, émincés

■ Préchauffez le four à 205 °C (400 °F).

■ Pelez les pommes de terre cuites ; coupez en rondelles. Réservez.

■ Coupez 3 grands carrés de papier d'aluminium ; beurrez légèrement. Réservez.

■ Dans un petit bol, mélangez l'ail, les fines herbes, le sel et le poivre.

■ Dans une poêle à revêtement antiadhésif, faites chaufer l'huile et fondre le beurre ; faites revenir les côtelettes. Réservez.

■ Sur les carrés de papier d'aluminium, répartissez les rondelles de pommes de terre ; déposez deux côtelettes d'agneau sur les rondelles. Ajoutez les tranches d'oignons ; garnissez du mélange de fines herbes.

■ Refermez chacune des trois portions en papillote ; scellez bien le papier d'aluminium ; faites cuire au four 30 minutes. Servez.

Côtes d'agneau barbecue

Sauce

156 ml	(5 ½ oz) pâte de tomates
30 ml	(2 c. à s.) cassonade
180 ml	(¾ tasse) eau
60 ml	(¼ tasse) vinaigre
5 ml	(1 c. à t.) sel
2 ml	(½ c. à t.) moutarde sèche
30 ml	(2 c. à s.) huile végétale
1	oignon moyen, haché
1	gousse d'ail, hachée
15 ml	(1 c. à s.) jus de citron
6	côtes d'agneau, dégraissées

- Préchauffez le four à GRIL (BROIL).
- Dans un bol, mélangez tous les ingrédients de la sauce. Réservez.
- Dans un poêlon, faites chauffer l'huile ; faites dorer l'oignon et l'ail. Ajoutez la sauce et le jus de citron ; remuez. Réservez.
- Sur une plaque de cuisson, déposez les côtes d'agneau ; placez à 10 cm (4 po) de l'élément ; faites griller 4 à 6 minutes de chaque coté.
- Dans un plat de service, déposez les côtes d'agneau ; nappez de sauce. Servez.

Côtelettes d'agneau aux raisins

15 ml	(1 c. à s.) huile
8	côtelettes d'agneau
10 ml	(2 c. à t.) fécule de maïs
20 ml	(4 c. à t.) eau froide
250 ml	(1 tasse) jus de canneberge
15 ml	(1 c. à s.) sucre
5 ml	(1 c. à t.) sel
125 ml	(½ tasse) raisins secs
284 ml	(10 oz) mandarines en quartiers, en conserve, égouttées

- Dans un poêlon, faites chauffer l'huile ; faites saisir les côtelettes des deux côtés ; retirez du poêlon. Réservez.
- Délayez la fécule de maïs dans l'eau froide. Réservez.
- Versez le jus de canneberge dans le poêlon. Ajoutez la fécule de maïs ; faites cuire à feu doux jusqu'à ce que la sauce épaississe. Ajoutez le sucre et le sel ; remuez pendant la cuisson.
- Déposez les côtelettes d'agneau dans la sauce ; laissez mijoter 25 minutes à feu doux. À la mi-cuisson, ajoutez les raisins et les mandarines. Terminez la cuisson. Servez.

Rouleaux d'agneau, sauce aux abricots

	4 PORTIONS	

Farce

250 ml	(1 tasse) purée de pommes de terre sucrées
60 ml	(¼ tasse) abricots secs, hachés
15 ml	(1 c. à s.) mélasse
8	tranches minces de rôti d'agneau, cuit

Sauce

375 ml	(1 ½ tasse) jus d'abricot
15 ml	(1 c. à s.) jus de citron
20 ml	(4 c. à t.) fécule de maïs
2 ml	(½ c. à t.) sel
1	pincée de gingembre
125 ml	(½ tasse) raisins secs dorés
30 ml	(2 c. à s.) beurre ou margarine

- Préchauffez le four à 175 °C (350 °F).
- Dans un petit bol, combinez les ingrédients de la farce. Répartissez la farce sur les tranches d'agneau ; roulez ; fixez avec un cure-dent de bois.
- Sur une plaque à biscuits, déposez les rouleaux ; faites cuire au four 15 minutes.
- Entre-temps, dans une casserole, combinez les ingrédients de la sauce ; faites cuire à feu doux, en remuant, jusqu'à consistance épaisse. Ajoutez les raisins et le beurre ; remuez jusqu'à ce que le beurre soit fondu ; nappez les rouleaux d'agneau de sauce aux abricots. Servez.

Filets d'agneau à la moutarde

	4 PORTIONS	

Sauce

10 ml	(2 c. à t.) farine
125 ml	(½ tasse) vin blanc
125 ml	(½ tasse) bouillon de poulet
10 ml	(2 c. à t.) huile d'olive
30 ml	(2 c. à s.) beurre
16	filets d'agneau
4	échalotes, émincées
1	gousse d'ail, écrasée
30 ml	(2 c. à s.) moutarde forte

- Dans un bol, délayez la farine dans le vin et le bouillon. Réservez.
- Dans un poêlon, faites chauffer l'huile et fondre le beurre ; faites dorer les filets d'agneau ; retirez du poêlon. Réservez au chaud.
- Dans le gras de cuisson, faites dorer les échalotes et l'ail. Ajoutez la sauce ; mélangez ; laissez réduire 5 minutes, en remuant.
- Déposez les filets d'agneau dans la sauce ; faites mijoter 5 minutes. Retirez les filets ; déposez dans un plat de service chaud.
- Ajoutez la moutarde à la sauce ; à feu vif, faites cuire 2 minutes, en remuant constamment ; nappez les filets de sauce à la moutarde. Servez.

Recette illustrée

Médaillons d'agneau aux pistaches et à la menthe

	4 PORTIONS
2	longes d'agneau, désossées
45 ml	(3 c. à s.) farine de blé entier
45 ml	(3 c. à s.) huile d'olive
60 ml	(¼ tasse) pistaches, écalées
45 ml	(3 c. à s.) gelée de menthe
250 ml	(1 tasse) bouillon d'agneau ou de bœuf
	sel et poivre
	feuilles de menthe fraîche

■ Découpez chaque longe d'agneau en quatre ; aplatissez chaque morceau en médaillon ; enfarinez.

■ À feu vif, faites chauffer l'huile ; faites revenir les médaillons 3 minutes de chaque côté ; réduisez la chaleur ; continuez la cuisson 2 minutes.

■ Ajoutez les pistaches et la gelée de menthe ; mélangez. Ajoutez le bouillon ; à feu vif, amenez à ébullition ; laissez réduire de moitié. Retirez du feu ; laissez reposer 3 minutes ; salez et poivrez.

■ Dressez dans un plat de service ; décorez de feuilles de menthe fraîches. Servez.

Médaillons d'agneau à la provençale

	4 PORTIONS
2	longes d'agneau, désossées
45 ml	(3 c. à s.) chapelure
45 ml	(3 c. à s.) parmesan, râpé
2	gousses d'ail, hachées
15 ml	(1 c. à s.) persil, haché
45 ml	(3 c. à s.) huile d'olive
45 ml	(3 c. à s.) pâte de tomates
250 ml	(1 tasse) fond d'agneau ou de bœuf
	sel et poivre, au goût
	persil frais

■ Découpez chaque longe d'agneau en quatre ; aplatissez chaque morceau en médaillon.

■ Mélangez la chapelure, le parmesan, l'ail et le persil ; enrobez les médaillons de ce mélange, en pressant bien pour le faire adhérer à la viande.

■ Dans un poêlon, faites chauffer l'huile ; faites revenir les médaillons 2 minutes de chaque côté. Diminuez la chaleur ; poursuivez la cuisson 6 minutes.

■ Ajoutez la pâte de tomates ; mélangez. Ajoutez le fond d'agneau ou de bœuf. À feu vif, amenez à ébullition ; faites réduire de moitié. Salez et poivrez. Retirez du feu ; laissez reposer 3 minutes ; décorez de persil frais. Servez.

Note : à défaut de fond d'agneau ou de bœuf, utilisez du bouillon épaissi à l'aide d'un roux ou de fécule de maïs.

Agneau du lendemain

4 PORTIONS	
30 ml	(2 c. à s.) huile
1	gros oignon, haché
125 ml	(1/2 tasse) céleri, émincé
1	gousse d'ail, hachée
1	poivron vert, en dés
1	tomate, pelée, hachée grossièrement
284 ml	(10 oz) soupe aux tomates, en conserve
1	pincée de paprika
500 ml	(2 tasses) gigot d'agneau, cuit, en dés
	sel et poivre

■ Dans un poêlon, faites chauffer l'huile ; faites dorer l'oignon. Ajoutez le céleri, l'ail, le poivron et la tomate ; faites cuire 5 minutes. Ajoutez la soupe aux tomates, le paprika et la viande ; assaisonnez ; continuez la cuisson 5 minutes.

■ Servez sur un nid de riz ou de macaronis.

Casserole de porc et d'agneau

6 À 8 PORTIONS	
675 g	(1 1/2 lb) pommes de terre, tranchées
	sel et poivre
450 g	(1 lb) épaule d'agneau, désossée, en cubes
450 g	(1 lb) épaule de porc, désossée, en cubes
2	oignons, tranchés finement
80 ml	(2/3 tasse) vin blanc
30 ml	(2 c. à s.) beurre, en noisettes

■ Préchauffez le four à 190 °C (375 °F).

■ Dans une cocotte beurrée, garnissez le fond de la moitié des tranches de pommes de terre ; salez et poivrez. Ajoutez une couche de cubes d'agneau, une de cubes de porc et une autre d'oignons. Versez le vin. Recouvrez du reste des pommes de terre. Parsemez de noisettes de beurre. Couvrez ; faites cuire au four 1 heure 15 minutes ou jusqu'à ce que les pommes de terre soient dorées. Servez.

Shish-kebabs

6 À 8 BROCHETTES	
900 g	(2 lb) gigot ou épaule d'agneau, en cubes
125 ml	(1/2 tasse) huile végétale
60 ml	(1/4 tasse) jus de citron
2	gousses d'ail, écrasées
125 ml	(1/2 tasse) persil, haché finement
	sel et poivre

■ Dans un plat, combinez tous les ingrédients ; faites mariner la viande 6 heures.

■ Préchauffez le four à GRIL (BROIL).

■ Retirez la viande de la marinade ; épongez bien ; enfilez les cubes sur des brochettes. Faites griller au four 8 à 10 minutes ou jusqu'à ce que la viande soit dorée, en retournant les brochettes 4 fois au cours de la cuisson. Servez.

VARIANTE

● Faites cuire les shish-kebabs au barbecue, sur un feu de charbons de bois.

Agneau au bulghur

6 PORTIONS	
45 ml	(3 c. à s.) huile végétale
675 g	(1 1/2 lb) agneau, en cubes de 5 cm (2 po)
1	oignon, haché finement
750 ml	(3 tasses) eau
250 ml	(1 tasse) bulghur
540 ml	(19 oz) pois chiches, en conserve, égouttés
2 ml	(1/2 c. à t.) sel
1 ml	(1/4 c. à t.) poivre
1 ml	(1/4 c. à t.) cannelle

■ Dans une casserole, faites chauffer l'huile ; faites revenir la viande et l'oignon. Ajoutez l'eau ; amenez à ébullition. Réduisez le feu ; laissez mijoter environ 45 minutes ou jusqu'à ce que la viande soit tendre. Ajoutez 125 ml (1/2 tasse) d'eau au besoin durant la cuisson.

■ Ajoutez le bulghur, les pois chiches et les assaisonnements ; poursuivez la cuisson 15 minutes. Servez ce plat consistant avec des cornichons ou du yogourt, si désiré.

Dans le sens horaire, commençant en haut, à gauche :
agneau du lendemain,
agneau au bulghur,
shish-kebabs

Ragoût d'agneau aux oignons et aux tomates

4 PORTIONS	
15 ml	(1 c. à s.) huile végétale
450 g	(1 lb) agneau, en cubes
2	oignons, hachés
2	gousses d'ail, émincées
45 ml	(3 c. à s.) beurre
45 ml	(3 c. à s.) farine
284 ml	(10 oz) sauce aux tomates, en conserve
80 ml	(¹/₃ tasse) eau
5 ml	(1 c. à t.) vinaigre de vin rouge
	sel et poivre
10 ml	(2 c. à t.) estragon frais, haché finement
10 ml	(2 c. à t.) persil frais, haché finement
10 ml	(2 c. à t.) fenouil frais, haché finement

▪ Dans une poêle, à feu vif, faites chauffer l'huile ; faites saisir les cubes d'agneau. Réduisez le feu ; laissez rissoler à feu doux 30 minutes. Ajoutez l'oignon et l'ail ; mélangez. Réservez.

▪ Préchauffez le four à 190 °C (375 °F).

▪ Dans une casserole, faites fondre le beurre ; ajoutez la farine ; mélangez. Ajoutez la sauce aux tomates et l'eau, en remuant sans arrêt. Ajoutez ensuite le vinaigre, le sel, le poivre et les aromates ; laissez mijoter 2 à 3 minutes.

▪ Dans un plat allant au four, déposez la viande ; arrosez de sauce. Faites cuire au four 6 à 7 minutes. Servez.

Courgettes farcies à l'agneau

4 PORTIONS	
Farce	
45 ml	(3 c. à s.) beurre
225 g	(8 oz) agneau dans l'épaule, en dés
1	oignon, haché finement
1 ml	(¹/₄ c. à t.) cannelle
	sel et poivre
125 ml	(¹/₂ tasse) pignons
8	courgettes moyennes, non pelées, coupées en deux sur la longueur
500 ml	(2 tasses) sauce aux tomates

▪ Préchauffez le four à 160 °C (325 °F).

▪ Dans un poêlon, faites fondre le beurre ; faites revenir la viande. Ajoutez les autres ingrédients de la farce ; laissez mijoter environ 5 minutes. Réservez.

▪ Évidez les courgettes de la moitié de leur chair ; remplissez du mélange de viande. Déposez dans un plat allant au four ; recouvrez de sauce aux tomates. Faites cuire au four 40 minutes. Servez.

Agneau au cari

8 PORTIONS	
540 ml	(19 oz) tomates broyées, en conserve, égouttées
2	oignons, hachés
3	gousses d'ail, hachées
60 ml	(¼ tasse) huile
1,2 kg	(2 ½ lb) agneau, en cubes
5 ml	(1 c. à t.) gingembre
2 ml	(½ c. à t.) graines de coriandre
1	pincée de thym, haché
2	feuilles de laurier
1 ml	(¼ c. à t.) piments broyés
0,5 ml	(⅛ c. à t.) clou de girofle
1 ml	(¼ c. à t.) cumin moulu
5 ml	(1 c. à t.) paprika
5 ml	(1 c. à t.) curcuma sel
330 ml	(1 ⅓ tasse) eau
12 ml	(2 ½ c. à t.) coriandre fraîche

- Dans une casserole, versez les tomates, les oignons, l'ail et l'huile ; faites cuire 10 minutes à feu doux.
- Ajoutez les cubes d'agneau et les aromates ; salez. Ajoutez l'eau. Couvrez ; laissez mijoter 1 heure. Ajoutez la coriandre ; laissez mijoter 10 minutes. Servez avec un riz blanc parfumé à la cannelle, si désiré.

Recette illustrée

Quiche à l'agneau

4 PORTIONS	
30 ml	(2 c. à s.) beurre
1	gros oignon, haché
125 ml	(½ tasse) champignons, tranchés
1 ml	(¼ c. à t.) moutarde sèche
375 ml	(1 ½ tasse) agneau, cuit, en dés
1	abaisse de 23 cm (9 po) (p. 334)
125 ml	(½ tasse) parmesan, râpé
225 g	(8 oz) fromage à la crème, ramolli
250 ml	(1 tasse) lait
3	œufs, battus
5 ml	(1 c. à t.) sel
1 ml	(¼ c. à t.) poivre
0,5 ml	(⅛ c. à t.) muscade en poudre
4	tomates, tranchées

- Préchauffez le four à 205 °C (400 °F).
- Dans une poêle, faites fondre le beurre ; faites revenir l'oignon, les champignons et la moutarde sèche. Réservez.
- Déposez la viande dans l'abaisse. Réservez.
- Dans un bol, mélangez les fromages ; ajoutez le lait, les œufs, le sel, le poivre et la muscade. Ajoutez le mélange d'oignon et de champignons. Versez délicatement dans l'abaisse ; recouvrez de tranches de tomates ; faites cuire au four 10 minutes. Diminuez la température à 175 °C (350 °F) ; poursuivez la cuisson 25 minutes. Retirez la quiche du four. Servez.

Boulettes printanières

	4 PORTIONS
450 g	(1 lb) agneau haché
2	œufs, battus
115 g	(4 oz) gruyère ou cheddar
1	tranche de pain, émiettée
5 ml	(1 c. à t.) sel
2 ml	(½ c. à t.) poivre
	chapelure
15 ml	(1 c. à s.) beurre

- Dans un bol, mélangez l'agneau haché, 1 œuf, le fromage, la mie de pain, le sel et le poivre ; façonnez en 32 petites boulettes.
- Roulez les boulettes dans l'œuf battu restant ; enrobez de chapelure.
- Dans un poêlon, faites fondre le beurre ; faites dorer les boulettes. Servez, accompagnées d'une salade, si désiré.

Boulettes d'agneau au citron

	6 PORTIONS
675 g	(1 ½ lb) agneau maigre haché
125 ml	(½ tasse) chapelure de biscuits soda non salés
1	œuf, non battu
	zeste de 1 citron
	sel et poivre
5 ml	(1 c. à t.) basilic séché
500 ml	(2 tasses) eau
2	cubes de bouillon de bœuf
15 ml	(1 c. à s.) fécule de maïs
30 ml	(2 c. à s.) eau froide
45 ml	(3 c. à s.) jus de citron

- Dans un bol, mélangez l'agneau haché, la chapelure, l'œuf, le zeste de citron, le sel, le poivre et le basilic. Façonnez en boulettes de 2,5 cm (1 po) de diamètre. Réservez.
- Dans une casserole, faites bouillir l'eau ; faites dissoudre les cubes de bouillon de bœuf ; faites-y cuire les boulettes 15 minutes. Retirez les boulettes. Réservez au chaud.
- Entre-temps, délayez la fécule de maïs dans l'eau froide. Ajoutez au bouillon ; amenez à ébullition. Faites cuire 5 minutes. Ajoutez le jus de citron ; mélangez. Versez sur les boulettes. Servez.

Pâtés d'agneau

	6 À 8 PORTIONS
300 ml	(1 ¼ tasse) pain, émietté
250 ml	(1 tasse) lait
2	œufs, battus
900 g	(2 lb) agneau haché
	sel et poivre
6 à 8	tranches de bacon
15 ml	(1 c. à s.) beurre
6 à 8	tranches d'ananas
375 ml	(1 ½ tasse) champignons, en quartiers
15 ml	(1 c. à s.) persil, haché

- Dans un bol, faites tremper le pain et le lait. Ajoutez les œufs, l'agneau, le sel et le poivre ; mélangez. Placez au réfrigérateur 1 heure.
- Façonnez en 6 à 8 pâtés. Entourez chaque pâté d'une tranche de bacon ; fixez à l'aide d'un cure-dent.
- Dans une poêle à revêtement antiadhésif, faites dorer les pâtés environ 5 minutes des 2 côtés. Réservez au chaud.
- Entre-temps, dans une poêle, faites fondre le beurre ; faites rôtir les tranches d'ananas et les champignons.
- Dans un plat de service, déposez les ananas et les pâtés d'agneau ; garnissez de champignons ; saupoudrez de persil. Servez.

Pain de viande d'agneau

	6 PORTIONS
675 g	(1 ½ lb) agneau haché
180 ml	(¾ tasse) fromage, râpé
1	oignon, haché
45 ml	(3 c. à s.) ketchup rouge
10 ml	(2 c. à t.) sauce Worcestershire
	sel et poivre
1	œuf, légèrement battu
450 g	(1 lb) bacon

- Préchauffez le four à 175 °C (350 °F).
- Dans un bol, mélangez tous les ingrédients, sauf le bacon. Réservez.
- Tapissez un moule à pain des tranches de bacon, de façon à ce que les tranches excèdent le moule. Ajoutez le mélange de viande au centre ; repliez le bacon, de façon à recouvrir complètement la viande ; faites cuire au four 1 heure. Servez.

Dans le sens horaire, commençant en haut, à gauche : boulettes printanières, pain de viande d'agneau, boulettes d'agneau au citron

En rôti, en côtelettes ou en filets, le porc s'apprête facilement et fait, de notre repas, toujours, un succès. Saviez-vous que les progrès accomplis dans le domaine de l'élevage porcin ont permis d'obtenir des porcs plus maigres ? De plus, le gras du porc est facile à enlever puisqu'il se loge surtout autour de la chair.

Le porc est une excellente source de protéines et de thiamine. N'hésitons pas à succomber aux savoureuses recettes à base de porc qui s'offrent à nous dans cette section.

LE PORC

Rôti de porc, sauce piquante

6 PORTIONS	
1	rôti de porc de 1,4 kg (3 lb), désossé, roulé
227 ml	(8 oz) abricots, en conserve, égouttés, hachés (réservez le jus)
300 ml	(1 ¼ tasse) eau
38 ml	(2 ½ c. à s.) mélasse
5 ml	(1 c. à t.) moutarde sèche
5 ml	(1 c. à t.) sel
1 ml	(¼ c. à t.) poivre
30 ml	(2 c. à s.) fécule de maïs
250 ml	(1 tasse) bouillon de poulet
15 ml	(1 c. à s.) vinaigre

- Préchauffez le four à 160 °C (325 °F).

- Dans un plat allant au four, déposez le rôti. Réservez.

- Dans un bol, mélangez le jus d'abricot et l'eau. Ajoutez la mélasse, la moutarde, le sel et le poivre ; mélangez.

- Versez la sauce sur le rôti. Couvrez ; faites cuire au four environ 2 heures, en arrosant aux 30 minutes.

- Environ 30 minutes avant la fin de la cuisson, retirez le couvercle.

- Dans un plat de service chaud, dressez le rôti. Réservez au chaud.

- Dans un petit bol, diluez la fécule de maïs dans 45 ml (3 c. à s.) du bouillon de poulet. Incorporez au jus de cuisson. Ajoutez le reste du bouillon et le vinaigre ; en remuant, amenez à ébullition.

- Incorporez les abricots ; rectifiez l'assaisonnement. Versez dans une saucière.

- Servez le rôti et la sauce, accompagnés de chou-fleur ou de carottes, si désiré.

VARIANTES
- Servez froid avec une salade de pâtes ou des légumes.

- Remplacez les abricots par des cerises en conserve et le bouillon de poulet par du bouillon de bœuf.

Rôti de porc
au miel

8 PORTIONS	
60 ml	(¹/₄ tasse) miel
45 ml	(3 c. à s.) sauce soya
15 ml	(1 c. à s.) moutarde de Dijon
2 ml	(¹/₂ c. à t.) Tabasco
15 ml	(1 c. à s.) grains de poivre noir, concassés
1	rôti de porc dans l'épaule de 900 g (2 lb)

- Préchauffez le four à 160 °C (325 °F).

- Dans un bol, mélangez les 5 premiers ingrédients ; badigeonnez généreusement le rôti de porc du mélange. Déposez dans une lèchefrite munie d'une grille ; faites cuire au four 90 minutes.

- Retirez le rôti de la lèchefrite ; tranchez ; badigeonnez chaque tranche du jus de cuisson.

- Redéposez les tranches de porc dans la lèchefrite ; continuez la cuisson au four 10 minutes.

- Servez le rôti, accompagné de pommes de terre cuites à la vapeur et de haricots verts, si désiré.

Porc braisé
à l'ancienne

8 PORTIONS	
30 ml	(2 c. à s.) huile végétale
1	rôti de porc dans l'épaule de 2,2 kg (5 lb)
	sel et poivre
2	oignons moyens, en quartiers
1	gousse d'ail, écrasée
300 ml	(1 ¹/₄ tasse) jus de pomme
3	pommes de terre moyennes, en quartiers
6	carottes, en bâtonnets
1	petit rutabaga, en quartiers
2	pommes moyennes, pelées, en quartiers

- Dans une marmite, faites chauffer l'huile ; faites saisir le rôti de porc sur toutes ses faces ; salez et poivrez. Ajoutez les oignons, l'ail et le jus de pomme. Couvrez ; à feu doux, faites cuire 2 ¹/₂ à 3 heures ou jusqu'à ce que la viande soit tendre. Dans un plat de service, dressez le rôti. Réservez au chaud.

- Au jus de cuisson, ajoutez le reste des légumes. Couvrez ; faites cuire 15 minutes. Ajoutez les quartiers de pommes ; continuez la cuisson 5 minutes ou jusqu'à ce que les légumes soient cuits.

- Servez le rôti, accompagné du mélange de légumes et de pommes.

VARIANTE
- Remplacez le jus de pomme par 341 ml (1 bouteille) de bière.

Côtelettes de porc aux tomates

4 PORTIONS

15 ml	(1 c. à s.) moutarde préparée
4	côtelettes de porc de 2 cm (³/₄ po) d'épaisseur
30 ml	(2 c. à s.) beurre
125 ml	(¹/₂ tasse) oignon, haché
4	pommes de terre, pelées, tranchées
540 ml	(19 oz) tomates, en conserve, dans leur jus
10 ml	(2 c. à t.) sel
1	pincée de poivre

- Badigeonnez de moutarde les côtelettes de porc.

- Dans un poêlon, faites fondre le beurre ; faites revenir l'oignon. Ajoutez les côtelettes ; faites dorer de chaque côté.

- Incorporez le reste des ingrédients. Couvrez ; à feu doux, faites cuire 1 heure. Servez.

Côtelettes de porc au four

2 PORTIONS

4	côtelettes de porc de 2 cm (³/₄ po) d'épaisseur
80 ml	(¹/₃ tasse) ketchup
60 ml	(¹/₄ tasse) cassonade
60 ml	(¹/₄ tasse) oignon, haché
60 ml	(¹/₄ tasse) céleri, émincé
	sel et poivre
45 ml	(3 c. à s.) eau froide

- Préchauffez le four à 160 °C (325 °F).

- Sur une plaque à revêtement antiadhésif, déposez les côtelettes. Réservez.

- Dans un petit bol, mélangez le reste des ingrédients. Répartissez la préparation sur les côtelettes ; recouvrez de papier d'aluminium ; faites cuire au four 75 minutes. Servez.

Côtelettes de porc barbecue

4 PORTIONS

250 ml	(1 tasse) eau froide
180 ml	(³/₄ tasse) ketchup
10 ml	(2 c. à t.) vinaigre
30 ml	(2 c. à s.) sauce Worcestershire
45 ml	(3 c. à s.) sucre
15 ml	(1 c. à s.) beurre ou margarine
8	côtelettes de porc de 2 cm (³/₄ po) d'épaisseur
	sel et poivre
45 ml	(3 c. à s.) oignon, haché
30 ml	(2 c. à s.) eau, chaude

- Dans un bol, mélangez les 5 premiers ingrédients jusqu'à l'obtention d'une sauce. Réservez.

- Dans un poêlon, faites fondre le beurre ; faites saisir les côtelettes ; salez et poivrez ; retirez du poêlon. Réservez.

- Dans le gras de cuisson, faites sauter l'oignon ; déglacez avec l'eau chaude. Incorporez la sauce.

- Déposez les côtelettes dans la sauce ; amenez à ébullition. Couvrez ; à feu doux, faites cuire 50 minutes. Servez.

Côtelettes de porc au riz

4 PORTIONS

30 ml	(2 c. à s.) huile de tournesol
8	côtelettes de porc de 1,25 cm (¹/₂ po) d'épaisseur
1	gros oignon, haché
796 ml	(28 oz) tomates, en conserve, dans leur jus
250 ml	(1 tasse) riz à cuisson rapide
125 ml	(¹/₂ tasse) eau
	sel et poivre

- Dans un poêlon muni d'un couvercle, faites chauffer l'huile de tournesol ; faites revenir les côtelettes de porc. Retirez du poêlon. Réservez.

- Dans le gras de cuisson, faites sauter l'oignon ; déposez les côtelettes sur l'oignon. Ajoutez les tomates dans leur jus, le riz et l'eau. Couvrez ; à feu doux, faites mijoter 25 à 30 minutes ou jusqu'à ce que la viande soit tendre et le riz cuit ; salez et poivrez. Servez.

De haut en bas :
côtelettes de porc barbecue,
côtelettes de porc au riz,
côtelettes de porc au four

Côtelettes de porc braisées

2 PORTIONS	
5 ml	(1 c. à t.) huile
30 ml	(2 c. à s.) margarine
4	côtelettes de porc de 2 cm (3/4 po) d'épaisseur
180 ml	(3/4 tasse) riz
1	petit oignon, haché
1/2	poivron vert, en dés
1 ml	(1/4 c. à t.) sauge
1 ml	(1/4 c. à t.) thym
1	feuille de laurier
250 ml	(1 tasse) tomates, en conserve, égouttées
250 ml	(1 tasse) bouillon de poulet
	sel et poivre

- Préchauffez le four à 175 °C (350 °F).
- Dans une cocotte, faites chauffer l'huile et la margarine ; faites revenir les côtelettes de porc. Retirez de la cocotte. Réservez.
- Dans le gras de cuisson, faites revenir le riz jusqu'à ce qu'il soit bien enrobé et prenne couleur. Ajoutez le reste des ingrédients ; mélangez bien ; salez et poivrez au goût.
- Déposez les côtelettes sur la préparation au riz ; faites cuire au four 1 heure. Servez.

Côtelettes de porc aux champignons

6 PORTIONS	
60 ml	(1/4 tasse) farine tout usage
10 ml	(2 c. à t.) sel
1 ml	(1/4 c. à t.) poivre
2 ml	(1/2 c. à t.) paprika
6	côtelettes de porc de 2 cm (3/4 po) d'épaisseur
30 ml	(2 c. à s.) huile ou margarine
2	gousses d'ail, écrasées
284 ml	(10 oz) crème de champignons, en conserve
250 ml	(1 tasse) eau
3	pommes de terre, pelées, tranchées
2	oignons, tranchés
	persil frais, haché

- Dans une assiette, mélangez la farine, le sel, le poivre et le paprika ; enfarinez les côtelettes de porc. Réservez.
- Dans un poêlon, faites chauffer l'huile ; faites revenir les côtelettes 4 minutes de chaque côté. Ajoutez l'ail, la crème de champignons et l'eau ; à feu doux, faites mijoter 15 minutes.
- Couvrez les côtelettes des tranches de pommes de terre et d'oignons ; rectifiez l'assaisonnement ; si nécessaire, ajoutez de l'eau de façon à recouvrir le tout.
- À feu toujours doux, continuez la cuisson 30 minutes ou jusqu'à ce que les pommes de terre soient cuites. Servez, garnies de persil.

Côtelettes tendres farcies

4 PORTIONS

4	côtelettes de porc de 2,5 cm (1 po) d'épaisseur

Farce aux pommes

500 ml	(2 tasses) pommes, pelées, hachées
60 ml	(¼ tasse) raisins secs
1	œuf, battu
30 ml	(2 c. à s.) beurre, fondu
2 ml	(½ c. à t.) cannelle
2 ml	(½ c. à t.) sel
0,5 ml	(⅛ c. à t.) poivre

Glace sucrée

80 ml	(⅓ tasse) gelée de groseille
30 ml	(2 c. à s.) jus d'orange

- Taillez les côtelettes de porc en portefeuille. Réservez.

- Dans un bol, combinez les ingrédients de la farce aux pommes ; farcissez les côtelettes. Déposez en étoile dans un plat de 31 x 21 x 5 cm (12 x 8 x 2 po) allant au four à micro-ondes, la partie charnue de chaque côtelette pointant vers l'extérieur. Réservez.

- Dans un bol, mélangez les ingrédients de la glace sucrée ; badigeonnez les côtelettes de la moitié de la glace.

- Couvrez le plat de papier ciré ; faites cuire au four à micro-ondes 35 à 40 minutes, à MOYEN. Après 15 minutes de cuisson, tournez le plat de moitié.

- Retirez les côtelettes du four ; laissez reposer 5 minutes ; badigeonnez du reste de glace sucrée. Servez.

Carré de porc aux lentilles

4 PORTIONS

	sel et poivre
1	longe de porc de 4 côtes
30 ml	(2 c. à s.) graisse végétale
1	oignon, haché
1	échalote, hachée
2	carottes, en dés
1	navet, en dés
15 ml	(1 c. à s.) farine tout usage
398 ml	(14 oz) lentilles, en conserve, rincées, égouttées
1	branche de céleri, en dés
1	gousse d'ail, hachée
60 ml	(¼ tasse) lardons
1	bouquet garni
	eau

- Préchauffez le four à 175 °C (350 °F).

- Salez et poivrez la longe de porc. Déposez dans une cocotte; faites rôtir au four 75 minutes.

- Entre-temps, dans une casserole munie d'un couvercle, faites fondre la graisse végétale ; faites blondir l'oignon, l'échalote, les carottes et le navet ; saupoudrez de farine ; mélangez bien.

- Ajoutez les lentilles, le céleri, l'ail, les lardons et le bouquet garni ; salez et poivrez au goût. Arrosez d'eau pour couvrir la préparation ; faites mijoter 20 minutes à couvert. Réservez.

- Environ 15 minutes avant la fin de la cuisson, entourez le carré de porc de la préparation aux lentilles. Servez.

Escalopes de porc barbecue

8 PORTIONS	
45 ml	(3 c. à s.) beurre
8	escalopes de porc de 140 g (5 oz)
2	oignons, hachés
2	poivrons verts, en dés
125 ml	(½ tasse) eau
125 ml	(½ tasse) ketchup
30 ml	(2 c. à s.) vinaigre
284 ml	(10 oz) crème de tomates, en conserve
45 ml	(3 c. à s.) cassonade

▪ Préchauffez le four à 175 °C (350 °F).

▪ Dans une poêle, faites fondre le beurre ; faites saisir les escalopes 2 minutes de chaque côté. Déposez dans un plat allant au four. Réservez.

▪ Dans le gras de cuisson, faites sauter les oignons et les poivrons. Versez sur les escalopes. Réservez.

▪ Dans un bol, mélangez le reste des ingrédients jusqu'à consistance d'une sauce ; nappez les escalopes ; faites cuire au four 1 heure.

▪ Servez les escalopes, accompagnées de pommes de terre en purée, de salade ou d'une macédoine de légumes, si désiré.

VARIANTES
• Remplacez la crème de tomates par des tomates entières, en conserve.
• Remplacez les escalopes par des côtelettes ou steaks de porc.

Noisettes de porc au citron

2 PORTIONS	
4	noisettes de porc de 60 g (2 oz)
60 ml	(¼ tasse) farine
1	pincée de sel
1	pincée de poivre
30 ml	(2 c. à s.) huile
30 ml	(2 c. à s.) beurre
30 ml	(2 c. à s.) sucre
45 ml	(3 c. à s.) jus de citron
3	échalotes, hachées
60 ml	(¼ tasse) bouillon de poulet

▪ Placez les noisettes de porc entre 2 feuilles de papier ciré. À l'aide d'un rouleau à pâtisserie, aplatissez. Réservez.

▪ Dans une assiette, mélangez la farine, le sel et le poivre ; enfarinez légèrement les noisettes de porc.

▪ Dans un poêlon, faites chauffer l'huile et le beurre ; faites revenir les noisettes 2 minutes de chaque côté. Retirez du poêlon. Réservez.

▪ Dégraissez le poêlon. Ajoutez le sucre et le jus de citron ; mélangez. À feu moyen, faites caraméliser 2 à 3 minutes, en remuant constamment. Incorporez les échalotes et le bouillon de poulet.

▪ Déposez les noisettes dans la préparation ; faites cuire 2 à 3 minutes.

▪ Dans des assiettes, dressez les noisettes de porc ; nappez de sauce au citron. Servez.

Filets de porc à la crème

	4 PORTIONS
675 g	(1 ½ lb) filets de porc
	sel et poivre
30 ml	(2 c. à s.) beurre
1	oignon, haché
250 ml	(1 tasse) champignons, émincés
125 ml	(½ tasse) vin blanc
30 ml	(2 c. à s.) farine tout usage
180 ml	(¾ tasse) crème à 15 %

▪ Coupez la viande en 4 portions ; assaisonnez. Réservez.

▪ Dans un poêlon, faites fondre le beurre ; faites saisir les morceaux de porc environ 8 minutes de chaque côté.

▪ Ajoutez l'oignon haché et les champignons ; faites sauter 2 minutes. Déglacez avec le vin blanc. Couvrez ; faites mijoter 10 minutes.

▪ Entre-temps, dans un petit bol, délayez la farine dans la crème. Réservez.

▪ Retirez les morceaux de porc du poêlon ; découpez chacun en 4 ou 5 tranches. Dressez dans des assiettes individuelles. Réservez au chaud.

▪ Versez le mélange de farine et de crème dans le poêlon ; en remuant, liez jusqu'à consistance lisse ; nappez les tranches de filets de sauce à la crème. Servez.

Filets de porc au cognac

	4 PORTIONS
15 ml	(1 c. à s.) huile
15 ml	(1 c. à s.) beurre
2	filets de porc
1	oignon, haché
1	gousse d'ail, hachée
125 ml	(4 oz) cognac
10 ml	(2 c. à t.) beurre, ramolli
10 ml	(2 c. à t.) farine tout usage
500 ml	(2 tasses) bouillon de bœuf

▪ Préchauffez le four à 175 °C (350 °F).

▪ Dans un poêlon, faites chauffer l'huile et 15 ml (1 c. à s.) de beurre ; faites saisir les filets de porc. Retirez le gras de cuisson du poêlon, sauf 15 ml (1 c. à s.) ; faites revenir l'oignon et l'ail. Ajoutez le cognac ; mélangez ; laissez mijoter 3 à 5 minutes.

▪ Retirez les filets du poêlon ; déposez dans une lèchefrite ; faites cuire au four 30 minutes ou jusqu'à ce que les filets soient cuits.

▪ Entre-temps, dans un petit bol, réduisez en pâte le beurre ramolli et la farine. Réservez.

▪ Dans le poêlon, versez le bouillon de bœuf ; faites mijoter jusqu'à ce que le liquide réduise du tiers. Incorporez la préparation de beurre et de farine ; mélangez ; passez la sauce au tamis. Réservez.

▪ Divisez chaque filet en 2 morceaux. Dressez dans des assiettes individuelles ; nappez de sauce. Servez, accompagnés d'une bouquetière de légumes, si désiré.

Émincé à la mandarine

6 PORTIONS	
15 ml	(1 c. à s.) fécule de maïs
125 ml	(½ tasse) bouillon de poulet
30 ml	(2 c. à s.) zeste d'orange
30 ml	(2 c. à s.) jus d'orange
30 ml	(2 c. à s.) huile
250 ml	(1 tasse) céleri, tranché
½	poivron vert, émincé
15 ml	(1 c. à s.) beurre
250 ml	(1 tasse) champignons
250 ml	(1 tasse) pois mange-tout
60 ml	(¼ tasse) échalotes, hachées
450 g	(1 lb) porc, en lanières
1	gousse d'ail, écrasée
227 ml	(8 oz) mandarines, en conserve, égouttées

■ Dans un petit bol, mélangez les 4 premiers ingrédients jusqu'à consistance d'une sauce lisse. Réservez.

■ Dans un wok, faites chauffer 15 ml (1 c. à s.) d'huile ; faites sauter le céleri 1 minute. Ajoutez le poivron ; faites sauter 1 minute.

■ Ajoutez 15 ml (1 c. à s.) de beurre ; faites fondre. Incorporez les champignons, les pois mange-tout et les échalotes ; faites sauter 1 minute. Retirez les légumes du wok. Réservez.

■ Au gras de cuisson, ajoutez le reste d'huile ; faites sauter le porc et l'ail 6 minutes.

■ Incorporez les légumes, les mandarines et la sauce ; faites chauffer 1 minute. Servez sur un nid de riz, si désiré.

Chop suey au porc

4 À 6 PORTIONS	
30 ml	(2 c. à s.) beurre
125 ml	(½ tasse) oignon, haché
250 ml	(1 tasse) poireaux, hachés
250 ml	(1 tasse) champignons, émincés
60 ml	(¼ tasse) châtaignes d'eau, tranchées
500 ml	(2 tasses) porc, cuit, en dés
500 ml	(2 tasses) bouillon de poulet
45 ml	(3 c. à s.) sauce soya
225 g	(8 oz) fèves germées
	sel et poivre

■ Dans un poêlon, faites fondre le beurre ; faites sauter l'oignon, les poireaux, les champignons et les châtaignes. Ajoutez le porc ; faites cuire 5 minutes.

■ Incorporez le reste des ingrédients ; salez et poivrez au goût. Amenez à ébullition ; à feu doux, continuez la cuisson 8 minutes. Servez.

Côtes de porc glacées au miel et à la moutarde

4 PORTIONS

1,4 kg	(3 lb) côtes levées
60 ml	(¼ tasse) eau
60 ml	(¼ tasse) moutarde de Dijon
30 ml	(2 c. à s.) cassonade foncée, tassée
15 ml	(1 c. à s.) miel
1 ml	(¼ c. à t.) romarin séché, émietté
1	pincée de flocons de piment fort
1	trait de sauce Worcestershire

■ Découpez les côtes de porc en portions individuelles. Déposez dans une cocotte de 3 L (12 tasses) allant au four à micro-ondes. Ajoutez l'eau.

■ Couvrez. Faites cuire 5 minutes, à ÉLEVÉ ; continuez la cuisson 30 à 40 minutes, à MOYEN-FAIBLE.

■ Entre-temps, dans un bol, mélangez les autres ingrédients jusqu'à consistance d'une sauce lisse. Réservez.

■ Une fois cuites, retirez les côtes levées du four à micro-ondes. Déposez sur une plaque à rissoler ; badigeonnez de la sauce à la moutarde.

■ Faites cuire à MOYEN-FAIBLE 10 à 15 minutes ou jusqu'à ce que les côtes soient dorées et glacées. Servez, accompagnées d'une salade de chou, si désiré.

Recette illustrée

Fricassée de foie de porc

4 PORTIONS

30 ml	(2 c. à s.) huile végétale
450 g	(1 lb) foie de porc, en dés
1	oignon, haché
3	pommes de terre, pelées, en dés
125 ml	(½ tasse) eau
250 ml	(1 tasse) jus de légumes
	sel et poivre

■ Dans un poêlon, faites chauffer l'huile ; faites saisir le foie.

■ Ajoutez l'oignon ; faites revenir. Incorporez le reste des ingrédients ; salez et poivrez au goût ; amenez à ébullition.

■ Couvrez ; à feu doux, faites mijoter 20 minutes ou jusqu'à ce que les pommes de terre soient cuites. Servez.

Ragoût de boulettes

6 PORTIONS	
900 g	(2 lb) porc haché
125 ml	(½ tasse) chapelure
2	œufs, battus légèrement
125 ml	(½ tasse) eau
1 ml	(¼ c. à t.) moutarde
5 ml	(1 c. à t.) moutarde sèche
5 ml	(1 c. à t.) sel
1 ml	(¼ c. à t.) poivre
1 ml	(¼ c. à t.) clou de girofle moulu
1 ml	(¼ c. à t.) cannelle
30 ml	(2 c. à s.) huile
125 ml	(½ tasse) oignons, hachés
500 ml	(2 tasses) bouillon de bœuf
45 ml	(3 c. à s.) farine, grillée
45 ml	(3 c. à s.) eau froide

• Dans un bol moyen, mélangez le porc, la chapelure, les œufs, l'eau, les moutardes et les assaisonnements ; façonnez en boulettes. Réservez.

• Dans un poêlon, faites chauffer l'huile ; faites sauter les oignons. Ajoutez les boulettes ; faites dorer. Incorporez le bouillon. Couvrez ; à feu moyen, laissez mijoter 1 heure.

• Dans un petit bol, délayez la farine dans l'eau froide. Incorporez au ragoût ; liez bien. Servez.

Pâté de porc aux légumes

6 PORTIONS	
900 g	(2 lb) porc haché, cuit
2	oignons moyens, tranchés
2	carottes, tranchées
2	pommes de terre, pelées, tranchées
284 ml	(10 oz) soupe aux tomates, en conserve
284 ml	(10 oz) eau
	sel et poivre

• Préchauffez le four à 160 °C (325 °F).

• Dans un plat rectangulaire profond, en pyrex, déposez le porc cuit. En couches successives, étalez la moitié des tranches d'oignons, de carottes et de pommes de terre. Répétez l'opération.

• Versez la soupe et l'eau sur le pâté ; salez et poivrez au goût.

• Faites cuire au four environ 90 minutes ou jusqu'à ce que les légumes soient cuits. Servez.

Porc haché à la danoise

8 PORTIONS	
30 ml	(2 c. à s.) beurre
180 ml	(¾ tasse) cassonade
750 ml	(3 tasses) chou, en lamelles
	sel et poivre
900 g	(2 lb) porc haché
125 ml	(½ tasse) vin rouge

• Dans une marmite à fond épais, faites blondir le beurre. Saupoudrez de cassonade ; mélangez ; faites caraméliser.

• Incorporez le chou ; salez et poivrez au goût ; mélangez. Déposez le porc haché sur le chou ; arrosez de vin.

• Couvrez ; à feu très doux, faites cuire 2 à 3 heures, en brassant souvent pour que le mélange ne colle pas.

• Servez chaud, accompagné de pommes de terre et de betteraves chaudes ou sur un nid de riz, si désiré.

VARIANTE
• Remplacez la cassonade par du sucre d'érable.

Coquilles au porc

6 PORTIONS	
450 g	(1 lb) porc haché
1	petit sachet de soupe à l'oignon
5 ml	(1 c. à t.) origan
796 ml	(28 oz) tomates entières, en conserve
500 ml	(2 tasses) eau
500 ml	(2 tasses) grosses coquilles
250 ml	(1 tasse) mozzarella, râpé

• Dans une casserole, combinez les 5 premiers ingrédients ; amenez à ébullition. Ajoutez les coquilles ; remuez délicatement.

• Couvrez ; à feu doux, laissez mijoter 20 minutes, en remuant de temps en temps.

• Préchauffez le four à GRIL (BROIL).

• Dans un plat de service allant au four, déposez la préparation au porc ; parsemez de fromage.

• Faites gratiner au four jusqu'à ce que le fromage soit doré. Servez.

Dans le sens horaire, commençant à gauche : pâté de porc aux légumes, ragoût de boulettes, porc haché à la danoise

Jambon de Pâques

8 À 10 PORTIONS

1 L	(4 tasses) eau froide
1 L	(4 tasses) jus de pomme
2	carottes, en morceaux
4	oignons, en quartiers
1	gousse d'ail, hachée finement
4	branches de céleri, en morceaux
15 ml	(1 c. à s.) moutarde préparée
125 ml	(½ tasse) mélasse ou sirop d'érable
1	jambon désossé non cuit de 2,2 kg (5 lb)
	marmelade à l'orange
	tranches d'ananas
	cerises au marasquin
	clous de girofle
	persil frais, haché

■ Dans une grande casserole, combinez les 8 premiers ingrédients ; amenez à ébullition. Couvrez ; à feu doux, faites mijoter 30 minutes.

■ Dans la casserole, déposez le jambon. Couvrez ; faites mijoter 50 minutes à 1 heure. Retirez du feu ; laissez tiédir le jambon dans son jus de cuisson.

■ Retirez le jambon tiède de la casserole. Enlevez la couenne ; dégraissez.

■ Préchauffez le four à 160 °C (325 °F).

■ Dans une lèchefrite, déposez le jambon. Versez un peu de jus de cuisson, de façon à couvrir le fond.

■ Badigeonnez le jambon de marmelade ; garnissez de tranches d'ananas et de cerises ; piquez de clous de girofle.

■ Faites cuire au four 30 à 45 minutes, en arrosant de temps en temps.

■ Retirez le jambon du four ; dressez dans un grand plat de service ; saupoudrez de persil haché. Servez chaud.

VARIANTES

• Remplacez les ananas par des moitiés d'abricots et les cerises par des raisins verts sans pépin, tel qu'illustré ci-dessus.

• Remplacez le jus de pomme par du jus de canneberge et les cerises par des canneberges.

Steaks de jambon

2 PORTIONS	
45 ml	(3 c. à s.) vinaigre blanc
45 ml	(3 c. à s.) cassonade
1 ml	(¼ c. à t.) clou de girofle moulu
125 ml	(½ tasse) eau
2	tranches de jambon, de 1,25 cm (½ po) d'épaisseur, cuites

■ Dans un bol, mélangez les 4 premiers ingrédients.

■ À l'aide d'une fourchette, piquez les tranches de jambon à plusieurs endroits. Déposez dans un plat muni d'un couvercle. Versez le mélange liquide sur le jambon.

■ Couvrez ; laissez mariner au réfrigérateur 1 heure.

■ Préchauffez le four à GRIL (BROIL).

■ Retirez le jambon du plat. Réservez la marinade.

■ Sur une lèchefrite munie d'une grille, déposez les tranches de jambon ; faites griller au four 4 ou 5 minutes de chaque côté ; badigeonnez de marinade durant la cuisson.

■ Servez, accompagnés de pommes de terre sautées et d'une relish, si désiré.

VARIANTE

• Faites cuire sur un feu de charbons de bois pour un délicieux goût d'été ! Utilisez une grille très chaude et bien huilée.

Chaussons au jambon

24 CHAUSSONS	
1	œuf, battu
15 ml	(1 c. à s.) eau
450 g	(1 lb) pâte brisée (p. 334)
750 ml	(3 tasses) jambon, cuit, en dés
30 ml	(2 c. à s.) piments forts, hachés finement
45 ml	(3 c. à s.) oignon, haché
284 ml	(10 oz) crème de champignons, en conserve
	graines de pavot ou de sésame

■ Préchauffez le four à 205 °C (400 °F).

■ Dans un petit bol, mélangez l'œuf et l'eau. Réservez.

■ À l'aide d'un rouleau à pâtisserie, abaissez la pâte ; taillez en cercles de 12,5 cm (5 po). Réservez.

■ Dans un bol, mélangez le reste des ingrédients, sauf les graines de pavot. Au centre de chaque cercle de pâte, déposez 45 ml (3 c. à s.) du mélange. Humectez le tour des cercles ; pliez en portefeuille.

■ À l'aide d'une fourchette, scellez les chaussons ; faites de petites incisions sur le dessus ; badigeonnez du mélange d'œuf ; parsemez des graines de pavot.

■ Faites cuire au four 15 à 20 minutes ou jusqu'à l'obtention d'une belle couleur dorée. Servez.

Pain de viande au jambon

8 PORTIONS	

Pain de viande

625 ml	(2 ½ tasses) jambon, haché
250 ml	(1 tasse) veau haché
60 ml	(¼ tasse) porc maigre haché
500 ml	(2 tasses) flocons de maïs
60 ml	(¼ tasse) miel
125 ml	(½ tasse) jus d'orange
2 ml	(½ c. à t.) sel
2 ml	(½ c. à t.) paprika
5 ml	(1 c. à t.) moutarde préparée
2	œufs, battus légèrement

Sauce

60 ml	(¼ tasse) miel
60 ml	(¼ tasse) moutarde préparée

• Préchauffez le four à 175 °C (350 °F).

• Dans un grand bol, mélangez tous les ingrédients du pain de viande. Déposez dans un moule de pyrex de 20,5 x 30,5 cm (8 x 12 po) ; faites cuire au four 45 minutes.

• Entre-temps, dans un petit bol, combinez les ingrédients de la sauce. Réservez.

• Retirez le pain de viande du four ; badigeonnez de sauce ; continuez la cuisson au four 15 minutes. Servez.

Tarte au jambon

4 PORTIONS	

2	œufs, battus
160 ml	(⅔ tasse) lait évaporé
5 ml	(1 c. à t.) sauce Worcestershire
1	pincée de poivre
180 ml	(¾ tasse) chapelure
750 ml	(3 tasses) jambon, cuit, haché
3 ml	(¾ c. à t.) moutarde sèche
3 ml	(¾ c. à t.) farine tout usage
80 ml	(⅓ tasse) cassonade
15 ml	(1 c. à s.) vinaigre

• Préchauffez le four à 175 °C (350 °F). Beurrez une assiette à tarte de pyrex de 23 cm (9 po). Réservez.

• Dans un bol, mélangez bien les 5 premiers ingrédients. Incorporez le jambon. Dans l'assiette à tarte, déposez la préparation. Réservez.

• Dans un bol, mélangez le reste des ingrédients jusqu'à consistance homogène.

• Versez sur la préparation au jambon ; faites cuire au four 1 heure. Servez, accompagnée d'une purée de pommes de terre et d'une salade verte, si désiré.

Recette illustrée

Jambon garni

4 PORTIONS

1	poivron vert, en rondelles
15 ml	(1 c. à s.) margarine ou huile
1	oignon moyen, haché
500 ml	(2 tasses) jambon, cuit, en dés
180 ml	(³/₄ tasse) chapelure
125 ml	(¹/₂ tasse) fromage, râpé
284 ml	(10 oz) crème de champignons, en conserve
125 ml	(¹/₂ tasse) lait
2	œufs, battus légèrement

- Préchauffez le four à 175 °C (350 °F).

- Réservez la moitié des rondelles de poivron vert pour la garniture.

- Dans un poêlon, faites fondre la margarine ; faites sauter l'oignon et l'autre moitié du poivron. Ajoutez le reste des ingrédients ; mélangez bien.

- Graissez un moule à gratin carré de 20,5 cm (8 po), allant au four.

- Versez le mélange de jambon dans le moule ; faites cuire au four environ 1 heure.

- Retirez du four ; garnissez de rondelles de poivron. Servez, accompagné de brocoli, si désiré.

Nouilles au jambon

4 PORTIONS

	eau
15 ml	(1 c. à s.) huile végétale
5 ml	(1 c. à t.) sel
225 g	(8 oz) linguini
375 ml	(1 ¹/₂ tasse) jambon, cuit, en dés
30 ml	(2 c. à s.) oignon, haché
30 ml	(2 c. à s.) margarine
284 ml	(10 oz) crème de poulet, en conserve
125 ml	(¹/₂ tasse) haricots verts, cuits
125 ml	(¹/₂ tasse) eau
30 ml	(2 c. à s.) chapelure

- Dans une cocotte allant au four à micro-ondes, combinez l'eau, l'huile et le sel ; amenez à ébullition, à ÉLEVÉ. Ajoutez les linguini ; remuez ; faites cuire à MOYEN jusqu'à ce que les nouilles soient cuites ; égouttez. Réservez.

- Dans une casserole de 1,5 L (6 tasses) munie d'un couvercle, combinez les dés de jambon, l'oignon et la margarine. Couvrez ; faites cuire 3 minutes, à ÉLEVÉ.

- Incorporez la crème de poulet, les haricots, les linguini et 125 ml (¹/₂ tasse) d'eau.

- Couvrez ; faites cuire 5 minutes, à ÉLEVÉ ; remuez à la mi-cuisson.

- Retirez les nouilles au jambon du four ; saupoudrez de chapelure. Couvrez ; laissez reposer 2 à 3 minutes. Servez.

LES POISSONS ET LES FRUITS DE MER

Saviez-vous que les diététistes recommandent de consommer du poisson au moins trois fois par semaine ?

La présente section nous offre une variété de découvertes culinaires... : plus jamais il ne nous sera possible d'associer « poisson » et « pénitence » !

Le poisson a une chair maigre et tendre ; enrobé de panure et frit, toutefois, le poisson peut devenir très riche en matières grasses et en calories... Soyons vigilents !

Médaillons de saumon

4 PORTIONS	
250 ml	(1 tasse) champignons, émincés
2	échalotes vertes, hachées
4	médaillons de saumon frais de 115 g (4 oz) chacun
125 ml	(½ tasse) vin blanc
	sel et poivre
2	œufs, battus
45 ml	(3 c. à s.) beurre
10 ml	(2 c. à t.) grains de poivre vert

- Préchauffez le four à 230 °C (450 °F).

- Dans un plat allant au four, disposez les champignons et les échalotes ; déposez les tranches de saumon sur les légumes. Mouillez de vin blanc ; assaisonnez de sel et de poivre. Faites cuire au four 10 à 15 minutes. Retirez du four. Réservez le poisson au chaud.

- Mélangez un peu de jus de cuisson avec les œufs battus. Réservez.

- Dans une petite casserole, faites chauffer le reste du jus de cuisson ; incorporez les œufs ; fouettez jusqu'à épaississement. Ajoutez le beurre ; nappez le saumon ; parsemez de grains de poivre vert. Servez.

Escalopes de saumon à l'oseille

4 PORTIONS	
1	noix de beurre
8	grandes feuilles d'oseille, fraîches ou congelées, équeutées, hachées
60 ml	(¼ tasse) vermouth blanc
60 ml	(¼ tasse) beurre
450 g	(1 lb) filets de saumon, en escalopes
	sel et poivre
1	pincée d'estragon
30 ml	(2 c. à s.) eau
	feuilles d'oseille

- Dans une petite casserole, faites fondre le beurre ; ajoutez les feuilles d'oseille. Couvrez ; faites tomber quelques minutes.

- Mouillez de vermouth ; faites cuire à découvert jusqu'à l'obtention d'une purée. À feu doux, ajoutez le beurre ; faites fondre doucement, en remuant. Réservez au chaud.

- Assaisonnez les escalopes de sel, de poivre et d'estragon.

- Dans une poêle à revêtement antiadhésif, versez l'eau ; à feu vif, faites cuire les escalopes ; répartissez dans quatre assiettes chaudes ; nappez de beurre d'oseille. Décorez de feuilles d'oseille. Servez.

VARIANTE
- Faites cuire les escalopes à la vapeur.

Saumon au four

<table>
<tr><td colspan="2">4 PORTIONS</td></tr>
<tr><td>4</td><td>darnes de saumon de 115 g (4 oz) chacune</td></tr>
<tr><td>30 ml</td><td>(2 c. à s.) jus de citron</td></tr>
<tr><td>60 ml</td><td>(¼ tasse) échalotes vertes, hachées</td></tr>
<tr><td></td><td>poivre au goût</td></tr>
<tr><td>1</td><td>citron, en quartiers ou en tranches</td></tr>
<tr><td></td><td>persil, haché</td></tr>
</table>

■ Préchauffez le four à 190 °C (375 °F).

■ Dans un plat allant au four, déposez les darnes de saumon ; arrosez de jus de citron ; parsemez d'échalotes ; assaisonnez de poivre.

■ Faites cuire au four environ 30 à 45 minutes ou jusqu'à ce que le poisson se défasse facilement sous la fourchette.

■ Répartissez dans 4 assiettes ; décorez de quartiers ou de minces tranches de citron ; saupoudrez de persil. Servez.

Recette illustrée

Pâté au saumon

<table>
<tr><td colspan="2">8 À 10 PORTIONS</td></tr>
<tr><td>4</td><td>abaisses de pâte brisée (p. 334)</td></tr>
<tr><td>341 ml</td><td>(12 oz) saumon, en conserve (réservez le jus)</td></tr>
<tr><td></td><td>lait</td></tr>
<tr><td>30 ml</td><td>(2 c. à s.) beurre</td></tr>
<tr><td>125 ml</td><td>(½ tasse) céleri, haché finement</td></tr>
<tr><td>1</td><td>petit oignon, haché finement</td></tr>
<tr><td>30 ml</td><td>(2 c. à s.) farine</td></tr>
<tr><td></td><td>sel et poivre</td></tr>
<tr><td>15 ml</td><td>(1 c. à s.) persil, haché</td></tr>
<tr><td>1</td><td>pincée de sarriette</td></tr>
<tr><td>15 ml</td><td>(1 c. à s.) jus de citron</td></tr>
<tr><td>2</td><td>petites pommes de terre, en dés</td></tr>
<tr><td>125 ml</td><td>(½ tasse) petits pois</td></tr>
<tr><td>2</td><td>œufs durs, hachés</td></tr>
</table>

■ Préchauffez le four à 175 °C (350 °F). Foncez 2 moules à tarte d'une abaisse.

■ Au jus de saumon, ajoutez du lait pour obtenir 160 ml (⅔ tasse) de liquide.

■ Dans une casserole faites fondre le beurre ; à feu moyen, faites sauter le céleri et l'oignon environ 10 minutes. Incorporez la farine, le sel et le poivre. Ajoutez le mélange de lait en un mince filet ; remuez constamment. Ajoutez le persil, la sarriette et le jus de citron ; faites cuire jusqu'à épaississement.

■ Incorporez le saumon, les pommes de terre, les petits pois et les œufs. Versez dans les 2 abaisses ; couvrez des autres abaisses ; pincez les bords ; pratiquez 4 incisions sur le dessus ; faites cuire au four 20 minutes ou jusqu'à ce que la pâte soit dorée. Servez.

Truites aux fines herbes

3 PORTIONS	
Sauce	
125 ml	(½ tasse) crème sure
30 ml	(2 c. à s.) beurre, fondu
10 ml	(2 c. à t.) oignon, haché
5 ml	(1 c. à t.) aneth séché
2 ml	(½ c. à t.) thym
6	filets de truite de 60 g (2 oz) chacun
	sel et poivre

- Préchauffez le four à 220 °C (425 °F).

- Dans un bol, mélangez tous les ingrédients de la sauce. Réservez.

- Dans un plat beurré allant au four, déposez les filets ; salez et poivrez légèrement ; nappez de sauce ; faites cuire 15 minutes ou jusqu'à ce que le poisson soit opaque ; recouvrez de papier d'aluminium pour les 5 dernières minutes de cuisson. Servez.

Truites meunière

4 PORTIONS	
125 ml	(½ tasse) beurre
	sel
4	truites de 225 g (8 oz) chacune, nettoyées, épongées
	farine
15 ml	(1 c. à s.) huile végétale
30 ml	(2 c. à s.) beurre
60 ml	(¼ tasse) persil, haché grossièrement
30 ml	(2 c. à s.) jus de citron

- Dans une casserole, faites fondre 125 ml (½ tasse) de beurre ; écumez. Versez le beurre clarifié dans une poêle. Réservez.

- Salez l'intérieur et l'extérieur des truites ; passez dans la farine ; secouez l'excédent de farine.

- À feu moyen, dans une grande poêle à fond épais, faites chauffer l'huile et fondre 30 ml (2 c. à s.) de beurre ; faites cuire les truites 5 à 6 minutes sur chaque face.

- Dans un plat de service chaud, déposez les truites. Réservez au chaud.

- Dans la poêle, faites chauffer le beurre clarifié jusqu'à coloration blonde.

- Saupoudrez les truites de persil ; arrosez de jus de citron et de beurre blond. Servez aussitôt.

Truites farcies aux champignons

4 PORTIONS	
30 ml	(2 c. à s.) beurre
2	oignons, hachés finement
1	branche de céleri, haché finement
115 g	(4 oz) champignons, tranchés
	sel et poivre
15 ml	(1 c. à s.) chapelure
45 ml	(3 c. à s.) crème à 35 %
15 ml	(1 c. à s.) fenouil frais, haché
5 ml	(1 c. à t.) ciboulette, hachée
4	truites de 225 g (8 oz) chacune, nettoyées, épongées
2 ml	(¹/₂ c. à t.) farine

- Préchauffez le four à 190 °C (375 °F).

- Dans un poêlon, faites fondre le beurre ; faites revenir l'oignon et le céleri ; laissez cuire 3 minutes à feu moyen. Ajoutez les champignons, le sel, le poivre et la chapelure ; mélangez. Incorporez la crème, le fenouil et la ciboulette ; faites cuire 3 minutes.

- Remplissez les truites de cette farce ; refermez l'ouverture. Enfarinez les truites farcies ; faites cuire au four 15 minutes. Servez.

Truites « souvenir doux »

6 PORTIONS	
15 ml	(1 c. à s.) huile végétale
30 ml	(2 c. à s.) beurre
6	truites de 18 à 20,5 cm (7 à 8 po), nettoyées, épongées
375 ml	(1 ¹/₂ tasse) crème à 35 %
2	blancs d'œuf, en neige ferme
5 ml	(1 c. à t.) sel d'oignon
10 ml	(2 c. à t.) aneth séché
	poivre
	paprika
125 ml	(¹/₂ tasse) ciboulette, hachée

- Préchauffez le four à 230 °C (450 °F).

- Dans un poêlon, faites chauffer l'huile et fondre le beurre ; faites revenir légèrement les truites ; déposez dans un plat à gratin beurré. Réservez au chaud.

- Fouettez la crème jusqu'à formation de pics ; incorporez délicatement aux blancs d'œuf ; assaisonnez de sel d'oignon, d'aneth et de poivre ; nappez les truites ; faites cuire au four 20 minutes.

- Saupoudrez de paprika et de brindilles de ciboulette. Servez.

Filets de sole au vin blanc

4 PORTIONS	
2	filets de sole de 225 g (8 oz) chacun, coupés en deux
125 ml	(½ tasse) feuilles de céleri, grossièrement hachées
1	oignon, tranché
1	citron, tranché
30 ml	(2 c. à s.) persil
1 ml	(¼ c. à t.) poivre
	noisettes de beurre
250 ml	(1 tasse) vin blanc
20 ml	(4 c. à t.) beurre manié
	persil, citron ou crevettes

- Préchauffez le four à 175 °C (350 °F).
- Roulez les filets de sole ; fixez à l'aide de cure-dents ; déposez dans un plat allant au four et sur le feu ; parsemez de feuilles de céleri, de tranches d'oignon et de citron ; assaisonnez de persil et de poivre. Déposez des noisettes de beurre sur chaque portion. Ajoutez le vin. Couvrez ; faites cuire au four 10 minutes.
- Dans un plat de service, déposez les filets. Réservez au chaud.
- Faites mijoter le fond de sauce. Ajoutez le beurre manié ; fouettez jusqu'à épaississement. Versez sur le poisson ; décorez de persil, de citron ou de crevettes. Servez.

Filets de sole farcis aux crevettes

4 PORTIONS	
Farce	
250 ml	(1 tasse) crevettes de Matane
15 ml	(1 c. à s.) chapelure italienne
15 ml	(1 c. à s.) lait
15 ml	(1 c. à s.) beurre
15 ml	(1 c. à s.) sauce Chili
15 ml	(1 c. à s.) jus de citron
15 ml	(1 c. à s.) échalote, hachée
60 ml	(¼ tasse) chapelure
30 ml	(2 c. à s.) paprika
4	filets de sole de 165 g (6 oz) chacun, asséchés
30 ml	(2 c. à s.) beurre, fondu

- Dans un petit bol, mélangez les ingrédients de la farce. Réservez.
- Mélangez la chapelure et le paprika ; réservez.
- Étalez la farce sur les filets ; enroulez ; fixez à l'aide d'un cure-dent ; badigeonnez de beurre fondu ; roulez dans le mélange de chapelure et de paprika.
- Sur une plaque à rissoler allant au micro-ondes, déposez les roulés en cercle ; faites cuire, à ÉLEVÉ, 7 à 9 minutes ou jusqu'à ce que la chair soit opaque ; laissez reposer 3 minutes ; nappez d'une sauce au choix. Servez.

Sole florentine

4 PORTIONS	
280 g	(10 oz) épinards frais, équeutés, lavés, essorés
450 g	(1 lb) filets de sole
115 g	(4 oz) fromage à la crème, ramolli
	sel et poivre
15 ml	(1 c. à s.) beurre
15 ml	(1 c. à s.) farine
125 ml	(½ tasse) bouillon de poulet
	paprika

- Dans un bol allant au four à micro-ondes, faites cuire les épinards 4 minutes, à ÉLEVÉ ; égouttez, au besoin. Dans un plat rectangulaire, peu profond, déposez les épinards. Réservez.
- Tartinez chaque filet de 15 ml (1 c. à s.) de fromage ; salez et poivrez ; enroulez. Disposez les roulés sur les épinards. Couvrez d'une pellicule plastique perforée ; faites cuire 6 minutes, à ÉLEVÉ. Laissez reposer 1 minute.
- Dans une tasse à mesurer de pyrex, faites fondre le beurre ; ajoutez la farine ; incorporez le bouillon ; faites cuire 1 à 2 minutes, à ÉLEVÉ. Ajoutez le reste du fromage ; mélangez jusqu'à consistance onctueuse ; versez sur les filets ; saupoudrez de paprika. Servez avec un riz basmati au beurre, si désiré.

Filets de sole aux olives

4 PORTIONS	
Sauce	
225 g	(8 oz) gruyère, râpé
60 ml	(¼ tasse) crème à 15 % ou lait évaporé
12	olives farcies, tranchées
450 g	(1 lb) filets de sole
60 ml	(¼ tasse) huile végétale
15 ml	(1 c. à s.) vinaigre ou jus de citron
	sel et poivre
45 ml	(3 c. à s.) chapelure

- Dans un bol, mélangez tous les ingrédients de la sauce. Réservez.
- Dans un plat, faites mariner les filets de sole dans l'huile et le vinaigre 1 heure ; égouttez ; épongez.
- Préchauffez le four à 230 °C (450 °F).
- Dans un plat beurré allant au four, déposez les filets de sole ; salez et poivrez ; nappez de sauce ; saupoudrez de chapelure ; faites cuire au four 10 à 12 minutes. Servez.

De haut en bas :
filets de sole au vin blanc,
filets de sole farcis aux crevettes,
sole florentine

Thon au cari

6 PORTIONS	
165 g	(6 oz) thon, en conserve, égoutté (réservez le liquide)
125 ml	(¹/₂ tasse) céleri, haché
250 ml	(1 tasse) oignon, haché
250 ml	(1 tasse) champignons, tranchés
5 ml	(1 c. à t.) poudre de cari
284 ml	(10 oz) crème de poulet, en conserve
80 ml	(¹/₃ tasse) lait
	riz cuit, chaud
80 ml	(¹/₃ tasse) amandes effilées, rôties
540 ml	(19 oz) pêches, en conserve, tranchées, égouttées

- Dans une casserole, amenez à ébullition le jus du thon. Ajoutez le céleri, l'oignon et les champignons ; laissez mijoter jusqu'à ce que les légumes soient tendres.

- Incorporez la poudre de cari, la crème de poulet et le lait. Ajoutez le thon ; faites chauffer.

- Servez sur un nid de riz chaud ; parsemez d'amandes ; entourez de tranches de pêches.

VARIANTE
- Remplacez les amandes rôties par de la noix de coco râpée.

Brochettes de thon

4 PORTIONS	
Marinade	
250 ml	(1 tasse) vin blanc sec
¹/₂	citron, jus et zeste
45 ml	(3 c. à s.) huile d'olive
30 ml	(2 c. à s.) pâte de tomates
1	gousse d'ail, écrasée
2 ml	(¹/₂ c. à t.) sauge
5 ml	(1 c. à t.) thym
10 ml	(2 c. à t.) sucre
2 ml	(¹/₂ c. à t.) poivre moulu
16	cubes de thon de 30 g (1 oz) chacun
2	poivrons rouges, en gros morceaux
	brins de fenouil frais

- Dans un plat, mélangez tous les ingrédients de la marinade. Ajoutez le thon et les poivrons ; laissez mariner 2 heures ; égouttez.

- Préchauffez le four à GRIL (BROIL).

- Enfilez les morceaux de thon sur des brochettes, en alternant avec les morceaux de poivrons ; faites griller au four 3 minutes sur chaque face ; arrosez de marinade pendant la cuisson. Retirez du four ; garnissez de brins de fenouil. Servez sur un nid de riz, si désiré.

VARIANTE
- Faites cuire au barbecue, sur un feu de charbons de bois, environ 12 minutes. Badigeonnez souvent de marinade, en retournant les brochettes de temps à autre.

Aiglefin
à la grecque

8 À 10 PORTIONS

3	échalotes vertes, hachées
60 ml	(¼ tasse) persil frais, haché
45 ml	(3 c. à s.) huile végétale
30 ml	(2 c. à s.) farine
5 ml	(1 c. à t.) paprika
5 ml	(1 c. à t.) sel
796 ml	(28 oz) tomates, en conserve, non égouttées
1 ml	(¼ c. à t.) basilic
2 ml	(½ c. à t.) sel
1 ml	(¼ c. à t.) poivre
900 g	(2 lb) filets d'aiglefin frais ou congelés

- Préchauffez le four à 260 °C (500 °F).

- Dans un petit bol, mélangez les échalotes, le persil, l'huile, la farine, le paprika et le sel. Réservez.

- Dans un plat beurré allant au four, versez les tomates ; assaisonnez de basilic, de sel et de poivre ; déposez les filets. Ajoutez le mélange d'échalotes ; faites cuire au four 15 à 18 minutes. Servez.

Recette illustrée

Filets d'aiglefin
au fromage

4 PORTIONS

125 ml	(½ tasse) parmesan, râpé
5 ml	(1 c. à t.) sel
0,5 ml	(⅛ c. à t.) poivre
450 g	(1 lb) filets d'aiglefin frais ou congelés
180 ml	(¾ tasse) farine
60 ml	(¼ tasse) graisse végétale
	paprika

- Sur une feuille de papier ciré, mélangez le fromage, le sel et le poivre.

- Passez les filets d'aiglefin dans la farine ; enrobez de fromage.

- Dans un poêlon, faites fondre la graisse végétale, à feu moyen ; faites dorer les filets sur les deux faces, 5 à 6 minutes ; saupoudrez de paprika. Servez.

Filets de turbot aigres-doux

8 PORTIONS

Sauce

125 ml	(½ tasse) beurre, fondu
15 ml	(1 c. à s.) jus de citron
5 ml	(1 c. à t.) sauce Worcestershire
5 ml	(1 c. à t.) moutarde préparée
5 ml	(1 c. à t.) sel
1	pincée de poivre
900 g	(2 lb) filets de turbot frais
125 ml	(½ tasse) chapelure

- Préchauffez le four à 175 °C (350 °F).

- Dans un petit bol, mélangez tous les ingrédients de la sauce. Réservez.

- Enrobez les filets de chapelure. Dans un plat beurré allant au four, déposez les filets ; arrosez de sauce ; faites cuire au four 45 minutes ou jusqu'à ce que la chair s'effeuille sous la fourchette. Servez.

Bars meunière

6 PORTIONS

2	bars de 450 g (1 lb) chacun, parés, bien asséchés
45 ml	(3 c. à s.) farine
45 ml	(3 c. à s.) huile végétale
45 ml	(3 c. à s.) beurre sel et poivre
30 ml	(2 c. à s.) beurre
	jus de 1 citron
1	citron, tranché

- Faites quelques entailles peu profondes sur le dos des poissons ; enfarinez.

- Dans une poêle, faites chauffer l'huile et fondre 45 ml (3 c. à s.) de beurre ; faites cuire les bars à feu doux, 5 minutes de chaque côté ; assaisonnez de sel et de poivre ; retirez les bars. Réservez au chaud.

- Dans la même poêle, faites fondre 30 ml (2 c. à s.) de beurre. Ajoutez le jus de citron.

- Dans un plat de service, déposez les bars ; arrosez de beurre au citron ; décorez de tranches de citron. Servez.

VARIANTE
- Pour un repas économique, utilisez du mulet de mer.

Flétan aux tomates

4 PORTIONS

30 ml	(2 c. à s.) huile d'olive
4	darnes de flétan de 165 g (6 oz) chacune sel et poivre
30 ml	(2 c. à s.) oignon, haché
796 ml	(28 oz) tomates épicées, en conserve, égouttées
15 ml	(1 c. à s.) pâte de tomates
250 ml	(1 tasse) bouillon ou fumet de poisson, chaud
1	poivron, émincé
1	citron, tranché

- Préchauffez le four à 175 °C (350 °F).

- Dans un poêlon, faites chauffer 15 ml (1 c. à s.) d'huile ; faites cuire les darnes de flétan 3 minutes de chaque côté ; assaisonnez. Retirez du poêlon ; déposez dans un plat allant au four ; continuez la cuisson du poisson au four 5 à 6 minutes.

- Entre temps, dans le poêlon, versez le reste d'huile ; faites cuire l'oignon 2 minutes. Ajoutez les tomates, la pâte de tomates, le bouillon chaud et le poivron ; rectifiez l'assaisonnement ; faites cuire 4 minutes.

- Dans un plat de service, versez la sauce ; déposez les darnes de flétan ; garnissez de rondelles de citron. Servez.

Filets de doré aux poireaux et à l'orange

4 PORTIONS

3	poireaux, en rondelles sel et poivre
15 ml	(1 c. à s.) huile d'olive
2	filets de doré de 225 g (8 oz) chacun
250 ml	(1 tasse) jus d'orange, frais pressé feuilles de laurier, émiettées
1	tomate, tranchée
1	orange, pelée à vif, en quartiers bouquets de persil

- Si vous optez pour une cuisson conventionnelle, préchauffez le four à 230 °C (450 °F).

- Dans un plat à gratin, étalez les poireaux ; assaisonnez de sel et de poivre ; arrosez d'huile ; déposez les filets ; arrosez de jus d'orange ; parsemez de feuilles de laurier. Couvrez.

- Faites cuire au four 15 minutes ou au four à micro-ondes 4 à 5 minutes, à ÉLEVÉ ; laissez reposer 2 minutes. Servez les filets de doré arrosés du fond de cuisson. Entourez de rondelles de poireaux et de tranches de tomate ; garnissez de quartiers d'orange et de persil.

VARIANTES
- Au doré, substituez de la sole, du turbot ou de la morue.

Dans le sens horaire, commençant en haut, à gauche : flétan aux tomates, bars meunière, filets de doré aux poireaux et à l'orange

Raie au pamplemousse

4 PORTIONS

2	petites ailes de raie de 450 g (1 lb) chacune, lavées
15 ml	(1 c. à s.) vinaigre
5 ml	(1 c. à t.) persil
1	feuille de laurier
10 ml	(2 c. à t.) beurre
1	oignon, haché
250 ml	(1 tasse) jus de pamplemousse
15 ml	(1 c. à s.) câpres
	sel et poivre
1	pamplemousse, pelé à vif, en quartiers

■ Dans une casserole, couvrez les raies d'eau salée. Ajoutez le vinaigre, le persil et la feuille de laurier ; amenez à ébullition ; laissez mijoter 15 à 20 minutes. Retirez la raie ; dépiautez ; dégagez les filets. Réservez au chaud, dans un plat de service.

■ Dans un poêlon, faites fondre le beurre ; faites revenir l'oignon. Ajoutez le jus de pamplemousse et les câpres ; assaisonnez. Amenez à ébullition ; laissez mijoter 1 minute. Versez la sauce sur les filets. Servez avec des quartiers de pamplemousse.

Comment retirer les filets

■ À l'aide d'un couteau, dégagez un bout de la peau. Tirez ensuite sur la peau, de façon à la dégager complètement. Utilisez un couteau, si nécessaire.

■ Appuyez bien la lame du couteau sur l'arête centrale. Faites glisser la lame, de façon à dégager complètement le filet.

■ Procédez de la même façon sur l'autre face de la raie.

Gigot de lotte

8 PORTIONS	
1	lotte de 1 kg (2 ¹/₄ lb)
2	gousses d'ail, en morceaux
6	tranches de bacon
	huile d'olive (pour badigeonner)
45 ml	(3 c. à s.) huile d'olive
450 g	(1 lb) tomates, pelées, en morceaux
280 g	(10 oz) champignons, émincés
	sarriette et romarin
	sel et poivre
60 ml	(¹/₄ tasse) crème sure

- Préchauffez le four à 205 °C (400 °F).
- Enlevez l'arête centrale du poisson ; piquez la chair de morceaux d'ail. Entourez la lotte de tranches de bacon ; ficelez ; badigeonnez d'huile ; faites cuire au four environ 30 minutes ; retournez trois fois, en badigeonnant souvent d'huile pendant la cuisson.
- Dans un poêlon, faites chauffer 45 ml (3 c. à s.) d'huile ; faites dorer les tomates et les champignons ; assaisonnez au goût ; laissez cuire à feu doux. Ajoutez la crème ; mélangez. Servez la lotte nappée de sauce.

VARIANTE
- Faites cuire la lotte au barbecue, sur un feu de charbons de bois.

Perche en sauce

8 PORTIONS	
80 ml	(¹/₃ tasse) chapelure
80 ml	(¹/₃ tasse) farine de seigle
	sel et poivre
900 g	(2 lb) filets de perche
60 ml	(¹/₄ tasse) beurre ou margarine
Sauce	
80 ml	(¹/₃ tasse) fenouil, haché finement
250 ml	(1 tasse) crème à 35 %
15 ml	(1 c. à s.) sauce soya

- Saupoudrez une feuille de papier ciré de chapelure, de farine, de sel et de poivre ; enrobez le poisson.
- Dans une poêle, faites fondre le beurre ; à feu moyen, faites dorer le poisson ; retirez les filets de la poêle. Réservez au chaud.
- Dans la même poêle, ajoutez le fenouil et la crème ; laissez mijoter jusqu'à épaississement. Incorporez la sauce soya ; rectifiez l'assaisonnement.
- Dans un plat de service, versez la sauce ; déposez les filets de perche. Servez avec des pommes de terre au four ou du riz, si désiré.

Poisson surprise

	6 PORTIONS

Farce

500 ml	(2 tasses) poisson, cuit, émietté
15 ml	(1 c. à s.) persil, haché
60 ml	(¹/₄ tasse) mie de pain
1	œuf, battu
30 ml	(2 c. à s.) lait
15 ml	(1 c. à s.) oignon, haché finement
30 ml	(2 c. à s.) beurre, fondu sel et poivre
625 ml	(2 ¹/₂ tasses) riz à grains longs, cuit
15 ml	(1 c. à s.) persil, haché

▪ Préchauffez le four à 230 °C (450 °F).

▪ Dans un bol, mélangez les ingrédients de la farce. Réservez.

▪ Dans un autre bol, combinez le riz et le persil. Réservez.

▪ Dans six ramequins ou moules à muffins graissés, répartissez la moitié du riz. Ajoutez la farce. Couvrez avec le reste du riz.

▪ Déposez les ramequins dans un grand plat d'eau ; faites cuire au four 30 minutes. Démoulez. Servez avec une sauce aux tomates, si désiré.

Filets farcis au tofu

	8 PORTIONS

Farce

30 ml	(2 c. à s.) beurre ou margarine
2	gousses d'ail, hachées
12	champignons frais, hachés
1	oignon, haché finement
165 g	(6 oz) tofu, émietté
60 ml	(¹/₄ tasse) persil, haché
60 ml	(¹/₄ tasse) chapelure
2 ml	(¹/₂ c. à t.) sel et poivre
8	filets de poisson blanc
284 ml	(10 oz) crème de céleri, en conserve

▪ Dans un poêlon, faites fondre le beurre ; faites frire l'ail, les champignons et l'oignon. Ajoutez le tofu et le persil ; faites cuire 2 à 3 minutes.

▪ Ajoutez la chapelure, le sel et le poivre ; mélangez.

▪ Sur chaque filet, déposez environ 30 ml (2 c. à s.) de farce ; roulez les filets ; fixez à l'aide de cure-dents.

▪ Dans un poêlon, placez les filets. Versez la crème de céleri ; laissez mijoter 10 minutes ou jusqu'à ce que les filets soient cuits. S'il reste de la farce, incorporez-la à la sauce durant la cuisson. Servez.

Poisson à la créole

4 À 6 PORTIONS

10 ml	(2 c. à t.) beurre
125 ml	(½ tasse) oignon, haché
125 ml	(½ tasse) poivron vert, haché
125 ml	(½ tasse) champignons, tranchés
398 ml	(14 oz) tomates broyées, en conserve, non égouttées
15 ml	(1 c. à s.) jus de citron
0,5 ml	(⅛ c. à t.) moutarde sèche
1	feuille de laurier
2	traits de sauce Tabasco
	sel et poivre
450 g	(1 lb) filets de poisson, en cubes

▪ Dans un grand poêlon, faites fondre le beurre ; faites sauter l'oignon, le poivron et les champignons jusqu'à ce que les légumes soient tendres.

▪ Ajoutez les tomates, le jus de citron, la moutarde, la feuille de laurier et la sauce Tabasco ; assaisonnez de sel et de poivre. Amenez à ébullition ; laissez mijoter 30 minutes. Ajoutez le poisson. Couvrez ; faites cuire 7 à 10 minutes. Servez dans une assiette profonde.

Recette illustrée

Gratin de poisson

4 PORTIONS

30 ml	(2 c. à s.) beurre ou margarine
30 ml	(2 c. à s.) farine
2 ml	(½ c. à t.) sel
0,5 ml	(⅛ c. à t.) poivre
250 ml	(1 tasse) lait
160 ml	(⅔ tasse) flocons de maïs, écrasés
500 ml	(2 tasses) poisson, cuit, émietté
1	œuf dur, tranché
10 ml	(2 c. à t.) poivron rouge, émincé
15 ml	(1 c. à s.) beurre ou margarine, en noisettes

▪ Préchauffez le four à 175 °C (350 °F).

▪ Dans une casserole, faites fondre le beurre ; incorporez la farine, le sel et le poivre. Ajoutez graduellement le lait ; remuez jusqu'à épaississement de la sauce.

▪ Dans un plat de 1,25 L (5 tasses) allant au four, déposez la moitié des flocons de maïs. Ajoutez le poisson, les tranches d'œuf et le poivron ; nappez de sauce ; recouvrez de l'autre moitié des flocons de maïs ; parsemez de noisettes de beurre ; faites cuire au four 20 à 30 minutes. Servez.

Croquettes
de poisson

1 L	(4 tasses) huile d'arachide
30 ml	(2 c. à s.) beurre
60 ml	(¼ tasse) farine, tamisée
	sel et poivre
250 ml	(1 tasse) crème à 35 %
750 ml	(3 tasses) poisson (morue, truite, filet de sole), émietté
1	jaune d'œuf, battu
2	œufs, battus
250 ml	(1 tasse) chapelure

- Dans une friteuse, faites chauffer l'huile à 175 °C (350 °F).

- Dans une casserole, faites fondre le beurre ; ajoutez la farine, le sel et le poivre ; faites un roux. Ajoutez la crème ; faites cuire à feu vif, en remuant sans arrêt, jusqu'à épaississement ; retirez du feu. Incorporez le poisson et le jaune d'œuf ; mélangez. Façonnez en croquettes de 2,5 cm (1 po) d'épaisseur.

- Passez les croquettes de poisson dans les œufs battus, puis dans la chapelure ; faites frire 2 minutes, en retournant les croquettes de temps en temps. Égouttez sur du papier absorbant. Servez avec une sauce au choix, une salade ou des légumes de saison.

Recette illustrée

Langues de morue

500 ml	(2 tasses) eau
500 ml	(2 tasses) lait
1	oignon, émincé
2	gousses d'ail, hachées
	clou de girofle
	sel
450 g	(1 lb) langues de morue

Sauce

284 ml	(10 oz) crème de tomates, en conserve
60 ml	(¼ tasse) bouillon de poulet
15 ml	(1 c. à s.) beurre
15 ml	(1 c. à s.) persil, haché

- Dans une marmite, combinez les 7 premiers ingrédients ; faites cuire à feu moyen jusqu'à ce que les langues de morue soient tendres ; égouttez. Réservez au chaud.

- Dans une casserole, faites chauffer les ingrédients de la sauce ; nappez les langues de morue ; saupoudrez de persil. Servez avec des pommes de terre bouillies et des petits pois, si désiré.

Poisson burger

	2 À 4 PORTIONS

Farce

60 ml	(¹/₄ tasse) oignon, haché finement
184 g	(6 ¹/₂ oz) thon émietté, en conserve
60 ml	(¹/₄ tasse) céleri, haché finement
125 ml	(¹/₂ tasse) cornichons sucrés, hachés finement
15 ml	(1 c. à s.) mayonnaise
2 à 4	pains à hamburger
2 à 4	tranches de fromage

■ Préchauffez le four à 230 °C (450 °F).

■ Dans un bol, mélangez les ingrédients de la farce. Répartissez le mélange dans les pains. Ajoutez le fromage ; enveloppez séparément de papier d'aluminium ; faites chauffer au four ou sur un feu de charbons de bois environ 10 minutes. Servez.

Recette illustrée à gauche

Omelette au poisson fumé

	4 PORTIONS
15 ml	(1 c. à s.) beurre
375 ml	(1 ¹/₂ tasse) poisson fumé, en morceaux
6	œufs
250 ml	(1 tasse) lait
5 ml	(1 c. à t.) persil, haché sel et poivre
30 ml	(2 c. à s.) beurre

■ Dans une poêle, faites fondre le beurre ; faites revenir le poisson.

■ Dans un bol, fouettez les œufs. Ajoutez le lait, le poisson et le persil ; salez et poivrez ; mélangez.

■ Dans une poêle, faites fondre le beurre ; faites cuire l'omelette au degré de cuisson désiré. Servez.

Recette illustrée à droite

Filets de poisson santé

	2 PORTIONS
2	filets de sole de 115 g (4 oz) chacun
	lait
60 ml	(¹/₄ tasse) germe de blé
15 ml	(1 c. à s.) huile de première pression

■ Trempez les filets de sole dans le lait ; enrobez de germe de blé.

■ Dans une poêle à revêtement antiadhésif, à feu vif, faites chauffer l'huile ; faites saisir les filets. Servez.

Pot-au-feu de fruits de mer

8 PORTIONS	
375 ml	(1 ½ tasse) eau
250 ml	(1 tasse) oignons, hachés
500 ml	(2 tasses) pommes de terre, en dés
125 ml	(½ tasse) carotte, en dés
250 ml	(1 tasse) céleri, en dés
60 ml	(¼ tasse) échalotes vertes, hachées
225 g	(8 oz) pétoncles
225 g	(8 oz) chair de homard ou de crabe
225 g	(8 oz) crevettes, décortiquées
15 ml	(1 c. à s.) épices à poisson
	sel et poivre
125 ml	(½ tasse) beurre
142 ml	(5 oz) lait évaporé, en conserve
20 ml	(4 c. à t.) fécule de maïs
1	abaisse de pâte brisée (p. 334)

- Préchauffez le four à 175 °C (350 °F).

- Dans une cocotte, versez l'eau. Ajoutez les légumes ; faites bouillir 6 à 8 minutes. Ajoutez les fruits de mer ; laissez mijoter quelques minutes. Ajoutez le reste des ingrédients, sauf l'abaisse ; continuez la cuisson 5 minutes.

- Couvrez de l'abaisse ; faites cuire au four 30 minutes ou jusqu'à ce que la pâte soit dorée. Servez.

Gratin de fruits de mer

8 PORTIONS	
45 ml	(3 c. à s.) beurre
30 ml	(2 c. à s.) farine
500 ml	(2 tasses) bouillon de poulet, chaud
2 ou 3	échalotes, hachées
284 ml	(10 oz) champignons, en conserve, égouttés
125 ml	(½ tasse) vin blanc
450 g	(1 lb) pétoncles
450 g	(1 lb) chair de crabe
450 g	(1 lb) crevettes, cuites
250 ml	(1 tasse) fromage, râpé

- Préchauffez le four à 205 °C (400 °F).

- Dans un poêlon, faites fondre le beurre ; incorporez la farine. Ajoutez graduellement le bouillon de poulet ; fouettez à feu vif jusqu'à épaississement de la sauce.

- Ajoutez les échalotes, les champignons et le vin ; mélangez ; continuez la cuisson 2 minutes. Incorporez les fruits de mer ; mélangez. Déposez dans un plat à gratin ; parsemez de fromage ; faites cuire au four 10 à 12 minutes. Servez.

Quiches au crabe

24 TARTELETTES

250 ml	(1 tasse) chair de crabe, en conserve, égouttée, en morceaux
250 ml	(1 tasse) gruyère, râpé
4	échalotes, émincées
4	œufs, battus
250 ml	(1 tasse) crème à 15 %
5 ml	(1 c. à t.) paprika
1	pincée de poivre
24	abaisses de tartelettes *(p. 334)*

- Préchauffez le four à 190 °C (375 °F).

- Dans un bol, mélangez le crabe, le fromage et les échalotes. Réservez.

- Dans un autre bol, mélangez les œufs, la crème, le paprika et le poivre. Réservez.

- Sur une plaque à biscuits, déposez les tartelettes ; répartissez le premier mélange dans les tartelettes ; versez délicatement le mélange d'œufs et de crème sur le mélange de crabe ; faites cuire au four environ 20 minutes. Servez.

Recette illustrée en haut, à droite

VARIANTES

- À la chair de crabe, substituez des huîtres, en conserve, égouttées.

- Ajoutez au mélange 45 ml (3 c. à s.) de pâte de tomates au même moment que la crème, tel qu'illustré ci-contre.

- Ajoutez 60 ml (1/4 tasse) d'épinards ciselés au mélange d'œufs et de crème, tel qu'illustré en bas, à droite.

Huîtres gratinées

	3 PORTIONS
	gros sel
24	huîtres fraîches, ouvertes, égouttées
45 ml	(3 c. à s.) beurre
45 ml	(3 c. à s.) farine
45 ml	(3 c. à s.) parmesan, râpé
	jus de citron

- Préchauffez le four à 205 °C (400 °F).
- Remplissez de gros sel une lèchefrite ou une plaque à biscuits ; calez les huîtres dans le gros sel.
- Dans un petit bol, combinez le beurre, la farine et le fromage ; répartissez le mélange sur les huîtres.
- Faites gratiner 10 minutes. Arrosez de quelques gouttes de jus de citron. Servez.

Artichauts farcis aux escargots

	4 PORTIONS
30 ml	(2 c. à s.) beurre
1	gousse d'ail, hachée
142 ml	(5 oz) escargots, en conserve
125 ml	(½ tasse) céleri, haché
125 ml	(½ tasse) échalotes, hachées
284 ml	(10 oz) champignons tranchés, en conserve, égouttés
284 ml	(10 oz) cœurs d'artichauts, en conserve, égouttés
250 ml	(1 tasse) fromage, râpé

- Préchauffez le four à GRIL (BROIL).
- Dans un poêlon, faites fondre le beurre ; faites revenir l'ail, les escargots, le céleri, les échalotes et les champignons quelques minutes.
- Dans un plat allant au four, déposez les artichauts ; sur le dessus, répartissez le mélange d'escargots ; parsemez de fromage râpé ; faites gratiner environ 6 minutes. Servez sur un nid de pâtes fraîches, cuites au beurre.

Moules ravigotes

	4 PORTIONS
30 ml	(2 c. à s.) beurre
30 ml	(2 c. à s.) oignon rouge, haché
375 ml	(1 ½ tasse) vin blanc sec
2 kg	(4 ½ lb) moules, nettoyées, lavées
125 ml	(½ tasse) crème à 35 %
45 ml	(3 c. à s.) câpres, hachées
4	filets d'anchois, hachés
	sel de mer
	poivre du moulin

- Dans une casserole, faites fondre le beurre ; faites revenir l'oignon environ 3 minutes. Versez le vin ; amenez à ébullition ; ajoutez les moules. Couvrez ; réduisez le feu ; laissez cuire environ 2 minutes.
- Ajoutez la crème, les câpres et les anchois ; salez et poivrez ; mélangez. Lorsque les moules sont cuites, retirez-les à l'aide d'une écumoire ; répartissez dans 4 assiettes. Réservez.
- Amenez le jus de cuisson à ébullition ; laissez mijoter jusqu'à épaississement, en brassant sans arrêt ; versez sur les moules. Servez.

Moules à la bière

	4 PORTIONS
30 ml	(2 c. à s.) beurre
30 ml	(2 c. à s.) échalote sèche, hachée
375 ml	(1 ½ tasse) bière brune
2 kg	(4 ½ lb) moules, nettoyées, lavées
125 ml	(½ tasse) jus de légumes
45 ml	(3 c. à s.) fécule de pomme de terre
	sel de mer
	poivre du moulin

- Dans une casserole, faites fondre le beurre ; faites revenir l'échalote environ 3 minutes. Ajoutez la bière ; amenez à ébullition ; déposez les moules. Couvrez ; diminuez le feu ; laissez cuire environ 5 minutes ; brassez à la mi-cuisson.
- Lorsque les moules sont cuites, retirez-les à l'aide d'une écumoire ; répartissez dans 4 assiettes. Réservez.
- Dans le jus de légumes, délayez la fécule. Incorporez au jus de cuisson ; assaisonnez au goût.
- Amenez à ébullition ; laissez mijoter jusqu'à épaississement ; brassez sans arrêt ; versez la sauce sur les moules. Servez.

Dans le sens horaire, commençant en haut, à gauche : moules ravigotes, huîtres gratinées, artichauts farcis aux escargots

Céviche

4 PORTIONS	
450 g	(1 lb) fruits de mer frais (crevettes, pétoncles, chair de crabe), en bouchées
30 ml	(2 c. à s.) vinaigre
60 ml	(¼ tasse) jus de limette frais
60 ml	(¼ tasse) jus de citron frais
225 g	(8 oz) tomates mûres, pelées, épépinées, en dés
115 g	(4 oz) oignons perlés marinés, hachés
30 ml	(2 c. à s.) huile légère
5 ml	(1 c. à t.) origan frais ou
2 ml	(½ c. à t.) origan séché

▪ Lavez les fruits de mer à l'eau froide additionnée du vinaigre ; asséchez. Déposez dans un bol de verre ou de porcelaine ; arrosez de jus de limette et de citron. Faites mariner une nuit au réfrigérateur ; remuez quelquefois. Ajoutez les tomates, les oignons, l'huile et l'origan.

▪ Dans des coupes ou des coquilles, déposez le mélange de fruits de mer. Servez.

VARIANTE
• Servez la céviche accompagnée de tranches d'orange ou d'autres fruits.

Esturgeon fumé aux moules et aux pommes

4 PORTIONS	
1	pomme, en quartiers, émincée
500 ml	(2 tasses) eau
	jus de ½ citron
225 g	(8 oz) esturgeon fumé, émincé
250 ml	(1 tasse) moules fumées, égouttées
	poivre du moulin
30 ml	(2 c. à s.) huile d'olive
30 ml	(2 c. à s.) ciboulette, hachée

▪ Dans un bol, déposez les tranches de pomme. Versez l'eau ; ajoutez le jus de citron ; laissez reposer 1 minute ; égouttez.

▪ Dans une assiette, déposez les tranches d'esturgeon ; alternez avec les tranches de pomme et les moules fumées ; poivrez au goût. Arrosez d'huile ; parsemez de ciboulette. Servez avec une salade.

Pâtes aux crevettes

4 À 6 PORTIONS	
450 g	(1 lb) spaghetti
45 ml	(3 c. à s.) beurre ou margarine
1 ou 2	carottes, en allumettes
2	blancs de poireaux, hachés grossièrement
125 ml	(½ tasse) poivron vert, haché
250 ml	(1 tasse) champignons, émincés
1	tomate pelée, hachée
1	pincée de muscade sel et poivre
450 g	(1 lb) crevettes moyennes, décortiquées
160 ml	(²/₃ tasse) crème fouettée
	persil, haché

- Faites cuire les pâtes selon le mode d'emploi.

- Entre-temps, dans un poêlon, faites fondre le beurre ; faites suer les légumes, sauf la tomate, jusqu'à ce qu'ils soient tendres ; assaisonnez. Ajoutez les crevettes et la tomate ; mélangez ; faites cuire jusqu'à ce que les crevettes deviennent opaques et commencent à se recroqueviller. Incorporez la crème fouettée ; faites chauffer à feu doux, en remuant délicatement.

- Dans un plat de service chaud, déposez les pâtes égouttées ; nappez de sauce ; mélangez légèrement ; saupoudrez de persil. Servez.

VARIANTES
- Au spaghetti, substituez des linguine ou des nouilles aux œufs.

Fettucine Verdi aux fruits de mer

6 PORTIONS	
450 g	(1 lb) fettucine aux épinards
90 ml	(6 c. à s.) huile d'olive
1	oignon, émincé
4	petites carottes, émincées
1	branche de céleri, en dés
	sel et poivre
1	pincée d'origan
450 g	(1 lb) fruits de mer, en bouchées
180 ml	(³/₄ tasse) vin blanc sec

- Faites cuire les pâtes selon le mode d'emploi.

- Dans un poêlon, faites chauffer l'huile ; faites suer l'oignon. Ajoutez les carottes et le céleri ; assaisonnez de sel, de poivre et d'origan ; faites cuire 4 à 5 minutes. Ajoutez les fruits de mer et le vin ; faites cuire à feu doux jusqu'à ce que les fruits de mer soient cuits. Versez sur les pâtes égouttées. Servez.

VARIANTES
- En même temps que les carottes, ajoutez des tomates.
- À l'oignon, substituez de l'ail et à l'origan du basilic.
- Aux fruits de mer, substituez du poisson frais.

LA VIANDE CHEVALINE ET LA VIANDE SAUVAGINE

De plus en plus de Québécois s'initient aux viandes chevaline et sauvagines.

La viande chevaline est maigre et nutritive. Consommée habituellement en steak tartare (p. 222), elle se prête à plusieurs autres recettes savoureuses.

Les viandes sauvagines, par leur goût prononcé et particulier, apportent variété et nouveauté à notre alimentation. Toutefois, leur prix demeure encore élevé et, conséquemment, nous avons tendance à les réserver aux occasions spéciales.

La section suivante nous permettra sûrement de faire meilleure connaissance avec ces viandes encore méconnues et sous-utilisées !

Rôti de cheval braisé

	6 À 8 PORTIONS
1	rôti de cheval de 1,8 kg (4 lb)
1	feuille de laurier
1	clou de girofle
250 ml	(1 tasse) bouillon de poulet, chaud
250 ml	(1 tasse) bouillon de bœuf, chaud
250 ml	(1 tasse) soupe à l'oignon, chaude

- Préchauffez le four à 175 °C (350 °F).

- Dans un chaudron allant au four, déposez le rôti de cheval. Ajoutez la feuille de laurier, le clou de girofle, les deux bouillons et la soupe à l'oignon. Couvrez ; faites cuire environ 2 heures.

- Environ 30 minutes avant la fin de la cuisson, retirez le couvercle ; laissez brunir. Servez avec des pommes de terre rissolées et une salade verte, si désiré.

Tournedos de cheval, sauce moutarde

	4 PORTIONS
15 ml	(1 c. à s.) huile d'arachide
4	tournedos de 165 g (6 oz) chacun
	sel et poivre
10 ml	(2 c. à t.) échalote sèche, hachée
45 ml	(3 c. à s.) moutarde forte
250 ml	(1 tasse) bouillon de bœuf
2 ml	(1/2 c. à t.) estragon, haché
45 ml	(3 c. à s.) crème sure

- Préchauffez le four à 105 °C (225 °F).

- Dans une poêle, faites chauffer l'huile ; faites cuire les tournedos au degré de cuisson désiré ; retournez une seule fois ; salez et poivrez. Déposez les tournedos sur une plaque de cuisson. Réservez au four.

- Dans la poêle chaude, faites revenir l'échalote 1 minute. Incorporez la moutarde ; ajoutez le bouillon de bœuf et l'estragon ; laissez réduire de moitié.

- Ajoutez la crème sure ; réduisez le feu ; remettez les tournedos dans la poêle ; retournez-les pour bien les enrober de sauce. Faites réchauffer sans faire bouillir. Servez.

Biftecks aux deux fromages

4 PORTIONS

15 ml	(1 c. à s.) huile d'arachide
4	tranches de surlonge de 165 g (6 oz) chacune
1 ml	(¼ c. à t.) poivre du moulin
1 ml	(¼ c. à t.) sel d'oignon
90 g	(3 oz) fromage cheddar, tranché
90 g	(3 oz) fromage mozzarella, tranché

■ Préchauffez le four à GRIL (BROIL).

■ Dans une poêle, faites chauffer l'huile ; faites cuire les biftecks légèrement moins que la cuisson désirée, en les retournant une seule fois au cours de la cuisson ; assaisonnez.

■ Déposez les biftecks sur une lèchefrite ; recouvrez les biftecks des tranches de fromage, en alternant les variétés ; faites griller à 10 cm (4 po) de l'élément environ 2 minutes ou jusqu'à ce que les fromages soient fondus. Servez.

Recette illustrée

Boulettes en sauce

8 PORTIONS

500 ml	(2 tasses) pommes de terre, râpées
675 g	(1 ½ lb) bifteck de cheval haché
160 ml	(²⁄₃ tasse) oignon, haché
5 ml	(1 c. à t.) sel
1 ml	(¼ c. à t.) poivre
1 ml	(¼ c. à t.) poudre d'ail
60 ml	(¼ tasse) lait
1	œuf, battu
60 ml	(¼ tasse) beurre
125 ml	(½ tasse) eau
45 ml	(3 c. à s.) farine
625 ml	(2 ½ tasses) eau
500 ml	(2 tasses) crème sure
5 ml	(1 c. à t.) graines d'aneth
280 g	(10 oz) petits pois congelés

■ Dans un bol, mélangez les 8 premiers ingrédients ; façonnez en boulettes de 3,75 cm (1 ½ po) de diamètre.

■ Dans un poêlon de fonte, faites fondre 15 ml (1 c. à s.) de beurre ; faites saisir les boulettes. Ajoutez 125 ml (½ tasse) d'eau. Couvrez ; faites mijoter 20 minutes. Retirez les boulettes. Réservez au chaud.

■ Dans le poêlon, faites fondre le reste de beurre. Incorporez la farine ; mélangez. Ajoutez 625 ml (2 ½ tasses) d'eau ; faites mijoter jusqu'à épaississement, en remuant sans arrêt ; retirez du feu. Ajoutez la crème sure, l'aneth et les petits pois ; faites chauffer. Déposez les boulettes dans la sauce ; mélangez bien ; laissez mijoter 3 minutes. Servez.

Fondue bourguignonne chevaline

4 PORTIONS

1 L	(4 tasses) huile d'arachide
1	pomme de terre, tranchée
2	gousses d'ail
450 g	(1 lb) viande chevaline, en cubes

- Dans un caquelon, versez l'huile. Ajoutez les tranches de pomme de terre et l'ail ; faites chauffer à 175 °C (350 °F).
- Déposez la viande dans un plat de service. Servez la fondue accompagnée des sauces suivantes :

Sauce cocktail

ENVIRON 125 ML (1/2 TASSE)

125 ml	(1/2 tasse) sauce Chili
15 ml	(1 c. à s.) raifort dans le vinaigre
1	trait de sauce Worcestershire

- Dans un petit bol, mélangez les ingrédients.

Sauce ailloli

ENVIRON 125 ML (1/2 TASSE)

125 ml	(1/2 tasse) mayonnaise
2	gousses d'ail, hachées
1	trait de sauce Worcestershire sel et poivre

- Dans un petit bol, mélangez les ingrédients.

Sauce persillade

ENVIRON 125 ML (1/2 TASSE)

125 ml	(1/2 tasse) persil, haché
10 ml	(2 c. à t.) mayonnaise
1	trait de sauce Worcestershire sel et poivre

- Dans un petit bol, mélangez les ingrédients.

Sauce tartare

ENVIRON 125 ML (1/2 TASSE)

125 ml	(1/2 tasse) mayonnaise
10 ml	(2 c. à t.) cornichons surs, hachés
10 ml	(2 c. à t.) câpres, hachées
1 ml	(1/4 c. à t.) ail, haché
1	trait de sauce Worcestershire
1	filet d'anchois, haché sel et poivre

- Dans un petit bol, mélangez les ingrédients.

Hachis d'oignons

ENVIRON 125 ML (1/2 TASSE)

60 ml	(1/4 tasse) oignon jaune, haché
60 ml	(1/4 tasse) oignon rouge, haché
10 ml	(2 c. à t.) huile d'olive vierge
10 ml	(2 c. à t.) persil, haché sel et poivre

- Dans un petit bol, mélangez les ingrédients.

Sauce au whisky

ENVIRON 125 ML (1/2 TASSE)

125 ml	(1/2 tasse) mayonnaise
15 ml	(1 c. à s.) sauce Chili
15 ml	(1/2 oz) whisky
1	trait de sauce Worcestershire sel et poivre

- Dans un petit bol, mélangez les ingrédients.

Sauce pointue

ENVIRON 125 ML (1/2 TASSE)

125 ml	(1/2 tasse) piments forts marinés, hachés
15 ml	(1 c. à s.) sauce Chili
15 ml	(1 c. à s.) mayonnaise
1	trait de sauce Worcestershire

- Dans un petit bol, mélangez les ingrédients.

Sauce au cari

ENVIRON 125 ML (1/2 TASSE)

125 ml	(1/2 tasse) mayonnaise
15 ml	(1 c. à s.) sauce Chili
5 ml	(1 c. à t.) poudre de cari
1	trait de sauce Worcestershire sel et poivre

- Dans un petit bol, mélangez les ingrédients.

Steak tartare classique

4 PORTIONS

450 g	(1 lb) viande chevaline maigre, hachée
30 ml	(2 c. à s.) oignon, haché
5 ml	(1 c. à t.) câpres, hachées
4	filets d'anchois, hachés
15 ml	(1 c. à s.) cornichons surs, hachés
1 ml	(1/4 c. à t.) sel
2 ml	(1/2 c. à t.) poivre du moulin
30 ml	(2 c. à s.) moutarde forte
1 ml	(1/4 c. à t.) sauce Tabasco
7 ml	(1 1/2 c. à t.) sauce Worcestershire
4	jaunes d'œufs

- Dans un bol, mélangez tous les ingrédients, sauf les œufs. Façonnez 4 boulettes ; déposez dans des assiettes.
- À l'aide d'une cuillère, creusez une petite fontaine sur chaque boulette. Versez un jaune d'œuf dans chaque fontaine. Servez avec des frites ou des croustilles de pommes de terre.

En haut : fondue bourguignonne chevaline et, de gauche à droite, les sauces : tartare, ailloli, au whisky, au cari et cocktail. En bas : steak tartare classique

Poitrine d'oie farcie

4 PORTIONS	
1	poitrine d'oie de 565 g (1 ¼ lb)

Farce

90 g	(3 oz) pâté de foie
60 ml	(¼ tasse) champignons, émincés
	sel et poivre
30 ml	(2 c. à s.) huile végétale
1	oignon, tranché
1	gousse d'ail, hachée
250 ml	(1 tasse) bouillon de poulet, chaud

- Préchauffez le four à 205 °C (400 °F).

- Pratiquez une incision le long de l'épaisseur de la poitrine d'oie ; ouvrez en portefeuille, de façon à pouvoir la farcir.

- Dans un bol, combinez les ingrédients de la farce ; farcissez la poitrine d'oie ; refermez ; ficelez solidement.

- Dans un poêlon allant au four, faites chauffer l'huile ; faites saisir la poitrine des deux côtés ; salez et poivrez. Ajoutez les tranches d'oignon et l'ail ; faites cuire au four 30 minutes.

- À la mi-cuisson, retirez du four ; dégraissez. Ajoutez le bouillon de poulet ; remettez au four jusqu'à ce que la cuisson soit complétée. Tranchez ; nappez de jus de cuisson. Servez.

Pintade rôtie aux cerises

4 PORTIONS	
1	pintade d'environ 2 kg (4 ½ lb)
45 ml	(3 c. à s.) beurre
	sel et poivre
540 ml	(19 oz) cerises bing, en conserve
60 ml	(¼ tasse) miel
60 ml	(¼ tasse) bouillon de poulet
1 ml	(¼ c. à t.) thym, haché
10 ml	(2 c. à t.) persil, haché

- Préchauffez le four à 175 °C (350 °F).

- Bridez la pintade ; enduisez-la de beurre ; assaisonnez.

- Déposez dans une rôtissoire ; faites cuire au four environ 2 heures.

- Entre-temps, faites égoutter les cerises, en récupérant leur jus. Réservez les cerises. Mélangez le jus des cerises au reste des ingrédients. Versez le mélange sur la pintade. Arrosez la pintade du jus de cuisson aux 15 minutes ; environ 15 minutes avant la fin de la cuisson, ajoutez les cerises.

- Lorsque la pintade est cuite, retirez de la rôtissoire ; dégraissez le jus de cuisson ; amenez à ébullition ; laissez mijoter 5 minutes. Dépecez la pintade ; nappez chaque portion de jus de cuisson. Servez.

Faisan au vin

4 PORTIONS	
125 ml	(¹/₂ tasse) farine de blé
1	faisan de 1,8 kg (4 lb), en dix morceaux
60 ml	(¹/₄ tasse) huile ou beurre
	sel et poivre
60 ml	(2 oz) calvados
500 ml	(2 tasses) vin rouge
250 ml	(1 tasse) bouillon de poulet
1 ml	(¹/₄ c. à t.) thym, haché
10 ml	(2 c. à t.) persil, haché
2	feuilles de laurier
125 ml	(¹/₂ tasse) lardons
60 ml	(¹/₄ tasse) oignons de semence
60 ml	(¹/₄ tasse) champignons, en moitiés

- Enfarinez deux fois chaque morceau de faisan.

- Dans une cocotte, faites chauffer l'huile ou le beurre ; faites saisir les morceaux de faisan sur toutes leurs faces ; salez et poivrez.

- Déglacez au calvados ; faites chauffer un peu ; faites flamber environ 30 secondes. Ajoutez le vin, le bouillon de poulet et les aromates ; amenez à ébullition ; réduisez le feu ; laissez mijoter environ 50 minutes.

- Entre-temps, dans un poêlon, faites fondre les lardons. Ajoutez les oignons et les champignons ; faites dorer ; dégraissez. Ajoutez ce mélange au faisan qui mijote. Servez, accompagné de pâtes fraîches, si désiré.

Perdrix au chou

6 PORTIONS	
125 ml	(¹/₂ tasse) farine
3	perdrix, coupées en deux
250 ml	(1 tasse) lardons
1	chou vert, haché grossièrement
4 à 6	gros oignons, émincés
2 ml	(¹/₂ c. à t.) thym
	sel et poivre
125 ml	(¹/₂ tasse) vin blanc ou cidre

- Enfarinez chaque morceau de perdrix.

- Dans un chaudron épais, faites fondre les lardons ; faites dorer les morceaux de perdrix, à feu doux, 25 minutes ; retirez du chaudron. Réservez.

- Dans le chaudron chaud, déposez le chou et les oignons. Couvrez ; faites cuire 15 minutes, en brassant souvent.

- Remettez les perdrix dans le chaudron ; assaisonnez de thym, de sel et de poivre. Ajoutez le vin ou le cidre. Couvrez ; faites mijoter environ 1 heure ou jusqu'à ce que la viande soit tendre. Servez.

Ragoût de lapin

4 PORTIONS	

Marinade

375 ml	(1 ½ tasse) vin rouge
125 ml	(½ tasse) vinaigre de vin rouge
3	feuilles de laurier
3	clous de girofle
1	pincée de sel
2	grains de poivre
15 ml	(1 c. à s.) quatre-épices
1	lapin de 1,8 kg (4 lb), en morceaux
	farine
125 ml	(½ tasse) huile d'olive
900 g	(2 lb) petits oignons blancs
900 g	(2 lb) tomates, pelées, concassées
30 ml	(2 c. à s.) sucre

• Dans un plat, combinez les ingrédients de la marinade ; ajoutez les morceaux de lapin. Couvrez ; placez au réfrigérateur 12 à 24 heures.

• Retirez le lapin de la marinade ; épongez ; enfarinez. Tamisez la marinade. Réservez.

• Dans une casserole, faites chauffer l'huile ; faites brunir les morceaux de lapin sur toutes leurs faces ; retirez de la casserole. Réservez. Faites dorer les oignons. Ajoutez les tomates, le sucre, la marinade et les morceaux de lapin ; faites mijoter environ 1 heure ou jusqu'à ce que la viande soit tendre.

• Servez, accompagné de pommes de terre persillées.

VARIANTE
• Substituez, aux petits oignons, 2 oignons moyens émincés.

Rôti de gibier aigre-doux

6 À 8 PORTIONS	
1	carré de sanglier sel et poivre
30 ml	(2 c. à s.) graisse
125 ml	(½ tasse) eau
227 ml	(8 oz) sauce aux tomates, en conserve
2	oignons, tranchés
1	gousse d'ail, émincée

Sauce

30 ml	(2 c. à s.) cassonade
2 ml	(½ c. à t.) moutarde sèche
125 ml	(½ tasse) jus de citron
60 ml	(¼ tasse) vinaigre
80 ml	(⅓ tasse) ketchup
15 ml	(1 c. à s.) sauce Worcestershire

• Frottez le carré de sanglier de sel et de poivre.

• Dans un chaudron en fonte, faites fondre la graisse ; faites brunir le rôti sur toutes ses faces. Ajoutez l'eau, la sauce aux tomates, les oignons et l'ail ; réduisez le feu ; laissez mijoter environ 30 minutes.

• Entre-temps, dans un petit bol, mélangez les ingrédients de la sauce. Versez sur le carré ; continuez la cuisson environ 1 heure ou jusqu'à ce que la viande soit tendre. Servez.

Bifteck d'orignal mariné

4 PORTIONS

Marinade

250 ml	(1 tasse) sauce Chili
375 ml	(1 ½ tasse) jus d'orange
60 ml	(¼ tasse) oignon, haché
5 ml	(1 c. à t.) ail, haché
15 ml	(1 c. à s.) sauce Worcestershire
15 ml	(1 c. à s.) moutarde de Dijon
5 ml	(1 c. à t.) persil, haché
60 ml	(¼ tasse) huile végétale
1	bifteck d'orignal de 675 g (1 ½ lb), de 1,25 cm (½ po) d'épaisseur

▪ Dans un bol, mélangez les ingrédients de la marinade.

▪ Pratiquez des incisions en losange sur les deux faces du bifteck ; déposez dans un plat. Versez la marinade. Couvrez ; placez au réfrigérateur au moins 12 heures. Égouttez le bifteck. Réservez la marinade.

▪ Préchauffez le four à GRIL (BROIL).

▪ Déposez le bifteck sur une lèchefrite ; faites cuire 4 à 5 minutes de chaque côté, à 10 cm (4 po) de l'élément ; badigeonnez de marinade aux 2 minutes. Servez avec une salade verte, des tranches de tomate et des pommes de terre en robe des champs, si désiré.

VARIANTE

• Déposez le bifteck sur une grille huilée. Faites cuire sur un feu de charbons de bois, 5 à 7 minutes de chaque côté, en badigeonnant souvent de marinade.

Gibier gourmand

8 PORTIONS

125 ml	(½ tasse) farine
5 ml	(1 c. à t.) sel
2 ml	(½ c. à t.) poivre
10 ml	(2 c. à t.) muscade
900 g	(2 lb) gibier, en cubes (caribou, orignal ou chevreuil)
45 ml	(3 c. à s.) huile
15 ml	(1 c. à s.) beurre
2	gros oignons, émincés
2	gousses d'ail, hachées
5 ml	(1 c. à t.) cassonade
341 ml	(1 bouteille) bière
1	feuille de laurier
	jus et zeste de ½ orange

▪ Saupoudrez une feuille de papier ciré de farine, de sel, de poivre et de muscade ; enrobez les cubes de viande.

▪ Dans un chaudron de fonte, faites chauffer l'huile et fondre le beurre ; faites saisir les cubes de viande 2 à 3 minutes sur toutes leurs faces ; retirez du chaudron. Réservez. Faites sauter les oignons et l'ail environ 4 minutes. Incorporez la cassonade ; faites cuire 1 minute.

▪ Remettez le gibier dans le chaudron. Ajoutez la bière, la feuille de laurier, le jus et le zeste d'orange ; amenez à ébullition. Réduisez le feu ; laissez mijoter 1 ½ heure ; ajoutez un peu d'eau si la sauce est trop épaisse. Servez.

Recette illustrée

Le tofu, les œufs, les noix, le fromage et les légumineuses sont tous des substituts de la viande ; ils constituent d'importantes sources de protéines. Les diététistes recommandent de diminuer notre consommation de viande, en la remplaçant par des substituts faibles en matières grasses, comme le tofu et les légumineuses.

Toutefois, il nous faut se méfier des noix et des fromages : ils peuvent être une source encore plus importante en matières grasses que la viande. N'abusons pas non plus des œufs : ils contiennent beaucoup de cholestérol !

LES SUBSTITUTS

Tofu sur nid de riz

	3 À 4 PORTIONS
500 ml	(2 tasses) bouillon de légumes
30 ml	(2 c. à s.) sauce soya
180 ml	(3/4 tasse) riz brun
375 ml	(1 1/2 tasse) bouillon de légumes
300 ml	(1 1/4 tasse) eau
250 ml	(1 tasse) oignon, haché
375 ml	(1 1/2 tasse) céleri, haché
250 ml	(1 tasse) champignons, hachés
500 ml	(2 tasses) tofu, en dés
	estragon, basilic, thym, romarin, poivre de Cayenne au goût
20 ml	(4 c. à t.) fécule de maïs
60 ml	(1/4 tasse) eau
1	tomate ferme, en dés
2	échalotes vertes, hachées

• Dans une casserole, amenez à ébullition 500 ml (2 tasses) de bouillon de légumes et la sauce soya. Ajoutez le riz ; réduisez le feu au minimum ; poursuivez la cuisson jusqu'à ce que le riz soit cuit.

• Dans une autre casserole, combinez 375 ml (1 1/2 tasse) de bouillon de légumes, l'eau, l'oignon, le céleri, les champignons et le tofu ; laissez mijoter 6 minutes ; assaisonnez.

• Délayez la fécule de maïs dans 60 ml (1/4 tasse) d'eau ; incorporez au mélange précédent ; brassez jusqu'à épaississement. Ajoutez la tomate ; laissez mijoter 4 minutes. Servez sur le riz au soya ; garnissez d'échalotes ; accompagnez de crudités, si désiré.

Bouilli au tofu

	2 PORTIONS
500 ml	(2 tasses) bouillon de bœuf, dégraissé
375 ml	(1 1/2 tasse) jus de légumes
350 g	(12 oz) tofu, en cubes
250 ml	(1 tasse) navet, en lanières
250 ml	(1 tasse) chou-fleur, en bouquets
1/2	oignon, haché
1/2	poivron vert, émincé
1	carotte, en lanières
5 ml	(1 c. à t.) poudre d'oignon
5 ml	(1 c. à t.) poudre d'ail
	sel et poivre

• Dans une marmite, faites mijoter tous les ingrédients environ 30 minutes. Servez.

Recette illustrée

VARIANTES

• Au bouillon de bœuf, substituez du bouillon de poulet ou de légumes.

• Au chou-fleur, substituez du brocoli ; au poivron vert du poivron rouge ; au navet du panais.

• Au jus de légumes, substituez 180 ml (3/4 tasse) de jus d'orange et 180 ml (3/4 tasse) de jus de canneberge.

• Garnissez de 60 ml (1/4 tasse) de graines de sésame rôties.

Vol-au-vent au tofu

3 PORTIONS	
45 ml	(3 c. à s.) beurre
45 ml	(3 c. à s.) farine
500 ml	(2 tasses) lait
15 ml	(1 c. à s.) beurre
1	oignon, émincé
6	champignons, hachés
125 ml	(1/2 tasse) petits pois, en conserve, égouttés
6	vol-au-vent
15 ml	(1 c. à s.) poudre d'oignon
1	pincée de poudre d'ail
5 ml	(1 c. à t.) sel
1	pincée de poivre
165 g	(6 oz) tofu, émietté

- Préchauffez le four à 175 °C (350 °F).
- Dans une casserole, faites fondre 45 ml (3 c. à s.) de beurre. Ajoutez la farine ; mélangez ; faites cuire 2 minutes, en remuant. Ajoutez le lait ; faites cuire sans cesser de remuer, jusqu'à consistance d'une béchamel épaisse.
- Dans un poêlon, faites fondre 15 ml (1 c. à s.) de beurre ; faites revenir l'oignon, les champignons et les petits pois.
- Entre-temps, réchauffez les vol-au-vent au four.
- Ajoutez les légumes à la béchamel ; assaisonnez de poudre d'oignon, de poudre d'ail, de sel et de poivre. Ajoutez le tofu.
- Retirez les vol-au-vent du four ; garnissez de la préparation au tofu. Servez.

Tofu aux amandes

8 PORTIONS	
60 ml	(1/4 tasse) sauce soya
30 ml	(2 c. à s.) beurre d'arachides
1 ml	(1/4 c. à t.) poudre d'ail
5 ml	(1 c. à t.) poudre d'oignon
2 ml	(1/2 c. à t.) gingembre
900 g	(2 lb) tofu, en dés
30 ml	(2 c. à s.) huile végétale
30 ml	(2 c. à s.) huile d'arachide
1	poivron vert, en dés
6 à 8	échalotes, en morceaux de 2,5 cm (1 po)
250 ml	(1 tasse) céleri, en morceaux de 2,5 cm (1 po)
142 ml	(5 oz) châtaignes d'eau, tranchées
30 ml	(2 c. à s.) fécule de maïs
500 ml	(2 tasses) eau froide
60 ml	(1/4 tasse) sauce soya
125 ml	(1/2 tasse) amandes, rôties

- Dans un bol, mélangez les 5 premiers ingrédients. Ajoutez le tofu ; faites mariner 2 heures ; remuez quelquefois.
- Dans un poêlon, faites chauffer l'huile végétale ; versez le tofu et la marinade ; faites revenir le tofu jusqu'à absorption complète du liquide.
- Dans un autre poêlon, faites chauffer l'huile d'arachide ; faites cuire les légumes et les châtaignes « al dente ».
- Entre-temps, délayez la fécule de maïs dans l'eau et la sauce soya. Versez sur les légumes ; mélangez ; poursuivez la cuisson, à basse température, jusqu'à épaississement. Ajoutez le tofu et les amandes. Servez sur un nid de riz, si désiré.

Tajine de légumes

4 PORTIONS	
15 ml	(1 c. à s.) huile
4	gros oignons, en rondelles
1	poivron vert, émincé
1	poivron rouge, émincé
3	courgettes moyennes, en rondelles
540 ml	(19 oz) tomates épicées, en conserve
3	œufs, battus
125 ml	(1/2 tasse) mozzarella, râpé
	thym, basilic, persil, sarriette, sel de céleri, au goût
250 ml	(1 tasse) mozzarella, râpé

■ Préchauffez le four à 175 °C (350 °F).

■ Dans un chaudron, faites chauffer l'huile ; faites revenir les oignons. Ajoutez les poivrons, les courgettes et les tomates ; laissez mijoter à feu doux.

■ Dans un bol, combinez les œufs battus, 125 ml (1/2 tasse) de fromage et les fines herbes. Versez dans le chaudron ; mélangez bien.

■ Dans un grand plat de pyrex graissé, déposez le mélange de légumes ; recouvrez de 250 ml (1 tasse) de fromage ; faites dorer au four 20 à 25 minutes. Servez, accompagné de riz, si désiré.

Tarte aux légumes et au fromage

6 À 8 PORTIONS	
30 ml	(2 c. à s.) huile végétale
1	gousse d'ail, hachée
250 ml	(1 tasse) courgette, hachée
250 ml	(1 tasse) céleri, haché
125 ml	(1/2 tasse) carotte, râpée
125 ml	(1/2 tasse) champignons, tranchés
125 ml	(1/2 tasse) poivron vert, haché
250 ml	(1 tasse) maïs en grains
398 ml	(14 oz) sauce aux tomates, en conserve
15 ml	(1 c. à s.) cassonade
5 ml	(1 c. à t.) origan
2 ml	(1/2 c. à t.) sel
2 ml	(1/2 c. à t.) basilic
1	pincée de poivre
1	pincée de quatre-épices
2	abaisses de pâte brisée (p. 334)
250 ml	(1 tasse) cheddar, râpé
1	œuf battu mélangé à 15 ml (1 c. à s.) d'eau

■ Préchauffez le four à 160 °C (325 °F).

■ Dans un grand chaudron, faites chauffer l'huile ; faites revenir l'ail et les légumes, sauf le maïs en grains, 3 à 5 minutes.

■ Ajoutez la sauce aux tomates, le maïs, la cassonade et les assaisonnements ; faites cuire 3 à 5 minutes.

■ Foncez un moule à tarte d'une abaisse ; étendez les légumes dans la pâte à tarte ; saupoudrez le fromage. Recouvrez de l'autre abaisse ; badigeonnez de l'œuf battu. Faites cuire au four 30 à 40 minutes. Servez.

Aubergine parmigiana

4 PORTIONS

1	aubergine, en tranches de 1,25 cm (¹/₂ po) d'épaisseur
2	œufs, battus
80 ml	(¹/₃ tasse) farine de blé entier
60 ml	(¹/₄ tasse) huile d'olive
	sel et poivre
1 ml	(¹/₄ c. à t.) origan, haché
1 ml	(¹/₄ c. à t.) basilic, haché
2 ml	(¹/₂ c. à t.) cerfeuil, haché
5 ml	(1 c. à t.) persil, haché
500 ml	(2 tasses) sauce aux tomates
8	tranches de mozzarella

■ Préchauffez le four à 175 °C (350 °F).

■ Passez les tranches d'aubergine dans les œufs battus, puis dans la farine.

■ Dans une grande poêle, faites chauffer l'huile ; faites revenir les tranches d'aubergine jusqu'à ce qu'elles soient dorées des deux côtés ; salez et poivrez.

■ Dans un plat de pyrex graissé, déposez les tranches d'aubergine ; saupoudrez les fines herbes ; versez la sauce aux tomates ; recouvrez de fromage. Faites cuire au four environ 15 minutes ou jusqu'à ce que le fromage soit fondu et commence à griller. Servez.

Casserole de pommes de terre et de chou

4 PORTIONS

6	grosses pommes de terre, pelées, bouillies
20 ml	(4 c. à t.) beurre ou margarine
160 ml	(²/₃ tasse) lait écrémé
625 ml	(2 ¹/₂ tasses) chou vert, émincé, blanchi
10 ml	(2 c. à t.) persil frais, haché
	sel et poivre
15 ml	(1 c. à s.) huile végétale
250 ml	(1 tasse) oignon, haché finement
250 ml	(1 tasse) cheddar fort, râpé

■ Préchauffez le four à 175 °C (350 °F).

■ Au mélangeur ou dans un bol, mélangez les pommes de terre, le beurre et le lait jusqu'à consistance homogène. Incorporez le chou, le persil, le sel et le poivre. Réservez.

■ Dans une poêle, faites chauffer l'huile ; faites suer l'oignon. Ajoutez au mélange de pommes de terre.

■ Dans une casserole de 2,5 L (10 tasses) graissée, déposez une couche de purée ; couvrez de la moitié du fromage ; versez le reste des pommes de terre ; terminez avec le fromage.

■ Faites cuire au four 30 à 40 minutes ou jusqu'à ce que le fromage soit doré. Servez.

Sauce à spaghetti complète, sans viande

ENVIRON 2 L (8 TASSES)		
125 ml	(½ tasse) huile végétale ou de sésame	
2	gros oignons, hachés	
500 ml	(2 tasses) céleri, haché	
500 ml	(2 tasses) champignons frais, hachés	
125 ml	(½ tasse) haricots soya, concassés	
250 ml	(1 tasse) graines de tournesol, hachées ou moulues	
250 ml	(1 tasse) arachides, hachées	
796 ml	(28 oz) tomates, en conserve	
540 ml	(19 oz) jus de tomate, en conserve	
284 ml	(10 oz) crème de tomates, en conserve	
341 ml	(12 oz) pâte de tomates, en conserve	
2	poireaux, émincés	
2	poivrons verts, hachés finement	
4 à 6	gousses d'ail, hachées	
15 ml	(1 c. à s.) miel	
2 ml	(½ c. à t.) piments broyés	
2 ml	(½ c. à t.) sauce Tabasco	
2	pincées de persil	
3	feuilles de laurier	
5 ml	(1 c. à t.) sel de mer	
2 ml	(½ c. à t.) poivre	
5 ml	(1 c. à t.) basilic	
5 ml	(1 c. à t.) thym	
5 ml	(1 c. à t.) origan	
2 ml	(½ c. à t.) cannelle	
2 ml	(½ c. à t.) clou de girofle moulu	

■ Dans une casserole à fond épais, faites chauffer l'huile ; faites revenir les oignons, le céleri et les champignons 4 minutes. Ajoutez les haricots soya, les graines de tournesol et les arachides ; poursuivez la cuisson 5 minutes.

■ Versez les tomates, le jus, la crème et la pâte de tomates. Ajoutez les poireaux et les poivrons ; amenez à ébullition ; laissez mijoter 10 minutes. Ajoutez l'ail, le miel, les piments broyés et la sauce Tabasco ; mélangez ; laissez mijoter 2 heures.

■ Environ 30 minutes avant la fin de la cuisson, ajoutez le reste des aromates ; si la sauce est trop épaisse, ajoutez du jus de tomate. Servez sur des pâtes fraîches, cuites « al dente ».

Tortellini aux légumes et aux pignons

4 PORTIONS	
60 ml	(¼ tasse) poivron rouge, en dés
60 ml	(¼ tasse) poivron vert, en dés
60 ml	(¼ tasse) navet, en dés
60 ml	(¼ tasse) carotte, en dés
450 g	(1 lb) tortellini farcis aux épinards
45 ml	(3 c. à s.) huile d'olive
2	gousses d'ail, hachées
60 ml	(¼ tasse) pignons
250 ml	(1 tasse) jus de légumes
	sel et poivre
	basilic, ciselé

■ Dans une casserole d'eau bouillante légèrement salée, faites blanchir les légumes environ 2 minutes ; retirez-les à l'aide d'une écumoire ; passez sous l'eau froide ; égouttez. Réservez.

■ Dans l'eau bouillante de la casserole, faites cuire les pâtes selon la méthode suggérée sur l'emballage ; égouttez. Réservez.

■ Dans un poêlon, faites chauffer l'huile ; faites sauter les légumes, l'ail et les pignons ; remuez constamment jusqu'à ce que les pignons commencent à dorer. Ajoutez le jus de légumes ; salez et poivrez ; amenez à ébullition. Ajoutez les tortellini ; faites chauffer, en remuant sans arrêt ; garnissez de basilic. Servez.

Fettucine aux courgettes

4 PORTIONS	
450 g	(1 lb) fettucine
3	courgettes moyennes
45 ml	(3 c. à s.) huile d'olive
2	gousses d'ail, hachées
2 ml	(½ c. à t.) estragon, haché
	sel et poivre
125 ml	(½ tasse) yogourt nature (facultatif)

■ Dans une casserole d'eau bouillante légèrement salée, faites cuire les pâtes selon la méthode suggérée sur l'emballage ; égouttez.

■ Coupez les courgettes en tranches minces sur la longueur ; coupez chaque tranche en lamelles, pour obtenir des languettes semblables aux fettucine.

■ Dans un grand poêlon, faites chauffer l'huile ; faite sauter les courgettes et l'ail, en remuant sans arrêt.

■ Dans une passoire, passez les fettucine sous l'eau chaude ; égouttez. Ajoutez aux courgettes dans le poêlon ; assaisonnez d'estragon, de sel et de poivre ; continuez la cuisson jusqu'à ce que les pâtes soient bien chaudes. Ajoutez le yogourt, si désiré ; faites chauffer 2 minutes. Servez.

Riz pilaf nouvelle vague

4 À 6 PORTIONS

60 ml	(¹/₄ tasse) huile d'arachide
180 ml	(³/₄ tasse) riz brun à grains longs
180 ml	(³/₄ tasse) riz blanc à grains longs
250 ml	(1 tasse) eau, chaude
500 ml	(2 tasses) jus de légumes, chaud
2	tomates, en dés
250 ml	(1 tasse) têtes de violon, nettoyées
2	gousses d'ail, hachées
284 ml	(10 oz) champignons tranchés, en conserve, égouttés
	sel et poivre

- Préchauffez le four à 175 °C (350 °F).
- Dans une casserole allant au four, faites chauffer l'huile. Ajoutez le riz brun et le riz blanc ; faites cuire environ 2 minutes, en remuant sans arrêt. Ajoutez l'eau et le jus de légumes ; mélangez. Ajoutez les tomates, les têtes de violon, l'ail et les champignons ; assaisonnez de sel et de poivre. Couvrez ; faites cuire au four environ 45 minutes.
- À la fin de la cuisson, si le mélange est trop épais, ajoutez du jus de légumes ; s'il est trop liquide, poursuivez la cuisson à découvert 5 à 10 minutes. Servez.

Recette illustrée

Riz bien garni

4 À 6 PORTIONS

Vinaigrette

80 ml	(¹/₃ tasse) huile végétale
80 ml	(¹/₃ tasse) jus de citron
15 ml	(1 c. à s.) moutarde sèche
5 ml	(1 c. à t.) paprika
2 ml	(¹/₂ c. à t.) poudre de cari
1 ml	(¹/₄ c. à t.) thym
	sel et poivre
1 L	(4 tasses) eau, légèrement salée
500 ml	(2 tasses) riz à grains longs
30 ml	(2 c. à s.) beurre
250 ml	(1 tasse) amandes
250 ml	(1 tasse) noix d'acajou
250 ml	(1 tasse) céleri, haché finement
5	échalotes vertes, hachées
2	avocats, en dés
1	gousse d'ail, hachée

- Dans un bol, mélangez les ingrédients de la vinaigrette.
- Dans une casserole, amenez l'eau à ébullition ; faites cuire le riz selon la méthode suggérée sur l'emballage. Ajoutez la vinaigrette ; faites mariner 12 heures au réfrigérateur.
- Dans une poêle, faites fondre le beurre ; faites revenir les amandes et les noix d'acajou environ 3 minutes. Ajoutez les légumes, l'avocat et l'ail. Incorporez au riz. Servez.

Haricots rouges au Chili

4 À 6 PORTIONS

2	branches de céleri, en dés
1	poivron vert, émincé
1	poivron rouge, émincé
2	carottes, émincées
45 ml	(3 c. à s.) beurre
2	pommes de terre, cuites, en dés
540 ml	(19 oz) tomates, en conserve, non égouttées
30 ml	(2 c. à s.) pâte de tomates
2	boîtes de haricots rouges de 540 ml (19 oz) chacune
10 ml	(2 c. à t.) persil, haché
5 ml	(1 c. à t.) basilic, haché
2 ml	(¹/₂ c. à t.) poudre de Chili
	sel et poivre

■ Dans une casserole d'eau bouillante légèrement salée, faites blanchir le céleri, les poivrons et les carottes 2 minutes ; égouttez.

■ Dans un grand poêlon, faites fondre le beurre ; faites sauter tous les légumes, sauf les tomates, environ 4 minutes. Ajoutez les tomates et la pâte de tomates ; amenez à ébullition. Ajoutez les haricots et les assaisonnements ; laissez mijoter 30 minutes.

■ Servez avec des petits pains à la farine de blé ou des croustilles mexicaines.

Pain de pois chiches

3 À 4 PORTIONS

15 ml	(1 c. à s.) beurre ou margarine
1	oignon, haché
2	gousses d'ail, hachées
4	branches de céleri, émincées
2	tomates, émincées
30 ml	(2 c. à s.) pâte de tomates
540 ml	(19 oz) pois chiches, en conserve, écrasés
1	œuf, battu
125 ml	(¹/₂ tasse) chapelure de blé entier
60 ml	(¹/₄ tasse) persil frais, haché finement
5 ml	(1 c. à t.) thym séché
5 ml	(1 c. à t.) sarriette séchée
	sel et poivre

■ Préchauffez le four à 190 °C (375 °F).

■ Dans un poêlon, faites fondre le beurre ou la margarine ; faites cuire l'oignon, l'ail et le céleri jusqu'à ce qu'ils soient tendres. Ajoutez les tomates et la pâte de tomates ; continuez la cuisson 5 minutes.

■ Dans un grand bol, versez le mélange chaud. Ajoutez les pois chiches, l'œuf, la chapelure et les fines herbes ; salez et poivrez ; mélangez. Versez dans un moule à pain graissé ; recouvrez de papier d'aluminium ; faites cuire au four environ 1 heure.

■ Laissez reposer quelques minutes avant de démouler. Servez, accompagné d'une sauce aux tomates, si désiré.

LES ACCOMPAGNEMENTS

Les diététistes recommandent de manger de trois à quatre portions de légumes crus ou cuits quotidiennement. La plupart des légumes sont d'excellentes sources de vitamine A, de vitamine C et de fibres alimentaires.

Si nous évitons d'ajouter du beurre, de l'huile ou d'autres corps gras, les plats de légumes comblent notre faim, tout en constituant un très faible apport de calories.

Nous trouvons, dans ce chapitre, de succulentes et belles façons d'apprêter les légumes.

LES ARTICHAUTS ET LES ASPERGES

De haut en bas :
cœurs d'artichauts tomatés,
fonds d'artichauts garnis,
cœurs d'artichauts au bleu

Cœurs d'artichauts tomatés

4 PORTIONS

12	cœurs d'artichauts
250 ml	(1 tasse) jus de tomate
10 ml	(2 c. à t.) basilic, haché
10 ml	(2 c. à t.) estragon, haché
1	gousse d'ail, hachée
	sel et poivre

■ Dans un bol, mélangez tous les ingrédients ; laissez reposer une nuit au réfrigérateur.

■ Le lendemain, retirez les cœurs d'artichauts de la marinade ; coupez chacun en 4 pointes.

■ Séparez en 4 portions égales. Servez les cœurs d'artichauts recouverts de marinade.

Fonds d'artichauts garnis

4 PORTIONS

15 ml	(1 c. à s.) beurre
250 ml	(1 tasse) champignons, hachés
45 ml	(3 c. à s.) poivron rouge, haché
1	gousse d'ail, hachée
30 ml	(2 c. à s.) oignon, haché
	sel et poivre
60 ml	(¼ tasse) vin blanc
12	fonds d'artichauts
45 ml	(3 c. à s.) parmesan, râpé

■ Préchauffez le four à GRIL (BROIL).

■ Dans une poêle, faites chauffer le beurre ; faites revenir les champignons, le poivron, l'ail et l'oignon environ 4 minutes ; salez et poivrez. Ajoutez le vin blanc ; laissez réduire presqu'à sec.

■ Farcissez les fonds d'artichauts de ce mélange ; saupoudrez de parmesan. Faites griller au four environ 4 minutes ou jusqu'à ce que le fromage commence à dorer. Servez.

Cœurs d'artichauts au bleu

4 PORTIONS

60 ml	(¼ tasse) yogourt nature
30 ml	(2 c. à s.) fromage bleu, émietté
5 ml	(1 c. à t.) jus de citron
1 ml	(¼ c. à t.) ail, haché
1	trait de sauce Worcestershire
	sel et poivre
12	cœurs d'artichauts

■ Dans un bol, mélangez tous les ingrédients, sauf les cœurs d'artichauts.

■ Faites égoutter les cœurs d'artichauts ; farcissez de yogourt au bleu. Servez.

L'artichaut et l'asperge sont considérés comme des produits de luxe, en raison de leur prix élevé. Légumes de printemps par excellence, ils abondent de la fin-avril au mois de juin et sont alors offerts à meilleur coût ; ...une gâterie qui vient à point à la fin d'un long hiver !

Asperges en fagots

4 PORTIONS

16	asperges fraîches
2	tranches de bacon
	sel et poivre

- Pelez les asperges.
- Dans une casserole d'eau bouillante légèrement salée, faites blanchir 2 minutes. Retirez de la casserole ; faites refroidir sous l'eau froide ; égouttez.
- Coupez chaque tranche de bacon en deux. Déposez 4 asperges sur chaque demi-tranche de bacon. Enroulez le bacon autour des asperges ; fixez à l'aide d'un cure-dent de bois.
- Faites cuire au four à micro-ondes 6 minutes, à ÉLEVÉ, en les retournant 3 fois pendant la cuisson ; laissez reposer 3 minutes. Servez.

Asperges aux pommes

4 PORTIONS

16		asperges fraîches
30 ml	(2 c. à s.)	beurre
125 ml	(1/2 tasse)	pommes, en dés
1		gousse d'ail, hachée
1		pincée de muscade
1		pincée de cannelle
		sel et poivre

- Pelez les asperges. Coupez et réservez les têtes.
- Dans une casserole d'eau bouillante légèrement salée, faites blanchir les tiges d'asperges 2 minutes. Retirez de la casserole ; faites refroidir sous l'eau froide ; égouttez ; coupez en dés.
- Dans une poêle, faites chauffer le beurre ; faites revenir les dés d'asperges, les pommes, l'ail et les assaisonnements environ 5 minutes.
- Entre-temps, faites blanchir les têtes d'asperges environ 4 minutes. Passez sous l'eau froide ; égouttez.
- Répartissez le mélange d'asperges et de pommes dans 4 assiettes ; garnissez chaque portion de 4 têtes d'asperges. Servez.

Asperges marinées

4 PORTIONS

24		asperges, en conserve, égouttées
125 ml	(1/2 tasse)	jus de pamplemousse
125 ml	(1/2 tasse)	vin blanc
10 ml	(2 c. à t.)	fenouil, haché
10 ml	(2 c. à t.)	estragon, haché
1		gousse d'ail, hachée
		sel et poivre

- Dans un bol, mélangez tous les ingrédients ; laissez reposer une nuit au réfrigérateur.
- Le lendemain, retirez les asperges de la marinade ; déposez sur un nid de laitue ou de chou ciselé, si désiré ; arrosez de marinade. Servez.

De haut en bas : asperges en fagots, asperges aux pommes, asperges marinées

LES AUBERGINES ET LES AVOCATS

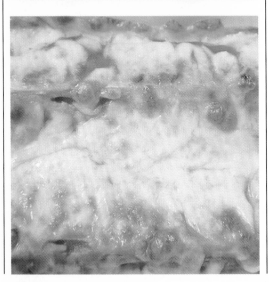

Aubergines frites

4 PORTIONS	
8	tranches rondes d'aubergine, de 1,25 cm (½ po) d'épaisseur
60 ml	(¼ tasse) farine de blé entier
2	œufs, battus
60 ml	(¼ tasse) chapelure
125 ml	(½ tasse) huile d'arachide
	sel et poivre

■ Découpez chaque tranche d'aubergine en 4 pointes. Enfarinez les pointes ; passez dans les œufs battus, puis dans la chapelure.

■ Dans un poêlon, faites chauffer l'huile ; faites cuire les pointes d'aubergine jusqu'à ce qu'elles soient bien dorées. Retirez du poêlon ; asséchez sur du papier absorbant ; salez et poivrez. Servez, accompagnées d'une mayonnaise piquante.

Aubergines à l'ail

4 PORTIONS	
45 ml	(3 c. à s.) huile d'olive
500 ml	(2 tasses) aubergines, en dés
60 ml	(¼ tasse) céleri, en dés
60 ml	(¼ tasse) poivron rouge, en dés
3	gousses d'ail, hachées
1 ml	(¼ c. à t.) basilic, haché
	sel et poivre

■ Dans une poêle, faites chauffer l'huile ; faites revenir les légumes environ 4 minutes, en remuant constamment.

■ Ajoutez l'ail et les assaisonnements ; poursuivez la cuisson environ 3 minutes. Servez.

Aubergines gratinées

4 PORTIONS	
2	petites aubergines
30 ml	(2 c. à s.) huile d'olive
60 ml	(¼ tasse) sauce aux tomates
	sel et poivre
250 ml	(1 tasse) fromage mozzarella, râpé

■ Préchauffez le four à GRIL (BROIL).

■ Coupez chaque aubergine en 2 dans le sens de la longueur. Si nécessaire, découpez une fine tranche sur le dos des demi-aubergines pour les empêcher de rouler.

■ Dans une casserole d'eau bouillante légèrement salée, faites blanchir les aubergines 6 minutes. Retirez de la casserole ; faites refroidir sous l'eau froide ; égouttez.

■ Déposez les moitiés d'aubergines sur une plaque allant au four ; enduisez-les d'huile. Répartissez la sauce aux tomates sur chacune ; salez et poivrez ; recouvrez de fromage râpé ; faites griller au four environ 4 minutes ou jusqu'à ce que le fromage commence à dorer. Servez.

De haut en bas : aubergines frites, aubergines à l'ail, aubergines gratinées

L'avocat et l'aubergine sont de plus en plus populaires et se retrouvent, inci-demment, plus souvent dans notre alimentation quotidienne. L'avocat est le fruit le plus nutritif que l'on puisse trouver sur le marché. Il est également, par contre, le plus riche en gras et en calories ! Un demi-avocat contient en effet 150 calories ; ce n'est donc pas un fruit à consommer en quantité !

Avocats au vin

4 PORTIONS

2	avocats
250 ml	(1 tasse) vin rouge
2 ml	(½ c. à t.) menthe, hachée
1	gousse d'ail, hachée
1	échalote sèche, hachée
	sel et poivre

▪ Pelez les avocats ; retirez le noyau ; coupez la chair en dés.

▪ Dans un bol, mélangez tous les ingrédients ; laissez reposer une nuit au réfrigérateur.

▪ Le lendemain, égouttez les avocats (réservez le vin pour utiliser ultérieurement dans une vinaigrette). Servez sur un nid de laitue ou de chou ciselé, si désiré.

Éventails d'avocats au cari

4 PORTIONS

2	avocats
30 ml	(2 c. à s.) jus de citron
125 ml	(½ tasse) mayonnaise
5 ml	(1 c. à t.) cari
1	trait de sauce Worcestershire
1 ml	(¼ c. à t.) ail, haché

▪ Pelez les avocats ; coupez chaque avocat en deux ; retirez le noyau. Arrosez bien toutes les faces de jus de citron.

▪ Découpez chaque demi-avocat en éventail ; déposez sur une assiette.

▪ Mélangez le reste des ingrédients ; nappez les éventails d'avocats de sauce au cari. Servez.

Avocats à la méditerranéenne

4 PORTIONS

2	avocats
180 ml	(¾ tasse) yogourt nature
1	gousse d'ail, hachée
2	traits de sauce Worcestershire
30 ml	(2 c. à s.) jus de citron
60 ml	(¼ tasse) feuilles d'épinard, ciselées
	sel et poivre
1	tomate, finement tranchée

▪ Pelez les avocats ; retirez le noyau ; coupez la chair en dés.

▪ Dans un bol, mélangez tous les ingrédients, sauf les tranches de tomate ; laissez reposer une nuit au réfrigérateur.

▪ Le lendemain, servez sur un nid de tranches de tomate.

De haut en bas :
avocats au vin,
éventails d'avocats au cari,
avocats à la méditerranéenne

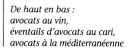

Les betteraves et le brocoli

Betteraves parfumées

4 PORTIONS

500 ml	(2 tasses) betteraves, cuites, en dés
125 ml	(½ tasse) bulbe de fenouil, en dés
45 ml	(3 c. à s.) beurre
3	gousses d'ail des bois dans le vinaigre, hachées
30 ml	(1 oz) pastis
	sel et poivre

- Faites égoutter les betteraves.

- Dans une casserole d'eau bouillante légèrement salée, faites blanchir le fenouil 3 minutes ; égouttez.

- Dans une poêle, faites fondre le beurre ; faites revenir les betteraves, le fenouil et l'ail des bois 4 minutes. Ajoutez le pastis ; salez et poivrez ; continuez la cuisson environ 3 minutes. Servez.

Betteraves aux tomates vertes

4 PORTIONS

3	tomates vertes
3	betteraves
30 ml	(2 c. à s.) vin rouge
30 ml	(2 c. à s.) vinaigre d'estragon
3	gousses d'ail, hachées
45 ml	(3 c. à s.) oignon, haché
60 ml	(¼ tasse) huile d'olive
5 ml	(1 c. à t.) sarriette, hachée
	sel et poivre

- Coupez chaque tomate en 8 quartiers ; coupez chaque quartier en 2 pointes.

- Tranchez les betteraves à 0,5 cm (¼ po) d'épaisseur ; coupez chaque tranche en 2 demi-lunes.

- Mélangez le reste des ingrédients. Ajoutez les légumes à la marinade ; laissez mariner 2 jours au réfrigérateur.

- Servez froides ou faites réchauffer au moment de servir.

Brochettes de brocoli

4 PORTIONS

250 ml	(1 tasse) brocoli, en petites fleurettes
375 ml	(1 ½ tasse) bouillon de poulet
30 ml	(2 c. à s.) sauce soya
45 ml	(3 c. à s.) beurre
1	gousse d'ail, hachée
2 ml	(½ c. à t.) cerfeuil, haché
10 ml	(2 c. à t.) jus de citron

- Enfilez les fleurettes de brocoli sur de longs cure-dents en bois ou sur de petites brochettes.

- Dans une casserole, amenez à ébullition le bouillon de poulet et la sauce soya ; à feu doux, faites cuire les brochettes dans le bouillon environ 4 minutes.

- Entre-temps, dans une petite poêle, faites chauffer le beurre. Incorporez l'ail et le cerfeuil ; faites mousser. Ajoutez le jus de citron ; retirez du feu.

- Servez les brochettes arrosées de beurre à l'ail.

Bouquets de brocoli relevés

4 PORTIONS

16	bouquets de brocoli, de grosseur moyenne
250 ml	(1 tasse) jus de légumes
1 ml	(¼ c. à t.) poudre de Chili
1 ml	(¼ c. à t.) piments séchés, broyés
15 ml	(1 c. à s.) jus de citron
1	gousse d'ail, hachée
10 ml	(2 c. à t.) fécule de maïs
30 ml	(2 c. à s.) eau froide
	sel et poivre

- Dans une casserole d'eau bouillante légèrement salée, faites blanchir les bouquets de brocoli environ 5 minutes. Retirez de la casserole ; égouttez. Réservez.

- Dans une petite casserole, amenez le jus de légumes à ébullition ; réduisez le feu ; laissez mijoter 2 minutes. Ajoutez la poudre de Chili, les piments broyés, le jus de citron et l'ail ; mélangez.

- Délayez la fécule de maïs dans l'eau froide ; incorporez au mélange ; salez et poivrez ; continuez la cuisson environ 3 minutes ou jusqu'à épaississement. Faites réchauffer les bouquets de brocoli dans cette sauce. Servez.

Dans le sens horaire, commençant en haut, à gauche : brochettes de brocoli, betteraves parfumées, bouquets de brocoli relevés

La betterave et le brocoli sont des légumes de couleur vive, augmentant l'attrait d'un plat. Pour conserver aux légumes leur couleur, tout comme leur valeur nutritive, il est recommandé de les faire cuire modérément et dans le moins d'eau possible. Mentionnons que le brocoli est une excellente source de vitamine C, de même qu'une bonne source de vitamine A et de fibres.

LES CAROTTES ET LE CÉLERI

De haut en bas :
carottes à la moutarde,
carottes glacées,
purée de carottes

Carottes à la moutarde

4 PORTIONS	
375 ml	(1 ½ tasse) carottes, en dés
60 ml	(¼ tasse) poivron rouge, en dés
15 ml	(1 c. à s.) huile d'arachide
10 ml	(2 c. à t.) moutarde à l'ancienne
45 ml	(3 c. à s.) bouillon de poulet
	sel et poivre

- Dans une casserole d'eau bouillante légèrement salée, faites blanchir les carottes et le poivron environ 3 minutes ; égouttez. Réservez.

- Dans une poêle, faites chauffer l'huile ; faites revenir les légumes environ 3 minutes, en remuant constamment. Ajoutez la moutarde ; mélangez bien.

- Ajoutez le bouillon de poulet ; salez et poivrez ; mélangez bien ; poursuivez la cuisson environ 2 minutes. Servez.

Carottes glacées

4 PORTIONS	
16	petites carottes nouvelles
15 ml	(1 c. à s.) beurre
15 ml	(1 c. à s.) miel
	sel et poivre
16	petits bouquets de persil

- Brossez les carottes ; coupez les queues.

- Dans une casserole d'eau bouillante légèrement salée, faites blanchir les carottes environ 4 minutes ; égouttez. Réservez.

- Dans une poêle, faites chauffer le beurre ; faites revenir les carottes environ 2 minutes. Ajoutez le miel ; salez et poivrez ; continuez la cuisson, en remuant sans arrêt, jusqu'à ce que les carottes soient bien enrobées de miel fondu.

- Répartissez les carottes dans 4 assiettes ; garnissez chacune d'un bouquet de persil à son extrémité pour imiter une petite queue. Servez.

Purée de carottes

8 PORTIONS	
8	grosses carottes, pelées
3	pommes de terre moyennes, pelées
30 ml	(2 c. à s.) beurre
15 ml	(1 c. à s.) lait
1	œuf, battu
1 ml	(¼ c. à t.) muscade moulue
2 ml	(½ c. à t.) cerfeuil, haché

- Préchauffez le four à 150 °C (300 °F).

- Coupez les légumes en gros morceaux.

- Dans une casserole d'eau bouillante légèrement salée, faites cuire les carottes et les pommes de terre environ 12 minutes. Retirez du feu ; égouttez dans une passoire de métal.

- Déposez la passoire sur une plaque allant au four ; faites assécher les légumes cuits 10 minutes.

- Dans un bol, réduisez les légumes en purée. Ajoutez le reste des ingrédients ; mélangez jusqu'à l'obtention d'une purée lisse. Servez.

La carotte est particulièrement riche en vitamine A. Cette vitamine aide à maintenir l'acuité de notre vision nocturne ; elle a un effet bénéfique sur la santé de la peau et des études récentes ont démontré qu'elle aurait également un rôle protecteur face à certaines formes de cancer.

Le céleri est rarement utilisé autrement que pour rehausser la valeur des autres plats, sauf en collation où on a souvent pris l'habitude de le croquer pour tromper notre faim. Pourtant, le céleri, par ses saveur et couleur, peut aisément tenir le rôle principal d'une préparation recherchée.

Céleri braisé aux tomates

4 PORTIONS

12	branches de céleri de 10 cm (4 po) de longueur, avec un peu de feuillage
15 ml	(1 c. à s.) beurre
1 ml	(¼ c. à t.) ail, haché
1 ml	(¼ c. à t.) graines de fenouil
250 ml	(1 tasse) jus de tomate
2 ml	(½ c. à t.) basilic, haché
	sel et poivre

▪ Dans une casserole d'eau bouillante légèrement salée, faites blanchir le céleri environ 1 minute ; égouttez.

▪ Dans une petite casserole, faites fondre le beurre ; faites revenir le céleri, l'ail et les graines de fenouil environ 1 minute. Ajoutez le reste des ingrédients ; amenez à ébullition ; réduisez le feu. Couvrez ; laissez mijoter environ 10 minutes. Servez.

Céleri à l'orientale

4 PORTIONS

30 ml	(2 c. à s.) huile d'arachide
250 ml	(1 tasse) céleri, en biseau
60 ml	(¼ tasse) pleurotes, émincés
8	épis de maïs miniatures, en dés
1	gousse d'ail, hachée
125 ml	(½ tasse) bouillon de poulet
15 ml	(1 c. à s.) fécule de maïs
30 ml	(2 c. à s.) eau froide
	sel et poivre

▪ Dans une grande poêle ou un wok, faites chauffer l'huile ; faites revenir le céleri environ 2 minutes. Ajoutez les pleurotes, le maïs et l'ail ; faites revenir environ 1 minute, en remuant sans arrêt.

▪ Ajoutez le bouillon de poulet ; continuez la cuisson 2 minutes, en brassant.

▪ Dans un petit bol, délayez la fécule de maïs dans l'eau froide. Incorporez au mélange dans la casserole ; salez et poivrez ; mélangez bien ; poursuivez la cuisson jusqu'à épaississement. Servez.

Céleri à l'huile vierge

ENVIRON 500 ML (2 TASSES)

500 ml	(2 tasses) céleri, en dés
125 ml	(½ tasse) huile d'olive vierge
60 ml	(¼ tasse) oignon, haché
10 ml	(2 c. à t.) piments séchés, broyés
2	gousses d'ail, hachées
1 ml	(¼ c. à t.) romarin, haché
1 ml	(¼ c. à t.) sel de mer

▪ Dans une casserole d'eau bouillante légèrement salée, faites blanchir les dés de céleri environ 3 minutes. Retirez du feu ; égouttez. Réservez.

▪ Dans une petite casserole, faites tiédir l'huile. Retirez du feu. Ajoutez le reste des ingrédients ; mélangez bien.

▪ Placez le céleri dans un bocal. Versez l'huile aromatisée ; mélangez. Conservez à la température de la pièce, en agitant de temps à autre.

Note : le céleri à l'huile peut se conserver jusqu'à 3 semaines.

De haut en bas :
céleri braisé aux tomates,
céleri à l'orientale,
céleri à l'huile vierge

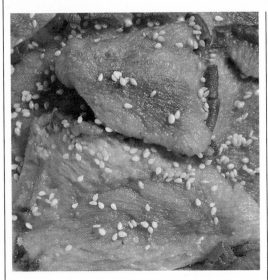

Pleurotes frits

4 PORTIONS

225 g	(8 oz) pleurotes
60 ml	(1/4 tasse) farine de blé entier
60 ml	(1/4 tasse) huile d'arachide
5 ml	(1 c. à t.) huile de sésame
15 ml	(1 c. à s.) graines de sésame
	sel et poivre

■ Passez les pleurotes dans la farine ; secouez bien pour enlever l'excédent de farine.

■ Faites chauffer les huiles dans une poêle ; faites sauter les pleurotes jusqu'à ce qu'ils soient bien dorés. Retirez de la poêle ; parsemez de graines de sésame ; salez et poivrez. Servez.

Champignons à la crème d'ail

4 PORTIONS

341 ml	(12 oz) champignons en quartiers, en conserve
10 ml	(2 c. à t.) beurre
1 ml	(1/4 c. à t.) ail, haché
60 ml	(1/4 tasse) crème à 35 %
1	pincée de muscade
	sel et poivre

■ Faites égoutter les champignons.

■ Dans une poêle, faites chauffer le beurre ; faites revenir l'ail 1 minute. Ajoutez les champignons ; mélangez bien ; poursuivez la cuisson 1 minute.

■ Ajoutez le reste des ingrédients ; mélangez ; continuez la cuisson jusqu'à épaississement de la crème. Servez.

Champignons à la grecque

4 PORTIONS

341 ml	(12 oz) champignons tranchés, en conserve
15 ml	(1 c. à s.) huile d'olive
60 ml	(1/4 tasse) oignon, émincé
30 ml	(2 c. à s.) carotte, râpée
1	gousse d'ail, hachée
125 ml	(1/2 tasse) vin blanc
125 ml	(1/2 tasse) jus de tomate
30 ml	(2 c. à s.) jus de citron
1	pincée de thym
1	pincée de fenouil
1	pincée d'aneth
1	pincée de ciboulette, hachée
1	feuille de laurier
	sel et poivre

■ Faites égoutter les champignons.

■ Dans une poêle, faites chauffer l'huile ; faites revenir l'oignon, la carotte et l'ail 2 minutes. Ajoutez les champignons ; mélangez ; poursuivez la cuisson 1 minute.

■ Ajoutez le reste des ingrédients ; mélangez ; continuez la cuisson jusqu'à ce que le liquide soit réduit au moins du tiers. Laissez les légumes refroidir dans le jus de cuisson. Servez.

De haut en bas :
pleurotes frits,
champignons à la crème d'ail,
champignons à la grecque

Les champignons sont fragiles ; ils doivent être manipulés avec soin. Évitons de les laver et brossons-les plutôt délicatement ; ils conserveront ainsi toute leur saveur. Les champignons sont une bonne source de potassium et de phosphore.

Chou vert à la moutarde

4 PORTIONS	
45 ml	(3 c. à s.) beurre
500 ml	(2 tasses) chou vert, émincé
1	gousse d'ail, hachée
60 ml	(¼ tasse) oignon, haché
5 ml	(1 c. à t.) moutarde sèche
250 ml	(1 tasse) bouillon de poulet
10 ml	(2 c. à t.) sauce soya
	sel et poivre

■ Dans une casserole, faites fondre le beurre ; faites suer le chou, l'ail et l'oignon environ 4 minutes, en remuant sans arrêt.

■ Ajoutez le reste des ingrédients ; mélangez bien. Couvrez ; poursuivez la cuisson jusqu'à ce que le chou soit tendre. Servez.

Chou rouge au porto

4 PORTIONS	
45 ml	(3 c. à s.) beurre
500 ml	(2 tasses) chou rouge, émincé
1	gousse d'ail, hachée
60 ml	(¼ tasse) oignon, haché
30 ml	(1 oz) porto
45 ml	(3 c. à s.) vinaigre de vin
10 ml	(2 c. à t.) miel
	sel et poivre

■ Dans une casserole à fond épais, faites fondre le beurre ; faites suer le chou, l'ail et l'oignon environ 6 minutes, en remuant constamment.

■ Ajoutez le reste des ingrédients ; mélangez bien. Couvrez ; poursuivez la cuisson, en remuant de temps à autre, jusqu'à ce que le chou soit tendre. Servez.

Chou chinois aux arachides

4 PORTIONS	
45 ml	(3 c. à s.) beurre
500 ml	(2 tasses) chou chinois, émincé
1	gousse d'ail, hachée
30 ml	(2 c. à s.) oignon, haché
60 ml	(¼ tasse) arachides
2 ml	(½ c. à t.) huile de sésame
	sel et poivre

■ Dans une casserole à fond épais, faites fondre le beurre ; faites revenir le chou, l'ail, l'oignon et les arachides environ 4 minutes, en remuant constamment.

■ Ajoutez l'huile de sésame ; salez et poivrez ; mélangez bien ; poursuivez la cuisson 3 minutes. Servez.

De haut en bas :
chou vert à la moutarde,
chou rouge au porto,
chou chinois aux arachides

LES CHOUX DE BRUXELLES ET LES CHOUX-FLEURS

De haut en bas :
choux de Bruxelles au safran,
choux de Bruxelles au prosciutto,
choux de Bruxelles aux échalotes

Choux de Bruxelles au safran

4 PORTIONS	
500 ml	(2 tasses) choux de Bruxelles
180 ml	(³/₄ tasse) bouillon de poulet
2 ml	(¹/₂ c. à t.) safran
1 ml	(¹/₄ c. à t.) cari
1	pincée de coriandre, hachée
	sel et poivre
15 ml	(1 c. à s.) fécule de maïs
30 ml	(2 c. à s.) eau froide

■ Dans une casserole d'eau bouillante légèrement salée, faites blanchir les choux de Bruxelles environ 4 minutes ; égouttez ; coupez les choux de Bruxelles en moitiés.

■ Dans une petite casserole, amenez le bouillon de poulet à ébullition ; assaisonnez ; mélangez. Ajoutez les choux de Bruxelles ; laissez mijoter 3 minutes.

■ Délayez la fécule de maïs dans l'eau froide ; incorporez au premier mélange ; poursuivez la cuisson jusqu'à épaississement. Servez.

Choux de Bruxelles au prosciutto

4 PORTIONS	
500 ml	(2 tasses) choux de Bruxelles
15 ml	(1 c. à s.) huile d'arachide
60 ml	(¹/₄ tasse) jambon prosciutto, émincé
1	gousse d'ail, hachée
	sel et poivre

■ Dans une casserole d'eau bouillante légèrement salée, faites blanchir les choux de Bruxelles environ 5 minutes ; égouttez ; coupez les choux de Bruxelles en moitiés.

■ Dans une poêle, faites chauffer l'huile ; faites revenir le prosciutto environ 3 minutes, en remuant constamment.

■ Ajoutez les choux de Bruxelles et l'ail ; salez et poivrez ; mélangez ; poursuivez la cuisson 3 minutes. Servez.

Choux de Bruxelles aux échalotes

4 PORTIONS	
500 ml	(2 tasses) choux de Bruxelles
60 ml	(¹/₄ tasse) échalotes, hachées
60 ml	(¹/₄ tasse) poireau, émincé
30 ml	(2 c. à s.) huile d'arachide
1	gousse d'ail, hachée
	sel et poivre

■ Coupez les choux de Bruxelles en moitiés.

■ Dans une casserole d'eau bouillante légèrement salée, faites blanchir les choux de Bruxelles et les oignons environ 4 minutes. Ajoutez le poireau ; poursuivez la cuisson 30 secondes ; égouttez.

■ Dans une poêle, faites chauffer l'huile ; faites revenir l'ail 1 minute, en remuant constamment. Ajoutez les légumes blanchis ; salez et poivrez ; mélangez ; poursuivez la cuisson 3 minutes. Servez.

Des recherches récentes ont démontré que le chou-fleur et tous les membres de sa famille (chou, brocoli, chou de Bruxelles) peuvent réduire l'incidence des cancers du côlon, de l'œsophage et de l'estomac. Il est donc recommandé de mettre les choux le plus souvent possible à notre menu !

Chou-fleur à la crème

4 PORTIONS		
30 ml	(2 c. à s.) beurre	
375 ml	(1 ½ tasse) chou-fleur, en petites fleurettes	
180 ml	(¾ tasse) crème à 35 %	
5 ml	(1 c. à t.) paprika	
1	pincée de muscade	
	sel et poivre	

▪ Dans une poêle, faites chauffer le beurre ; faites revenir les fleurettes de chou-fleur 3 minutes, en remuant constamment.

▪ Ajoutez le reste des ingrédients ; mélangez ; continuez la cuisson jusqu'à épaississement de la crème. Servez.

Chou-fleur à la florentine

4 PORTIONS		
375 ml	(1 ½ tasse) bouillon de poulet	
375 ml	(1 ½ tasse) chou-fleur, en bouquets	
1	gousse d'ail, hachée	
125 ml	(½ tasse) épinards, ciselés	
	sel et poivre	

▪ Dans une casserole, mélangez le bouillon de poulet, les bouquets de chou-fleur et l'ail. Amenez à ébullition ; réduisez le feu. Couvrez à moitié ; laissez mijoter environ 8 minutes.

▪ Ajoutez les épinards ; salez et poivrez ; mélangez ; poursuivez la cuisson environ 2 minutes. Servez.

Chou-fleur aux champignons

8 PORTIONS		
500 ml	(2 tasses) chou-fleur, en petites fleurettes	
180 ml	(¾ tasse) crème de champignons, en conserve	
180 ml	(¾ tasse) lait	
30 ml	(2 c. à s.) parmesan, râpé	
15 ml	(1 c. à s.) persil, haché	
	poivre du moulin	

▪ Dans une casserole d'eau bouillante légèrement salée, faites blanchir les fleurettes de chou-fleur environ 1 minute ; égouttez.

▪ Dans une casserole, combinez tous les autres ingrédients ; amenez à ébullition ; réduisez le feu ; laissez mijoter 5 minutes. Ajoutez les fleurettes de chou-fleur ; poursuivez la cuisson 4 minutes. Servez.

De haut en bas : chou-fleur à la crème, chou-fleur à la florentine, chou-fleur aux champignons

LES CONCOMBRES, LES COURGETTES, LES ENDIVES ET LES ÉPINARDS

Concombres farcis aux œufs

	4 PORTIONS
1	concombre anglais
2	œufs durs, hachés
45 ml	(3 c. à s.) mayonnaise
10 ml	(2 c. à t.) sauce Chili
15 ml	(1 c. à s.) persil, haché
	sel et poivre
5 ml	(1 c. à t.) grains de poivre rose

■ Coupez les extrémités du concombre ; pelez ou cannelez le concombre ; coupez en 2 tronçons égaux ; coupez ensuite chaque tronçon en deux, sur la longueur.

■ À l'aide d'une cuillère, épépinez les 4 morceaux de concombre.

■ Dans un bol, mélangez les autres ingrédients ; à l'aide d'une cuillère ou d'un sac à pâtisserie, remplissez les cavités des concombres de ce mélange. Servez.

Parisienne de courgettes aux tomates

	4 PORTIONS
4	courgettes
125 ml	(½ tasse) bouillon de poulet
125 ml	(½ tasse) jus de tomate
15 ml	(1 c. à s.) fécule de maïs
30 ml	(2 c. à s.) eau froide
	sel et poivre

■ À l'aide d'une cuillère parisienne, façonnez des petites boules de courgettes.

■ Dans une casserole, amenez à ébullition le bouillon de poulet et le jus de tomate. Ajoutez les courgettes ; faites cuire 4 minutes.

■ Délayez la fécule de maïs dans l'eau froide. Incorporez au premier mélange ; salez et poivrez au goût ; poursuivez la cuisson jusqu'à épaississement. Servez.

Courgettes à la crème de céleri

	8 PORTIONS
500 ml	(2 tasses) courgettes, tranchées
180 ml	(¾ tasse) crème de céleri, en conserve
180 ml	(¾ tasse) lait
15 ml	(1 c. à s.) persil, haché
5 ml	(1 c. à t.) graines de céleri
1	pincée de muscade
	poivre du moulin

■ Dans une casserole d'eau bouillante légèrement salée, faites blanchir les courgettes environ 1 minute ; égouttez.

■ Dans une casserole, combinez le reste des ingrédients ; amenez à ébullition ; réduisez le feu ; laissez mijoter 5 minutes. Ajoutez les courgettes ; poursuivez la cuisson 2 minutes. Servez.

De haut en bas :
concombres farcis aux œufs,
parisienne de courgettes aux tomates,
courgettes à la crème de céleri

Si le concombre fait ici « peau neuve », que la courgette et l'endive se prêtent aux préparations « sophistiquées », l'épinard est celui qui, du moins à la télévision, a connu ses heures de gloire ! Popularisé par le célèbre Popeye, l'épinard est une bonne source de fer et d'acide folique. Une recommandation : afin de favoriser l'absorption du fer contenu dans les épinards, consommons, au même repas, des agrumes, qui sont riches en vitamine C.

Endives au pastis

4 PORTIONS	
45 ml	(3 c. à s.) beurre
5	endives, émincées finement
60 ml	(¼ tasse) oignon, émincé
60 ml	(¼ tasse) pastis
1 ml	(¼ c. à t.) muscade moulue
	sel et poivre

■ Dans une poêle, faites fondre le beurre ; faites revenir les endives et les oignons environ 3 minutes.

■ Ajoutez le pastis et la muscade ; salez et poivrez ; mélangez ; poursuivez la cuisson jusqu'à évaporation du liquide. Servez.

Tombée d'épinards aux champignons

4 PORTIONS	
30 ml	(2 c. à s.) beurre
1	gousse d'ail, hachée
30 ml	(2 c. à s.) échalotes sèches, hachées
250 ml	(1 tasse) champignons, en quartiers
125 ml	(½ tasse) vermouth blanc
750 ml	(3 tasses) épinards, lavés, équeutés
	sel et poivre

■ Dans une grande poêle, faites fondre le beurre ; faites revenir l'ail et les échalotes environ 2 minutes. Ajoutez les champignons ; poursuivez la cuisson 2 minutes.

■ Versez le vermouth dans la poêle. Ajoutez les épinards ; salez et poivrez ; continuez la cuisson, en remuant sans arrêt, jusqu'à ce que les épinards soient tombés et que le liquide soit presque tout évaporé. Servez.

Épinards en sauce

4 PORTIONS	
180 ml	(¾ tasse) jus de légumes
1	gousse d'ail, hachée
500 ml	(2 tasses) épinards, ciselés
10 ml	(2 c. à t.) fécule de maïs
20 ml	(4 c. à t.) eau froide
1 ml	(¼ c. à t.) muscade moulue
	sel et poivre
1	œuf dur, haché

■ Dans une casserole, amenez le jus de légumes à ébullition ; ajoutez l'ail et les épinards ; mélangez ; poursuivez la cuisson à feu doux environ 2 minutes.

■ Délayez la fécule dans l'eau froide. Versez dans la casserole ; mélangez bien ; assaisonnez ; poursuivez la cuisson, en remuant sans arrêt, jusqu'à épaississement. Répartissez les épinards dans 4 assiettes ; parsemez d'œuf haché.

*De haut en bas :
endives au pastis,
tombée d'épinards aux champignons,
épinards en sauce*

LES HARICOTS, LE MAÏS, LES NAVETS ET LES PANAIS

Mesclun de haricots

4 PORTIONS

180 ml	(³/₄ tasse) haricots verts, coupés
180 ml	(³/₄ tasse) haricots jaunes, coupés
30 ml	(2 c. à s.) beurre
60 ml	(¹/₄ tasse) tomate, en dés
1	gousse d'ail, hachée
15 ml	(1 c. à s.) feuilles de basilic, émincées
15 ml	(1 c. à s.) feuilles d'épinard, émincées
15 ml	(1 c. à s.) feuilles de cresson, émincées
	sel et poivre

■ Dans une casserole d'eau bouillante légèrement salée, faites blanchir les haricots environ 1 minute ; égouttez.

■ Dans une poêle, faites fondre le beurre ; faites revenir les haricots environ 3 minutes. Ajoutez le reste des ingrédients ; poursuivez la cuisson environ 4 minutes, en remuant constamment. Servez.

Maïs Stroganoff

4 PORTIONS

30 ml	(2 c. à s.) beurre
375 ml	(1 ¹/₂ tasse) maïs en grains
60 ml	(¹/₄ tasse) oignon, émincé
1	gousse d'ail, hachée
45 ml	(3 c. à s.) bouillon de poulet
	sel et poivre
45 ml	(3 c. à s.) crème sure

■ Dans une poêle, faites fondre le beurre ; faites revenir le maïs, les oignons et l'ail environ 3 minutes, en remuant sans arrêt.

■ Ajoutez le bouillon de poulet ; salez et poivrez. Incorporez la crème sure ; poursuivez la cuisson 2 minutes. Servez.

Navets deux couleurs

4 PORTIONS

180 ml	(³/₄ tasse) navet, en dés
180 ml	(³/₄ tasse) rabiole, en dés
30 ml	(2 c. à s.) beurre
15 ml	(1 c. à s.) miel
15 ml	(1 c. à s.) graines de sésame, rôties
	sel et poivre

■ Dans une casserole d'eau bouillante légèrement salée, faites blanchir les navets et les rabioles environ 5 minutes ; égouttez.

■ Dans une poêle, faites fondre le beurre ; faites revenir les navets et les rabioles environ 3 minutes. Ajoutez le reste des ingrédients ; poursuivez la cuisson 3 minutes, en remuant constamment. Servez.

Panais rôti

4 PORTIONS

500 ml	(2 tasses) panais, tranché
250 ml	(1 tasse) huile d'arachide
1	gousse d'ail
10 ml	(2 c. à t.) graines de céleri
	sel et poivre

■ Dans une casserole d'eau bouillante légèrement salée, faites blanchir les tranches de panais environ 1 minute ; égouttez ; asséchez sur du papier absorbant.

■ Dans une casserole à fond épais, faites chauffer l'huile. Ajoutez l'ail. En deux temps, faites frire les tranches de panais jusqu'à ce qu'elles soient bien dorées ; retirez ; secouez-les pour enlever le surplus d'huile. Déposez dans un plat de service ; parsemez de graines de céleri ; salez et poivrez. Servez.

De haut en bas :
panais rôti,
mesclun de haricots,
navets deux couleurs

Verts ou jaunes, les haricots sont tout aussi populaires que le navet, constituant l'essentiel du bouilli de légumes de nos mères. Avec le temps, plusieurs recettes exotiques leur ont donné de nouveaux visages.

Le panais, quant à lui, étonne encore, se situant, par sa forme et son goût, entre la carotte et le navet.

Le maïs, généralement apprécié des convives, ajoute de la couleur et des vitamines au menu. Il est une bonne source de vitamine C, de potassium et de fibres ; sa teneur en calories se compare à la pomme de terre.

LES OIGNONS ET LES POIREAUX

Oignons frits aux graines de sésame

6 PORTIONS	
500 ml	(2 tasses) huile d'arachide
30 ml	(2 c. à s.) huile de sésame
4	oignons, tranchés
125 ml	(½ tasse) farine de blé entier
30 ml	(2 c. à s.) graines de sésame, moulues
2	œufs, battus

- Faites chauffer les huiles dans la friteuse à 205 °C (400 °F).
- Séparez les tranches d'oignons en bracelets. Mélangez la farine et les graines de sésame. Trempez chaque bracelet d'oignon dans les œufs battus, puis deux fois, successivement, dans le mélange de farine et de graines de sésame.
- Faites frire jusqu'à ce qu'ils soient bien dorés. Servez.

Oignons épicés

4 PORTIONS	
3	oignons
15 ml	(1 c. à s.) huile d'olive
1 ml	(¼ c. à t.) cari
1 ml	(¼ c. à t.) paprika
1 ml	(¼ c. à t.) poudre d'oignon
1 ml	(¼ c. à t.) sel d'ail
1 ml	(¼ c. à t.) persil, haché
1	trait de sauce Worcestershire

- Coupez chaque oignon en 8 morceaux.
- Mélangez tous les ingrédients dans un plat allant au four à micro-ondes ; faites cuire 5 minutes à ÉLEVÉ, en brassant à la mi-cuisson ; laissez reposer 2 minutes. Servez.

Oignons rouges confits

4 PORTIONS	
45 ml	(3 c. à s.) beurre
375 ml	(1 ½ tasse) oignons rouges, émincés
1	gousse d'ail, hachée
15 ml	(1 c. à s.) vinaigre de vin
30 ml	(2 c. à s.) miel
30 ml	(2 c. à s.) sucre

- Dans une casserole à fond épais, faites chauffer le beurre ; faites revenir les oignons et l'ail environ 5 minutes, en remuant sans arrêt.
- Ajoutez le vinaigre de vin, le miel et le sucre ; mélangez bien ; continuez la cuisson à feu doux pendant 15 minutes ; brassez de temps à autre. Lorsque les oignons sont bien confits, retirez du feu. Servez tièdes ou froids.

De haut en bas :
oignons frits aux graines de sésame,
oignons épicés,
oignons rouges confits

Légume passe-partout par excellence, l'oignon fait partie de presque tous les mets cuisinés ; il donne saveur et fumet aux viandes, salades, pâtes alimentaires et autres... Pour varier, essayons-le comme accompagnement avec du poisson grillé, notamment.

Le poireau qui, par son apparence, ressemble à une grosse échalote, a principalement été popularisé chez nous sous forme de potage. Son goût, tout aussi agréable que relevé, nous a fait lui céder une place plus importante sur notre table.

Poireaux à la crème de brie

4 PORTIONS

6	blancs de poireaux, en tronçons de 10 cm (4 po) de longueur
10 ml	(2 c. à t.) beurre
15 ml	(1 c. à s.) oignon, haché
180 ml	(3/4 tasse) crème à 35 %
30 g	(1 oz) fromage brie
1	pincée de muscade
	sel et poivre

- Dans une casserole d'eau bouillante légèrement salée, faites blanchir les poireaux environ 6 minutes ; égouttez. Réservez.

- Dans une poêle, faites chauffer le beurre ; faites revenir l'oignon haché 1 minute. Ajoutez la crème ; mélangez bien ; poursuivez la cuisson 2 minutes.

- Entre-temps, débarrassez le brie de sa croûte. Incorporez le fromage à la préparation à la crème ; assaisonnez ; continuez la cuisson, en remuant sans arrêt, jusqu'à ce que le brie soit complètement fondu ; faites réchauffer les poireaux dans cette sauce. Servez.

Tombée de poireaux aux raisins

4 PORTIONS

500 ml	(2 tasses) poireaux, émincés
30 ml	(2 c. à s.) beurre
60 ml	(1/4 tasse) raisins secs
250 ml	(1 tasse) vin blanc
10 ml	(2 c. à t.) ciboulette, hachée
	sel et poivre

- Dans une casserole d'eau bouillante légèrement salée, faites blanchir les poireaux environ 1 minute ; égouttez. Réservez.

- Dans une poêle, faites chauffer le beurre ; faites revenir les poireaux 2 minutes. Ajoutez le reste des ingrédients ; poursuivez la cuisson, en remuant constamment, jusqu'à ce que le liquide soit complètement évaporé. Servez.

Poireaux Alfredo

4 PORTIONS

500 ml	(2 tasses) poireaux, émincés
60 ml	(1/4 tasse) bacon, émincé
250 ml	(1 tasse) sauce béchamel
30 ml	(2 c. à s.) parmesan, râpé
	sel et poivre

- Dans une casserole d'eau bouillante légèrement salée, faites blanchir les poireaux environ 1 minute ; égouttez. Réservez.

- Dans une poêle, faites cuire le bacon ; dégraissez la poêle ; faites revenir les poireaux 1 minute avec le bacon. Ajoutez le reste des ingrédients ; poursuivez la cuisson, en remuant constamment, jusqu'à ce que la sauce béchamel soit chaude et que le mélange soit bien lié. Servez.

De haut en bas : poireaux à la crème de brie, tombée de poireaux aux raisins, poireaux Alfredo

LES POIS ET LES POIVRONS

Pois gourmands lyonnais

	4 PORTIONS
30 ml	(2 c. à s.) beurre
125 ml	(1/2 tasse) oignons, émincés
375 ml	(1 1/2 tasse) pois mange-tout, émincés
60 ml	(1/4 tasse) bouillon de poulet
60 ml	(1/4 tasse) bacon, cuit, émietté
1	pincée de romarin
1	pincée de thym
	sel et poivre

■ Dans une grande poêle, faites fondre le beurre ; faites revenir les oignons 1 minute. Ajoutez les pois mange-tout ; mélangez bien ; poursuivez la cuisson environ 3 minutes, en remuant constamment.

■ Ajoutez le reste des ingrédients ; mélangez ; continuez la cuisson 2 minutes. Servez.

Macédoine extravagante

	4 PORTIONS
60 ml	(1/4 tasse) carottes
60 ml	(1/4 tasse) navet
60 ml	(1/4 tasse) panais
60 ml	(1/4 tasse) courgettes
60 ml	(1/4 tasse) petits pois
60 ml	(1/4 tasse) maïs en grains
	sel et poivre

■ À l'aide d'une petite cuillère parisienne, façonnez des perles de carottes, de navet, de panais et de courgettes.

■ Dans une casserole d'eau bouillante légèrement salée, faites blanchir les légumes environ 3 minutes ; égouttez ; assaisonnez. Servez.

VARIANTE
• Faites blanchir les légumes 1 seule minute. Faites-les ensuite revenir 3 minutes dans 30 ml (2 c. à s.) de beurre. Assaisonnez ; servez.

Petits pois, sauce piquante

	4 PORTIONS
500 ml	(2 tasses) petits pois
180 ml	(3/4 tasse) bouillon de poulet
30 ml	(2 c. à s.) sauce Chili
2 ml	(1/2 c. à t.) piments séchés, broyés
2	gouttes de sauce Tabasco
1	pincée de sel
	paprika

■ Dans une petite casserole, mélangez tous les ingrédients, sauf le paprika. Amenez à ébullition ; réduisez le feu ; laissez mijoter 5 minutes. Servez les petits pois saupoudrés de paprika.

De haut en bas :
pois gourmands lyonnais,
macédoine extravagante,
petits pois, sauce piquante

Les petits pois ont prouvé, avec le temps, qu'ils pouvaient constituer l'essentiel de différentes préparations. Privilégions les pois frais ou congelés, plus colorés et surtout d'un meilleur apport nutritif.

Le poivron est une bonne source de vitamine C. On retrouve maintenant sur le marché des poivrons de couleurs variées. Le poivron apporte gaieté et exotisme dans notre assiette. Doux ou forts, crus ou cuits, les poivrons se prêtent à de nombreuses recettes.

Poivrons verts au citron

4 PORTIONS	
2	poivrons verts, émincés
30 ml	(2 c. à s.) beurre
45 ml	(3 c. à s.) jus de citron
15 ml	(1 c. à s.) zeste de citron, râpé
	sel et poivre

▪ Dans une casserole d'eau bouillante légèrement salée, faites blanchir les poivrons environ 2 minutes ; égouttez. Réservez.

▪ Dans une poêle, faites fondre le beurre ; faites revenir les poivrons 2 minutes. Ajoutez le jus et le zeste de citron ; salez et poivrez ; mélangez bien ; continuez la cuisson 2 minutes, en remuant sans arrêt. Servez.

Poivrons grillés

6 PORTIONS	
1	poivron vert
1	poivron rouge
1	poivron jaune
125 ml	(½ tasse) huile d'olive
45 ml	(3 c. à s.) sauce soya
1	gousse d'ail, hachée
	poivre du moulin

▪ Taillez les poivrons en grosses tranches (une par côté de poivron).

▪ Mélangez le reste des ingrédients ; faites mariner les poivrons 20 minutes dans ce mélange.

▪ Préchauffez le barbecue ou le four à GRIL (BROIL).

▪ Retirez les tranches de poivrons de la marinade ; égouttez-les pour enlever l'excédent de marinade, mais sans les assécher.

▪ Faites griller les tranches de poivrons sur un feu de charbon de bois, 3 minutes de chaque côté, ou au four, 4 minutes de chaque côté. Badigeonnez de marinade deux fois durant la cuisson. Servez.

Poivrons sautés

4 PORTIONS	
1	poivron vert, en dés
1	poivron rouge, en dés
30 ml	(2 c. à s.) beurre
1	gousse d'ail, hachée
15 ml	(1 c. à s.) échalote sèche, hachée
	sel et poivre

▪ Dans une casserole d'eau bouillante légèrement salée, faites blanchir les poivrons environ 1 minute ; égouttez. Réservez.

▪ Dans une poêle, faites fondre le beurre ; faites revenir l'ail et l'échalote 1 minute. Ajoutez les poivrons ; salez et poivrez ; mélangez ; continuez la cuisson 2 minutes. Servez.

De haut en bas :
poivrons verts au citron,
poivrons grillés,
poivrons sautés

LES POMMES DE TERRE

Pommes de terre sur nid de fèves germées

	4 PORTIONS
375 ml	(1 ½ tasse) bouillon de poulet
375 ml	(1 ½ tasse) pommes de terre, en dés
60 ml	(¼ tasse) oignons de semence
5 ml	(1 c. à t.) estragon, haché
	poivre du moulin
375 ml	(1 ½ tasse) fèves germées, blanchies, encore chaudes

■ Dans une casserole, amenez le bouillon de poulet à ébullition. Ajoutez les pommes de terre et les oignons ; faites cuire environ 6 minutes ou jusqu'à ce que les légumes soient tendres. À la dernière minute de cuisson, ajoutez l'estragon et le poivre.

■ Dressez un nid de fèves germées dans 4 assiettes ; répartissez les légumes cuits ; arrosez de bouillon de poulet chaud. Servez.

De haut en bas :
pommes de terre sur nid de fèves germées,
purée de pommes de terre au jambon,
pommes de terre sautées

Purée de pommes de terre au jambon

	ENVIRON 1 L (4 TASSES)
450 g	(1 lb) pommes de terre, pelées
125 ml	(½ tasse) jambon, cuit, haché
15 ml	(1 c. à s.) ciboulette, hachée
15 ml	(1 c. à s.) persil, haché
2 ml	(½ c. à t.) sel
30 ml	(2 c. à s.) beurre
30 ml	(2 c. à s.) lait
1	œuf, battu
1 ml	(¼ c. à t.) muscade moulue
	sel et poivre

■ Préchauffez le four à 150 °C (300 °F).

■ Coupez les pommes de terre en gros morceaux. Dans une casserole d'eau bouillante légèrement salée, faites-les cuire environ 12 minutes ; égouttez dans une passoire de métal. Déposez la passoire sur une plaque allant au four ; faites assécher les légumes cuits 10 minutes au four.

■ Dans un bol, écrasez les pommes de terre. Ajoutez le reste des ingrédients ; mélangez jusqu'à l'obtention d'une purée lisse. Servez.

Pommes de terre sautées

	4 PORTIONS
500 ml	(2 tasses) pommes de terre, en dés
30 ml	(2 c. à s.) huile d'arachide
15 ml	(1 c. à s.) beurre
125 ml	(½ tasse) bacon, cuit, émietté
1	gousse d'ail, hachée
1 ml	(¼ c. à t.) romarin, haché
5 ml	(1 c. à t.) persil, haché
	sel et poivre

■ Dans une casserole d'eau bouillante légèrement salée, faites blanchir les pommes de terre environ 3 minutes ; égouttez ; asséchez bien.

■ Dans une grande poêle, faites chauffer l'huile jusqu'à ce qu'elle fume ; faites sauter les pommes de terre, en les retournant souvent, jusqu'à ce que toutes leurs faces soient légèrement dorées. Ajoutez le reste des ingrédients ; mélangez bien ; poursuivez la cuisson, en remuant sans arrêt, jusqu'à ce que les pommes de terre soient bien dorées. Servez.

Économique, nutritive et polyvalente, la pomme de terre est un légume disponible sur le marché en tout temps de l'année. La pomme de terre est une excellente source de potassium. Elle sera aussi une bonne source de fibres si on prend soin de la consommer avec sa pelure.

Pommes de terre, sauce mornay

4 PORTIONS

500 ml	(2 tasses) pommes de terre, tranchées
180 ml	(³/₄ tasse) sauce béchamel
45 ml	(3 c. à s.) parmesan, râpé
1 ml	(¹/₄ c. à t.) sauge, hachée
	sel et poivre

▪ Dans une casserole d'eau bouillante légèrement salée, faites blanchir les tranches de pommes de terre environ 4 minutes ; égouttez.

▪ Entre-temps, dans une casserole, combinez le reste des ingrédients ; amenez à ébullition. Retirez du feu au premier bouillon.

▪ Ajoutez les pommes de terre à la sauce ; mélangez ; à feu très doux, laissez mijoter environ 5 minutes. Servez.

Pommes de terre frites au four

4 PORTIONS

30 ml	(2 c. à s.) huile d'arachide
5 ml	(1 c. à t.) huile de sésame
1 ml	(¹/₄ c. à t.) sel de mer
0,5 ml	(¹/₈ c. à t.) poivre du moulin
2 ml	(¹/₂ c. à t.) basilic, haché
2 ml	(¹/₂ c. à t.) cerfeuil, haché
2 ml	(¹/₂ c. à t.) paprika
750 ml	(3 tasses) pommes de terre, en bâtonnets

▪ Préchauffez le four à 220 °C (425 °F).

▪ Dans un grand bol, combinez tous les ingrédients, sauf les pommes de terre ; mélangez bien. Ajoutez les pommes de terre, en prenant soin de bien enduire toutes les faces du mélange.

▪ Déposez un rang simple de bâtonnets de pommes de terre sur une lèche-frite ; faites cuire au four environ 30 minutes ou jusqu'à ce que les frites soient bien dorées ; retournez-les 3 ou 4 fois durant la cuisson. Servez.

Pommes de terre au four

4 PORTIONS

4	pommes de terre de grosseur moyenne
125 ml	(¹/₂ tasse) yogourt nature
45 ml	(3 c. à s.) olives farcies, hachées
5 ml	(1 c. à t.) persil, haché
15 ml	(1 c. à s.) échalotes vertes, hachées
	sel et poivre

▪ À l'aide d'une fourchette, piquez les pommes de terre à 3 ou 4 reprises. Déposez au centre d'un plat allant au four à micro-ondes ; faites cuire les pommes de terre 14 à 16 minutes, à ÉLEVÉ.

▪ Entre-temps, mélangez le reste des ingrédients. Lorsque les pommes de terre sont cuites, entaillez chacune en forme de croix ; entrouvrez ; farcissez du yogourt aux olives. Servez.

De haut en bas :
pommes de terre, sauce mornay,
pommes de terre frites au four,
pommes de terre au four

LES TÊTES DE VIOLON ET LES TOMATES

Têtes de violon à l'ail des bois

	4 PORTIONS
500 ml	(2 tasses) têtes de violon
30 ml	(2 c. à s.) beurre
1	gousse d'ail, hachée
2	gousses d'ail des bois, hachées
	sel et poivre

■ Dans une casserole d'eau bouillante légèrement salée, faites blanchir les têtes de violon environ 1 minute ; égouttez. Réservez.

■ Dans une poêle, faites fondre le beurre ; faites revenir l'ail et l'ail des bois 1 minute. Ajoutez les têtes de violon ; salez et poivrez ; mélangez bien ; continuez la cuisson 2 minutes. Servez.

Têtes de violon en sauce

	4 PORTIONS
500 ml	(2 tasses) têtes de violon
180 ml	(3/4 tasse) bouillon de poulet
1 ml	(1/4 c. à t.) estragon, haché
1 ml	(1/4 c. à t.) coriandre, hachée
2 ml	(1/2 c. à t.) cerfeuil, haché
	poivre du moulin
10 ml	(2 c. à t.) fécule de maïs
30 ml	(2 c. à s.) eau froide

■ Dans une casserole d'eau bouillante légèrement salée, faites blanchir les têtes de violon environ 1 minute ; égouttez.

■ Entre-temps, dans une casserole, combinez le reste des ingrédients, sauf la fécule et l'eau ; amenez à ébullition. Ajoutez les têtes de violon ; mélangez ; à feu doux, laissez mijoter environ 3 minutes.

■ Délayez la fécule dans l'eau froide. Incorporez au bouillon ; mélangez délicatement ; continuez la cuisson jusqu'à épaississement. Servez.

Tomates garnies

	6 PORTIONS
6	grosses tomates
60 ml	(1/4 tasse) brocoli, en fleurettes, blanchi
60 ml	(1/4 tasse) chou-fleur, en fleurettes, blanchi
60 ml	(1/4 tasse) feuilles d'épinard, ciselées
60 ml	(1/4 tasse) mozzarella, râpé
1	gousse d'ail, hachée
30 ml	(2 c. à s.) huile d'olive
	sel et poivre

■ Préchauffez le four à 175 °C (350 °F).

■ Découpez la calotte des tomates ; à l'aide d'une cuillère, évidez-les, en réservant environ 60 ml (1/4 tasse) de pulpe.

■ Mélangez le reste des ingrédients et la pulpe réservée. Farcissez les tomates du mélange ; faites cuire au four environ 20 minutes. Servez.

Tomates en crêpes

	4 PORTIONS
2	grosses tomates
45 ml	(3 c. à s.) huile d'olive
45 ml	(3 c. à s.) feuilles de basilic, ciselées
30 ml	(2 c. à s.) olives noires, hachées
	sel et poivre
16	petites tranches de fromage bocconcini
4	petites crêpes *(p. 380)*

■ Coupez chaque tomate en 8 tranches.

■ Mélangez l'huile, le basilic et les olives ; salez et poivrez.

■ Déposez les tranches de tomates et de fromage sur une grande plaque ; arrosez uniformément du mélange d'huile ; laissez reposer 30 minutes.

■ Faites ensuite se chevaucher, au centre de chaque crêpe, 4 tranches de tomate et 4 tranches de fromage ; repliez les crêpes. Servez froides ou faites tiédir au four.

Dans le sens horaire, commençant en haut, à gauche : têtes de violon en sauce, tomates garnies, tomates en crêpes

Méconnues, à l'apparence très particulière, les têtes de violon enjolivent notre assiette. De plus en plus présent sur nos tables dans diverses préparations, ce légume à saveur délicate est riche en potassium et en fibres.

La couleur rouge unique de la tomate lui a permis d'occuper une place privilégiée dans la présentation de nos plats. Savoureuse, particulièrement en juillet et août, la tomate accompagne avec polyvalence nos plats maison et nos menus de fête.

LES LÉGUMINEUSES, LES CONDIMENTS, LES CÉRÉALES ET LES PÂTES

Haricots de Lima au basilic

	6 PORTIONS	
30 ml	(2 c. à s.)	beurre
30 ml	(2 c. à s.)	échalote verte, hachée
398 ml	(14 oz)	haricots de Lima, en conserve, égouttés
45 ml	(3 c. à s.)	persil, haché
5 ml	(1 c. à t.)	basilic, haché
		sel et poivre
1		tomate, en dés

■ Dans une poêle, faites fondre le beurre ; faites revenir l'échalote 1 minute. Ajoutez les haricots de Lima, le persil et le basilic ; assaisonnez ; poursuivez la cuisson environ 5 minutes, en remuant de temps à autre. Ajoutez les dés de tomate ; poursuivez la cuisson 1 minute. Servez.

Couscous à l'orange

	6 PORTIONS	
250 ml	(1 tasse)	couscous
125 ml	(1/2 tasse)	jus d'orange
180 ml	(3/4 tasse)	eau
2 ml	(1/2 c. à t.)	zeste d'orange
15 ml	(1 c. à s.)	amandes, émincées
5 ml	(1 c. à t.)	miel
1		pincée de cannelle
		sel et poivre

■ Dans un plat allant au four à micro-ondes, mélangez tous les ingrédients ; laissez reposer 8 minutes. Couvrez ; faites cuire 6 minutes, à ÉLEVÉ ; remuez à la mi-cuisson.

■ Laissez reposer 6 minutes ; mélangez à la fourchette. Servez.

Pesto

	ENVIRON 250 ML (1 TASSE)	
625 ml	(2 1/2 tasses)	feuilles de basilic
45 ml	(3 c. à s.)	huile d'olive vierge
45 ml	(3 c. à s.)	pignons
3		gousses d'ail, hachées
		sel, et poivre
		pignons, grillés

■ Lavez les feuilles de basilic ; essorez.

■ Dans une grande poêle, faites chauffer 15 ml (1 c. à s.) d'huile ; faites revenir les pignons et l'ail environ 30 secondes ou jusqu'à une légère coloration. Ajoutez le basilic ; poursuivez la cuisson, en remuant constamment, jusqu'à ce que les feuilles de basilic soient bien tombées. Retirez du feu.

■ Ajoutez le reste d'huile ; salez et poivrez ; à l'aide d'un mortier ou au mélangeur, réduisez en purée. Garnissez de pignons grillés. Servez.

De haut en bas :
haricots de Lima au basilic,
couscous à l'orange,
pesto

En vertu de leur apport en fibres, les légumineuses et céréales sont devenues les « nouvelles vedettes » de l'alimentation saine et naturelle. Elles apportent un supplément santé à nos menus de tous les jours.

Nous avons beaucoup à apprendre des cuisines étrangères... Les pesto, persillade et compagnie marient les ingrédients, connus ou méconnus, pour une touche d'exotisme qui plaira à tous les palais !

Les pâtes alimentaires ne font pas engraisser ! Cependant, si notre poids constitue une préoccupation, il est recommandé de réduire la quantité de matières grasses utilisées dans la sauce d'accompagnement.

Persillade

ENVIRON 250 ML (1 TASSE)

180 ml	(³/₄ tasse) persil frais, haché
45 ml	(3 c. à s.) oignon, haché
45 ml	(3 c. à s.) olives noires, hachées
2	gousses d'ail, hachées
30 ml	(2 c. à s.) huile d'olive
	sel et poivre

- Mélangez tous les ingrédients. Servez.

Yogourt aux radis

ENVIRON 250 ML (1 TASSE)

60 ml	(¹/₄ tasse) radis
180 ml	(³/₄ tasse) yogourt nature
15 ml	(1 c. à s.) feuilles de fenouil, hachées
2	traits de sauce Worcestershire
10 ml	(2 c. à t.) jus de citron
	sel et poivre

- Hachez grossièrement les radis.
- Mélangez tous les ingrédients. Servez.

Sauce à la turque

ENVIRON 250 ML (1 TASSE)

45 ml	(3 c. à s.) beurre
180 ml	(³/₄ tasse) aubergine, pelée, en dés
180 ml	(³/₄ tasse) pois chiches, en conserve, égouttés
2	gousses d'ail, hachées
60 ml	(¹/₄ tasse) oignon, haché
	sel et poivre

- Dans un grand poêlon, faites fondre le beurre ; faites revenir les dés d'aubergine et les pois chiches environ 5 minutes. Ajoutez l'ail et l'oignon ; salez et poivrez ; poursuivez la cuisson environ 5 minutes, en remuant constamment.
- Retirez du feu ; à l'aide d'un mélangeur, réduisez en purée. Servez.

De haut en bas :
persillade,
yogourt aux radis,
sauce à la turque

Riz frit aux œufs

8 PORTIONS	
500 ml	(2 tasses) riz à grains longs
500 ml	(2 tasses) bouillon de poulet
500 ml	(2 tasses) eau
30 ml	(2 c. à s.) sauce Worcestershire
15 ml	(1 c. à s.) margarine
10 ml	(2 c. à t.) sel
2	gousses d'ail, hachées
45 ml	(3 c. à s.) huile végétale
750 ml	(3 tasses) légumes frais (carottes, oignons, poivrons, céleri, courgettes), hachés
5	œufs, légèrement battus

■ Dans une grande casserole, combinez les 7 premiers ingrédients. Amenez à ébullition ; réduisez le feu. Couvrez ; laissez mijoter 20 minutes.

■ Dans un wok ou un grand poêlon, faites chauffer 15 ml (1 c. à s.) d'huile ; faites sauter les légumes jusqu'à ce qu'ils soient tendres mais encore croquants. Retirez-les. Réservez.

■ Ajoutez 15 ml (1 c. à s.) d'huile dans le wok ; faites cuire les œufs, en remuant continuellement. Retirez-les. Réservez avec les légumes.

■ Versez le reste d'huile dans le wok. Ajoutez le riz, les légumes et les œufs. Faites réchauffer, en mélangeant sans arrêt. Servez.

VARIANTES

• Au moment de combiner tous les ingrédients, ajoutez 250 ml (1 tasse) de jambon, cuit, en dés.

• Au moment de combiner tous les ingrédients, ajoutez 250 ml (1 tasse) de saumon, cuit, en dés, tel qu'illustré à droite.

• Au moment de combiner tous les ingrédients, ajoutez 60 ml (1/4 tasse) de sauce Chili, tel qu'illustré à gauche.

• Substituez 125 ml (1/2 tasse) de riz sauvage — préalablement trempé pendant 6 heures dans 250 ml (1 tasse) d'eau — à une égale quantité de riz à grains longs, tel qu'illustré au centre.

Pâtes au cresson et aux pommes

4 PORTIONS

225 g	(8 oz) pâtes, au choix
15 ml	(1 c. à s.) beurre
15 ml	(1 c. à s.) huile d'olive
125 ml	(½ tasse) cresson, haché
60 ml	(¼ tasse) pommes, en dés
	sel et poivre

▪ Faites cuire les pâtes selon le mode d'emploi ; égouttez.

▪ Dans une grande poêle, faites chauffer le beurre et l'huile ; faites revenir le cresson et les pommes. Ajoutez les pâtes ; assaisonnez ; mélangez ; continuez la cuisson jusqu'à ce que les pâtes soient bien chaudes. Servez.

Recette illustrée à gauche

Pâtes aux épinards

4 PORTIONS

225 g	(8 oz) pâtes aux épinards
15 ml	(1 c. à s.) beurre
15 ml	(1 c. à s.) huile d'olive
125 ml	(½ tasse) feuilles d'épinard, ciselées
1	gousse d'ail, hachée
	sel et poivre

▪ Faites cuire les pâtes selon le mode d'emploi ; égouttez.

▪ Dans une grande poêle, faites chauffer le beurre et l'huile ; faites revenir les épinards et l'ail. Ajoutez les pâtes ; assaisonnez ; mélangez ; continuez la cuisson jusqu'à ce que les pâtes soient bien chaudes. Servez.

Recette illustrée au centre

Pâtes aux tomates

4 PORTIONS

225 g	(8 oz) pâtes, au choix
15 ml	(1 c. à s.) beurre
15 ml	(1 c. à s.) huile d'olive
60 ml	(¼ tasse) tomates, en dés
30 ml	(2 c. à s.) sauce Chili
	sel et poivre

▪ Faites cuire les pâtes selon le mode d'emploi ; égouttez.

▪ Dans une grande poêle, faites chauffer le beurre et l'huile ; faites revenir les tomates. Ajoutez la sauce Chili et les pâtes ; assaisonnez ; mélangez ; continuez la cuisson jusqu'à ce que les pâtes soient bien chaudes. Servez.

Recette illustrée à droite

Pâtes aux trois graines

4 PORTIONS

225 g	(8 oz) pâtes, au choix
15 ml	(1 c. à s.) beurre
15 ml	(1 c. à s.) huile d'olive
15 ml	(1 c. à s.) graines de sésame
15 ml	(1 c. à s.) graines de fenouil
15 ml	(1 c. à s.) graines de pavot
	sel et poivre

▪ Faites cuire les pâtes selon le mode d'emploi ; égouttez.

▪ Dans une grande poêle, faites chauffer le beurre et l'huile ; faites revenir les graines. Ajoutez les pâtes ; assaisonnez ; mélangez ; continuez la cuisson jusqu'à ce que les pâtes soient bien chaudes. Servez.

LES SALADES

Les salades apportent variété et couleur à notre alimentation. Combinés au gré de notre fantaisie, les légumes, le riz, les pâtes alimentaires, les légumineuses, les noix et autres aliments permettent d'obtenir une salade aussi colorée que nourrissante.

Nous trouvons dans ce chapitre d'excellentes suggestions de salades d'accompagnement ou de salades-repas. En effet, les salades contenant une source de protéines, comme la viande, le fromage ou les légumineuses, peuvent être servies comme plat de résistance.

Salade cressonnette

4 PORTIONS

500	(2 tasses) cresson
125 ml	(¹/₂ tasse) courgette, émincée
60 ml	(¹/₄ tasse) cornichons marinés, émincés

Vinaigrette

80 ml	(¹/₃ tasse) yogourt nature
1	gousse d'ail, hachée
15 ml	(1 c. à s.) jus de citron
5 ml	(1 c. à t.) aneth, haché
	sel et poivre
4	feuilles de laitue frisée

■ Dans un saladier, disposez le cresson et les tranches de courgette et de cornichons.

■ Dans un bol, mélangez le yogourt, l'ail, le jus de citron et l'aneth ; salez et poivrez. Versez la vinaigrette sur la salade. Servez sur des feuilles de laitue.

Salade du jardin

4 PORTIONS

1	laitue Boston, déchiquetée
3	tomates, en dés
2	carottes, râpées
60 ml	(¹/₄ tasse) betteraves, cuites, tranchées

Vinaigrette

45 ml	(3 c. à s.) basilic frais, haché
30 ml	(2 c. à s.) feuilles de fenouil, hachées
60 ml	(¹/₄ tasse) huile d'olive vierge
45 ml	(3 c. à s.) vinaigre de cidre
	sel et poivre

■ Dans un saladier, mélangez les légumes.

■ Dans un petit bol, mélangez les ingrédients de la vinaigrette. Versez la vinaigrette sur les légumes. Servez.

Salade aux deux chicorées

6 PORTIONS	
1	laitue chicorée, déchiquetée
3	endives, émincées
2	pommes vertes, en dés

Vinaigrette

30 ml	(2 c. à s.) noix de Grenoble, hachées
60 ml	(¹/₄ tasse) huile d'olive
10 ml	(2 c. à t.) moutarde forte
30 ml	(2 c. à s.) vinaigre de vin
30 ml	(1 oz) porto
5 ml	(1 c. à t.) piments séchés, broyés
	sel et poivre

■ Dans un saladier, mélangez la chicorée et les endives ; recouvrez de pommes.

■ Dans un petit bocal à fermeture hermétique, combinez les ingrédients de la vinaigrette. Couvrez ; secouez énergiquement. Versez la vinaigrette sur les pommes ; mélangez. Servez.

Salade bien simple

6 PORTIONS	
500 ml	(2 tasses) épinards, équeutés
1	laitue Boston, déchiquetée
2	échalotes vertes, hachées
6	bouquets de chou-fleur, blanchis
4	radis, émincés
1	branche de céleri, émincée
6	bouquets de brocoli, blanchis

Vinaigrette

60 ml	(¹/₄ tasse) vinaigre
15 ml	(1 c. à s.) sucre blanc
80 ml	(¹/₃ tasse) ketchup rouge
125 ml	(¹/₂ tasse) huile végétale
	sel et poivre

■ Dans un bol, mélangez les légumes ; placez au réfrigérateur 1 heure.

■ Dans un contenant à fermeture hermétique, mélangez les ingrédients de la vinaigrette. Couvrez ; secouez énergiquement ; réfrigérez 1 heure. Versez la vinaigrette sur les légumes. Servez.

Salade verte garnie

4 PORTIONS

1	laitue Boston, déchiquetée
45 ml	(3 c. à s.) oignon, haché finement
1	branche de céleri, hachée
45 ml	(3 c. à s.) poivron vert, haché
1	échalote verte, hachée
250 ml	(1 tasse) luzerne
60 ml	(¼ tasse) cheddar, en dés
1	œuf dur, tranché

Sauce

45 ml	(3 c. à s.) mayonnaise
15 ml	(1 c. à s.) vinaigre
30 ml	(2 c. à s.) huile de tournesol
15 ml	(1 c. à s.) cassonade

▪ Disposez joliment les légumes, le fromage et les tranches d'œuf dans un saladier.

▪ Dans un bocal, mélangez les ingrédients de la sauce. Versez sur la salade au moment de servir.

Salade rafraîchissante

8 PORTIONS

1	petite laitue frisée, déchiquetée
280 g	(10 oz) épinards frais, équeutés
284 ml	(10 oz) petits pois, en conserve, égouttés
500 ml	(2 tasses) fromage, râpé
1	échalote verte, hachée
250 ml	(1 tasse) bacon, cuit, émietté
6	œufs durs, tranchés

Sauce

250 ml	(1 tasse) mayonnaise
250 ml	(1 tasse) crème sure ou yogourt nature
45 ml	(3 c. à s.) sauce soya
	sel et poivre

▪ Dans un plat rectangulaire, étalez, par couches successives, la laitue, les épinards, les petits pois, le fromage, l'échalote, le bacon et les œufs.

▪ Dans un bol, mélangez les ingrédients de la sauce. Versez sur la préparation. Couvrez de papier d'aluminium ; placez au réfrigérateur 12 heures. Servez.

Salade César

10 À 12 PORTIONS		
225 g	(8 oz) bacon, en dés	
4	tranches de pain, en dés	

Vinaigrette

90 ml	(6 c. à s.) huile végétale
30 ml	(2 c. à s.) vinaigre
15 ml	(1 c. à s.) huile d'olive

15 ml	(1 c. à s.) jus de citron
5 ml	(1 c. à t.) sel
5 ml	(1 c. à t.) estragon
1	pincée de sucre
1	pincée de poivre
1	pincée de moutarde sèche
1	goutte de Tabasco
1	trait de sauce Worcestershire

5 ml	(1 c. à t.) persil, haché
5 ml	(1 c. à t.) ail, haché
1	œuf
2	laitues romaines
180 ml	(³/₄ tasse) parmesan frais, râpé
125 ml	(¹/₂ tasse) persil, haché
6	filets d'anchois, hachés
3	œufs durs, en quartiers

■ Dans une poêle, faites cuire le bacon jusqu'à ce qu'il soit croustillant ; égouttez. Réservez. Dans la graisse de bacon, faites rôtir les dés de pain.

■ Dans un grand bol, mélangez les ingrédients de la vinaigrette à l'aide d'une cuillère de bois.

■ Au moment de servir, déchiquetez la laitue sur la vinaigrette.

■ Saupoudrez de parmesan. Ajoutez le bacon et les croûtons ; garnissez de persil, d'anchois et de quartiers d'œufs ; mélangez. Servez.

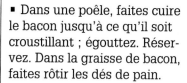

Salade surprise

8 À 10 PORTIONS

280 g	(10 oz) épinards, équeutés
2	laitues Boston, déchiquetées
4 à 5	échalotes sèches, hachées
2	oranges, pelées, en dés
1	avocat, pelé, dénoyauté, en dés

Vinaigrette

60 ml	(¼ tasse) jus de citron
10 ml	(2 c. à t.) jus d'orange
5 ml	(1 c. à t.) zeste d'orange, râpé
30 ml	(2 c. à s.) sucre
5 ml	(1 c. à t.) sel
5 ml	(1 c. à t.) moutarde sèche
5 ml	(1 c. à t.) paprika
2 ml	(½ c. à t.) graines de céleri
160 ml	(²⁄₃ tasse) huile végétale

- Dans un grand plat de service, disposez joliment les fruits et les légumes.
- Mélangez les ingrédients de la vinaigrette. Versez sur les fruits et les légumes. Servez.

Salade d'automne

6 PORTIONS

2	tomates, en dés
284 ml	(10 oz) cœurs de palmier, en conserve, égouttés, en rondelles
1	laitue frisée, déchiquetée
1	petite carotte, râpée
1	branche de céleri, émincée
1	pomme rouge, en dés

Vinaigrette

125 ml	(½ tasse) yogourt nature
5 ml	(1 c. à t.) moutarde forte
15 ml	(1 c. à s.) huile d'olive
5 ml	(1 c. à t.) miel
2 ml	(½ c. à t.) vinaigre de vin
45 ml	(3 c. à s.) jus de citron
1	pincée de sel

- Dans un saladier, disposez les légumes et les dés de pomme.
- Dans un petit bol, mélangez les ingrédients de la vinaigrette. Versez sur la salade ; mélangez. Servez.

Salade mixte

4 PORTIONS

500 ml	(2 tasses) fèves germées, rincées, égouttées
500 ml	(2 tasses) épinards, équeutés, ciselés
250 ml	(1 tasse) champignons frais, tranchés
125 ml	(½ tasse) échalotes vertes, hachées
3	branches de céleri, hachées
80 ml	(⅓ tasse) raisins secs
3	brins de persil, hachés
250 ml	(1 tasse) graines de tournesol non salées

Vinaigrette

45 ml	(3 c. à s.) sauce soya
45 ml	(3 c. à s.) huile végétale
1	gousse d'ail, hachée
5 ml	(1 c. à t.) jus de citron

- Dans un saladier, mélangez les légumes, les raisins et le persil. Ajoutez les graines de tournesol.
- Dans un petit bol, mélangez les ingrédients de la vinaigrette. Au moment de servir, versez sur la salade. Servez.

Salade florentine aux champignons

4 PORTIONS

750 ml	(3 tasses) épinards, équeutés
250 ml	(1 tasse) champignons, émincés

Vinaigrette

45 ml	(3 c. à s.) jus de citron
10 ml	(2 c. à t.) huile d'olive
2 ml	(½ c. à t.) basilic frais, haché
2 ml	(½ c. à t.) sucre blanc
½	gousse d'ail, hachée
1 ml	(¼ c. à t.) poivre
5 ml	(1 c. à t.) moutarde forte
0,5 ml	(⅛ c. à t.) sel

- Dans un saladier, mélangez les épinards et les champignons.
- Dans un petit bol, mélangez les ingrédients de la vinaigrette. Versez sur les légumes ; remuez la salade. Servez.

De haut en bas : salade d'automne, salade surprise, salade mixte

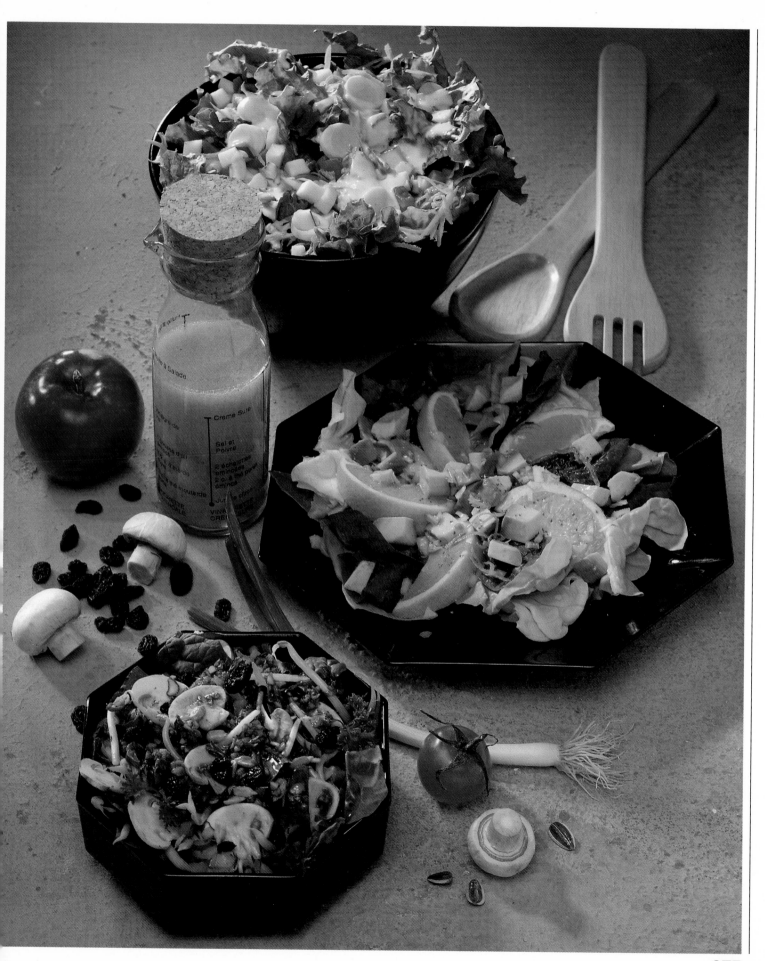

Salade de chou

10 PORTIONS

Vinaigrette

125 ml	(½ tasse) huile végétale
125 ml	(½ tasse) vinaigre
60 ml	(¼ tasse) sucre blanc
5 ml	(1 c. à t.) moutarde préparée
5 ml	(1 c. à t.) sel
5 ml	(1 c. à t.) graines de céleri
1	gros chou, haché finement
1	oignon, en bracelets
2	carottes, râpées
15 ml	(1 c. à s.) persil, haché finement

■ Dans une casserole de 1,25 L (5 tasses), amenez à ébullition les ingrédients de la vinaigrette ; laissez mijoter 1 minute ; laissez tiédir. Placez au réfrigérateur 2 heures avant de servir.

■ Dans un saladier, mélangez les légumes et le persil. Versez la vinaigrette sur la salade. Servez.

Recette illustrée

Brocoli en gelée

4 PORTIONS

90 g	(3 oz) poudre pour gelée au citron
300 ml	(1 ¼ tasse) eau, bouillante
45 ml	(3 c. à s.) vinaigre
10 ml	(2 c. à t.) sucre
45 ml	(3 c. à s.) vinaigrette à l'italienne, du commerce
375 ml	(1 ½ tasse) brocoli, en bouquets
60 ml	(¼ tasse) céleri, haché finement
30 ml	(2 c. à s.) oignon, haché finement
	sel, poivre et paprika
	feuilles de laitue
1	tomate, en quartiers

■ Dans un bol, faites dissoudre la poudre pour gelée dans l'eau bouillante ; laissez tiédir. Ajoutez le vinaigre, le sucre et la vinaigrette. Placez au réfrigérateur ; remuez de temps en temps ; laissez refroidir jusqu'à consistance d'un blanc d'œuf. Ajoutez le brocoli, le céleri, l'oignon, le sel, le poivre et le paprika.

■ Dans un moule en couronne huilé et passé à l'eau froide, versez la préparation ; placez au réfrigérateur environ 2 heures ou jusqu'à une prise ferme.

■ Démoulez sur un nid de laitue ; garnissez de quartiers de tomate. Servez comme salade ou comme condiment avec des viandes froides.

Salade exotique à l'aubergine

4 PORTIONS

Sauce

250 ml	(1 tasse) crème sure
2 ml	(¹/₂ c. à t.) moutarde forte
5 ml	(1 c. à t.) jus de citron
¹/₂	gousse d'ail, écrasée
1	pincée de poivre
1 ml	(¹/₄ c. à t.) sel
1	ananas frais
30 ml	(2 c. à s.) beurre
625 ml	(2 ¹/₂ tasses) aubergine, non pelée, en dés
625 ml	(2 ¹/₂ tasses) riz, cuit, refroidi
250 ml	(1 tasse) céleri, tranché
125 ml	(¹/₂ tasse) échalotes vertes, hachées

- Dans un bol, mélangez les ingrédients de la sauce. Réservez.

- Coupez l'ananas sur la longueur, en partant de la tête ; enlevez le cœur (la partie dure) ; retirez la chair. Réservez les coquilles intactes. Coupez la chair en dés.

- Dans un poêlon, faites fondre le beurre ; faites revenir l'aubergine jusqu'à une légère coloration.

- Dans un grand bol, mélangez les dés d'ananas et d'aubergine, le riz, le céleri et les échalotes ; incorporez la vinaigrette ; mélangez ; déposez dans les coquilles d'ananas.

- Découpez en portions à la table. Servez.

Salade de fruits

6 À 8 PORTIONS

Vinaigrette

125 ml	(¹/₂ tasse) vinaigre de framboise
60 ml	(¹/₄ tasse) huile végétale
60 ml	(¹/₄ tasse) miel liquide
15 ml	(1 c. à s.) jus de lime
500 ml	(2 tasses) épinards, équeutés
1	petite laitue romaine, déchiquetée
1	laitue Boston, déchiquetée
375 ml	(1 ¹/₂ tasse) ananas, en morceaux
¹/₂	cantaloup, en petites boules
3	pamplemousses, pelés, en quartiers
375 ml	(1 ¹/₂ tasse) raisins verts sans pépins
2	pommes, en dés
250 ml	(1 tasse) fraises ou framboises
180 ml	(³/₄ tasse) jambon ou prosciutto, en julienne

- Dans un petit bol, mélangez les ingrédients de la vinaigrette. Réservez.

- Dans un plat de verre, faites un nid d'épinards et de laitues. Disposez les fruits et le jambon.

- Au moment de servir, nappez de vinaigrette aux framboises. Servez.

Salade de maïs

4 À 6 PORTIONS

Vinaigrette

125 ml	(½ tasse) mayonnaise
30 ml	(2 c. à s.) lait
30 ml	(2 c. à s.) vinaigre
30 ml	(2 c. à s.) sucre
	sel et poivre
398 ml	(14 oz) maïs en grains, en conserve, égoutté
125 ml	(½ tasse) poivron vert, en dés
125 ml	(½ tasse) poivron rouge, en dés
125 ml	(½ tasse) céleri, émincé en biseau
1	carotte, râpée
3	échalotes vertes, hachées

■ Dans un bol, mélangez les ingrédients de la vinaigrette. Réservez.

■ Dans un saladier, mélangez les légumes. Arrosez de vinaigrette ; remuez. Servez.

Salade de légumes

8 À 10 PORTIONS

Vinaigrette

250 ml	(1 tasse) sucre blanc
250 ml	(1 tasse) vinaigre
180 ml	(¾ tasse) huile végétale
15 ml	(1 c. à s.) moutarde préparée
5 ml	(1 c. à t.) graines de céleri
5 ml	(1 c. à t.) sel
125 ml	(½ tasse) brocoli, en bouquets
125 ml	(½ tasse) chou-fleur, en bouquets
60 ml	(¼ tasse) poivron vert, en dés
1	carotte, tranchée
250 ml	(1 tasse) champignons, en quartiers
125 ml	(½ tasse) concombre, tranché
60 ml	(¼ tasse) oignon, haché
1	chou rouge, émincé

■ Dans une petite casserole, combinez les ingrédients de la vinaigrette ; amenez à ébullition ; laissez tiédir environ 30 minutes. Réservez.

■ Dans une casserole d'eau bouillante légèrement salée, faites blanchir 1 minute le brocoli, le chou-fleur, le poivron et la carotte ; égouttez ; laissez tiédir.

■ Dans un saladier, mélangez tous les légumes. Arrosez de vinaigrette. Servez.

Salade d'asperges

4 PORTIONS

Vinaigrette

125 ml	(½ tasse) huile de maïs
60 ml	(¼ tasse) jus de citron
45 ml	(3 c. à s.) vinaigre de vin
5 ml	(1 c. à t.) moutarde forte
5 ml	(1 c. à t.) échalote sèche, hachée finement
	sel et poivre
450 g	(1 lb) asperges vertes, épluchées, coupées à environ 2,5 cm (1 po) de la base

■ Dans un bol, mélangez les ingrédients de la vinaigrette. Réservez.

■ Dans un casserole, versez 5 cm (2 po) d'eau froide ; salez légèrement ; amenez à ébullition. Ajoutez les asperges. Couvrez à moitié ; laissez cuire 10 minutes à feu moyen ; égouttez.

■ Dans un plat de service, déposez les asperges. Arrosez de vinaigrette. Servez.

Salade de pommes de terre

4 À 6 PORTIONS

750 ml	(3 tasses) pommes de terre, non pelées, cuites, en dés
250 ml	(1 tasse) céleri, en dés
45 ml	(3 c. à s.) oignon rouge, haché
60 ml	(¼ tasse) persil, haché finement
60 ml	(¼ tasse) cornichons sucrés, hachés
180 ml	(¾ tasse) mayonnaise
10 ml	(2 c. à t.) sel
1 ml	(¼ c. à t.) paprika

■ Dans un bol, mélangez tous les ingrédients. Servez.

Dans le sens horaire, commençant en haut, à gauche : salade de légumes, salade de maïs, salade de pommes de terre

Salade de riz aux cinq légumes

4 PORTIONS	
250 ml	(1 tasse) riz, cuit
180 ml	(³/₄ tasse) carottes, hachées
60 ml	(¹/₄ tasse) céleri, haché finement
60 ml	(¹/₄ tasse) champignons, hachés finement
60 ml	(¹/₄ tasse) poivron vert, haché finement
60 ml	(¹/₄ tasse) poivron rouge, haché finement
2 ml	(¹/₂ c. à t.) sel de céleri
2 ml	(¹/₂ c. à t.) poudre de cari
2 ml	(¹/₂ c. à t.) sel d'ail
	poivre du moulin

Vinaigrette

30 ml	(2 c. à s.) mayonnaise
5 ml	(1 c. à t.) eau
10 ml	(2 c. à t.) moutarde préparée

- Dans un grand bol, mélangez le riz, les légumes et les assaisonnements.
- Dans un petit bol, mélangez les ingrédients de la vinaigrette. Versez sur le riz et les légumes. Servez.

Salade croquante

4 À 6 PORTIONS	
500 ml	(2 tasses) riz, cuit
500 ml	(2 tasses) épinards, ciselés
250 ml	(1 tasse) fèves germées
3	branches de céleri, émincées en biseau
250 ml	(1 tasse) champignons, en quartiers
1	poivron vert, en lanières
125 ml	(¹/₂ tasse) échalotes vertes, hachées
250 ml	(1 tasse) arachides
80 ml	(¹/₃ tasse) raisins secs
3	brins de persil, hachés

Vinaigrette

125 ml	(¹/₂ tasse) huile d'arachide
60 ml	(¹/₄ tasse) sauce soya
1	gousse d'ail, écrasée
1 ml	(¹/₄ c. à t.) poivre de céleri

- Dans un grand bol, mélangez tous les ingrédients, sauf ceux de la vinaigrette.
- Dans un petit bol, mélangez les ingrédients de la vinaigrette.
- Environ 30 minutes avant de servir, versez la vinaigrette sur la salade. Servez.

Salade de riz brun

	6 À 8 PORTIONS
750 ml	(3 tasses) riz brun, cuit, égoutté
125 ml	(¹/₂ tasse) échalotes vertes, hachées
250 ml	(1 tasse) courgettes, en rondelles, blanchies
284 ml	(10 oz) petits pois, en conserve, égouttés

Vinaigrette

125 ml	(¹/₂ tasse) huile végétale
30 ml	(2 c. à s.) sauce soya
15 ml	(1 c. à s.) vinaigre
10 ml	(2 c. à t.) poudre de cari
5 ml	(1 c. à t.) graines de céleri
5 ml	(1 c. à t.) sel

■ Dans un bol, mélangez le riz et les légumes.

■ Dans un petit bol, mélangez les ingrédients de la vinaigrette. Versez sur le riz et les légumes. Placez au réfrigérateur 4 heures. Servez froide.

Salade de riz au fromage cottage

	6 À 8 PORTIONS
750 ml	(3 tasses) riz, cuit
2	carottes, râpées
60 ml	(¹/₄ tasse) céleri, haché finement
60 ml	(¹/₄ tasse) poivron rouge, en dés
60 ml	(¹/₄ tasse) persil, haché

Vinaigrette

250 ml	(1 tasse) fromage cottage
250 ml	(1 tasse) crème sure
	sel et poivre

■ Dans un saladier, mélangez le riz, les légumes et le persil.

■ Dans un petit bol, mélangez les ingrédients de la vinaigrette. Versez sur la salade ; mélangez. Servez.

Recette illustrée

Salade de pois chiches

2 PORTIONS

125 ml	(¹/₂ tasse) pois chiches, en conserve, égouttés
125 ml	(¹/₂ tasse) céleri, haché
125 ml	(¹/₂ tasse) tomates, hachées
125 ml	(¹/₂ tasse) concombre, pelé, épépiné, haché
30 ml	(2 c. à s.) vinaigre de vin
15 ml	(1 c. à s.) persil frais, haché
15 ml	(1 c. à s.) jus de citron frais
10 ml	(2 c. à t.) huile végétale
1	gousse d'ail, hachée ou
0,5 ml	(¹/₈ c. à t.) poudre d'ail
2 ml	(¹/₂ c. à t.) moutarde forte
	sel et poivre

- Dans un saladier, mélangez tous les ingrédients.

- Couvrez ; placez au réfrigérateur ; remuez de temps à autre jusqu'à ce que la salade soit refroidie. Servez.

Salade de haricots rouges

4 À 6 PORTIONS

Vinaigrette

15 ml	(1 c. à s.) vinaigre de riz
15 ml	(1 c. à s.) jus de limette frais
5 ml	(1 c. à t.) miel
5 ml	(1 c. à t.) huile végétale
	sel et poivre
250 ml	(1 tasse) haricots rouges, en conserve, égouttés
1	orange, pelée, en quartiers
60 ml	(¹/₄ tasse) oignon rouge, tranché, en bracelets
60 ml	(¹/₄ tasse) céleri, tranché
60 ml	(¹/₄ tasse) poivron vert, en dés
60 ml	(¹/₄ tasse) poivron rouge, en dés
8	feuilles de laitue

- Dans un petit bol, mélangez les ingrédients de la vinaigrette.

- Dans un bol moyen, mélangez les haricots, l'orange, l'oignon, le céleri et les poivrons.

- Tapissez un plat de service de feuilles de laitue ; déposez la salade de haricots ; arrosez de vinaigrette. Servez.

Salade composée

8 À 10 PORTIONS

375 ml	(1 ½ tasse) coquilles moyennes, cuites, refroidies
250 ml	(1 tasse) concombre, coupé en deux sur la longueur, tranché
250 ml	(1 tasse) jambon, cuit, en lanières
125 ml	(½ tasse) céleri, tranché
60 ml	(¼ tasse) échalotes vertes, hachées
125 ml	(½ tasse) vinaigrette italienne crémeuse, du commerce
1	laitue, déchiquetée
3	endives, émincées
1	tomate, en quartiers
2	tranches de mozzarella, en lanières
	parmesan, râpé

▪ Dans un bol, mélangez les pâtes, le concombre, le jambon, le céleri et les échalotes ; mélangez avec un peu de vinaigrette ; placez au réfrigérateur.

▪ Au moment de servir, déposez la laitue et les endives dans un saladier. Ajoutez le mélange de pâtes ; remuez délicatement ; garnissez de quartiers de tomate et de lanières de fromage ; saupoudrez de parmesan. Servez avec la vinaigrette.

Salade au saumon

4 À 6 PORTIONS

250 ml	(1 tasse) fusilli ou grosses spirales
375 ml	(1 ½ tasse) petits pois congelés, rincés, égouttés
250 ml	(1 tasse) fromage suisse, en dés
213 g	(7 ½ oz) saumon rouge, en conserve, égoutté, en morceaux
125 ml	(½ tasse) carotte, râpée
125 ml	(½ tasse) vinaigrette crémeuse au concombre, du commerce

▪ Faites cuire les pâtes selon le mode d'emploi ; égouttez ; rincez à l'eau froide.

▪ Dans un grand bol, mélangez délicatement tous les ingrédients. Servez.

LES FROMAGES

L e Guide alimentaire canadien recommande aux adultes de consommer quotidiennement de deux à quatre portions de produits laitiers.

Le fromage représente une excellente source de protéines et de calcium. Certains contiennent un taux plus élevé de matières grasses ; ils doivent être consommés avec beaucoup de modération. Puisque la teneur en matières grasses des fromages est presque toujours indiquée sur l'emballage, il est simple d'en tenir compte.

Même si le cheddar demeure le favori des Québécois, on remarque, ces dernières années, un nouvel engouement pour les autres types de fromage.

Les plateaux et les recettes de fromages qui nous sont suggérés dans le présent chapitre nous invitent à découvrir de nouveaux fromages...

LES PLATEAUX DE FROMAGES

On classe les fromages en sept grands groupes, selon leur texture et leur degré de fermentation : les pâtes fraîches (cottage, ricotta...), les pâtes molles (brie, camembert, livarot, munster...), les pâtes demi-fermes (oka, saint-paulin...), les pâtes fermes (cheddar, emmenthal, gouda, gruyère, jarlsberg...), les pâtes dures (parmesan, romano...), les pâtes persillées (bleu danois, cambozola, gorgonzola, roquefort...) et les fromages de chèvre.

La dégustation des fromages est la meilleure façon de les découvrir.

Lorsque vous composez un plateau de fromages, comptez de 60 à 90 g (2 à 3 oz) de fromage par convive. Faites le total et divisez par le nombre de variétés de fromages que vous voulez servir. Vous obtiendrez ainsi le poids de chaque variété de fromage dont vous avez besoin.

Les plateaux de fromages suggérés ici sont composés selon les règles de l'art, alliant des fromages de diverses textures et de consistances différentes...

Un plateau de fromages accompagné de pain, de craquelins et de fruits frais est une expérience toujours intéressante à proposer aux invités et convives !

PLATEAU DE 3 FROMAGES VARIÉS
- Brie
- Roquefort
- Oka

PLATEAU DE 4 FROMAGES VARIÉS
- Camembert
- Bleu danois
- Chèvre
- Saint-paulin

PLATEAU DE 5 FROMAGES VARIÉS
- Cheddar âgé
- Cambozola
- Chèvre
- Munster
- Saint-andré

PLATEAU DE 5 FROMAGES VARIÉS
- Livarot
- Emmenthal
- Gouda
- Rondelé au poivre
- Gorgonzola

PLATEAU DE 6 FROMAGES VARIÉS
- Brie
- Chèvre
- Bleu danois
- Oka
- Gruyère
- Saint-paulin

PLATEAU DE FROMAGES CORSÉS
- Roquefort
- Maroilles
- Crottin de chèvre
- Cambozola

PLATEAU DE FROMAGES DOUX
- Cheddar jeune
- Double crème aux fines herbes
- Saint-paulin
- Jarlsberg

Fromage de chèvre à l'huile aromatisée

4 PORTIONS

250 ml	(1 tasse) huile d'olive vierge
1	petite branche de romarin frais
1	gousse d'ail, hachée
1	brin de thym frais
3	branches d'estragon frais
1 ml	($1/4$ c. à t.) piments séchés, broyés
0,5 ml	($1/8$ c. à t.) poivre du moulin
4	tranches de fromage de chèvre de 60 g (2 oz) chacune

- Dans un bocal, mélangez tous les ingrédients, sauf le fromage de chèvre.
- Déposez les tranches de fromage dans l'huile aromatisée, en vous assurant qu'elles en soient bien enduites sur toutes leurs faces. Au besoin, ajoutez un peu d'huile.
- Laissez mariner le fromage 4 à 10 jours avant de servir.

Douceur au brie

4 PORTIONS

4	pointes de fromage brie de 60 g (2 oz) chacune
60 ml	($1/4$ tasse) miel de trèfle
60 ml	($1/4$ tasse) noix de Grenoble, en morceaux

- Préchauffez le four à GRIL (BROIL).
- Dans 4 petits plats à gratin individuels, répartissez les pointes de fromage brie ; recouvrez chacune de 15 ml (1 c. à s.) de miel de trèfle ; parsemez de morceaux de noix de Grenoble.
- Faites griller au four environ 4 minutes ou jusqu'à ce que le fromage soit à moitié fondu. Servez.

Fromages marinés

4 PORTIONS

115 g	(4 oz) emmenthal, en dés
115 g	(4 oz) mozzarella, en dés
250 ml	(1 tasse) vin rosé
60 ml	(2 oz) porto
30 ml	(1 oz) liqueur de cassis

- Dans un bocal, combinez tous les ingrédients ; laissez mariner 4 à 7 jours.
- Égouttez les dés de fromage. Servez.

Fromage bleu pilé au porto

4 PORTIONS

4	pointes de fromage bleu de 60 g (2 oz) chacune
125 ml	($1/2$ tasse) épinards, ciselés
	poivre du moulin
4	verres de porto de 30 ml (1 oz) chacun

- Dans 4 assiettes à entrée, déposez 1 pointe de fromage bleu. Décorez un côté de l'assiette avec les épinards ciselés ; poivrez au goût de chacun.
- Servez un verre de porto à chaque convive, qui doit alors verser un peu de porto sur sa pointe de fromage et, à l'aide de sa fourchette, la piler légèrement. Dégustez avec le porto.

Dans le sens horaire, commençant en haut, à gauche :
fromage de chèvre à l'huile aromatisée,
fromage bleu pilé au porto,
douceur au brie

LES DESSERTS ET LA PÂTISSERIE

Faut-il rejeter tartes, gâteaux, bouchées divines, sous prétexte qu'ils sont riches en matières grasses et en calories ? Les gens soucieux de leur santé se posent la question. Selon nous, les desserts peuvent faire partie d'une saine alimentation, si on se contente d'une petite portion, savourant chaque bouchée.

Les desserts agrémentent nos repas. Pour une meilleure nutrition, choisissons ceux à base de fruits ou de lait, réservant les pâtisseries et desserts à la crème pour les occasions spéciales ; favorisons les desserts contenant peu de matières grasses et de sucre.

Nous pouvons souvent réduire le sucre du tiers, sans altérer la texture et la qualité des desserts. Il est plus difficile de réduire les matières grasses qui assurent tendreté et légèreté.

Même si les diététistes recommandent les fruits frais pour compléter un repas, ils ne s'opposent pas à ce que nous succombions à la tentation ... avec modération !

Des gâteaux et génoises de rêve s'offrent à nous dans cette section. Permettons-nous de craquer sans remords pour le gâteau sans sucre aux tomates (p. 306) ou encore pour le gâteau à la compote de pommes (p. 304).

Quant aux autres desserts, ils deviennent « sages », en termes de calories notamment, lorsqu'on évite la crème fouettée, qu'on limite la quantité de noix ou qu'on réduit de moitié la mayonnaise, la remplaçant par du yogourt nature.

Nous pouvons également utiliser du fromage léger à la crème et du lait écrémé dans tous les desserts qui en contiennent, réduisant ainsi leur teneur en matières grasses et, également, en calories.

LES GÂTEAUX

LES GÉNOISES

Génoise à la vanille recette de base

1 GÉNOISE	
5	œufs
180 ml	(³/₄ tasse) sucre
250 ml	(1 tasse) farine tout usage
2 ml	(¹/₂ c. à t.) poudre à pâte
45 ml	(3 c. à s.) beurre, fondu
5 ml	(1 c. à t.) essence de vanille

- Préchauffez le four à 175 °C (350 °F). Beurrez et enfarinez un moule démontable de 23 cm (9 po). Réservez.

- Déposez un bol de métal sur une casserole d'eau chaude frémissante ; fouettez-y les œufs et le sucre 5 minutes ou jusqu'à l'obtention d'une consistance épaisse. Retirez du feu. Continuez de fouetter jusqu'à ce que le mélange refroidisse un peu. Réservez.

- Dans un second bol, tamisez la farine et la poudre à pâte. Incorporez au mélange d'œufs battus.

- À l'aide d'une spatule ou d'un fouet, incorporez délicatement le beurre fondu et l'essence de vanille. Versez dans le moule.

- Faites cuire au four 25 à 35 minutes. Retirez du four ; dégagez le gâteau, en passant un petit couteau le long de la paroi du moule. Laissez refroidir 5 minutes. Démontez le moule ; renversez la génoise sur une grille ou sur une plaque à biscuits saupoudrée de sucre. Laissez refroidir complètement.

GÉNOISE AU CITRON
- Remplacez la vanille par 5 ml (1 c. à t.) de zeste de citron râpé, 15 ml (1 c. à s.) de jus de citron et 2 gouttes de colorant jaune.

GÉNOISE À L'ORANGE
- Remplacez la vanille par 10 ml (2 c. à t.) de zeste d'orange râpé, 2 ml (¹/₂ c. à t.) de fleur d'oranger ou 15 ml (1 c. à s.) de jus d'orange. Ajoutez 2 gouttes de colorant orange (facultatif).

GÉNOISE AU CAFÉ
- Au beurre, ajoutez 30 ml (2 c. à s.) de café instantané.

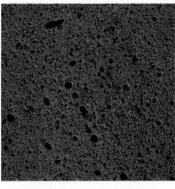

GÉNOISE AU CHOCOLAT FONDANT
- Faites fondre 115 g (4 oz) de chocolat mi-sucré. Laissez tiédir ; incorporez au mélange après le beurre fondu.

GÉNOISE AUX NOIX
- Ajoutez 180 ml (³/₄ tasse) de noix hachées au choix (amandes, noisettes, pacanes, pistaches, etc.) juste avant le beurre fondu.

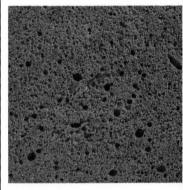

GÉNOISE AUX BRISURES DE CHOCOLAT
- À la farine, incorporez 115 g (4 oz) de chocolat mi-sucré râpé.

GÉNOISE AU CACAO

- Dans un bol, mélangez la farine et 45 ml (3 c. à s.) de cacao. Incorporez 10 ml (2 c. à t.) d'huile végétale et 2 gouttes de colorant rouge (facultatif) en même temps que le beurre fondu.

GÉNOISE AUX GRAINES DE SÉSAME

- À la farine, incorporez 125 ml (¹/₂ tasse) de graines de sésame grillées.

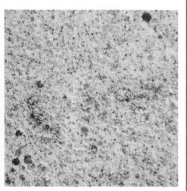

GÉNOISE AUX GRAINES DE PAVOT

- À la farine, incorporez 125 ml (¹/₂ tasse) de graines de pavot.

GÉNOISE AUX ÉPICES

- À la farine, incorporez 10 ml (2 c. à t.) d'épices moulues mélangées (cannelle, clou de girofle, muscade, etc.).

GÉNOISE AUX TOMATES

- Ajoutez 60 ml (¹/₄ tasse) de pâte de tomates en même temps que le beurre.

GÉNOISE AUX FINES HERBES

- Ajoutez 60 ml (¹/₄ tasse) de fines herbes au choix (basilic, thym, etc.) juste avant le beurre fondu.

Gâteau roulé

- Pour faire un gâteau roulé, utilisez la recette de base de génoise, mais réduisez la quantité de beurre à 20 ml (4 c. à t.). Les étapes de préparation de la pâte sont les mêmes. Vous pouvez utiliser toutes les variantes de génoise suggérées. La cuisson se fait comme suit :

- *Beurrez une plaque à biscuits de 38 x 25 cm (15 x 10 po). Couvrez de papier ciré (allant au four) beurré. Réservez. Préchauffez le four à 190 °C (375 °F).*

- *Préparez le mélange à génoise désiré tel que décrit, sans oublier de diminuer la quantité de beurre.*

- *Versez sur la plaque à biscuits ; étalez à la spatule. Faites cuire au four environ 12 minutes.*

- *Retirez du four. Renversez sur une serviette saupoudrée de sucre — ou de cacao pour un gâteau roulé au chocolat.*

- *Démoulez le gâteau. Attendez 2 ou 3 minutes, puis retirez délicatement le papier ciré. (Si le papier colle au gâteau, mouillez-le à l'aide d'un pinceau trempé dans l'eau très froide.)*

- *À l'aide d'un couteau dentelé, découpez une fine bande le long du gâteau pour retirer le bord croustillant et faciliter le roulage.*

- *Enroulez le gâteau avec la serviette. Laissez refroidir sur une grille.*

- *Préparez une garniture. Procédez au montage selon une des recettes des pages suivantes.*

Roulade riche et célèbre

8 PORTIONS	
250 ml	(1 tasse) fromage à la crème, ramolli
2	bananes mûres
15 ml	(1 c. à s.) zeste d'orange, râpé
125 ml	(¹/₂ tasse) brisures de chocolat
45 ml	(1 ¹/₂ oz) Grand Marnier
1	gâteau roulé - génoise aux brisures de chocolat (p. 294)
500 ml	(2 tasses) crème au beurre à l'orange (p. 331)
1	orange, pelée, tranchée mince
500 ml	(2 tasses) sauce à l'orange (p. 416)

■ Au malaxeur, battez le fromage jusqu'à consistance légère. Ajoutez les bananes ; battez à vitesse moyenne. Incorporez le zeste, le chocolat et le Grand Marnier.

■ Déroulez le gâteau refroidi. Étendez uniformément le mélange. Enroulez délicatement.

■ Nappez de crème au beurre à l'orange. Décorez de tranches d'orange. Placez au réfrigérateur 1 heure. Servez, accompagnée de sauce à l'orange.

VARIANTE
• Utilisez une génoise aux noix. Remplacez le zeste par 45 ml (3 c. à s.) de noix hachées. Garnissez de crème au beurre d'arachides et au chocolat (p. 331) et de noix.

Roulade crémeuse aux fruits

8 PORTIONS	
500 ml	(2 tasses) fraises, framboises ou bleuets
250 ml	(1 tasse) crème pâtissière (p. 412)
375 ml	(1 ¹/₂ tasse) crème fouettée
1	gâteau roulé - génoise aux graines de pavot (p. 295)
160 ml	(²/₃ tasse) nappage à l'abricot (p. 414)

■ Dans un bol, mélangez la moitié des fruits, la crème pâtissière et 125 ml (¹/₂ tasse) de crème fouettée. Réservez.

■ Déroulez le gâteau refroidi. Étalez le mélange. Enroulez délicatement.

■ Disposez le reste des fruits sur le dessus du gâteau. Recouvrez-les de nappage.

■ À l'aide d'un sac à pâtisserie muni d'une douille cannelée, décorez de crème fouettée. Placez au réfrigérateur 1 heure avant de servir.

VARIANTES
• Humectez la génoise de 60 ml (¹/₄ tasse) d'une liqueur de fruits. Garnissez de sucre glace ou d'amandes effilées.

Roulade au café viennois

	8 PORTIONS
20 ml	(4 c. à t.) fécule de maïs
125 ml	(½ tasse) café très fort
60 ml	(2 oz) boisson irlandaise à la crème ou cognac
1	gâteau roulé - génoise au café (p. 294)
500 ml	(2 tasses) crème fouettée
15 ml	(1 c. à s.) cannelle moulue
500 ml	(2 tasses) crème au beurre moka (p. 331)
60 ml	(¼ tasse) cacao
24	grains de café trempés dans le chocolat

▪ Dans une casserole, faites dissoudre la fécule de maïs dans le café. Faites chauffer jusqu'à épaississement. Incorporez la boisson irlandaise à la crème. Réservez.

▪ Déroulez le gâteau refroidi. À l'aide d'un pinceau, badigeonnez du mélange au café ; étendez bien également. Recouvrez ensuite de crème fouettée. Saupoudrez de cannelle. Enroulez délicatement le gâteau.

▪ À la spatule, étalez la crème au beurre moka. Saupoudrez de cacao. Décorez chaque portion de 3 grains de café au chocolat. Servez, accompagnée de crème glacée ou d'un coulis de fruits (p. 414 et 415).

Gâteau roulé aux trois chocolats

	8 PORTIONS
1	gâteau roulé - génoise au chocolat fondant (p. 294)
125 ml	(½ tasse) confiture de framboises
750 ml	(3 tasses) crème au beurre au chocolat (p. 331)
250 ml	(1 tasse) copeaux de chocolat (p. 330)
500 ml	(2 tasses) sauce au chocolat (p. 416)

▪ Déroulez le gâteau refroidi. Étalez successivement la confiture de framboises et le tiers de la crème au beurre au chocolat. Parsemez de la moitié des copeaux de chocolat. Enroulez délicatement le gâteau.

▪ À la spatule, glacez le gâteau du reste de la crème au beurre. Décorez du reste des copeaux de chocolat. Servez, accompagné de sauce au chocolat.

VARIANTES
• Utilisez des copeaux de chocolat blanc ou des brisures de chocolat. Décorez d'amandes et de cerises. Variez les saveurs de confiture.

Gâteau roulé
à la suisse

8 PORTIONS	
1	gâteau roulé - génoise à la vanille *(p. 294)*
250 ml	(1 tasse) confiture de fraises
375 ml	(1 ½ tasse) crème Chantilly *(p. 413)*
125 ml	(½ tasse) sucre glace

■ Déroulez le gâteau refroidi. Recouvrez successivement de confiture de fraises et de crème Chantilly. Enroulez délicatement le gâteau.

■ Saupoudrez de sucre glace. Servez, accompagné de fruits frais ou de salade de fruits, si désiré.

Recette illustrée ci-contre

GÂTEAU ROULÉ À L'ÉRABLE
• Dans un bol, fouettez 250 ml (1 tasse) de crème à 35 % jusqu'à la formation de pointes molles. Incorporez 125 ml (½ tasse) de sirop d'érable, en mélangeant doucement.

Remplacez la génoise à la vanille par une génoise à l'orange ; la confiture par du beurre d'érable réchauffé ; la crème Chantilly par la crème fouettée à l'érable. Saupoudrez de 125 ml (½ tasse) de cacao. Servez, accompagné de sirop d'érable, si désiré.

Recette illustrée ci-contre

Gâteau roulé
aux noisettes

8 PORTIONS	
1	gâteau roulé - génoise aux noix *(p. 294)*
125 ml	(½ tasse) crème à tartiner aux noisettes et au chocolat, du commerce
500 ml	(2 tasses) crème Chantilly au chocolat *(p. 413)*
160 ml	(²/₃ tasse) noisettes

■ Déroulez le gâteau refroidi. Étalez la crème à tartiner. Recouvrez de 125 ml (½ tasse) de crème Chantilly au chocolat. Enroulez délicatement le gâteau. Enrobez l'extérieur du gâteau du reste de crème Chantilly au chocolat. Décorez de noisettes.

Bûche de Noël

8 PORTIONS

250 ml	(1 tasse) confiture de cerises ou cerises dénoyautées, en conserve
30 ml	(1 oz) rhum
1	gâteau roulé - génoise au cacao *(p. 295)*
625 ml	(2 ½ tasses) crème fouettée
500 ml	(2 tasses) crème au beurre moka *(p. 331)*
60 ml	(¼ tasse) sirop de chocolat, du commerce
60 ml	(¼ tasse) cacao
6	feuilles de houx en pâte d'amande verte *(p. 330)*
12	groseilles bien rouges ou petites cerises
2 ou 3	champignons de meringue *(p. 330)*

- Dans un bol, mélangez la confiture de cerises et le rhum.
- Déroulez le gâteau refroidi. Étalez la confiture. Recouvrez de la moitié de la crème fouettée. Enroulez délicatement.
- Coupez une extrémité du gâteau en diagonale de 2,5 à 5 cm (1 à 2 po). Réservez pour imiter un nœud sur la bûche.
- À la spatule, étendez une couche de crème au beurre moka, en prenant soin d'en réserver 60 ml (¼ tasse) pour couvrir le nœud. N'en mettez pas sur les extrémités de la bûche. Placez le nœud sur la bûche. Couvrez son contour du reste de la crème au beurre moka. À la spatule, tracez des lignes imitant l'écorce de la bûche.

- À la spatule, couvrez les deux extrémités de la bûche et le dessus du nœud du reste de crème fouettée. À l'aide d'un sac à pâtisserie muni d'une très petite douille, dessinez des spirales de sirop de chocolat sur la crème fouettée. Avec la pointe d'un petit couteau, tracez des lignes perpendiculaires à la spirale.
- À l'aide d'un tamis, saupoudrez légèrement de cacao les côtés de la bûche.
- Décorez de feuilles de houx, de groseilles et de champignons de meringue.

VARIANTES
- Utilisez différentes saveurs de génoise, de crème ou de confiture. Variez les fruits.

- *Coupez une extrémité du gâteau en diagonale de 2,5 à 5 cm (1 à 2 po). Réservez pour imiter un nœud sur la bûche.*

- *Étendez une couche de crème au beurre moka, en prenant soin d'en réserver pour couvrir le nœud.*

- *Placez le nœud sur la bûche. Couvrez son contour du reste de la crème au beurre moka. Tracez des lignes imitant l'écorce de la bûche.*

- *Dessinez des spirales de chocolat sur la crème fouettée. Tracez des lignes perpendiculaires à la spirale.*

Gâteau congelé

6 PORTIONS

1	génoise à l'orange *(p. 294)*
60 ml	(2 oz) liqueur d'orange
180 ml	(³/₄ tasse) oranges, pelées à vif, en quartiers
300 ml	(1 ¹/₄ tasse) crème Chantilly *(p. 413)*
300 ml	(1 ¹/₄ tasse) crème Chantilly
	tranches et zeste d'orange

• Tranchez la génoise en deux. Déposez la première tranche au fond d'un moule démontable de 23 cm (9 po) de diamètre. Arrosez de 30 ml (1 oz) de liqueur d'orange. Réservez.

• Dans un bol, mélangez 300 ml (1 ¹/₄ tasse) de crème Chantilly et les oranges. Étalez sur la génoise dans le moule. Couvrez de la seconde génoise ; arrosez du reste de liqueur. Enveloppez le moule de pellicule plastique ; placez au congélateur au moins 2 heures.

• Retirez du congélateur. Enlevez les charnières ; démoulez le gâteau. Couvrez le dessus et le contour du gâteau de 300 ml (1 ¹/₄ tasse) de crème Chantilly. Replacez au congélateur environ 1 heure.

• Au moment de servir, décorez de tranches et de zeste d'orange.

Recette illustrée

GÂTEAU CONGELÉ AU CHOCOLAT
• Remplacez la génoise à l'orange par une génoise au cacao *(p. 295)*, la première quantité de crème Chantilly par une mousse au chocolat *(p. 399)* et les oranges par des copeaux et des cigarettes de chocolat *(p. 330)*, tel qu'illustré ci-contre.

GÂTEAU CONGELÉ AUX BLEUETS
• Remplacez les oranges par des bleuet frais ou congelés et la liqueur d'orange par de la liqueur de bleuet. Décorez de bleuets frais, tel qu'illustré ci-contre.

Gâteau des anges

6 PORTIONS	
1	génoise à la vanille (p. 294)
2	blancs d'œufs
625 ml	(2 ½ tasses) crème Chantilly (p. 413)
341 ml	(12 oz) pêches tranchées, en conserve
	amandes grillées

▪ Préparez la génoise selon la recette de base. Montez les blancs d'œufs en neige ferme. Incorporez délicatement au mélange. Faites cuire au four.

▪ Retirez du four ; laissez refroidir. Tranchez la génoise en deux.

▪ Mélangez 250 ml (1 tasse) de crème Chantilly et la moitié des pêches. Étalez sur la première tranche de génoise. Couvrez de la seconde tranche de génoise.

▪ Enrobez le gâteau du reste de crème Chantilly ; déposez le reste des pêches sur le dessus. Décorez le contour d'amandes grillées. Placez au réfrigérateur au moins 1 heure.

VARIANTES

▪ Utilisez différentes saveurs de génoise. Parfumez la crème Chantilly de liqueur d'amande ou d'orange. Utilisez différents fruits. Garnissez le contour du gâteau de graines de pavot.

Gâteau Madeltorte

8 À 10 PORTIONS	
330 ml	(1 ⅓ tasse) farine à pâtisserie
5 ml	(1 c. à t.) poudre à pâte
80 ml	(⅓ tasse) sucre
125 ml	(½ tasse) beurre, ramolli
1	œuf, légèrement battu
Garniture	
125 ml	(½ tasse) beurre, ramolli
125 ml	(½ tasse) sucre fin
2	œufs
2 ml	(½ c. à t.) essence d'amande
250 ml	(1 tasse) noix, hachées finement
Glaçage	
125 ml	(½ tasse) confiture de framboises
60 ml	(¼ tasse) sucre glace
5 ml	(1 c. à t.) jus de citron

▪ Dans un bol, mélangez les ingrédients secs. Ajoutez le beurre et l'œuf. Pressez ce mélange au fond d'un moule démontable. Couvrez ; placez au réfrigérateur 30 minutes.

▪ Préchauffez le four à 175 °C (350 °F).

Garniture

▪ Dans un grand bol, défaites en crème le beurre et le sucre. Incorporez les œufs et l'essence d'amande. Ajoutez les noix.

▪ Versez dans le moule, sur le premier mélange refroidi. Faites cuire au four 1 heure.

▪ Laissez refroidir 1 heure.

Glaçage

▪ Badigeonnez le dessus du gâteau de confiture. Dans un bol, mélangez le sucre glace et le jus de citron. Étalez sur le gâteau. Décorez de fruits.

Gâteau chiffon à l'orange

8 À 10 PORTIONS

300 ml	(1 ¼ tasse) farine à pâtisserie, tamisée
180 ml	(¾ tasse) sucre
10 ml	(2 c. à t.) poudre à pâte
2 ml	(½ c. à t.) sel
60 ml	(¼ tasse) huile de maïs
3	jaunes d'œufs
80 ml	(⅓ tasse) jus d'orange
10 ml	(2 c. à t.) zeste d'orange, râpé
3	blancs d'œufs
1 ml	(¼ c. à t.) crème de tartre
500 ml	(2 tasses) crème au beurre aux framboises *(p. 331)*
	fruits frais

■ Préchauffez le four à 160 °C (325 °F).

■ Dans un bol, mélangez les ingrédients secs. Creusez une fontaine. Versez l'huile, les jaunes d'œufs, le jus et le zeste d'orange. Mélangez jusqu'à consistance homogène. Réservez.

■ Dans un autre bol, montez en neige les blancs d'œufs et la crème de tartre jusqu'à la formation de pointes molles.

■ Incorporez délicatement au premier mélange, en repliant la pâte. Versez dans un moule carré de 23 cm (9 po) ou un moule en couronne non beurré. Faites cuire au four 1 heure ou jusqu'à ce que le gâteau soit de texture spongieuse au toucher.

■ Retirez du four. Renversez sur une grille ou un linge saupoudré de sucre ; laissez refroidir avant de démouler. Couvrez le gâteau de crème au beurre ; garnissez de fruits frais.

Recette illustrée à gauche

Gâteau au chocolat et aux bananes

8 À 10 PORTIONS

30 ml	(2 c. à s.) sirop de maïs
160 ml	(⅔ tasse) sucre
2	gros œufs, battus
160 ml	(⅔ tasse) huile de tournesol
160 ml	(⅔ tasse) lait
2	bananes, en purée
300 ml	(1 ¼ tasse) farine
30 ml	(2 c. à s.) cacao
5 ml	(1 c. à t.) poudre à pâte
5 ml	(1 c. à t.) bicarbonate de soude

Glaçage

60 ml	(¼ tasse) beurre, fondu
30 ml	(2 c. à s.) lait
	quelques gouttes d'essence de vanille
750 ml	(3 tasses) sucre glace
45 ml	(3 c. à s.) cacao
1	banane, tranchée
	jus de citron

■ Préchauffez le four à 175 °C (350 °F). Beurrez et enfarinez un moule de 23 x 33 cm (9 x 13 po) ou un moule en étoile.

■ Dans un grand bol, mélangez le sirop, le sucre, les œufs, l'huile, le lait et les bananes.

■ Dans un autre bol, tamisez ensemble les ingrédients secs. Incorporez au premier mélange. Versez dans le moule. Faites cuire au four 1 heure. Laissez refroidir.

Glaçage

■ Dans un bol, mélangez le beurre, le lait et l'essence de vanille ; ajoutez le sucre glace et le cacao ; mélangez jusqu'à consistance lisse. Étendez sur le gâteau.

■ Trempez les tranches de banane dans le jus de citron pour les empêcher de brunir. Disposez sur le gâteau.

Recette illustrée à droite

Gâteau renversé aux poires

8 À 10 PORTIONS

60 ml	(¼ tasse) graisse végétale
398 ml	(14 oz) moitiés de poires, en conserve
125 ml	(½ tasse) cassonade
1	œuf
125 ml	(½ tasse) lait
250 ml	(1 tasse) farine tout usage
10 ml	(2 c. à t.) poudre à pâte
1	pincée de sel

- Préchauffez le four à 190 °C (375 °F). Beurrez un moule à fond arrondi de 20 cm (8 po) de diamètre. Réservez.

- Dans une casserole, faites fondre la graisse végétale ; étendez au fond du moule. Déposez les demi-poires dans le moule. Ajoutez la cassonade.

- Mélangez l'œuf et le lait. Ajoutez, en tamisant, la farine, la poudre à pâte et le sel. Mélangez bien. Versez dans le moule, sur les poires.

- Faites cuire au four environ 1 heure. Renversez immédiatement dans une assiette. Alors que le gâteau est encore chaud, garnissez le centre des poires d'un coulis (p. 414 et 415), si désiré. Décorez de fruits, au choix.

Recette illustrée à gauche

Gâteau renversé aux pommes

8 À 10 PORTIONS

60 ml	(¼ tasse) beurre
180 ml	(¾ tasse) cassonade
3	pommes
2 ml	(½ c. à t.) cannelle

Pâte

60 ml	(¼ tasse) beurre, ramolli
80 ml	(⅓ tasse) sucre
1	œuf
60 ml	(¼ tasse) mélasse
250 ml	(1 tasse) farine
5 ml	(1 c. à t.) poudre à pâte
2 ml	(½ c. à t.) bicarbonate de soude
0,5 ml	(⅛ c. à t.) sel
80 ml	(⅓ tasse) eau bouillante

- Si vous utilisez un four conventionnel, préchauffez à 160 °C (325 °F).

- Dans une casserole, faites chauffer le beurre et la cassonade. Étalez au fond d'un moule de pyrex de 23 x 23 cm (9 x 9 po).

- Pelez les pommes, si désiré. Coupez en tranches épaisses ; évidez. Déposez les tranches dans le moule ; saupoudrez de cannelle.

Pâte

- Dans un bol, défaites en crème le beurre et le sucre ; incorporez l'œuf et la mélasse. Réservez.

- Dans un autre bol, tamisez les ingrédients secs. Incorporez au premier mélange. Ajoutez l'eau bouillante, en mélangeant constamment. Versez dans le moule, sur les pommes. Faites cuire au four conventionnel 40 minutes ou au four à micro-ondes 12 minutes, à ÉLEVÉ.

- Retirez du four ; renversez immédiatement sur une assiette ; laissez égoutter. Servez chaud.

Recette illustrée à droite

Gâteau aux bananes

8 À 10 PORTIONS

125 ml	(¹/₂ tasse) margarine
60 ml	(¹/₄ tasse) sucre
125 ml	(¹/₂ tasse) cassonade, bien tassée
2	œufs, battus
5 ml	(1 c. à t.) essence de vanille
500 ml	(2 tasses) farine
10 ml	(2 c. à t.) poudre à pâte
1 ml	(¹/₄ c. à t.) bicarbonate de soude
1 ml	(¹/₄ c. à t.) sel
250 ml	(1 tasse) bananes, en purée
250 ml	(1 tasse) lait
125 ml	(¹/₂ tasse) noix hachées

Glaçage

330 ml	(1 ¹/₃ tasse) sucre glace
30 ml	(2 c. à s.) lait
1 ml	(¹/₄ c. à t.) essence de vanille
1	pincée de sel
	noix hachées

■ Préchauffez le four à 175 °C (350 °F). Beurrez un moule en couronne de 25 cm (10 po). Réservez.

■ Dans un bol, mélangez les 3 premiers ingrédients. Incorporez les œufs et la vanille sans cesser de mélanger. Réservez.

■ Dans un autre bol, tamisez les ingrédients secs. Ajoutez au premier mélange, en alternant avec les bananes et le lait. Incorporez les noix.

■ Versez dans le moule. Faites cuire au four 30 à 35 minutes.

■ Laissez refroidir. Démoulez dans un plat de service. Réservez.

Glaçage

■ Dans un bol, tamisez le sucre glace. Incorporez le lait, l'essence de vanille et le sel.

■ Versez le glaçage sur le gâteau. Décorez de noix hachées.

Recette illustrée à gauche

Gâteau à la compote de pommes

8 À 10 PORTIONS

425 ml	(1 ³/₄ tasse) compote de pommes
250 ml	(1 tasse) sucre
250 ml	(1 tasse) mayonnaise
125 ml	(¹/₂ tasse) lait
5 ml	(1 c. à t.) essence de vanille
750 ml	(3 tasses) farine tout usage
10 ml	(2 c. à t.) bicarbonate de soude
2 ml	(¹/₂ c. à t.) sel
10 ml	(2 c. à t.) cannelle
2 ml	(¹/₂ c. à t.) muscade
250 ml	(1 tasse) noix hachées
125 ml	(¹/₂ tasse) raisins secs

■ Préchauffez le four à 175 °C (350 °F). Beurrez et enfarinez un moule de 23 cm (9 po) de diamètre. Réservez.

■ Au malaxeur, mélangez, à basse vitesse, les 5 premiers ingrédients.

■ Dans un autre bol, tamisez ensemble la farine, le bicarbonate, le sel, la cannelle et la muscade. Incorporez au premier mélange. Augmentez la vitesse ; battez 2 minutes.

■ Incorporez les noix et les raisins. Versez dans le moule. Faites cuire au four 30 à 35 minutes ou jusqu'à ce que la lame d'un couteau, insérée au centre, en ressorte propre.

■ Laissez refroidir légèrement. Servez chaud, accompagné de crème glacée ou de crème fouettée, si désiré.

Recette illustrée à droite

Gâteau de rêve

16 PORTIONS

500 ml	(2 tasses) farine, tamisée
250 ml	(1 tasse) cassonade
250 ml	(1 tasse) beurre

Garniture

160 ml	(²/₃ tasse) lait
1,5 ml	(¹/₃ c. à t.) essence de vanille
300 ml	(1 ¹/₄ tasse) noix de coco râpée
80 ml	(¹/₃ tasse) noix de Grenoble
60 ml	(¹/₄ tasse) cerises confites rouges et vertes, tranchées

- Préchauffez le four à 175 °C (350 °F). Beurrez un moule carré de 20 cm (8 po). Réservez.

- Dans un bol, mélangez la farine et la cassonade. Ajoutez le beurre en morceaux ; mélangez jusqu'à consistance homogène. Versez dans le moule. Faites cuire au four 10 minutes. Réservez.

Garniture
- Dans un bol, mélangez tous les ingrédients. Étalez dans le moule, sur le premier mélange.

- Faites cuire au four environ 20 minutes ou jusqu'à ce que le dessus du gâteau soit légèrement doré. Laissez refroidir. Servez.

Recette illustrée à droite

Gâteau aux dattes

8 À 10 PORTIONS

125 ml	(¹/₂ tasse) beurre
250 ml	(1 tasse) sucre
250 ml	(1 tasse) dattes, en morceaux
250 ml	(1 tasse) eau, bouillante
5 ml	(1 c. à t.) essence de vanille
1	œuf
375 ml	(1 ¹/₂ tasse) farine
5 ml	(1 c. à t.) poudre à pâte
1 ml	(¹/₄ c. à t.) bicarbonate de soude

Glaçage

250 ml	(1 tasse) cassonade
60 ml	(¹/₄ tasse) crème
90 ml	(6 c. à s.) beurre
75 ml	(5 c. à s.) noix de coco râpée

- Préchauffez le four à 175 °C (350 °F).

- Dans un bol, mélangez le beurre, le sucre, les dattes, l'eau, l'essence de vanille et l'œuf. Réservez.

- Dans un autre bol, tamisez les ingrédients secs. Incorporez au premier mélange.

- Versez dans un moule non beurré de 23 cm (9 po) de diamètre. Faites cuire au four 35 à 40 minutes.

Glaçage
- Dans une casserole, à feu vif, faites bouillir tous les ingrédients, jusqu'à ce qu'une goutte tombée dans l'eau froide forme une boule molle. Étendez sur le gâteau pendant qu'il est encore chaud. Décorez de morceaux de dattes, si désiré.

Recette illustrée à gauche

Gâteau aux pommes de terre et au chocolat

	8 PORTIONS
250 ml	(1 tasse) beurre
375 ml	(1 ½ tasse) sucre
4	œufs, battus
90 g	(3 oz) chocolat non sucré
250 ml	(1 tasse) purée de pommes de terre, refroidie
5 ml	(1 c. à t.) cannelle
5 ml	(1 c. à t.) muscade
500 ml	(2 tasses) farine non blanchie, tamisée deux fois
5 ml	(1 c. à t.) bicarbonate de soude
250 ml	(1 tasse) lait sur
180 ml	(¾ tasse) noix hachées

■ Préchauffez le four à 175 °C (350 °F). Beurrez un moule à cheminée. Réservez.

■ Dans un bol, défaites le beurre en crème. Incorporez le sucre, en battant vigoureusement, jusqu'à consistance légère. Ajoutez les œufs battus ; mélangez. Réservez.

■ Faites fondre le chocolat au bain-marie. Retirez du feu ; laissez refroidir. Ajoutez au premier mélange avec les pommes de terre, la cannelle et la muscade.

■ Dans un bol, tamisez la farine et le bicarbonate. Incorporez au premier mélange, en alternant avec le lait sur. Ajoutez les noix ; mélangez. Versez dans le moule. Faites cuire au four 45 minutes.

■ Laissez refroidir ; démoulez. Servez, accompagné de confiture de framboises ou de crème fouettée, si désiré.

Gâteau sans sucre aux tomates

	8 PORTIONS
80 ml	(⅓ tasse) huile végétale
1	œuf
125 ml	(½ tasse) purée de tomates ou morceaux de tomates épépinées
2 ml	(½ c. à t.) essence de vanille
375 ml	(1 ½ tasse) farine de blé, tamisée
2 ml	(½ c. à t.) bicarbonate de soude
1	pincée de sel de mer
0,5 ml	(⅛ c. à t.) muscade
1 ml	(¼ c. à t.) cannelle
125 ml	(½ tasse) noix hachées
2 ou 3	tomates fraîches, épépinées, hachées
	crème fouettée

■ Préchauffez le four à 160 °C (325 °F). Beurrez et enfarinez un moule de 23 cm (9 po) de diamètre. Réservez.

■ Dans un bol, fouettez l'huile et l'œuf. Ajoutez la purée de tomates et l'essence de vanille. Réservez.

■ Dans un autre bol, mélangez les autres ingrédients, sauf la crème fouettée. Incorporez au premier mélange. Versez dans le moule. Faites cuire au four 50 minutes.

■ Garnissez de crème fouettée. Servez.

Recette illustrée

Gâteau aux courgettes

8 PORTIONS	
3	œufs
375 ml	(1 ½ tasse) sucre
250 ml	(1 tasse) fromage à la crème, ramolli
5 ml	(1 c. à t.) essence de vanille
750 ml	(3 tasses) farine non blanchie, tamisée deux fois
15 ml	(1 c. à s.) poudre à pâte
5 ml	(1 c. à t.) bicarbonate de soude
5 ml	(1 c. à t.) sel
5 ml	(1 c. à t.) muscade
80 ml	(⅓ tasse) noix de Grenoble hachées
250 ml	(1 tasse) huile végétale
500 ml	(2 tasses) courgettes, râpées

Sauce au citron

1	œuf
60 ml	(¼ tasse) jus de citron
15 ml	(1 c. à s.) zeste de citron, râpé
30 ml	(2 c. à s.) farine tout usage
250 ml	(1 tasse) sucre
5 ml	(1 c. à t.) beurre, fondu

▪ Préchauffez le four à 175 °C (350 °F). Beurrez un grand moule à fond arrondi. Réservez.

▪ Dans un bol, mélangez les œufs, le sucre, le fromage et l'essence de vanille. Réservez.

▪ Dans un autre bol, tamisez les ingrédients secs ; ajoutez les noix. Incorporez au premier mélange, en trois fois, puis l'huile, en deux fois. Incorporez délicatement les courgettes. Versez dans le moule.

▪ Faites cuire au four 1 heure. Laissez refroidir.

Sauce au citron
▪ Dans un bol, battez l'œuf, le jus et le zeste de citron, jusqu'à l'obtention d'une consistance crémeuse.

▪ Dans un autre bol, mélangez la farine et le sucre. Incorporez au premier mélange. Ajoutez le beurre fondu.

▪ Versez dans une casserole ; amenez à ébullition, en remuant constamment. Couvrez ; retirez du feu ; laissez refroidir, en remuant de temps en temps. Versez sur le gâteau.

*Recette illustrée à droite ;
à gauche : gâteau aux carottes, nouvelle formule*

Gâteau aux carottes, nouvelle formule

8 À 10 PORTIONS	
300 ml	(1 ¼ tasse) carottes crues, râpées finement
250 ml	(1 tasse) cassonade
125 ml	(½ tasse) huile
2	œufs
375 ml	(1 ½ tasse) farine
5 ml	(1 c. à t.) poudre à pâte
5 ml	(1 c. à t.) bicarbonate de soude
2 ml	(½ c. à t.) sel
5 ml	(1 c. à t.) cannelle
2 ml	(½ c. à t.) muscade
2 ml	(½ c. à t.) gingembre
180 ml	(¾ tasse) compote de pommes
60 ml	(¼ tasse) raisins secs

Glaçage

60 ml	(¼ tasse) beurre
125 ml	(½ tasse) fromage à la crème, ramolli
2 ml	(½ c. à t.) essence de vanille
625 ml	(2 ½ tasses) sucre glace

▪ Préchauffez le four à 175 °C (350 °F). Beurrez un moule de 23 cm (9 po) de diamètre.

▪ Dans un bol, mélangez les carottes et la cassonade ; incorporez l'huile, puis les œufs.

▪ Dans un autre bol, tamisez les ingrédients secs. Versez d'un seul coup dans le premier mélange. Incorporez la compote de pommes et les raisins secs. Versez dans le moule. Faites cuire au four 30 à 35 minutes.

Glaçage
▪ Dans un bol, mélangez tous les ingrédients ; fouettez jusqu'à consistance crémeuse. Étalez sur le gâteau refroidi.

Anneau aux fraises et à la rhubarbe

8 PORTIONS	
75 ml	(5 c. à s.) graisse végétale
180 ml	(³/₄ tasse) sucre
2	œufs
500 ml	(2 tasses) farine à pâtisserie
5 ml	(1 c. à t.) poudre à pâte
1	pincée de sel
45 ml	(3 c. à s.) lait
2 ml	(¹/₂ c. à t.) essence de vanille
250 ml	(1 tasse) rhubarbe, en dés
125 ml	(¹/₂ tasse) fraises, tranchées

- Préchauffez le four à 190 °C (375 °F). Beurrez et enfarinez un moule à cheminée. Réservez.

- Dans un bol, battez la graisse végétale et le sucre jusqu'à l'obtention d'une consistance crémeuse. Ajoutez les œufs un à un ; battez bien.

- Dans un second bol, tamisez la farine, la poudre à pâte et le sel.

- Dans un troisième bol, mélangez le lait et l'essence de vanille. Incorporez les ingrédients secs au premier mélange, en alternant avec le lait vanillé. Ajoutez la rhubarbe et les fraises. Versez dans le moule. Faites cuire au four 40 minutes.

Recette illustrée à gauche, page ci-contre

VARIANTES

- Nappez de sirop d'érable. Remplacez la rhubarbe par des canneberges.

Gâteau aux fruits

2 GÂTEAUX	
125 ml	(¹/₂ tasse) amandes en julienne
500 ml	(2 tasses) cerises confites
250 ml	(1 tasse) pelures de fruits confits, hachées
500 ml	(2 tasses) raisins secs
250 ml	(1 tasse) raisins de Corinthe
250 ml	(1 tasse) liqueur de fruits, au choix
500 ml	(2 tasses) farine
2 ml	(¹/₂ c. à t.) bicarbonate de soude
2 ml	(¹/₂ c. à t.) sel
5 ml	(1 c. à t.) clou de girofle
5 ml	(1 c. à t.) cannelle
5 ml	(1 c. à t.) quatre-épices
180 ml	(³/₄ tasse) mélasse
180 ml	(³/₄ tasse) jus de pomme
250 ml	(1 tasse) beurre
500 ml	(2 tasses) cassonade
6	œufs

- Dans un bol, faites macérer les amandes et les fruits dans la liqueur 24 heures.

- Préchauffez le four à 135 °C (275 °F). Beurrez et recouvrez de papier ciré le moule de votre choix (voir plus loin).

- Dans un bol, tamisez les ingrédients secs. Réservez.

- Dans un second bol, mélangez la mélasse et le jus de pomme. Réservez.

- Dans un troisième bol, fouettez le beurre, la cassonade et les œufs. Incorporez, en alternant, les ingrédients secs et le mélange de mélasse. Ajoutez les fruits macérés et la liqueur. Versez dans le moule.

- Faites cuire au four 2 heures pour un moule à pain de 21 x 11 x 6 cm (8 ¹/₂ x 4 ¹/₂ x 2 ¹/₂ po), 3 heures pour un moule tubulaire de 25 cm (10 po) ou 1 heure à 150 °C (300 °F) pour des moules à muffins.

- Retirez du four ; démoulez ; laissez reposer 10 minutes avant d'enlever le papier ciré. Lorsque le gâteau est refroidi, enveloppez dans un coton fromage imbibé de liqueur, puis dans du papier d'aluminium. Conservez au frais.

Note : à son meilleur s'il est préparé au moins trois mois à l'avance, le gâteau aux fruits peut être conservé un an.

Recette illustrée ci-dessus

Gâteau à la citrouille

8 À 10 PORTIONS	
750 ml	(3 tasses) farine non blanchie, tamisée deux fois
10 ml	(2 c. à t.) bicarbonate de soude
1 ml	(¼ c. à t.) sel
5 ml	(1 c. à t.) cannelle
2 ml	(½ c. à t.) clou de girofle
125 ml	(½ tasse) margarine
180 ml	(¾ tasse) cassonade
2	œufs, battus
500 ml	(2 tasses) citrouille, en purée

Garniture à la noix de coco

60 ml	(¼ tasse) cassonade
75 ml	(5 c. à s.) farine
1 ml	(¼ c. à t.) sel
3	jaunes d'œufs, battus
500 ml	(2 tasses) lait
250 ml	(1 tasse) noix de coco râpée
2 ml	(½ c. à t.) essence de vanille

- Préchauffez le four à 160 °C (325 °F). Beurrez et enfarinez un moule de 23 x 13 cm (9 x 5 po). Réservez.

- Dans un bol, tamisez les ingrédients secs. Réservez.

- Dans un autre bol, fouettez la margarine et la cassonade jusqu'à consistance crémeuse. Incorporez les œufs. Sans cesser de fouetter, ajoutez les ingrédients secs, en alternant avec la purée de citrouille. Versez dans le moule. Faites cuire 1 heure. Démoulez sur une grille.

Garniture à la noix de coco

- Dans une casserole, mélangez la cassonade, la farine et le sel ; incorporez les jaunes d'œufs. Ajoutez graduellement le lait. Amenez à ébullition, en remuant.

- Retirez du feu. Ajoutez la noix de coco et l'essence de vanille. Laissez refroidir, en remuant de temps en temps pour empêcher la formation d'une pellicule à la surface. Étalez sur le gâteau.

Recette illustrée à droite

Gâteau aux fruits vite fait

8 PORTIONS	
1 L	(4 tasses) fruits frais, congelés ou en conserve
2	œufs
10 ml	(2 c. à t.) essence de vanille
300 ml	(1 ¼ tasse) cassonade
180 ml	(¾ tasse) huile
250 ml	(1 tasse) farine
5 ml	(1 c. à t.) poudre à pâte
2 ml	(½ c. à t.) sel
10 ml	(2 c. à t.) cannelle

- Préchauffez le four à 175 °C (350 °F). Beurrez et recouvrez de papier ciré un moule de 20 x 30 cm (8 x 12 po).
- Dans un bol, mélangez les fruits, les œufs, l'essence de vanille, la cassonade et l'huile.
- Dans un autre bol, tamisez ensemble les ingrédients secs. Incorporez au mélange liquide ; brassez.
- Faites cuire au four environ 50 minutes. Laissez refroidir dans le moule.

VARIANTES
- À la pâte, ajoutez de la noix de coco râpée, des noix hachées ou des dattes. Couvrez d'un glaçage composé de 90 g (3 oz) de fromage à la crème, 5 ml (1 c. à t.) de beurre, 5 ml (1 c. à t.) d'essence de vanille et 375 ml (1 ½ tasse) de sucre glace. Servez, accompagné d'un coulis *(p. 414 et 415)* ou de crème anglaise *(p. 413)*.

Recette illustrée

Gâteau aux carottes

8 PORTIONS	
180 ml	(¾ tasse) farine
5 ml	(1 c. à t.) poudre à pâte
2 ml	(½ c. à t.) bicarbonate de soude
180 ml	(¾ tasse) cassonade
125 ml	(½ tasse) huile
2	œufs
250 ml	(1 tasse) carottes crues, râpées

Sauce au caramel

250 ml	(1 tasse) sirop de maïs
250 ml	(1 tasse) cassonade
125 ml	(½ tasse) beurre, ramolli
22 ml	(1 ½ c. à s.) fécule de maïs
250 ml	(1 tasse) crème à 35 %

- Dans un bol, tamisez la farine, la poudre à pâte et le bicarbonate. Réservez.
- Dans un autre bol, mélangez la cassonade, l'huile et les œufs. Incorporez les ingrédients secs et les carottes ; mélangez. Versez dans un moule de pyrex non beurré. Faites cuire au four à micro-ondes 5 minutes, à MOYEN, puis 2 minutes, à ÉLEVÉ. Laissez reposer 8 minutes.

Sauce au caramel
- Dans un bol allant au four à micro-ondes, mélangez tous les ingrédients, sauf la crème. Faites cuire 5 minutes, à ÉLEVÉ.
- Ajoutez la crème ; mélangez. Versez sur le gâteau immédiatement ou laissez refroidir.

Gâteau moka

	8 PORTIONS
60 ml	(¹/₄ tasse) sucre
125 ml	(¹/₂ tasse) café fort
60 ml	(2 oz) boisson irlandaise à la crème
1	génoise au café (p. 294) ou au cacao (p. 295)
300 ml	(1 ¹/₄ tasse) crème au beurre moka (p. 331)
300 ml	(1 ¹/₄ tasse) crème Chantilly au chocolat (p. 413)
60 ml	(¹/₄ tasse) grains de café rôtis
60 ml	(¹/₄ tasse) sucre glace

■ Faites dissoudre le sucre dans le café. Ajoutez la boisson irlandaise à la crème. Réservez.

■ Tranchez la génoise en trois. Badigeonnez la première tranche de 60 ml (¹/₄ tasse) du mélange au café ; couvrez de la moitié de la crème au beurre. Déposez la seconde tranche de génoise ; badigeonnez de 60 ml (¹/₄ tasse) du mélange au café ; couvrez du reste de crème au beurre. Terminez avec la dernière tranche de génoise et le reste du mélange au café.

■ Enrobez le dessus et le contour du gâteau de crème Chantilly au chocolat ; décorez de grains de café ; saupoudrez de sucre glace. Placez au réfrigérateur au moins 1 heure avant de servir.

Recette illustrée à gauche

Gâteau d'enfer

	8 PORTIONS
1	génoise au cacao (p. 295)
1	génoise aux brisures de chocolat (p. 294)
375 ml	(1 ¹/₂ tasse) crème au beurre au chocolat (p. 331)
375 ml	(1 ¹/₂ tasse) crème Chantilly au chocolat (p. 413)
125 ml	(¹/₂ tasse) copeaux de chocolat (p. 330)
80 ml	(¹/₃ tasse) cacao
375 ml	(1 ¹/₂ tasse) sauce au chocolat (p. 416)

■ Tranchez chaque génoise en deux. Sur la première tranche de génoise au cacao, étalez 125 ml (¹/₂ tasse) de crème au beurre au chocolat. Couvrez d'une tranche de génoise aux brisures de chocolat puis de 125 ml (¹/₂ tasse) de crème au beurre au chocolat, de la seconde tranche de génoise aux brisures de chocolat, puis à nouveau de 125 ml (¹/₂ tasse) de crème au beurre au chocolat. Terminez avec la seconde tranche de génoise au cacao. Placez au réfrigérateur au moins 1 heure.

■ Retirez du réfrigérateur. Couvrez le dessus et le contour du gâteau de crème Chantilly au chocolat et de copeaux de chocolat. Saupoudrez le gâteau de cacao ; garnissez de rosaces de crème Chantilly, si désiré. Servez, accompagné de la sauce au chocolat.

Recette illustrée à droite

Gâteau forêt-noire

8 PORTIONS

8 PORTIONS	
398 ml	(14 oz) cerises bing, en conserve
125 ml	(½ tasse) sucre
15 ml	(1 c. à s.) fécule de maïs
60 ml	(2 oz) kirsch
1	génoise au chocolat fondant (p. 294) ou au cacao (p. 295)
625 ml	(2 ½ tasses) crème Chantilly (p. 413)
8	cerises de France
250 ml	(1 tasse) copeaux de chocolat (p. 330)
30 ml	(2 c. à s.) sucre glace

- Égouttez les cerises, en conservant leur jus.

- Dans une petite casserole, faites fondre le sucre dans un peu du jus des cerises.

- Dans un petit bol, faites dissoudre la fécule dans ce qui reste du jus des cerises ; incorporez au sirop dans la casserole. Amenez à ébullition, en remuant sans arrêt. Retirez du feu ; laissez refroidir. Ajoutez le kirsch.

- Tranchez la génoise en trois. À l'aide d'un pinceau à pâtisserie, badigeonnez la première tranche du tiers du sirop de cerise. Couvrez de 160 ml (⅔ tasse) de crème Chantilly, puis de la moitié des cerises.

- Déposez la seconde tranche de génoise ; badigeonnez du second tiers de sirop de cerise. Couvrez de 160 ml (⅔ tasse) de crème Chantilly, puis du reste des cerises. Terminez avec la dernière tranche de génoise et le reste du sirop de cerise.

- Enrobez le dessus et le contour du gâteau de crème Chantilly. À l'aide d'un sac à pâtisserie muni d'une douille cannelée, décorez de rosaces de crème fouettée et de cerises de France ; recouvrez le contour de copeaux de chocolat. Déposez quelques copeaux sur le gâteau ; saupoudrez de sucre glace.

- Placez au réfrigérateur environ 1 heure avant de servir.

Recette illustrée, page ci-contre

- *Déposez la seconde tranche de génoise ; badigeonnez du second tiers de sirop de cerise.*

- *Couvrez de crème Chantilly, puis de cerises.*

- *À l'aide d'un sac à pâtisserie muni d'une douille cannelée, décorez de rosaces de crème fouettée.*

- *Recouvrez le contour de copeaux de chocolat.*

- À l'aide d'un sac à pâtisserie muni d'une douille unie, dressez une couronne de pâte à choux sur le contour de l'abaisse. Partant du centre de l'abaisse, tracez une spirale de pâte à choux.

Saint-Honoré

8 PORTIONS	
450 g	(1 lb) pâte feuilletée (p. 335)
2	œufs, battus
500 ml	(2 tasses) pâte à choux (p. 356)
60 ml	(2 oz) Grand Marnier
750 ml	(3 tasses) crème Chantilly (p. 413)
375 ml	(1 ½ tasse) crème pâtissière (p. 412)
9	choux (p. 356)
375 ml	(1 ½ tasse) crème fouettée
125 ml	(½ tasse) chocolat mi-sucré, fondu
250 ml	(1 tasse) pêches, en conserve, égouttées
30 ml	(2 c. à s.) zeste d'orange, râpé
	sucre glace (facultatif)

- Préchauffez le four à 205 °C (400 °F).

- Abaissez la pâte feuilletée à 0,5 cm (¼ po) d'épaisseur et 23 cm (9 po) de diamètre. Beurrez et mouillez une plaque à biscuits. Déposez l'abaisse.

- Piquez la pâte ; badigeonnez d'œuf battu.

- À l'aide d'un sac à pâtisserie muni d'une douille unie, dressez une couronne de pâte à choux sur le contour de l'abaisse. Partant du centre de l'abaisse, tracez une spirale de pâte à choux. Badigeonnez d'œuf battu. Faites cuire au four 20 minutes. Laissez refroidir.

- Dans un bol, mélangez le Grand Marnier, la moitié de la crème Chantilly et la crème pâtissière. Réservez.

- Avec un crayon, percez le dessous des choux. À l'aide d'un sac à pâtisserie muni d'une douille unie, farcissez les choux de crème au Grand Marnier.

- Étendez une couche de crème au Grand Marnier au centre du gâteau refroidi.

- Trempez le dessous des choux dans le chocolat. Disposez sur le contour de la couronne, en réservant un chou pour le centre du gâteau. Disposez les pêches sur la couche de crème. Couvrez du reste de crème au Grand Marniers, puis de crème Chantilly. Parsemez de zeste d'orange ; déposez le dernier chou au centre du Saint-Honoré ; saupoudrez de sucre glace. Servez immédiatement ou placez au réfrigérateur.

- Avec un crayon, percez le dessous des choux. À l'aide d'un sac à pâtisserie muni d'une douille unie, farcissez les choux de crème au Grand Marnier.

- *Trempez le dessous des choux dans le chocolat. Disposez sur le contour de la couronne, en réservant un chou pour le centre du gâteau.*

- *Couvrez du reste de crème au Grand Marnier, puis de crème Chantilly.*

SAINT-HONORÉ AU CHOCOLAT

- Remplacez la crème Chantilly par de la crème Chantilly au chocolat *(p. 413)*.
- Remplacez les pêches par 160 ml (²/₃ tasse) de copeaux de chocolat *(p. 330)* et le zeste d'orange par 60 ml (¹/₄ tasse) de noix de coco râpée.
- Trempez le dessus des choux dans 500 ml (2 tasses) de chocolat fondu.

Recette illustrée

SAINT-HONORÉ SURPRISE

- Remplacez l'alcool par 45 ml (3 c. à s.) de grenadine ; colorez la crème Chantilly de 2 gouttes de colorant alimentaire rouge.
- Remplacez les pêches par 160 ml (²/₃ tasse) de friandises au chocolat enrobées de sucre et le zeste d'orange par 125 ml (¹/₂ tasse) de copeaux de chocolat *(p. 330)*. Un gâteau parfait pour les anniversaires d'enfants !

SAINT-HONORÉ AUX NOIX

- À la crème pâtissière, ajoutez 60 ml (¹/₄ tasse) de poudre d'amande. Décorez de 125 ml (¹/₂ tasse) d'amandes effilées, de noisettes, de noix de Grenoble ou de pistaches.

LES GÂTEAUX AU FROMAGE

Gâteau de l'aube

8 À 10 PORTIONS

Croûte

180 ml	(³/4 tasse) farine tout usage ou farine de blé
45 ml	(3 c. à s.) cassonade
15 ml	(1 c. à s.) zeste d'orange, râpé finement
90 ml	(6 c. à s.) beurre
1	jaune d'œuf, battu

Garniture

675 ml	(2 ½ tasses) fromage à la crème, ramolli
15 ml	(1 c. à s.) zeste d'orange, râpé finement
250 ml	(1 tasse) sucre
2 ml	(½ c. à t.) fleur d'oranger ou essence de vanille
3	œufs
60 ml	(¼ tasse) jus d'orange
2	grosses oranges, pelées à vif, en quartiers
250 ml	(1 tasse) nappage à l'orange *(p. 414)*

Croûte

- Préchauffez le four à 205 °C (400 °F). Beurrez le fond d'un moule démontable. Réservez.
- Dans un bol, mélangez la farine, la cassonade et le zeste d'orange. Incorporez le beurre ; mélangez jusqu'à l'obtention d'une consistance granuleuse. Ajoutez le jaune d'œuf ; mélangez.
- Pressez le tiers de la pâte dans le fond du moule. Enveloppez le reste de pâte. Réservez. Faites cuire la croûte de fond (sans la paroi du moule) environ 7 minutes ou jusqu'à ce qu'elle soit dorée. Retirez du four.
- Beurrez la paroi du moule ; fixez autour du fond. Couvrez de pâte jusqu'à une hauteur de 5 cm (2 po). Réservez.

Garniture

- Réduisez la température du four à 190 °C (375 °F).
- Dans un grand bol, fouettez le fromage et le zeste d'orange jusqu'à l'obtention d'une consistance crémeuse. Incorporez le sucre, la fleur d'oranger, les œufs et le jus d'orange. Versez dans le moule. Faites cuire au four 40 à 50 minutes.
- Retirez du four. Laissez refroidir 15 minutes. Détachez les charnières ; dégagez le gâteau, en passant un couteau le long de la paroi du moule. Laissez refroidir 30 minutes. Retirez les charnières ; laissez refroidir encore 1 heure. Garnissez de quartiers d'oranges. Recouvrez de nappage à l'orange. Placez au réfrigérateur 1 heure. Décorez de menthe fraîche avant de servir, si désiré.

Gâteau au fromage classique

8 À 10 PORTIONS

Croûte

375 ml	(1 ½ tasse) chapelure de biscuits graham
45 ml	(3 c. à s.) cassonade
125 ml	(½ tasse) beurre, fondu

Garniture

250 ml	(1 tasse) fromage cottage
450 g	(1 lb) fromage à la crème, ramolli
250 ml	(1 tasse) sucre
30 ml	(2 c. à s.) farine tout usage
10 ml	(2 c. à t.) essence de vanille
3	œufs
60 ml	(¼ tasse) lait
250 ml	(1 tasse) crème sure
250 ml	(1 tasse) fraises, tranchées

Croûte

- Beurrez un moule démontable de 20 cm (8 po). Réservez.
- Dans un bol, mélangez la chapelure de biscuits graham, la cassonade et le beurre. Pressez ce mélange au fond et sur la paroi du moule. Réservez.

Garniture

- Préchauffez le four à 190 °C (375 °F).
- Dans un grand bol, fouettez le fromage cottage jusqu'à l'obtention d'un mélange crémeux. Incorporez le fromage à la crème, le sucre, la farine et l'essence de vanille ; mélangez bien. Incorporez les œufs. À la spatule, ajoutez le lait. Versez dans le moule.
- Faites cuire au four 45 à 55 minutes.
- Retirez du four. Étendez la crème sure sur le gâteau. Laissez refroidir 30 minutes avant de démouler. Placez au réfrigérateur 3 à 4 heures. Décorez de fraises. Servez.

Recette illustrée

VARIANTES

- Remplacez les fraises par des bleuets ou des kiwis.
- Saupoudrez le dessus du gâteau de noix de coco râpée.

Gâteau au fromage et aux noisettes

8 À 10 PORTIONS

Croûte
250 ml	(1 tasse) chapelure de biscuits graham
180 ml	(³/₄ tasse) noix hachées
80 ml	(¹/₃ tasse) cassonade
80 ml	(¹/₃ tasse) beurre ou margarine, fondu

Garniture
375 ml	(1 ¹/₂ tasse) fromage à la crème, ramolli
180 ml	(³/₄ tasse) crème à tartiner aux noisettes et au chocolat, du commerce
3	œufs
45 ml	(3 c. à s.) crème à 35 %
160 ml	(²/₃ tasse) yogourt nature

Croûte
- Beurrez un moule démontable. Dans un bol, mélangez la chapelure, les noix, la cassonade et le beurre. Pressez ce mélange au fond et sur la paroi du moule. Réservez.

Garniture
- Préchauffez le four à 175 °C (350 °F).
- Dans un bol, fouettez le fromage jusqu'à formation de pointes molles. Incorporez 125 ml (¹/₂ tasse) de crème à tartiner. Ajoutez les œufs et la crème ; mélangez un peu. Versez dans le moule. Faites cuire au four 35 à 45 minutes.
- Laissez refroidir le gâteau 15 minutes sur une grille.
- Dans un bol, mélangez le yogourt et le reste de la crème à tartiner. Étalez sur le gâteau. Détachez le fond du moule ; laissez refroidir 1 ¹/₂ heure.

Recette illustrée ci-contre, à gauche

Gâteau au fromage « cacao coco »

8 À 10 PORTIONS

Croûte
250 ml	(1 tasse) chapelure de biscuits graham
160 ml	(²/₃ tasse) noix de coco râpée
125 ml	(¹/₂ tasse) beurre
30 ml	(2 c. à s.) cacao

Garniture
675 ml	(2 ¹/₂ tasses) fromage à la crème, ramolli
375 ml	(1 ¹/₂ tasse) sucre
30 ml	(2 c. à s.) farine
4	œufs
80 ml	(¹/₃ tasse) crème à 35 %
15 ml	(1 c. à s.) vanille
125 ml	(¹/₂ tasse) chocolat mi-sucré, fondu
80 ml	(¹/₃ tasse) noix de coco râpée
60 ml	(2 oz) chocolat
10 ml	(2 c. à t.) graisse végétale

Croûte
- Beurrez un moule démontable. Dans un bol, mélangez la chapelure, la noix de coco, le beurre et le cacao. Pressez ce mélange au fond et sur la paroi du moule.

Garniture
- Préchauffez le four à 160 °C (325 °F).
- Dans un grand bol, fouettez le fromage à la crème jusqu'à l'obtention d'une consistance crémeuse. Réservez.
- Dans un autre bol, mélangez le sucre et la farine. Incorporez au fromage. Ajoutez les œufs ; mélangez bien.
- Dans un autre bol, mélangez la crème et l'essence de vanille. Incorporez le chocolat fondu et la noix de coco râpée.

- Versez dans le moule. Faites cuire au four environ 1 heure.
- Laissez refroidir sur une grille 15 minutes. Détachez les charnières ; dégagez le gâteau, en passant un couteau le long de la paroi du moule. Laissez refroidir 30 minutes. Retirez les charnières. Placez au réfrigérateur 2 heures.
- Entre-temps, dans une petite casserole, faites fondre le chocolat et la graisse végétale. Retirez le gâteau du réfrigérateur. Versez le chocolat sur le gâteau, en formant une spirale. À l'aide de la pointe d'un couteau, décorez, en traçant des lignes transversales sur le dessus du gâteau. Placez au réfrigérateur 15 minutes avant de servir.

Recette illustrée ci-dessus, à droite

Gâteau au fromage minute

8 À 10 PORTIONS

Croûte

375 ml	(1 ½ tasse) chapelure de biscuits graham
60 ml	(¼ tasse) cassonade
125 ml	(½ tasse) beurre ou margarine, fondu

Garniture

80 ml	(⅓ tasse) jus de fruits
1 ½	sachet de gélatine sans saveur
225 g	(1 tasse) fromage à la crème, ramolli
160 ml	(⅔ tasse) sucre
250 ml	(1 tasse) fromage cottage, égoutté
15 ml	(1 c. à s.) essence de vanille
250 ml	(1 tasse) crème fouettée
3	kiwis, tranchés
1	orange, pelée à vif, en quartiers
1	pomme, tranchée
60 ml	(¼ tasse) pacanes

Croûte

- Préchauffez le four à 175 °C (350 °F). Beurrez un moule démontable. Réservez.

- Dans un bol, mélangez la chapelure de biscuits graham, la cassonade et le beurre. Pressez ce mélange au fond et sur la paroi du moule. Faites cuire au four environ 9 minutes. Laissez refroidir. Réservez.

Garniture

- Dans une petite casserole, faites chauffer le jus de fruits et la gélatine, en remuant constamment, jusqu'à ce que la gélatine soit bien dissoute. Réservez.

- Dans un bol, fouettez le fromage à la crème et le sucre jusqu'à la formation de pointes molles. Incorporez le fromage cottage. Réservez.

- Ajoutez l'essence de vanille au mélange de gélatine, en vous assurant qu'il soit bien liquide. Incorporez au mélange de fromage, en fouettant vivement. À la spatule, incorporez délicatement la crème fouettée. Versez dans la croûte. Placez au réfrigérateur 2 à 3 heures (ou 1 heure au congélateur). Démoulez. Garnissez de fruits et de pacanes.

VARIANTES

- Utilisez d'autres combinaisons de fruits (framboises, groseilles et bleuets, tel qu'illustré ci-dessus) et d'autres saveurs de jus de fruits.

- Remplacez le jus de fruits par de l'eau ou du lait et le sachet de gélatine par de la poudre pour gelée d'une saveur au choix. Garnissez de noix hachées.

Gâteau moka au rhum et au fromage

8 À 10 PORTIONS

Croûte

375 ml	(1 ½ tasse) chapelure de biscuits à la farine d'avoine
80 ml	(⅓ tasse) beurre ou margarine
10 ml	(2 c. à t.) cacao

Garniture

30 ml	(2 c. à s.) café instantané
60 ml	(2 oz) rhum brun
680 ml	(2 ¾ tasses) fromage à la crème, ramolli
250 ml	(1 tasse) cassonade
160 ml	(⅔ tasse) chocolat mi-sucré, fondu, tiède
30 ml	(2 c. à s.) farine tout usage
15 ml	(1 c. à s.) essence de vanille
3	œufs
375 ml	(1 ½ tasse) crème sure
125 ml	(½ tasse) pistaches ou amandes

Croûte

- Beurrez le fond d'un moule démontable. Réservez.

- Dans un bol, mélangez la chapelure, le beurre et le cacao. Pressez ce mélange au fond et sur la paroi du moule, jusqu'à environ 3,75 cm (1 ½ po) du bord. Réservez.

Garniture

- Préchauffez le four à 190 °C (375 °F).

- Dans un bol, faites dissoudre le café dans le rhum. Réservez.

- Dans le bol du malaxeur, fouettez légèrement le fromage à la crème, la cassonade, le chocolat et la farine. Incorporez l'essence de vanille et les œufs ; mélangez à basse vitesse.

- À la spatule, incorporez le mélange de rhum et de café. Versez dans le moule.

- Faites cuire au four 45 à 55 minutes ou jusqu'à ce que le centre du gâteau soit pris.

- Retirez du four. Laissez refroidir 10 minutes. Dégagez le gâteau, en passant un couteau le long de la paroi du moule. Retirez les charnières ; laissez refroidir 2 heures. Couvrez de crème sure. Décorez de pistaches ou d'amandes. Placez au réfrigérateur au moins 2 heures avant de servir.

VARIANTES

- Garnissez le gâteau de crème fouettée saupoudrée de cacao.

- Servez le gâteau sur une sauce ou un coulis (p. 414 à 417).

Gâteau au fromage et aux pêches

6 PORTIONS

Croûte

180 ml	(³/₄ tasse) farine
45 ml	(3 c. à s.) cassonade
30 ml	(2 c. à s.) zeste d'orange, râpé
60 ml	(¹/₄ tasse) beurre
1	jaune d'œuf, battu

Garniture

875 ml	(3 ¹/₂ tasses) pêches, en conserve
500 ml	(2 tasses) fromage à la crème, ramolli
125 ml	(¹/₂ tasse) sucre
30 ml	(2 c. à s.) farine
4	œufs
125 ml	(¹/₂ tasse) jus de pêche
5 ml	(1 c. à t.) essence de vanille
160 ml	(²/₃ tasse) nappage à l'abricot *(p. 414)*

▪ Préchauffez le four à 190 °C (375 °F).

Croûte

▪ Beurrez le fond d'un moule démontable. Réservez.

▪ Dans un bol, mélangez la farine, la cassonade et le zeste d'orange. Ajoutez le beurre ; mélangez jusqu'à l'obtention d'une consistance granuleuse.

▪ Incorporez le jaune d'œuf. Pressez le tiers de la pâte sur le fond du moule. Enveloppez le reste. Réservez.

▪ Faites cuire la croûte de fond (sans la paroi du moule) environ 6 minutes ou jusqu'à ce qu'elle soit dorée. Retirez du four. Laissez refroidir.

▪ Beurrez la paroi du moule ; fixez autour du fond. Couvrez du reste de pâte jusqu'à 5 cm (2 po) du bord. Réservez.

Garniture

▪ Réservez 3 demi-pêches pour la décoration. Hachez finement le reste des pêches.

▪ Dans un grand bol, fouettez le fromage jusqu'à l'obtention d'une consistance crémeuse.

▪ Dans un second bol, mélangez le sucre et la farine. Incorporez à la préparation de fromage. Ajoutez tous les œufs ; mélangez. Incorporez les pêches hachées, le jus de pêche et l'essence de vanille ; fouettez un peu. Versez dans le moule. Faites cuire au four 40 à 50 minutes.

▪ Laissez refroidir 15 minutes. Démoulez. Décorez de tranches de pêches. Couvrez de nappage à l'abricot. Placez au réfrigérateur 3 à 6 heures.

VARIANTES

• Utilisez des oranges pelées à vif (tel qu'illustré ci-dessus), des abricots, des nectarines ou des litchis. Variez les jus de fruits. Décorez d'amandes.

Gâteau au fromage fondant et aux framboises

8 À 10 PORTIONS

Croûte

180 ml	(3/4 tasse) farine tout usage
45 ml	(3 c. à s.) sucre
5 ml	(1 c. à t.) zeste de citron, râpé finement
90 ml	(6 c. à s.) beurre ou margarine
1	jaune d'œuf, battu
4	gouttes d'essence de vanille

Garniture

675 g	(24 oz) fromage à la crème, ramolli
15 ml	(1 c. à s.) zeste de citron, râpé finement
250 ml	(1 tasse) sucre
30 ml	(2 c. à s.) farine tout usage
2	œufs
1	jaune d'œuf
5 ml	(1 c. à t.) essence de vanille
60 ml	(1/4 tasse) lait
750 ml	(3 tasses) framboises
250 ml	(1 tasse) nappage aux framboises (p. 414)

■ Préchauffez le four à 190 °C (375 °F).

Croûte

■ Beurrez le fond d'un moule démontable. Réservez.

■ Dans un bol, mélangez la farine, le sucre et le zeste de citron. Ajoutez le beurre ; mélangez jusqu'à l'obtention d'une consistance granuleuse. Réservez.

■ Dans un autre bol, fouettez le jaune d'œuf et l'essence de vanille. Incorporez à la pâte. Pressez le tiers de la pâte sur le fond du moule. Enveloppez le reste. Réservez.

■ Faites cuire la croûte de fond (sans la paroi du moule) environ 6 minutes ou jusqu'à ce qu'elle soit dorée. Retirez du four. Laissez refroidir.

■ Beurrez la paroi du moule ; fixez autour du fond. Couvrez du reste de pâte jusqu'à 5 cm (2 po) du bord. Réservez.

Garniture

■ Dans un grand bol, fouettez le fromage et le zeste de citron jusqu'à l'obtention d'une consistance crémeuse. Incorporez le sucre et la farine ; fouettez. Réservez.

■ Dans un autre bol, mélangez les 2 œufs, le jaune d'œuf et l'essence de vanille. Incorporez au mélange de fromage. Ajoutez le lait ; mélangez légèrement à la spatule. Versez dans le moule. Faites cuire au four 30 à 40 minutes.

■ Retirez du four. Laissez refroidir 30 minutes. Retirez les charnières. Laissez reposer 30 minutes. Enveloppez le gâteau. Placez au réfrigérateur 2 à 3 heures.

■ Retirez du réfrigérateur. Décorez le gâteau de framboises. Couvrez de nappage aux framboises. Remettez au réfrigérateur jusqu'à ce que le nappage prenne. Servez.

VARIANTE

● Recouvrez les framboises de 375 ml (1 1/2 tasse) de crème Chantilly (p. 413).

Gâteau au fromage et aux brisures de chocolat

8 À 10 PORTIONS

Croûte

410 ml	(1 ²/₃ tasse) chapelure de biscuits graham
80 ml	(¹/₃ tasse) noix de Grenoble hachées
125 ml	(¹/₂ tasse) beurre ou margarine, fondu

Garniture

675 ml	(2 ³/₄ tasses) fromage à la crème, ramolli
250 ml	(1 tasse) sucre
30 ml	(2 c. à s.) farine tout usage
45 ml	(3 c. à s.) cacao
5 ml	(1 c. à t.) essence de vanille
2	œufs
1	jaune d'œuf
60 ml	(¹/₄ tasse) crème à 35 %
160 ml	(²/₃ tasse) brisures de chocolat
250 ml	(1 tasse) nappage aux fraises *(p. 414)*
12	cerises
	copeaux de chocolat *(p. 330)*

Croûte

- Beurrez le fond d'un moule démontable. Réservez.

- Dans un bol, mélangez la chapelure de biscuits graham, les noix et le beurre. Pressez ce mélange au fond et sur la paroi du moule jusqu'à 5 cm (2 po) du bord. Réservez.

Garniture

- Préchauffez le four à 190 °C (375 °F).

- Dans un grand bol, fouettez le fromage à la crème, le sucre, la farine et le cacao jusqu'à l'obtention d'une consistance crémeuse.

- Incorporez l'essence de vanille et les œufs ; fouettez légèrement. À la spatule, ajoutez la crème et les brisures de chocolat ; mélangez. Versez dans le moule. Faites cuire au four 40 à 50 minutes.

- Retirez du four. Laissez refroidir 15 minutes. Détachez les charnières ; dégagez le gâteau, en passant un couteau le long du bord du moule. Laissez refroidir 30 minutes. Retirez les charnières. Couvrez de nappage aux fraises. Décorez de cerises rouges et de copeaux de chocolat. Placez au réfrigérateur au moins 4 heures.

VARIANTE
- Décorez de fraises fraîches trempées dans le chocolat fondu et de crème Chantilly au chocolat *(p. 413)*, tel qu'illustré ci-dessus.

LES SHORTCAKES

Shortcake aux fraises, recette de base

• Coupez la génoise en deux tranches d'égale épaisseur. À l'aide d'un pinceau, badigeonnez de sirop les deux tranches de génoise. Garnissez la première tranche de crème pâtissière. Recouvrez de 500 ml (2 tasses) de fraises, puis de 250 ml (1 tasse) de crème Chantilly. Recouvrez de l'autre tranche de génoise. À la spatule, enrobez de crème Chantilly.

• Trempez le reste des fraises dans le nappage aux fraises. Disposez en couronne sur le dessus du shortcake. À l'aide d'une spatule ou d'un sac à pâtisserie muni d'une douille cannelée, finissez de garnir le centre du shortcake du reste de crème Chantilly.

• Placez au réfrigérateur ou servez immédiatement.

Shortcake aux bananes et à la noix de coco

• Préparez la recette de base de shortcake, en remplaçant la génoise à la vanille par la génoise aux noix, le sirop au Grand Marnier par le sirop au rhum, les fraises par les bananes et les cerises, le nappage aux fraises par le nappage à l'abricot.

• Disposez 2 bananes tranchées et la moitié des cerises sur la crème pâtissière. Garnissez le dessus du gâteau du reste des fruits. Couvrez de nappage à l'abricot. Garnissez le shortcake de noix de coco.

Shortcake aux poires et au chocolat

• Préparez la recette de base de shortcake, en remplaçant la génoise à la vanille par la génoise au chocolat. Réservez 8 moitiés de poires. Badigeonnez les tranches de génoise de sirop au rhum. Garnissez la première tranche de crème pâtissière, de poires, puis de crème Chantilly au chocolat. Couvrez de la seconde tranche de génoise. Enrobez de crème Chantilly au chocolat.

• Au bain-marie, faites fondre le chocolat. Ajoutez le beurre. Retirez du feu ; mélangez.

• Trempez les 8 demi-poires réservées dans le chocolat fondu. Disposez symétriquement sur le dessus du gâteau. Garnissez de crème Chantilly au chocolat.

Recette illustrée

Shortcake aux bleuets

8 PORTIONS	
1	génoise aux graines de pavot *(p. 295)*
875 ml	(3 ¹/₂ tasses) bleuets
160 ml	(²/₃ tasse) nappage à l'abricot *(p. 414)*
30 ml	(2 c. à s.) graines de pavot

● Préparez la recette de base de shortcake, en remplaçant la génoise à la vanille par la génoise aux graines de pavot, les fraises par les bleuets et le nappage aux fraises par le nappage à l'abricot. Déposez les bleuets au centre du gâteau. Couvrez de nappage à l'abricot. Garnissez le contour de graines de pavot.

Recette illustrée

Shortcake aux ananas

8 PORTIONS	
1	génoise à l'orange *(p. 294)*
18	tranches d'ananas, en conserve
125 ml	(¹/₂ tasse) cacao

● Préparez la recette de base de shortcake, en remplaçant la génoise à la vanille par la génoise à l'orange, les fraises par les ananas et le nappage aux fraises par le cacao.

● Réservez 6 tranches d'ananas pour la décoration. Disposez sur le dessus du gâteau. Saupoudrez le shortcake de cacao.

Recette illustrée

Shortcake aux pêches et aux amandes

8 PORTIONS	
1	génoise aux noix *(p. 294)*
750 ml	(3 tasses) pêches en moitiés, en conserve, égouttées
125 ml	(¹/₂ tasse) miel
180 ml	(³/₄ tasse) poudre d'amande

● Préparez la recette de base de shortcake, en remplaçant la génoise à la vanille par la génoise aux noix, les fraises par les pêches et le nappage aux fraises par le miel.

● Réservez 8 demi-pêches pour la décoration. Trempez dans le miel, puis dans la poudre d'amande. Disposez sur le dessus du shortcake.

Shortcake aux framboises

8 PORTIONS	
1	recette de base de shortcake
875 ml	(3 ¹/₂ tasses) framboises fraîches
160 ml	(²/₃ tasse) amandes effilées

● Préparez la recette de base de shortcake, en remplaçant les fraises par les framboises.

● Disposez les framboises au centre du gâteau. Couvrez de nappage aux fraises. Garnissez le contour du shortcake d'amandes effilées.

LES CHARLOTTES

Crème bavaroise pour charlotte

ENVIRON 875 ML (3 ½ TASSES)	
250 ml	(1 tasse) lait
250 ml	(1 tasse) sucre
4	jaunes d'œufs
1	sachet de gélatine sans saveur
45 ml	(3 c. à s.) eau froide
2 ml	(½ c. à t.) essence de vanille ou autre
250 ml	(1 tasse) crème fouettée

▪ Dans une casserole, amenez à ébullition le lait et la moitié du sucre.

▪ Dans un bol, battez les jaunes d'œufs avec le reste du sucre. Ajoutez le lait bouillant. Remettez sur le feu ; remuez avec une spatule de bois jusqu'à épaississement. Ne laissez pas bouillir.

▪ Entre-temps, dans un bol, faites gonfler la gélatine dans l'eau froide. Ajoutez au mélange ; laissez refroidir. Pour accélérer le refroidissement, déposez le fond de la casserole dans de l'eau glacée. Remuez doucement et sans arrêt.

▪ Lorsque la crème commence à épaissir, ajoutez l'essence de vanille ; incorporez la crème fouettée.

Note : assurez-vous que vos charlottes soient prêtes à être garnies de crème bavaroise, car la gélatine prendra totalement au bout de quelques minutes seulement.

CRÈME BAVAROISE AUX FRAISES
• Au lait bouillant, incorporez 125 ml (½ tasse) de fraises réduites en purée.

CRÈME BAVAROISE AU CAFÉ
• Au lait bouillant, incorporez 45 ml (3 c. à s.) de café instantané.

CRÈME BAVAROISE AU CHOCOLAT
• Au lait encore froid, incorporez 60 ml (¼ tasse) de cacao ; mélangez bien.

CRÈME BAVAROISE AU KIRSCH
• À la recette de base, incorporez, en même temps que l'essence de vanille, 30 ml (1 oz) de kirsch.

Charlotte russe à l'américaine

8 À 10 PORTIONS	
1	génoise à la vanille (p. 294) ou gâteau éponge de 23 cm (9 po)
45 ml	(3 c. à s.) confiture de framboises ou de bleuets
750 ml	(3 tasses) crème légère parfumée au Grand Marnier (p. 413)
36	doigts de dame (p. 447)
300 ml	(1 ¼ tasse) salade de fruits ou fruits frais
375 ml	(1 tasse) crème chantilly (p. 413)

▪ Coupez la génoise en deux tranches d'égale épaisseur. Sur la première tranche, étalez successivement la confiture et une mince couche de crème légère. Recouvrez de l'autre tranche de génoise. Garnissez le dessus et le contour de crème légère.

▪ Coupez le bout des doigts de dame à une seule extrémité. Recouvrez de doigts de dame, bout rond vers le haut, tout le tour de la charlotte. Étalez une autre couche de crème légère sur le dessus. Terminez par une couche de salade de fruits ou de fruits frais. Appliquez des rosaces de crème Chantilly sur les fruits. Décorez de fruits frais, si désiré.

Charlotte aux fraises et à la noix de coco

8 À 10 PORTIONS

1	génoise à la vanille (p. 294)
60 ml	(¹/₄ tasse) confiture de fraises
160 ml	(²/₃ tasse) noix de coco râpée
500 ml	(2 tasses) crème bavaroise aux fraises (p. 326)
3	gouttes de colorant rouge (facultatif)
500 ml	(2 tasses) crème Chantilly (p. 413)
36	doigts de dame au cacao (p. 447)
180 ml	(³/₄ tasse) fraises fraîches

■ Coupez la génoise en deux tranches d'égale épaisseur.

■ Déposez la première tranche dans un moule. Badigeonnez de confiture ; saupoudrez de la moitié de la noix de coco râpée. Couvrez de crème bavaroise ; recouvrez de l'autre génoise. Placez au réfrigérateur 1 heure.

■ Retirez du réfrigérateur ; démoulez. Ajoutez le colorant à la crème Chantilly, si désiré.

■ À la spatule, enrobez la charlotte de crème Chantilly. Répartissez les doigts de dame autour de la charlotte. À l'aide d'un sac à pâtisserie, couvrez le dessus de la charlotte du reste de crème Chantilly. Décorez de fraises ; saupoudrez du reste de noix de coco râpée.

Charlotte au chocolat et au café

8 À 10 PORTIONS

30 ml	(1 oz) rhum
60 ml	(¹/₄ tasse) miel
1	génoise au cacao (p. 295)
500 ml	(2 tasses) crème bavaroise au café (p. 326)
500 ml	(2 tasses) crème Chantilly au chocolat (p. 413)
36	cigares (p. 360)
	copeaux de chocolat (p. 330)

■ Dans un bol, mélangez le rhum et le miel. Coupez la génoise en deux tranches d'égale épaisseur. Déposez la première tranche dans un moule. Badigeonnez du mélange de rhum. Couvrez de crème bavaroise au café. Recouvrez de l'autre tranche de génoise.

■ Laissez prendre au réfrigérateur 1 heure. Retirez du réfrigérateur ; démoulez.

■ À la spatule, enrobez la charlotte de crème Chantilly au chocolat. Disposez les cigares en rangs serrés autour du gâteau. À l'aide d'un sac à pâtisserie, couvrez le dessus de la charlotte du reste de crème Chantilly. Décorez de copeaux de chocolat.

CHARLOTTE AUX BANANES, AU CHOCOLAT ET AU CAFÉ

■ Recouvrez la première tranche de génoise de bananes tranchées avant d'étendre la crème bavaroise. Étalez une seconde couche de bananes avant d'enrober la charlotte de crème Chantilly au chocolat.

Petites charlottes individuelles

6 PORTIONS	
500 ml	(2 tasses) génoise (p. 294) ou gâteau éponge, coupé en petits cubes
75 ml	(5 c. à s.) sirop au kirsch (p. 414)
60 ml	(¹/₄ tasse) confiture de framboises
500 ml	(2 tasses) crème légère (p. 413)
9	doigts de dame (p. 447)
375 ml	(1 ¹/₂ tasse) crème Chantilly (p. 413)
6	framboises
6	feuilles de menthe

■ Garnissez le fond de 6 coupes à dessert de quelques morceaux de gâteau imbibés de sirop au kirsch.

■ Versez 10 ml (2 c. à t.) de confiture de framboises dans chaque coupe. À l'aide d'une cuillère ou d'un sac à pâtisserie, remplissez aux trois quarts de crème légère. Coupez les doigts de dame en deux. Déposez 3 doigts de dame contre la paroi intérieure de chaque coupe, bout rond vers le haut. À l'aide d'un sac à pâtisserie muni d'une douille cannelée moyenne, garnissez d'une rosace de crème Chantilly. Décorez chaque charlotte d'une framboise et d'une feuille de menthe.

VARIANTES

• Utilisez une autre saveur de confiture et tout autre fruit, frais ou en conserve.

Petites charlottes pommes et noix

8 PORTIONS	
500 ml	(2 tasses) génoise à la vanille (p. 294) ou au cacao (p. 295), coupée en petits cubes
500 ml	(2 tasses) compote de pommes
15 ml	(1 c. à s.) cannelle moulue
500 ml	(2 tasses) crème légère (p. 413)
24	doigts de dame (p. 447)
250 ml	(1 tasse) crème Chantilly (p. 413)
125 ml	(¹/₂ tasse) noix hachées

■ Dans 8 moules ou coupes à dessert, partagez successivement les cubes de génoise, la compote, la cannelle et la crème légère. Coupez les doigts de dame en deux. Disposez 6 doigts de dame contre la paroi intérieure des coupes, bout rond vers le haut.

■ À l'aide d'un sac à pâtisserie muni d'une douille cannelée moyenne, garnissez d'une rosace de crème Chantilly. Saupoudrez de 15 ml (1 c. à s.) de noix hachées. Servez.

VARIANTES

• Imbibez d'alcool les cubes de génoise. Garnissez le fond des coupes de fruits séchés coupés en petits cubes ou de pain sucré au chocolat. Remplacez la compote de pommes par de la confiture ou de la purée de rhubarbe, de pêches ou de poires et les noix par des noisettes ou des amandes.

Charlotte St-Placide

	8 À 10 PORTIONS
1	gâteau roulé à la suisse *(p. 298)*
250 ml	(1 tasse) abricots en moitiés, en conserve
500 ml	(2 tasses) crème bavaroise aux fraises *(p. 326)*
250 ml	(1 tasse) abricots en morceaux, en conserve
250 ml	(1 tasse) crème Chantilly *(p. 413)*
125 ml	(½ tasse) amandes grillées, émiettées
1	génoise au cacao de 1,75 cm (¾ po) d'épaisseur *(p. 295)*
125 ml	(½ tasse) nappage à l'abricot *(p. 414)*

- Coupez le gâteau roulé en tranches de 1,25 cm (½ po) d'épaisseur.

- Sur la paroi d'un moule à fond arrondi, étendez, en alternant, les tranches de gâteau roulé et les demi-abricots.

- Dans un bol, mélangez la crème bavaroise et les abricots. Versez dans le moule.

- Dans un autre bol, mélangez la crème Chantilly avec la moitié des amandes. Versez dans le moule. Recouvrez de la génoise au cacao. Placez au réfrigérateur 1 heure. Démoulez ; couvrez de nappage à l'abricot. Parsemez le contour de la charlotte d'amandes émiettées.

VARIANTES
- Remplacez les abricots par des poires, des litchis ou de la noix de coco râpée.

Charlotte de l'île

	8 À 10 PORTIONS
1	génoise au cacao *(p. 295)*
60 ml	(¼ tasse) confiture de fraises
1	sachet de gélatine sans saveur
500 ml	(2 tasses) yogourt aux fraises, à la température ambiante
125 ml	(½ tasse) figues séchées, hachées
500 ml	(2 tasses) crème Chantilly *(p. 413)*
24	gaufrettes trempées dans le chocolat
125 ml	(½ tasse) figues fraîches, tranchées

- Coupez la génoise en deux tranches d'égale épaisseur. Déposez la première tranche de génoise dans un moule. Badigeonnez de confiture. Réservez.

- Dans un bol, faites dissoudre la gélatine dans un peu d'eau ; incorporez au yogourt, en brassant vigoureusement. Ajoutez les figues. Versez sur la génoise. Recouvrez de l'autre génoise. Placez au réfrigérateur 1 heure.

- Retirez du réfrigérateur ; démoulez. À la spatule, enrobez la charlotte de crème Chantilly. Disposez les gaufrettes autour du gâteau. À l'aide d'un sac à pâtisserie, couvrez le dessus du reste de crème Chantilly. Décorez de figues fraîches. Servez.

VARIANTES
- Décorez de fraises fraîches. Utilisez différentes saveurs de yogourt.

Charlotte royale

	8 À 10 PORTIONS
18	tranches de gâteau roulé à la suisse de 1,25 cm (½ po) d'épaisseur *(p. 298)*
250 ml	(1 tasse) salade de fruits, égouttée
500 ml	(2 tasses) crème bavaroise au kirsch *(p. 326)*
1	génoise de 23 cm (9 po) de diamètre et de 1,25 cm (½ po) d'épaisseur, au choix *(p. 294 et 295)*
125 ml	(½ tasse) nappage à l'abricot *(p. 414)*
	feuilles de menthe fraîche
	coulis de fraises, de framboises ou de bleuets *(p. 415)*

- Tapissez l'intérieur d'un moule à fond arrondi de 23 cm (9 po) de tranches de gâteau. Réservez.

- Dans un bol, mélangez la salade de fruits et la crème bavaroise. Versez dans le moule, sur le gâteau. Recouvrez de la génoise. Placez au réfrigérateur 3 heures.

- Démoulez sur un carton. Étendez le nappage à l'abricot sur toute la surface. Décorez de menthe fraîche. Servez la charlotte, accompagnée de fruits frais ou d'un coulis.

Recette illustrée

LES GARNITURES ET LES GLAÇAGES

Les champignons de meringue

Les cigarettes et les copeaux de chocolat

Le saupoudrage du sucre glace

- Placez des bandes de papier parallèles sur le gâteau. À l'aide d'un tamis fin, saupoudrez de sucre glace.

- Retirez délicatement les bandes de papier.

- Créez des motifs de papier selon votre fantaisie ou utilisez un dessus d'assiette en papier décoratif (dolly).

Les feuilles de houx en pâte d'amande

- Colorez un peu de pâte d'amande de quelques gouttes de colorant alimentaire vert. Abaissez ensuite la pâte à 0,25 cm (1/8 po) d'épaisseur.

- Coupez la pâte en rectangles de 2,5 x 5 cm (1 x 2 po). À l'aide d'un petit emporte-pièce rond, découpez les bords, en donnant la forme de feuilles de houx.

- À l'aide d'un couteau, pratiquez de petites entailles transversales pour imiter des nervures.

- À l'aide d'un sac à pâtisserie, dressez des pieds et des têtes de champignons sur une plaque à biscuits doublée de papier à pâtisserie. Faites sécher au four 30 minutes à 85 °C (175 °F).

- Sous chaque tête, creusez un petit trou ; déposez des gouttes de chocolat fondu. Joignez aux pieds. Laissez figer le chocolat.

- Décorez vos champignons de chocolat fondu, de sucre glace, de confiture, etc.

- Sur une plaque à pâtisserie, versez 375 ml (1 1/2 tasse) de chocolat fondu. À l'aide d'une spatule étroite, étendez uniformément. Laissez durcir.

- À l'aide d'une spatule large, grattez le chocolat pour le détacher du fond et obtenir des cigarettes et des copeaux.

Crème au beurre

ENVIRON 500 ml (2 TASSES)	
250 ml	(1 tasse) beurre non salé
1 L	(4 tasses) sucre glace
3	jaunes d'œufs
60 ml	(¼ tasse) crème à 35 %
10 ml	(2 c. à t.) essence de vanille

▪ Dans un grand bol, battez le beurre environ 8 minutes ou jusqu'à ce qu'il soit léger et crémeux. Sans cesser de battre, ajoutez le sucre glace par petites quantités, en le tamisant. Ajoutez ensuite les jaunes d'œufs, un à la fois, en fouettant bien entre chaque addition. Terminez par la crème et la vanille. Battez jusqu'à consistance lisse.

CRÈME AU BEURRE AU CHOCOLAT
• Au bain-marie, faites fondre 140 g (5 oz) de chocolat non sucré. Laissez tiédir. Ajoutez à la crème au beurre. Battez jusqu'à la consistance désirée.

CRÈME AU BEURRE D'ARACHIDES ET AU CHOCOLAT
• Au bain-marie, faites fondre 115 g (4 oz) de chocolat non sucré. Laissez tiédir. Incorporez à la crème au beurre ; ajoutez 80 ml (⅓ tasse) de beurre d'arachides. Battez jusqu'à la consistance désirée.

CRÈME AU BEURRE MOKA
• Au bain-marie, faites fondre 60 g (2 oz) de chocolat non sucré. Laissez tiédir.

Faites dissoudre 45 ml (3 c. à s.) de café instantané dans 45 ml (3 c. à s.) d'eau chaude. Laissez tiédir.

Substituez ces ingrédients à la crème et à la vanille, dans la recette de base.

CRÈME AU BEURRE À L'ORANGE
• Dans la recette de base de crème au beurre, substituez, à la crème à 35 %, 15 ml (1 c. à s.) de zeste d'orange, 30 ml (2 c. à s.) de Grand Marnier et 30 ml (2 c. à s.) de jus d'orange.

CRÈME AU BEURRE AUX FRAMBOISES
• Dans la recette de base, substituez, à la crème à 35 %, 75 ml (5 c. à s.) de framboises et 15 ml (1 c. à s.) de jus de citron.

Recettes illustrées, de gauche à droite : crème au beurre à l'orange, crème au beurre au chocolat, crème au beurre aux framboises, crème au beurre moka

Les tartes ont la mauvaise réputation de contenir beaucoup de matières grasses et de calories ! En effet, la pâte à tarte est très riche en gras. Pour alléger nos tartes, cependant, nous pouvons éliminer une abaisse ou, mieux encore, remplacer celle du fond par une croûte aux biscuits graham.

Remarquons la tarte au sucre et au yogourt (p. 336), recette originale et intéressante, surtout lorsqu'on évite l'abaisse du dessus, disposant joliment quelques languettes de pâte sur la garniture. La tarte aux pommes St-Louis (p. 343) est un autre choix judicieux où la crème pâtissière peut être allégée, en réduisant la quantité de sucre et en utilisant du lait écrémé.

LES TARTES

LES TARTES

Pâte brisée

POUR 2 ABAISSES OU 8 TARTELETTES

75 ml	(5 c. à s.) eau froide
15 ml	(1 c. à s.) sucre
5 ml	(1 c. à t.) sel
160 ml	(2/3 tasse) graisse végétale
500 ml	(2 tasses) farine

- Dans un bol, faites dissoudre l'eau, le sucre et le sel.

- Dans un autre bol, mélangez la graisse végétale et la farine jusqu'à consistance granuleuse. Creusez une fontaine.

- Versez le mélange liquide dans la fontaine. Mélangez délicatement avec les mains, sans pétrir.

- Enveloppez la pâte de pellicule plastique ; placez au réfrigérateur au moins 15 minutes.

Pâte sablée

POUR 2 ABAISSES OU 8 TARTELETTES

125 ml	(1/2 tasse) beurre
250 ml	(1 tasse) sucre glace
1	petit œuf
3	gouttes d'essence de vanille
300 ml	(1 1/4 tasse) farine

- Au mélangeur, défaites le beurre en crème. Incorporez le sucre glace ; mélangez jusqu'à consistance crémeuse. Ajoutez l'œuf et l'essence de vanille ; mélangez.

- À la spatule, incorporez la farine, en évitant de trop mélanger la pâte.

- Enveloppez ; placez au réfrigérateur.

Roulage, fonçage et cuisson des tartes et des tartelettes

- Préchauffez le four à 205 °C (400 °F). Beurrez un moule à tarte ou des moules à tartelettes.

- Sortez la pâte du réfrigérateur ; séparez en 2 abaisses de 23 cm (9 po) de diamètre. Réenveloppez ; remettez au réfrigérateur la pâte que vous n'utilisez pas immédiatement.

- Enfarinez légèrement une surface propre et lisse. Formez une boule de pâte. À l'aide d'un rouleau à pâtisserie, roulez délicatement la pâte. Enfarinez légèrement le rouleau, si la pâte colle. Abaissez la pâte à environ 0,25 cm (1/8 po) d'épaisseur.

- Enroulez la pâte sur le rouleau, pour mieux la déposer dans le moule à tarte. Déroulez dans le moule.

- Soulevez le tout dans les airs ; laissez tomber à plat sur le comptoir, pour permettre à la pâte de se placer d'elle-même dans le moule.

- Avec le revers d'une lame, coupez l'excédent de pâte autour du moule.

- Pour faciliter le fonçage des tartelettes, disposez les moules en étoile ; déposez l'abaisse sur le dessus. Passez le rouleau sur les moules, pour en détacher l'excédent de pâte. Avec les doigts, pressez la pâte, pour la faire adhérer aux moules.

- Façonnez la bordure selon votre fantaisie : avec les doigts, tel qu'illustré ci-dessus, ou à l'aide d'un couteau, tel qu'illustré ci-dessous. Laissez reposer 15 minutes avant la cuisson. Faites cuire au four environ 15 minutes.

Pâte feuilletée

ENVIRON 900 G (2 LB)	
125 ml	(½ tasse) beurre
625 ml	(2 ½ tasses) farine tout usage
5 ml	(1 c. à t.) sel
250 ml	(1 tasse) eau, glacée

Tourage

300 ml	(1 ¼ tasse) beurre froid, en 1 carré de 10 cm (4 po)

- Dans un bol, défaites le beurre en crème. Incorporez la farine et le sel ; mélangez jusqu'à consistance granuleuse. Creusez une fontaine. Versez l'eau. À la spatule, ramenez doucement la farine dans l'eau.

- Avec les mains, pétrissez la pâte 4 ou 5 fois jusqu'à consistance lisse et jusqu'à ce que la pâte ne colle plus aux mains. Formez une boule.

- Enfarinez une plaque à biscuits. Déposez la pâte ; recouvrez de pellicule plastique. Placez au réfrigérateur au moins 20 minutes.

Tourage

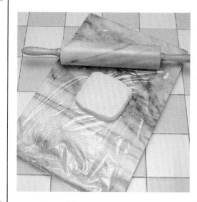

1. Retirez le beurre et la pâte du réfrigérateur.

2. Pratiquez 2 profondes incisions dans la boule de pâte.

3. Avec les mains, dépliez ensuite vers l'extérieur chaque section ainsi formée.

4. À l'aide d'un rouleau à pâtisserie, abaissez la pâte en forme de croix ; déposez le carré de beurre au centre.

5. Repliez ensuite les 4 côtés de la pâte, de façon à recouvrir le carré de beurre.

6. Enfarinez légèrement ; roulez la pâte en un rectangle de 40 x 20 cm (15 x 8 po). À l'aide d'un pinceau à pâtisserie, balayez le surplus de farine.

7. Repliez le rectangle sur lui-même, en ramenant les 2 extrémités vers le centre, pour former un carré de 20 cm (8 po). Balayez le surplus de farine une autre fois.

8. Pliez en deux, de façon à obtenir 4 épaisseurs de pâte.

9. Enveloppez ; placez au réfrigérateur au moins 45 minutes.

- Retirez du réfrigérateur. Recommencez les étapes 6 à 9, de façon à obtenir 8 épaisseurs de pâte. Pour une pâte encore plus feuilletée, répétez le tourage une troisième fois. Replacez la pâte au réfrigérateur au moins 8 heures avant d'utiliser.

Tarte de campagne

	6 À 8 PORTIONS
2	abaisses de 23 cm (9 po) *(p. 334)*
80 ml	(¹/₃ tasse) confiture de framboises
125 ml	(¹/₂ tasse) flocons d'avoine
375 ml	(1 ¹/₂ tasse) cassonade
1	pincée de sel
125 ml	(¹/₂ tasse) brisures de chocolat mi-sucré
160 ml	(²/₃ tasse) lait
30 ml	(2 c. à s.) beurre, fondu

- Préchauffez le four à 175 °C (350 °F). Foncez un moule à tarte d'une abaisse.

- Étalez la confiture dans l'abaisse. Réservez.

- Dans un bol, mélangez les flocons d'avoine, la cassonade, le sel et les brisures de chocolat. Incorporez le lait et le beurre fondu ; mélangez. Versez dans l'abaisse.

- À l'aide d'un pinceau, mouillez bien les bords de la pâte. Couvrez de la seconde abaisse. Pincez les bords.

- Faites cuire au four 25 minutes. Servez chaude ou froide, accompagnée de crème glacée ou de yogourt, si désiré.

Tarte à l'érable

	6 À 8 PORTIONS
125 ml	(¹/₂ tasse) fécule de maïs
125 ml	(¹/₂ tasse) eau
3	jaunes d'œufs
500 ml	(2 tasses) cassonade
375 ml	(1 ¹/₂ tasse) sirop d'érable
125 ml	(¹/₂ tasse) beurre
80 ml	(¹/₃ tasse) noix hachées
5 ml	(1 c. à t.) essence de vanille
1	abaisse cuite de 23 cm (9 po) *(p. 334)* ou fond de tarte aux biscuits graham
	crème fouettée
	noix hachées

- Dans un bol, délayez la fécule de maïs dans l'eau. Ajoutez les jaunes d'œufs ; mélangez.

- Dans une casserole, faites fondre la cassonade et le sirop d'érable à feu moyen. Incorporez la fécule de maïs ; mélangez jusqu'à l'obtention d'une consistance épaisse et crémeuse. À feu doux, faites cuire 3 minutes, en remuant.

- Retirez du feu. Ajoutez le beurre, les noix hachées et l'essence de vanille ; mélangez. Versez dans l'abaisse. Placez au réfrigérateur 2 heures. Garnissez de crème fouettée et de noix hachées. Servez.

VARIANTE

- Remplacez les noix par des raisins de Corinthe.

Tarte au sucre et au yogourt

	6 À 8 PORTIONS
2	abaisses de 23 cm (9 po) *(p. 334)*
425 ml	(1 ³/₄ tasse) cassonade
250 ml	(1 tasse) yogourt nature
20 ml	(4 c. à t.) farine tout usage
20 ml	(4 c. à t.) beurre
1	œuf
5 ml	(1 c. à t.) essence de vanille
2	œufs, battus

- Préchauffez le four à 175 °C (350 °F). Foncez un moule à tarte d'une abaisse. Réservez.

- Dans un bol, mélangez la cassonade et le yogourt. Réservez.

- Dans un autre bol, mélangez la farine, le beurre, l'œuf et l'essence de vanille. Incorporez bien au premier mélange. Versez dans l'abaisse.

- Recouvrez d'une abaisse. Pratiquez quelques incisions sur le dessus, pour permettre à la vapeur de s'échapper. Badigeonnez d'œufs battus. Faites cuire au four environ 50 minutes.

Tarte aux pacanes

6 À 8 PORTIONS

1	abaisse de 23 cm (9 po) *(p. 334)*
330 ml	(1 ¹⁄₃ tasse) cassonade
125 ml	(¹⁄₂ tasse) lait concentré
2	œufs
30 ml	(2 c. à s.) farine tout usage
10 ml	(2 c. à t.) essence de vanille
15 ml	(1 c. à s.) beurre, fondu
160 ml	(²⁄₃ tasse) pacanes

• Préchauffez le four à 175 °C (350 °F). Foncez un moule à tarte de l'abaisse. Réservez.

• Dans un bol, mélangez la cassonade et le lait concentré. Incorporez les œufs, la farine, l'essence de vanille et le beurre fondu ; mélangez bien. Versez la préparation dans l'abaisse. Disposez les pacanes sur le dessus.

• Faites cuire au four 25 à 30 minutes.

TARTE AU SUCRE ET AUX POMMES

• Disposez de fines tranches de pommes, en cercles concentriques, sur le dessus de la tarte. Faites cuire au four.

Tarte au sucre

6 À 8 PORTIONS

1	abaisse de 23 cm (9 po) *(p. 334)*
30 ml	(2 c. à s.) fécule de maïs
30 ml	(2 c. à s.) farine
180 ml	(³⁄₄ tasse) crème à 15 %
300 ml	(1 ¹⁄₄ tasse) cassonade
160 ml	(²⁄₃ tasse) crème à 35 %
5 ml	(1 c. à t.) essence de vanille
20 ml	(4 c. à t.) beurre
	crème fouettée (facultatif)

• Préchauffez le four à 175 °C (350 °F). Foncez un moule à tarte d'une abaisse. Réservez.

• Dans un bol, mélangez la fécule de maïs, la farine et la moitié de la crème à 15 % ; mélangez au fouet jusqu'à

consistance crémeuse. Réservez.

• Dans une casserole, faites chauffer la cassonade, la crème à 35 % et le reste de la crème à 15 %. Amenez à ébullition.

• Incorporez le mélange de fécule de maïs et de farine, en fouettant vivement. Retirez du feu ; fouettez, en raclant bien les bords. Remettez sur le feu ; remuez constamment au fouet jusqu'à formation de cloques. Retirez du feu. Incor-

porez l'essence de vanille et le beurre. Versez dans le moule. Faites cuire au four 20 à 30 minutes. Laissez refroidir un peu ou totalement. Servez, garnie de crème fouettée, si désiré.

Recette illustrée

VARIANTE

• Couvrez d'une abaisse ou de lanières de pâte entrecroisées, tel qu'illustré ci-dessus.

Tarte au chocolat fondant

6 À 8 PORTIONS	
1	abaisse de 23 cm (9 po) *(p. 334)*
165 g	(6 oz) chocolat noir non sucré
250 ml	(1 tasse) beurre
375 ml	(1 ½ tasse) sucre
80 ml	(⅓ tasse) farine tout usage
7	œufs
5 ml	(1 c. à t.) essence de vanille

- Préchauffez le four à 175 °C (350 °F).

- Beurrez un moule à tarte démontable. Enfarinez. Foncez de l'abaisse. Faites cuire au four 15 minutes. Laissez refroidir.

- Au bain-marie, faites fondre le chocolat et le beurre, en remuant régulièrement. Laissez refroidir.

- Dans un bol, battez le sucre, la farine, les œufs et l'essence de vanille jusqu'à l'obtention d'une consistance crémeuse. Incorporez au mélange de chocolat. Versez le tout dans l'abaisse. Faites cuire au four 25 à 35 minutes. Laissez refroidir. Démoulez.

Recette illustrée à gauche

VARIANTE
- Remplacez la vanille par 4 gouttes de fleur d'oranger et 45 ml (3 c. à s.) de zeste d'orange râpé.

Tarte minute au chocolat

6 À 8 PORTIONS	
500 ml	(2 tasses) lait
160 ml	(⅔ tasse) sucre
115 g	(4 oz) chocolat non sucré
4	jaunes d'œufs
30 ml	(2 c. à s.) fécule de maïs
30 ml	(2 c. à s.) beurre
5 ml	(1 c. à t.) essence de vanille
1	abaisse de 23 cm (9 po), cuite *(p. 334)*
500 ml	(2 tasses) crème fouettée
30 ml	(2 c. à s.) cacao

- Dans une casserole, faites chauffer 375 ml (1 ½ tasse) du lait et la moitié du sucre.

- Entre-temps, au bain-marie, faites fondre le chocolat. Incorporez au lait chaud.

- Dans un bol, mélangez le reste du sucre et les jaunes d'œufs. Ajoutez le reste du lait et la fécule de maïs ; mélangez jusqu'à l'obtention d'une consistance crémeuse. Versez dans le lait bouillant, en fouettant.

- Dès la formation de cloques, retirez du feu. Ajoutez le beurre et la vanille ; mélangez. Versez dans l'abaisse cuite.

- Laissez refroidir. Recouvrez de crème fouettée ; saupoudrez de cacao.

Recette illustrée à droite

VARIANTES
- Ajoutez 160 ml (⅔ tasse) de noix de coco râpée en même temps que le beurre et la vanille.

- Remplacez la crème fouettée par de la crème glacée d'une saveur au choix.

Tarte au beurre d'arachides

8 À 10 PORTIONS

1	fond de tarte aux biscuits graham
625 ml	(2 ½ tasses) beurre d'arachides crémeux
625 ml	(2 ½ tasses) fromage à la crème, ramolli
500 ml	(2 tasses) sucre
45 ml	(3 c. à s.) beurre, fondu
10 ml	(2 c. à t.) essence de vanille
2 ml	(½ c. à t.) cannelle moulue
375 ml	(1 ½ tasse) crème fouettée
180 ml	(¾ tasse) chocolat mi-sucré, haché finement
75 ml	(5 c. à s.) café fort, chaud
	arachides

■ Foncez un moule démontable de 23 cm (9 po) de chapelure de biscuits graham. Réservez.

■ Au robot culinaire, battez le beurre d'arachides, le fromage à la crème, le sucre, le beurre fondu, l'essence de vanille et la cannelle 2 ou 3 minutes, jusqu'à l'obtention d'une consistance homogène.

■ À la spatule, incorporez la crème fouettée par petites quantités. Versez cette préparation dans le moule. Lissez le dessus de la tarte à la spatule. Placez au réfrigérateur 3 à 5 heures ou jusqu'à ce que la préparation soit figée.

■ Au bain-marie, faites fondre le chocolat et le café. Mélangez bien. Faites refroidir le chocolat environ 5 minutes. Versez le mélange tiède sur la tarte complètement refroidie. Placez au réfrigérateur 15 à 25 minutes.

■ Démoulez, en utilisant un petit couteau chauffé à l'eau chaude ; glissez le couteau le long du bord de la tarte. Détachez les charnières. Garnissez d'arachides. Servez.

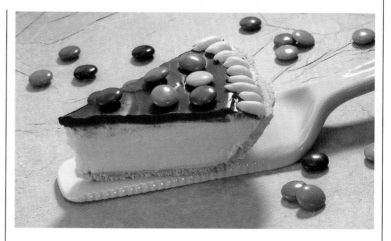

VARIANTES

• Décorez la tarte de friandises au chocolat enrobées de sucre, tel qu'illustré ci-dessus.

• Utilisez du beurre d'arachides croquant.

Tarte renversée aux pistaches

	6 À 8 PORTIONS
2	abaisses de 23 cm (9 po) (p. 334)
80 ml	(¹/₃ tasse) eau
125 ml	(¹/₂ tasse) cassonade
60 ml	(¹/₄ tasse) miel
60 ml	(¹/₄ tasse) beurre
500 ml	(2 tasses) pistaches hachées
125 ml	(¹/₂ tasse) crème à 35 %
80 ml	(¹/₃ tasse) confiture de framboises
30 ml	(1 oz) crème de cassis
	pistaches

■ Foncez un moule à tarte démontable d'une abaisse, en laissant la pâte déborder un peu. Réservez.

■ Dans une casserole, amenez à ébullition l'eau, la cassonade et le miel ; mélangez jusqu'à ce que la cassonade soit dissoute. Réduisez le feu ; laissez frémir 25 minutes.

■ Incorporez le beurre, les pistaches et la crème. Laissez frémir au moins 15 minutes. Versez dans l'abaisse.

■ Préchauffez le four à 205 °C (400 °F).

■ Mouillez les bords de l'abaisse ; recouvrez de l'autre abaisse, en la laissant aussi déborder un peu du moule ; pincez les bords. Faites cuire au four 30 à 35 minutes. Laissez refroidir. Démoulez.

■ Dans une casserole, faites fondre la confiture et la crème de cassis. Badigeonnez la tarte de ce mélange. Décorez de pistaches.

VARIANTE

● Remplacez la confiture de framboises par de la confiture de cassis.

Tarte renversée aux poires et au pastis

6 À 8 PORTIONS

45 ml	(3 c. à s.) beurre
60 ml	(¼ tasse) sucre
16	demi-poires, en conserve
60 ml	(2 oz) pastis
1	abaisse de pâte feuilletée *(p. 335)*
	crème glacée à la vanille (facultatif)

▪ Préchauffez le four à 175 °C (350 °F). Beurrez un moule à gâteau de 20,5 cm (8 po) de diamètre et de 5 cm (2 po) de profondeur, allant sur le feu. Saupoudrez du sucre.

▪ Disposez les poires, le cœur vers le haut, en rond dans le moule. Déposez le moule sur un feu très chaud. Faites caraméliser les poires et le sucre, en tournant le moule de temps en temps. Retirez du feu après 3 minutes.

▪ Ajoutez le pastis. Remettez sur le feu ; faites flamber. Retirez du feu une fois l'alcool éteint. Couvrez de l'abaisse ; pincez les bords. Faites cuire au four 25 à 35 minutes.

▪ Retirez du four. Laissez tiédir. Récupérez le sirop de cuisson, en penchant un peu le moule au-dessus d'un bol. Réservez.

▪ Renversez la tarte sur une assiette. Servez chaude, accompagnée du sirop de cuisson et de crème glacée à la vanille, si désiré.

VARIANTES

▪ Remplacez les poires et le pastis par des pêches et une liqueur d'orange (tel qu'illustré ci-contre), des ananas et du rhum (tel qu'illustré ci-dessous), des pommes et du kirsch, des fraises et de la vodka, etc.

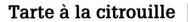

Tarte à la citrouille

6 À 8 PORTIONS	
1	abaisse de 23 cm (9 po) *(p. 334)*
250 ml	(1 tasse) citrouille, cuite
180 ml	(³/₄ tasse) noix de coco râpée
125 ml	(¹/₂ tasse) sucre
1	pincée de muscade moulue
2 ml	(¹/₂ c. à t.) cannelle moulue
1 ml	(¹/₄ c. à t.) quatre-épices
30 ml	(2 c. à s.) beurre, fondu
2 ml	(¹/₂ c. à t.) essence de vanille
2	œufs, légèrement battus
250 ml	(1 tasse) lait, chaud
250 ml	(1 tasse) crème fouettée

■ Préchauffez le four à 190 °C (375 °F). Foncez un moule à tarte de l'abaisse. Réservez.

■ Dans un bol, mélangez la citrouille, la noix de coco râpée et le sucre. Ajoutez les épices.

■ Dans un autre bol, mélangez le beurre, l'essence de vanille, les œufs et le lait. Incorporez à la préparation précédente ; mélangez bien. Versez dans l'abaisse. Faites cuire au four 40 à 50 minutes.

■ Laissez refroidir. Décorez de crème fouettée.

Tarte à la rhubarbe et aux pommes

6 À 8 PORTIONS	
1	abaisse de 23 cm (9 po) *(p. 334)*
750 ml	(3 tasses) rhubarbe, en morceaux
160 ml	(²/₃ tasse) sucre
60 ml	(¹/₄ tasse) eau
180 ml	(³/₄ tasse) crème à 35 %
125 ml	(¹/₂ tasse) sucre
4	œufs
60 ml	(¹/₄ tasse) farine
5 ml	(1 c. à t.) essence de vanille
5 ml	(1 c. à t.) rhum brun
2	pommes, pelées, en tranches très fines
125 ml	(¹/₂ tasse) nappage à l'abricot *(p. 414)*

■ Préchauffez le four à 175 °C (350 °F). Foncez un moule démontable de l'abaisse.

■ Dans une casserole, amenez à ébullition la rhubarbe, 160 ml (²/₃ tasse) de sucre et l'eau. Couvrez ; laissez bouillir 5 minutes. Retirez du feu ; laissez tiédir.

■ Dans un bol, fouettez la crème à moitié. Ajoutez le reste du sucre, les œufs, la farine, l'essence de vanille et le rhum ; fouettez bien. Incorporez la rhubarbe cuite. Versez dans l'abaisse. Couvrez de pommes tranchées.

■ Faites cuire au four 35 minutes. Réduisez la température à 150 °C (300 °F) ; laissez cuire 5 minutes. Retirez du four ; laissez tiédir. Couvrez de nappage à l'abricot.

Tarte aux pommes St-Louis

6 À 8 PORTIONS

1	abaisse de 23 cm (9 po) *(p. 334)*
180 ml	(³/₄ tasse) crème pâtissière *(p. 412)*
2	pommes, pelées, en tranches fines
125 ml	(¹/₂ tasse) nappage à l'abricot *(p. 414)*

▪ Préchauffez le four à 190 °C (375 °F). Foncez un moule à tarte de l'abaisse. Réservez.

▪ Étalez la crème pâtissière sur l'abaisse. Disposez les pommes, en cercles concentriques, sur la crème pâtissière.

▪ Faites cuire au four environ 30 minutes. Laissez refroidir 10 minutes. Couvrez de nappage à l'abricot.

Recette illustrée à gauche et à droite

VARIANTES

• Parfumez la crème pâtissière de liqueur d'amande. Garnissez la tarte d'amandes grillées tranchées.

Tarte aux pommes et à la crème

6 À 8 PORTIONS

1	abaisse de 23 cm (9 po) *(p. 334)*
4	pommes, pelées, en tranches fines
2	jaunes d'œufs
20 ml	(4 c. à t.) sucre
2	gouttes d'essence de vanille
160 ml	(²/₃ tasse) crème à 35 %
125 ml	(¹/₂ tasse) nappage à l'abricot *(p. 414)* (facultatif)

▪ Préchauffez le four à 190 °C (375 °F). Foncez un moule à tarte de l'abaisse. Réservez.

▪ Disposez les pommes en cercles concentriques sur l'abaisse. Faites cuire au four 20 minutes.

▪ Entre-temps, dans un bol, mélangez les jaunes d'œufs, le sucre et l'essence de vanille. Incorporez la crème.

▪ Retirez la tarte du four. Recouvrez du mélange de crème. Remettez au four environ 20 minutes ou jusqu'à ce que le dessus de la tarte soit bien doré. Laissez refroidir 10 minutes.

▪ Démoulez. Couvrez de nappage à l'abricot, si désiré.

VARIANTES

• Décorez la tarte d'amandes effilées ou de cheddar râpé.

Tarte crémeuse à la limette

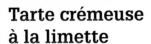

	6 À 8 PORTIONS
4	œufs
2	jaunes d'œufs
250 ml	(1 tasse) sucre
250 ml	(1 tasse) jus de limette
2	gouttes de colorant vert (facultatif)
250 ml	(1 tasse) beurre, fondu
1	abaisse de 23 cm (9 po), cuite *(p. 334)*

- Préchauffez le four à 150 °C (300 °F).

- Dans un bol, battez vigoureusement les œufs et le sucre. Sans arrêter de fouetter, ajoutez le jus de limette, le colorant et le beurre fondu. Versez dans l'abaisse.

- Faites cuire au four 20 minutes ou jusqu'à ce que la tarte soit prise. Laissez tiédir. Servez.

Tarte au citron et à la meringue

	6 À 8 PORTIONS
	jus de 5 citrons
	zeste râpé de 5 citrons
300 ml	(1 ¼ tasse) sucre
6	jaunes d'œufs
80 ml	(⅓ tasse) beurre, fondu
1	abaisse de 23 cm (9 po), cuite *(p. 334)*
750 ml	(3 tasses) meringue *(p. 358)*, **non cuite**

- Dans une casserole, mélangez le jus et le zeste de citron avec le sucre. Amenez à ébullition, en remuant constamment. Retirez du feu ; laissez tiédir.

- Dans un bol, battez les jaunes d'œufs, en incorporant graduellement le mélange au citron. Au bain-marie, en remuant de temps en temps, faites chauffer environ 45 minutes ou jusqu'à l'obtention d'une consistance épaisse et crémeuse. Retirez du feu ; incorporez le beurre. Laissez refroidir. Versez dans l'abaisse.

- Faites chauffer le four à GRIL (BROIL).

- À l'aide d'un sac à pâtisserie muni d'une douille cannelée, garnissez la tarte de meringue. Faites dorer au four 1 à 2 minutes. Servez.

VARIANTES

- Colorez la meringue de 2 gouttes de colorant jaune. Après la cuisson, saupoudrez de noix de coco râpée, de sucre glace ou de cacao. Remplacez le citron par de la lime.

Tarte à l'orange

6 À 8 PORTIONS

1	abaisse de 23 cm (9 po) *(p. 334)*
80 ml	(¹/₃ tasse) fécule de maïs
3	jaunes d'œufs
160 ml	(²/₃ tasse) jus d'orange
45 ml	(3 c. à s.) zeste d'orange
330 ml	(1 ¹/₃ tasse) sucre
160 ml	(²/₃ tasse) jus d'abricot
2	gouttes de colorant orange (facultatif)
160 ml	(²/₃ tasse) orange, pelée à vif, en quartiers
160 ml	(²/₃ tasse) abricots, en moitiés
30 ml	(2 c. à s.) jus de citron
30 ml	(2 c. à s.) beurre noix hachées
500 ml	(2 tasses) meringue *(p. 358)*, **non cuite**

• Préchauffez le four à 175 °C (350 °F). Foncez un moule à tarte démontable d'une abaisse. Faites cuire 20 à 30 minutes. Réservez.

• Dans un bol, mélangez la fécule de maïs et les jaunes d'œufs jusqu'à l'obtention d'une consistance crémeuse. Réservez.

• Dans un autre bol, mélangez le jus d'orange, le zeste d'orange, le sucre, le jus d'abricot et le colorant, si désiré. Incorporez 125 ml (¹/₂ tasse) de ce liquide au mélange de fécule de maïs et de jaunes d'œufs. Réservez.

• Dans une casserole, amenez à ébullition le reste du liquide. Incorporez le mélange de fécule de maïs et de jaunes d'œufs, en remuant jusqu'à épaississement.

• Retirez du feu. Ajoutez les fruits ; ramenez au point d'ébullition, en mélangeant doucement à la spatule. Retirez du feu. Ajoutez le jus de citron et le beurre ; mélangez bien. Laissez tiédir.

• Faites chauffer le four à GRIL (BROIL).

• Versez la préparation tiède dans l'abaisse. Saupoudrez de noix hachées. Couvrez de meringue. Faites dorer au four 1 à 2 minutes. Démoulez.

VARIANTES

• Remplacez les noix par des amandes et la meringue par de la crème fouettée (ne faites pas dorer au four). Décorez de fruits.

Tarte jardinière

6 À 8 PORTIONS

1	abaisse de 23 cm (9 po), cuite *(p. 334)*
125 ml	(½ tasse) confiture de framboises
375 ml	(1½ tasse) crème pâtissière *(p. 412)*
500 ml	(2 tasses) fruits frais
500 ml	(2 tasses) crème Chantilly *(p. 413)*
125 ml	(½ tasse) amandes effilées

■ Dans l'abaisse refroidie, étendez, en couches successives, la confiture de framboises, la crème pâtissière et les fruits.

■ À l'aide d'un sac à pâtisserie muni d'une douille cannelée, garnissez de crème Chantilly. Saupoudrez d'amandes effilées. Placez au réfrigérateur environ 20 minutes. Servez.

VARIANTES

• Utilisez une abaisse de génoise du commerce.

• Remplacez la confiture de framboises par de la confiture de pommes, de fraises ou de bleuets ou par de la marmelade, etc.

• Saupoudrez la tarte de noix de coco râpée, de graines de pavot, d'arachides concassées, de brisures ou de copeaux de chocolat, etc.

Feuilletés aux fruits de saison

6 PORTIONS	
450 g	(1 lb) pâte feuilletée (p. 335)
1	œuf, battu
375 ml	(1 ½ tasse) crème pâtissière (p. 412)
375 ml	(1 ½ tasse) fruits frais
125 ml	(½ tasse) nappage à l'abricot (p. 414)

- Préchauffez le four à 190 °C (375 °F).
- Abaissez la pâte à 0,25 cm (⅛ po) d'épaisseur. Détaillez-la en carrés, en triangles ou à l'emporte-pièce. À l'aide d'une fourchette, piquez la pâte. Réservez.

- Avec les retailles, abaissez des bandes de 1,25 cm (½ po) de largeur, suffisamment longues pour faire le tour de chaque feuilleté.

- Mouillez le bord des feuilletés et des bandes contour. Faites adhérer les bandes au contour des feuilletés, en pressant doucement.
- Déposez sur une plaque à biscuits légèrement mouillée. Badigeonnez d'œuf battu la bande contour. Laissez reposer 15 minutes.

- Faites cuire au four 15 à 20 minutes. Surveillez bien, pour éviter que le dessus ne brûle.
- Retirez du four ; laissez refroidir complètement. Remplissez de crème pâtissière. Garnissez de fruits ; badigeonnez de nappage. Placez au réfrigérateur au moins 2 heures. Servez.

Recette illustrée

Tarte aux poires chocolatées

	6 À 8 PORTIONS
1 L	(4 tasses) eau
375 ml	(1 ½ tasse) sucre
10	poires fraîches, pelées, évidées, tranchées sur la longueur
125 ml	(½ tasse) marmelade
1	abaisse de 23 cm (9 po), cuite *(p. 334)*
280 g	(10 oz) chocolat noir mi-sucré
30 ml	(2 c. à s.) beurre
125 ml	(½ tasse) crème à 35 %

■ Dans une casserole, à feu vif, amenez l'eau et le sucre à ébullition. Ajoutez les poires. À feu doux, laissez cuire 20 minutes. Retirez du feu. Couvrez ; laissez reposer 1 heure.

■ Étendez la marmelade dans l'abaisse. Disposez les poires, en cercles concentriques, sur la marmelade.

■ Au bain-marie, faites fondre le chocolat. Incorporez le beurre et la crème. Laissez chauffer un peu. Nappez les poires de cette préparation. Servez tiède.

Tarte aux fruits et à la guimauve

	6 À 8 PORTIONS
Croûte	
375 ml	(1 ½ tasse) chapelure de biscuits graham
125 ml	(½ tasse) margarine ou beurre, fondu
60 ml	(¼ tasse) cassonade
Garniture	
24	guimauves
60 ml	(¼ tasse) lait
375 ml	(1 ½ tasse) fruits frais ou en conserve, égouttés
80 ml	(⅓ tasse) brisures de chocolat sucré
125 ml	(½ tasse) crème fouettée
250 ml	(1 tasse) crème Chantilly au chocolat *(p. 413)*

■ Préchauffez le four à 175 °C (350 °F).

■ Dans un bol, mélangez tous les ingrédients de la croûte. Pressez au fond d'un moule à tarte de 23 cm (9 po). Faites cuire 7 à 9 minutes.

■ Au bain-marie, faites fondre les guimauves et le lait, en remuant constamment. Incorporez les fruits et les brisures de chocolat. Laissez refroidir. À la spatule, incorporez la crème fouettée. Étendez dans l'abaisse.

■ Placez au réfrigérateur 3 à 5 heures. Garnissez de crème Chantilly au chocolat. Servez.

VARIANTES

● Remplacez la crème Chantilly par du cacao, des fraises ou des framboises.

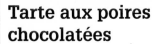

Tartelettes
à la frangipane

60 g	(2 oz) pâte d'amande
75 ml	(5 c. à s.) sucre
2	œufs (dont 1 séparé)
60 ml	(¼ tasse) beurre
2 ml	(½ c. à t.) essence d'amande
180 ml	(¾ tasse) farine
60 ml	(¼ tasse) crème à 35 %
1	recette de pâte sablée (p. 334)
40 ml	(8 c. à t.) confiture de framboises
250 ml	(1 tasse) fruits séchés et cerises confites
125 ml	(½ tasse) nappage à l'abricot (p. 414)

■ Préchauffez le four à 160 °C (325 °F).

■ Au malaxeur, à moyenne vitesse, défaites en crème la pâte d'amande, le sucre et un blanc d'œuf, jusqu'à consistance homogène. Ajoutez graduellement le beurre ; mélangez, en raclant le bord du bol, jusqu'à l'obtention d'une pâte lisse. Incorporez graduellement le reste des œufs et l'essence d'amande.

■ Ajoutez la farine d'un trait. À vitesse lente, mélangez jusqu'à ce que la farine soit absorbée. Évitez de trop mélanger. Incorporez ensuite la crème délicatement. Placez au réfrigérateur.

■ Foncez de pâte des moules à tartelettes. Déposez 5 ml (1 c. à t.) de confiture dans chaque moule. Couvrez du mélange refroidi. Faites cuire au four 15 à 20 minutes.

■ Retirez du four ; garnissez de fruits séchés et de cerises confites. Couvrez de nappage à l'abricot. Servez.

Recette illustrée

Tartelettes variées

1	recette de pâte sablée (p. 334)
	garniture pour une tarte de 23 cm (9 po), au choix

■ Préchauffez le four à 160 °C (325 °F). Foncez de pâte des moules à tartelettes. Réservez.

■ Préparez la recette de garniture de votre choix. Versez dans les moules. Faites cuire au four 15 à 20 minutes.

■ Laissez refroidir. Garnissez de crème fouettée et de cacao, si désiré.

Recette illustrée : tartelettes à l'érable (garniture à la page 336)

Tartelettes aux noix

8 TARTELETTES	
1	recette de pâte sablée (p. 334)
45 ml	(3 c. à s.) beurre
80 ml	(¹/₃ tasse) farine tout usage
250 ml	(1 tasse) sirop d'érable
250 ml	(1 tasse) eau, chaude
2 ml	(¹/₂ c. à t.) essence de vanille
250 ml	(1 tasse) crème fouettée
60 ml	(¹/₄ tasse) cacao

■ Préchauffez le four à 175 °C (350 °F). Foncez de pâte les moules à tartelettes. Faites cuire au four 15 minutes.

■ Dans une casserole, faites fondre le beurre ; ajoutez la farine. Mélangez jusqu'à ce que la farine absorbe le beurre. Ajoutez le sirop et l'eau chaude ; en remuant, amenez à ébullition. Réduisez le feu ; laissez mijoter 7 minutes ou jusqu'à ce que le mélange épaississe et devienne clair, en remuant de temps à autre.

■ Retirez du feu ; laissez refroidir. Ajoutez l'essence de vanille ; mélangez. Versez dans les moules.

■ Garnissez chaque tartelette de 30 ml (2 c. à s.) de crème fouettée. Saupoudrez de cacao. Servez.

VARIANTE
• Au sirop d'érable, ajoutez 125 ml (¹/₂ tasse) de raisins de Corinthe.

Tartelettes aux fruits

8 TARTELETTES	
1	recette de pâte sablée (p. 334)
430 ml	(1 ³/₄ tasse) crème pâtissière (p. 412)
300 ml	(1 ¹/₄ tasse) fruits frais ou en conserve, égouttés
160 ml	(²/₃ tasse) nappage à l'abricot (p. 414)

■ Préchauffez le four à 190 °C (375 °F). Foncez de pâte des moules à tartelettes. Faites cuire au four environ 15 minutes. Retirez du four ; laissez refroidir.

■ Garnissez de crème pâtissière. Décorez de fruits. Couvrez de nappage à l'abricot.

VARIANTE
• Déposez 5 ml (1 c. à t.) de confiture dans le fond de chaque abaisse cuite. Garnissez de crème pâtissière.

Tartelettes bavaroises

8 TARTELETTES

1	recette de pâte sablée *(p. 334)*
1	petite boîte de poudre pour gelée aux framboises
250 ml	(1 tasse) eau, bouillante
250 ml	(1 tasse) lait
60 ml	(¼ tasse) crème sure
8	cerises au marasquin

■ Préchauffez le four à 205 °C (400 °F).

■ Détaillez et abaissez la pâte. Foncez 8 moules à tartelettes. Faites cuire au four environ 15 minutes.

■ Dans un bol, faites dissoudre la poudre pour gelée dans l'eau bouillante. Laissez tiédir. Ajoutez le lait ; mélangez. Laissez prendre à moitié. Versez dans les tartelettes. Placez au réfrigérateur jusqu'à ce que la gelée soit bien prise.

■ Garnissez chaque tartelette de crème sure ; décorez d'une cerise.

VARIANTES
• Utilisez différentes saveurs de poudre pour gelée et différents fruits, selon la saison.

Tartelettes minute aux fruits

8 TARTELETTES

1	recette de pâte brisée *(p. 334)*
500 ml	(2 tasses) pouding instantané à la vanille
4	mandarines ou clémentines, pelées à vif, en quartiers
2	poires, tranchées en lamelles
2	pêches, tranchées en lamelles
1	kiwi, tranché
180 ml	(³/₄ tasse) gelée de pomme

■ Préchauffez le four à 205 °C (400 °F).

■ Détaillez et abaissez la pâte. Foncez 8 moules à tartelettes. Faites cuire au four environ 15 minutes.

■ Préparez le pouding instantané, selon les indications sur la boîte. Répartissez dans les abaisses.

■ Recouvrez de mandarines pelées à vif, de tranches de poires, de pêches et de kiwi.

■ Dans une casserole, faites fondre la gelée de pomme ; badigeonnez les fruits pour les glacer. Placez au réfrigérateur 1 heure. Servez.

Recette illustrée

VARIANTES
• Variez les fruits, les saveurs de pouding et de gelée.
• Garnissez de crème fouettée et de vermicelles de chocolat.

Clafoutis
aux framboises

6 À 8 PORTIONS	
250 ml	(1 tasse) framboises congelées, égouttées
1	abaisse de 23 cm (9 po), cuite *(p. 334)*

Crème renversée

500 ml	(2 tasses) lait
125 ml	(¹/₂ tasse) sucre
4	œufs
5 ml	(1 c. à t.) essence de vanille
	cacao

- Préchauffez le four à 160 °C (325 °F).

- Déposez les framboises dans l'abaisse refroidie. Réservez.

- Dans une casserole, faites chauffer le lait et le sucre jusqu'à ce que le mélange fume. Ajoutez les œufs et l'essence de vanille ; battez un peu. Tamisez cette préparation. Versez dans l'abaisse, sur les framboises.

- Faites cuire au four environ 45 minutes. Laissez tiédir ou placez au réfrigérateur pour refroidir complètement. Saupoudrez de cacao. Servez.

CLAFOUTIS AUX PÊCHES

- Remplacez les framboises par 7 demi-pêches en conserve et l'essence de vanille par de l'essence de rhum.

CLAFOUTIS AUX BLEUETS

- Remplacez les framboises par des bleuets frais ou congelés et l'essence de vanille par de la liqueur de cassis.

CLAFOUTIS AUX TROIS FRUITS

- Remplacez les framboises par 1 kiwi frais tranché, 4 demi-poires et 8 demi-abricots en conserve. Remplacez l'essence de vanille par de l'essence d'amande.

- *Déposez les framboises dans l'abaisse refroidie.*

- *Dans une casserole, faites chauffer le lait et le sucre jusqu'à ce que le mélange fume. Ajoutez les œufs et l'essence de vanille ; battez un peu.*

- *Tamisez cette préparation. Versez dans l'abaisse, sur les framboises.*

- *Laissez tiédir ou placez au réfrigérateur pour refroidir complètement. Saupoudrez de cacao. Servez.*

Choux, babas, beignets et crème fouettée, nous trouvons ici de quoi satisfaire notre dent sucrée... Mais nous ne pouvons nous permettre d'en abuser...! Malheureusement, toutes ces petites douceurs regorgent de matières grasses et de sucre.

Prenons alors l'habitude de les consommer à la fin d'un repas où le plat principal aura été particulièrement faible en calories.

LES PÂTISSERIES

LES CHOUX

Pâte à choux

ENVIRON **18** CHOUX OU **10** ÉCLAIRS	
250 ml	(1 tasse) eau
125 ml	(½ tasse) beurre ou graisse végétale
2 ml	(½ c. à t.) sel
15 ml	(1 c. à s.) sucre
250 ml	(1 tasse) farine tout usage
4	œufs
1	œuf, battu

- Préchauffez le four à 205 °C (400 °F).

- Dans une casserole, amenez à ébullition l'eau, le beurre, le sel et le sucre. Retirez du feu.

- Versez la farine d'un trait. À l'aide d'une spatule de bois, mélangez jusqu'à consistance homogène.

- Remettez la casserole sur le feu pour que la pâte sèche ; remuez constamment pour éviter qu'elle ne brûle.

- Retirez du feu. Déposez la pâte dans un bol. Laissez refroidir 5 minutes, en remuant de temps en temps.

- Incorporez les œufs un à un, jusqu'à ce que la pâte soit bien homogène et luisante.

- À l'aide d'un sac à pâtisserie muni d'une douille cannelée de grosseur moyenne, dressez des choux de 2,5 cm (1 po) de diamètre ou des éclairs de 10 x 2,5 cm (4 x 1 po) sur une plaque à biscuits beurrée.

- À l'aide d'un pinceau, badigeonnez légèrement de l'œuf battu. (Prenez soin de ne pas renverser d'œuf sur la plaque à biscuits). Faites cuire au four 25 à 30 minutes. Laissez refroidir avant de farcir.

- *Versez la farine d'un trait dans le liquide.*

- *À l'aide d'une spatule de bois, mélangez jusqu'à consistance homogène.*

- *Incorporez les œufs un à un, en mélangeant bien après chaque addition, jusqu'à ce que la pâte soit homogène et luisante.*

- *À l'aide d'un sac à pâtisserie muni d'une douille cannelée de grosseur moyenne, dressez des choux sur une plaque à biscuits beurrée.*

- *Dressez des éclairs de 10 x 2,5 cm (4 x 1 po) sur une plaque à biscuits beurrée.*

Éclairs au chocolat

10 ÉCLAIRS	
10	éclairs, cuits, refroidis
500 ml	(2 tasses) crème Chantilly au chocolat *(p. 413)*
160 ml	(2/3 tasse) cacao

- Coupez chaque éclair en deux, sur la longueur.
- À l'aide d'un sac à pâtisserie muni d'une douille cannelée, garnissez la première moitié de 45 ml (3 c. à s.) de crème Chantilly au chocolat. Recouvrez de l'autre moitié d'éclair.
- À l'aide d'un tamis, saupoudrez les éclairs de cacao. Servez.

VARIANTE
- Saupoudrez de sucre glace et de cacao.

Profiteroles à la crème

18 CHOUX	
18	choux, cuits, refroidis
425 ml	(1 3/4 tasse) crème Chantilly *(p. 413)*
165 g	(6 oz) chocolat mi-sucré
125 ml	(1/2 tasse) noix de coco râpée

- Avec la pointe d'un crayon, percez un trou dans chaque chou. À l'aide d'un sac à pâtisserie muni d'une très petite douille, farcissez de crème Chantilly. Réservez.
- Au bain-marie, faites fondre le chocolat. Trempez le dessus de chaque chou dans le chocolat fondu. Saupoudrez tout de suite de noix de coco râpée.

VARIANTE
- Farcissez les choux de crème pâtissière parfumée *(p. 412)*. Trempez dans du chocolat blanc. Saupoudrez de vermicelles de chocolat.

LES MERINGUES

Meringue parfaite, recette de base

750 ML (3 TASSES)	
125 ml	(¹/₂ tasse) blancs d'œufs
160 ml	(²/₃ tasse) sucre
125 ml	(¹/₂ tasse) sucre glace
1	pincée de crème de tartre
2	gouttes d'essence de vanille

- Préchauffez le four à 120 °C (250 °F).

- Dans le grand bol du malaxeur, mélangez tous les ingrédients, sauf l'essence de vanille. (Assurez-vous que le bol soit bien sec et qu'il n'y ait aucune trace de jaune d'œuf dans les blancs.) Battez à vitesse maximale 3 à 5 minutes ou jusqu'à ce que la meringue monte et forme des pointes molles.

- Ajoutez l'essence de vanille. À basse vitesse, mélangez 7 minutes ou jusqu'à l'obtention d'une meringue lisse, luisante et ferme.

- Apprêtez en rosaces, en spirales ou en coupes.

VARIANTE
- À la meringue, ajoutez quelques gouttes de colorant alimentaire en même temps que l'essence de vanille.

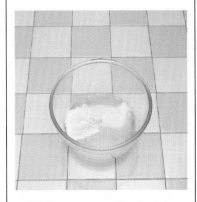

- Mélangez tous les ingrédients, sauf l'essence de vanille.

- Battez à vitesse maximale, jusqu'à ce que la meringue monte et forme des pointes molles.

- Battez encore jusqu'à l'obtention d'une meringue lisse, luisante et ferme.

Dressage et cuisson des meringues

Les rosaces

- À l'aide d'un sac à pâtisserie muni d'une douille cannelée, formez 24 petites rosaces de meringue sur une plaque à biscuits. Faites cuire au four 30 minutes. Laissez refroidir.

Les spirales

- À l'aide d'un sac à pâtisserie muni d'une douille cannelée, formez 10 spirales de meringue sur une plaque à biscuits. Faites cuire au four 30 minutes. Laissez refroidir. Garnissez.

Les coupes

- À l'aide d'un sac à pâtisserie muni d'une douille cannelée, formez 6 rondelles de meringue de 5 cm (2 po) de diamètre sur une plaque à biscuits.

- Continuez d'étaler la meringue, par cercles successifs, sur le contour de chaque galette ; formez des coupes d'une hauteur de 3,75 cm (1 ¹/₂ po). Faites cuire au four 30 minutes.

Rosaces à la crème

18 ROSACES	
36	rosaces, cuites, refroidies
500 ml	(2 tasses) crème Chantilly (p. 413)
60 ml	(¼ tasse) cacao

• Garnissez le dessous d'une rosace refroidie de 30 ml (2 c. à s.) de crème Chantilly. Joignez-y une autre rosace. Répétez l'opération jusqu'à ce que toutes les rosaces soient jointes deux par deux. Saupoudrez de cacao.

VARIANTE
• Utilisez de la crème Chantilly au chocolat (p. 413).

Spirales au chocolat

10 SPIRALES	
225 g	(8 oz) chocolat mi-sucré
10	spirales, cuites, refroidies
125 ml	(½ tasse) noix de coco râpée

• Au bain-marie, faites fondre le chocolat. Trempez les spirales dans le chocolat fondu. Saupoudrez chaque spirale de 15 ml (1 c. à s.) de noix de coco râpée.

VARIANTES
• Remplacez l'essence de vanille par de l'essence d'amande, d'orange ou de citron. Saupoudrez d'amandes, de noisettes ou de noix hachées.

Meringues en fête

6 COUPES	
6	coupes, cuites, refroidies
375 ml	(1 ½ tasse) crème pâtissière (p. 412)
180 ml	(¾ tasse) crème à tartiner aux noisettes et au chocolat, du commerce
375 ml	(1 ½ tasse) framboises

• Garnissez chaque coupe de 60 ml (¼ tasse) de crème pâtissière. Recouvrez successivement de crème à tartiner et de framboises.

VARIANTES
• Servez sur un coulis au choix (p. 414 et 415) ou sur de la crème anglaise (p. 413). Variez les fruits : bleuets, fraises, etc. Garnissez de crème Chantilly (p. 413) ou saupoudrez de cacao, de noix de coco râpée ou de noix hachées.

LES TUILES

Pâte à tuiles

8 GRANDES OU 12 PETITES CRÊPES	
60 ml	(¼ tasse) beurre
180 ml	(¾ tasse) sucre glace
4	blancs d'œufs
180 ml	(¾ tasse) farine tout usage
2 ml	(½ c. à t.) essence d'amande

■ Préchauffez le four à 190 °C (375 °F). Beurrez des plaques à biscuits. Réservez.

■ Dans une casserole, faites fondre le beurre ; laissez tiédir.

■ Dans un bol, mélangez au fouet tous les autres ingrédients. Incorporez le beurre fondu encore tiède ; mélangez jusqu'à consistance lisse.

■ Sur une plaque à biscuits, versez 45 ml (3 c. à s.) de pâte pour former une crêpe d'environ 12,5 cm (5 po) de diamètre. Prévoyez 2 crêpes par plaque à biscuits. Faites cuire au four 12 à 15 minutes.

■ Retirez du four ; décollez les crêpes à la spatule. Déposez sur un rouleau à pâtisserie, pour qu'en refroidissant elles prennent une forme arrondie, ou apprêtez en tulipes, en cornets ou en cigares.

Note : les tuiles se conserveront longtemps dans un endroit sec.

VARIANTES
• Faites de plus petites crêpes, à raison de 30 ml (2 c. à s.) de pâte chacune.
• Saupoudrez chaque crêpe de 15 ml (1 c. à s.) d'amandes effilées. Pliez en deux.

■ *Sur une plaque à biscuits, versez la pâte ; étalez uniformément à la cuillère.*

■ *Déposez les crêpes sur un rouleau à pâtisserie pour leur faire prendre, en refroidissant, une forme arrondie.*

Dressage des tuiles

Tulipes

■ *Au sortir du four, déposez les crêpes dans des moules à muffins, des bols à soupe ou sur un verre à l'envers, pour leur donner une forme concave. Relevez les bords, en leur donnant des formes de fleurs. Laissez refroidir.*

Cornets

■ *Enroulez chaque crêpe autour d'une cuillère de bois ; donnez-lui la forme d'un cornet. Laissez refroidir.*

Cigares

■ *Enroulez chaque crêpe sur le manche d'une cuillère de bois, de façon à former un cigare.*

Tulipes aux fraises et au chocolat

	4 TULIPES
4	tulipes
250 ml	(1 tasse) crème pâtissière (p. 412)
250 ml	(1 tasse) fraises fraîches, lavées, équeutées, tranchées
125 ml	(½ tasse) sauce au chocolat (p. 416)
125 ml	(½ tasse) crème Chantilly (p. 413)

▪ Garnissez chaque tulipe de 60 ml (¼ tasse) de crème pâtissière et de 60 ml (¼ tasse) de fraises. Nappez de 30 ml (2 c. à s.) de sauce au chocolat.

▪ À l'aide d'un sac à pâtisserie ou d'une cuillère, décorez d'une rosace de crème Chantilly.

VARIANTES
• Utilisez de la crème Chantilly au chocolat (p. 413). Variez les fruits, les parfums de crème pâtissière (p. 412) et les sauces (p. 416 et 417). Saupoudrez de noix.

• Utilisez des tulipes comme récipients pour servir de la crème glacée, du sorbet ou du pouding.

Cornets aux fruits et au chocolat

	4 CORNETS
90 g	(3 oz) chocolat noir mi-sucré
4	cornets
250 ml	(1 tasse) salade de fruits, égouttée
250 ml	(1 tasse) crème Chantilly (p. 413)

▪ Au bain-marie, faites fondre le chocolat. Trempez les extrémités des cornets dans le chocolat fondu.

▪ Dans un bol, mélangez la salade de fruits et la crème Chantilly. Versez dans les cornets.

VARIANTE
• Remplacez le chocolat noir par du chocolat blanc.

Cigares au chocolat

	4 CIGARES
90 g	(3 oz) chocolat mi-sucré
4	cigares

▪ Au bain-marie, faites fondre le chocolat. Trempez les extrémités des cigares dans le chocolat fondu.

▪ Les cigares peuvent très bien accompagner la crème glacée, le sorbet ou le pouding.

VARIANTES
• À l'aide d'un sac à pâtisserie muni d'une très petite douille, farcissez les cigares de crème fouettée ou d'une autre garniture.

LES CHAUSSONS

Confection des chaussons

Garniture aux fruits

750 ML (3 TASSES)	
80 ml	(¹/₃ tasse) fécule de maïs
500 ml	(2 tasses) jus de fruits
125 ml	(¹/₂ tasse) sucre
5 ml	(1 c. à t.) essence de vanille
5 ml	(1 c. à t.) cannelle
250 ml	(1 tasse) fruits frais ou congelés, coupés en gros morceaux

■ Dans un bol, diluez la fécule de maïs dans 125 ml (¹/₂ tasse) de jus de fruits. Réservez.

■ Dans une casserole, faites chauffer le reste du jus de fruits, le sucre, l'essence de vanille et la cannelle. Ajoutez les fruits. Amenez à ébullition. Laissez bouillir 1 minute.

■ Ajoutez le mélange de jus de fruits et de fécule de maïs. En remuant vivement, laissez bouillir jusqu'à formation de cloques. Retirez du feu ; continuez de remuer 2 minutes. Laissez refroidir.

Chaussons aux fruits

12 CHAUSSONS	
900 g	(2 lb) pâte feuilletée (p. 335)
750 ml	(3 tasses) garniture aux fruits
1	œuf, battu

■ Préchauffez le four à 175 °C (350 °F).

■ Abaissez la pâte feuilletée à 0,5 cm (¹/₄ po) d'épaisseur. Découpez des ovales de 9 x 14 cm (4 x 6 po). À l'aide d'un pinceau à pâtisserie, mouillez le contour de chaque ovale avec de l'eau. Déposez 60 ml (¹/₄ tasse) de garniture aux fruits au centre de chacun. Refermez les chaussons, en pinçant bien les contours. À l'aide d'un couteau, pratiquez de petites entailles à la surface.

■ Déposez les chaussons sur une plaque à biscuits beurrée et mouillée. Dorez les chaussons, en les badigeonnant de l'œuf battu. Laissez reposer 15 minutes avant la cuisson. Faites cuire au four 20 minutes. Laissez refroidir.

VARIANTES
- Avec la pointe d'un crayon, percez un trou dans les chaussons cuits et refroidis. À l'aide d'un sac à pâtisserie, farcissez de crème Chantilly (p. 413).
- Décorez de crème Chantilly. Parsemez de fruits frais ou servez sur un coulis (p. 414 et 415).

■ *Abaissez la pâte feuilletée à 0,5 cm (¹/₄ po) d'épaisseur. Découpez des ovales de 9 x 14 cm (4 x 6 po).*

■ *À l'aide d'un pinceau à pâtisserie, mouillez le contour de chaque ovale avec de l'eau.*

■ *Déposez 60 ml (¹/₄ tasse) de garniture aux fruits au centre de chaque ovale de pâte.*

■ *Refermez les chaussons, en pinçant bien les contours. À l'aide d'un couteau, pratiquez de petites entailles à la surface.*

LES SAVARINS ET LES BABAS

Pâte à savarin

1 SAVARIN	
1	sachet de levure
125 ml	(¹/₂ tasse) eau ou lait tiède
3	œufs
30 ml	(2 c. à s.) sucre
5 ml	(1 c. à t.) sel
400 ml	(1 ⁵/₈ tasse) farine tout usage
105 ml	(7 c. à s.) beurre, fondu, refroidi

■ Préchauffez le four à 190 °C (375 °F). Beurrez un moule à savarin. Réservez.

■ Dans un bol, mélangez la levure à 60 ml (¹/₄ tasse) d'eau. Réservez.

■ Au malaxeur, battez les œufs, le reste de l'eau, le sucre et le sel ; mélangez 5 minutes à basse vitesse, en incorporant la farine. Battez ensuite à grande vitesse, jusqu'à ce que la pâte n'adhère plus à la paroi. Ajoutez le beurre fondu, en filet. Versez la pâte dans le moule à savarin.

■ Couvrez la pâte d'un linge humide ; placez à l'abri des courants d'air, dans un endroit chaud et humide. Laissez lever environ 1 heure ou jusqu'à ce que la pâte double de volume.

■ Faites cuire au four 25 à 30 minutes ou jusqu'à ce qu'une lame de couteau insérée au centre en ressorte propre.

■ Retirez du four. Laissez reposer 10 minutes sur une grille. Démoulez ; laissez refroidir.

■ *Battez à grande vitesse jusqu'à ce que la pâte n'adhère plus à la paroi. Ajoutez le beurre fondu, en filet.*

■ *Versez la pâte dans le moule à savarin.*

■ *Laissez lever la pâte environ 1 heure ou jusqu'à ce qu'elle double de volume.*

Pâte à babas

10 GROS OU 20 PETITS BABAS	
125 ml	(¹/₂ tasse) raisins de Corinthe
125 ml	(4 oz) rhum
1	recette de pâte à savarin

■ Faites macérer les raisins dans le rhum 2 heures.

■ Préchauffez le four à 190 °C (375 °F). Beurrez 10 moules à muffins ou 20 moules à babas.

■ Préparez la pâte à savarin, en incorporant les raisins en même temps que le beurre fondu.

■ Remplissez les moules aux trois quarts de pâte à savarin. Faites lever dans un endroit chaud et humide 30 minutes.

■ Faites cuire au four 15 à 20 minutes. Laissez refroidir sur une grille 20 minutes.

Savarin

8 À 10 PORTIONS	
1	savarin, refroidi
375 ml	(1 ½ tasse) sirop au rhum *(p. 414)*
500 ml	(2 tasses) framboises fraîches
180 ml	(³/4 tasse) nappage à l'abricot *(p. 414)*
60 ml	(¹/4 tasse) sucre glace

▪ À l'aide d'une fourchette, piquez le savarin pour faciliter l'absorption de sirop.

▪ Arrosez le savarin de sirop au rhum, 125 ml (¹/2 tasse) à la fois. Répétez 2 fois, aux 15 minutes.

▪ Garnissez le centre du savarin de framboises entières. Couvrez les fruits et le savarin de nappage à l'abricot. Saupoudrez de sucre glace. Servez.

VARIANTES

• Garnissez le savarin de différents fruits. Saupoudrez de noix hachées, d'amandes effilées, de pistaches ou de noix de coco râpée.

Babas

10 GROS OU 20 PETITS BABAS	
10	gros babas, refroidis ou
20	petits babas, refroidis
250 ml	(1 tasse) sirop au rhum *(p. 414)*
180 ml	(³/4 tasse) nappage à l'abricot *(p. 414)*
60 ml	(¹/4 tasse) sucre glace

▪ Faites imbiber les babas de sirop au rhum. Couvrez de nappage à l'abricot. Saupoudrez de sucre glace.

VARIANTES

• Servez les babas accompagnés de crème fouettée et de sauce au caramel et aux pacanes *(p. 416)*. Servez sur un coulis *(p. 414 et 415)*, accompagnés de fruits frais. Saupoudrez de noix hachées ou de noix de coco râpée.

LES BEIGNETS

Beignets au chocolat et à la noix de coco

ENVIRON 2 DOUZAINES

1	sachet de levure
250 ml	(1 tasse) eau tiède
5 ml	(1 c. à t.) sel
60 ml	(1/4 tasse) sucre
1	œuf
2 ml	(1/2 c. à t.) essence de citron
1,25 L	(5 tasses) farine
60 ml	(1/4 tasse) beurre ou graisse végétale
	huile
500 ml	(2 tasses) chocolat mi-sucré, fondu
60 ml	(1/4 tasse) noix de coco râpée

▪ Dans un bol, faites dissoudre la levure dans la moitié de l'eau. Réservez.

▪ Dans un autre bol, faites dissoudre le sel et le sucre dans le reste de l'eau. Incorporez l'œuf et l'essence de citron. Ajoutez la farine et le beurre ; mélangez. Ajoutez la levure diluée.

▪ Pétrissez la pâte environ 8 minutes. Laissez lever 30 minutes.

▪ Pressez la pâte, pour en chasser l'air et arrêter la fermentation. Laissez lever encore 10 minutes. Découpez à l'emporte-pièce des ronds de 7,5 cm (3 po). Déposez les beignets sur une plaque à biscuits légèrement enfarinée. Placez dans un endroit chaud et fermé 30 minutes.

▪ Faites chauffer de l'huile à 205 °C (400 °F). Faites frire les beignets. Laissez refroidir. Trempez les beignets jusqu'à mi-hauteur dans du chocolat fondu. Saupoudrez de noix de coco râpée.

VARIANTE

• Avec un crayon, percez un trou sur le côté des beignets. À l'aide d'un sac à pâtisserie muni d'une petite douille, fourrez les beignets de compote de pommes ou de confiture. Saupoudrez de sucre glace et de cannelle.

ENVIRON 2 DOUZAINES

60 ml	(1/4 tasse) sucre
2 ml	(1/2 c. à t.) sel
250 ml	(1 tasse) lait
2	œufs
	zeste de 2 citrons, râpé
625 ml	(2 1/2 tasses) farine
15 ml	(1 c. à s.) poudre à pâte
60 ml	(1/4 tasse) beurre
	huile

▪ Dans un bol, faites dissoudre le sucre et le sel dans le lait. Incorporez les œufs et le zeste de citron ; battez légèrement. Réservez.

▪ Dans un deuxième bol, tamisez la farine et la poudre à pâte. Incorporez le beurre ; mélangez légèrement jusqu'à l'obtention d'une consistance granuleuse. Creusez une fontaine. Ajoutez le mélange liquide ; mélangez jusqu'à consistance crémeuse.

▪ À l'aide d'un rouleau à pâtisserie, abaissez la pâte à 0,5 cm (1/4 po) d'épaisseur. Coupez la pâte à l'aide d'un moule à beignets ou de deux emporte-pièce.

▪ Faites chauffer de l'huile à 205 °C (400 °F). Faites frire les beignets jusqu'à l'obtention d'une belle couleur dorée. Laissez tiédir. Si désiré, saupoudrez de sucre, de sucre glace, de cannelle, de cacao ou de sucre cristallisé, du commerce.

▪ *Mélangez jusqu'à consistance crémeuse.*

▪ *À l'aide d'un rouleau à pâtisserie, abaissez la pâte à 0,5 cm (1/4 po) d'épaisseur. Coupez la pâte à l'aide d'un moule à beignets ou de deux emporte-pièce.*

▪ *Faites frire dans l'huile chaude à 205 °C (400 °F), jusqu'à ce que les beignets soient dorés.*

LES FRUITS MASQUÉS

Rhubarbe en fête

6 PORTIONS	
2	jaunes d'œufs
250 ml	(1 tasse) bière, dégazéifiée, à la température ambiante
15 ml	(1 c. à s.) beurre, fondu
5 ml	(1 c. à t.) essence de vanille
300 ml	(1 ¼ tasse) farine tout usage
45 ml	(3 c. à s.) sucre
1 ml	(¼ c. à t.) sel
2	blancs d'œufs
250 ml	(1 tasse) sucre glace
500 ml	(2 tasses) huile végétale
6	tiges de rhubarbe, tranchées en bouchées

■ Dans un bol, battez les jaunes d'œufs, la bière, le beurre et l'essence de vanille. Réservez.

■ Dans un second bol, tamisez la farine, le sucre et le sel. Incorporez à la première préparation. Mélangez jusqu'à l'obtention d'une pâte lisse. Couvrez ; placez au réfrigérateur 1 heure.

■ Dans un autre bol, montez en neige les blancs d'œufs et 30 ml (2 c. à s.) de sucre glace.

■ Retirez la pâte du réfrigérateur. Incorporez délicatement les blancs d'œufs en neige. Réservez.

■ Dans une casserole, faites chauffer l'huile jusqu'à ce qu'elle atteigne une température de 180 °C (360 °F).

■ Roulez les morceaux de rhubarbe dans le reste de sucre glace ; trempez dans la pâte. Faites frire 3 minutes ou jusqu'à l'obtention d'une couleur dorée.

■ Déposez sur du papier absorbant pour éliminer l'excès d'huile. Saupoudrez de cassonade ou de sucre. Servez chaude.

VARIANTE
● Remplacez la rhubarbe par des tranches d'ananas saupoudrées de cacao et de sucre glace.

Pommes au caramel

6 PORTIONS	
6	pommes
6	bâtonnets de bois
500 ml	(2 tasses) sucre
375 ml	(1 ½ tasse) sirop de maïs
250 ml	(1 tasse) eau
30 ml	(2 c. à s.) cannelle moulue
6	gouttes de Tabasco
6	gouttes de colorant rouge (facultatif)

■ Lavez les pommes ; asséchez. Retirez les queues ; insérez les bâtonnets jusqu'au tiers.

■ Dans une casserole, mélangez le sucre, le sirop de maïs, l'eau, la cannelle, le Tabasco et le colorant, si désiré. Amenez à ébullition, en remuant régulièrement. Déposez un thermomètre à sucre dans la préparation ; laissez bouillir sans mélanger jusqu'à ce que la température atteigne 150 °C (300 °F). Retirez du feu.

■ Trempez chaque pomme dans le caramel, en la tournant rapidement pour bien l'enrober. Maintenez la pomme au-dessus de la casserole, pour laisser égoutter le surplus de caramel.

■ Déposez sur une lèchefrite couverte de papier d'aluminium ; laissez durcir. Servez.

Fruits frais aux deux chocolats

14 BOUCHÉES	
14	morceaux de fruits
165 g	(6 oz) chocolat noir mi-sucré
45 g	(1 ½ oz) chocolat blanc
180 ml	(¾ tasse) crème légère, parfumée au Grand Marnier (p. 413)
	menthe fraîche (facultatif)

■ Couvrez une lèchefrite de papier ciré. Réservez.

■ Lavez les fruits à l'eau froide ; asséchez bien. Réservez.

■ Au bain-marie, faites fondre le chocolat noir mi-sucré.

■ Trempez les fruits aux trois quarts dans le chocolat ; déposez sur la lèchefrite. Réservez.

■ Au bain-marie, faites fondre le chocolat blanc. Trempez-y les pointes d'une fourchette ; répandez le chocolat, en effectuant un mouvement de va-et-vient au-dessus des fruits.

■ Placez au réfrigérateur environ 10 minutes ou jusqu'à ce que le chocolat durcisse.

■ Servez sur une grande assiette, accompagnés de crème légère. Décorez de feuilles de menthe, si désiré.

Bouchées d'amour

24 BOUCHÉES	
24	cerises fraîches, avec leur queue
375 ml	(12 oz) rhum blanc
450 g	(1 lb) chocolat mi-sucré

■ Lavez les cerises à l'eau froide. Égouttez ; asséchez bien.

■ Dans un grand pot à marinade, déposez les cerises sans les entasser. Versez le rhum. Fermez le pot hermétiquement ; laissez macérer 15 jours au réfrigérateur.

■ Retirez du réfrigérateur. Égouttez les cerises ; essuyez à l'aide de papier absorbant. Réservez.

■ Au bain-marie, faites fondre le chocolat. Trempez les cerises jusqu'à mi-hauteur dans le chocolat fondu. Déposez sur du papier ciré. Laissez prendre le chocolat ; trempez à nouveau les cerises dans le chocolat fondu. Placez au réfrigérateur jusqu'à ce que le chocolat durcisse.

LES BOUCHÉES

Truffes au chocolat

ENVIRON **40** TRUFFES	
60 ml	(¹/₄ tasse) beurre
180 ml	(³/₄ tasse) crème à 35 %
15 ml	(1 c. à s.) sucre
10 ml	(2 c. à t.) brandy
190 g	(7 oz) chocolat mi-sucré, râpé
30 g	(1 oz) chocolat non sucré, râpé
	cacao, sucre glace ou sucre granulé

■ Dans une casserole, mélangez le beurre, la crème et le sucre. Amenez à ébullition.

■ Retirez du feu ; ajoutez le brandy et les deux sortes de chocolat ; mélangez jusqu'à ce que tout le chocolat soit fondu.

■ Placez au réfrigérateur 3 à 4 heures ou jusqu'à ce que la pâte soit bien ferme.

■ Formez des boules de 15 ml (1 c. à s.). Roulez dans le cacao, le sucre glace ou le sucre. Placez au réfrigérateur ou au congélateur, dans un contenant hermétique.

Recette illustrée à gauche, page suivante

Brownies à la guimauve

30 CARRÉS	
125 ml	(¹/₂ tasse) beurre
60 ml	(¹/₄ tasse) cacao
250 ml	(1 tasse) sucre
2	œufs
2 ml	(¹/₂ c. à t.) essence de vanille
180 ml	(³/₄ tasse) farine tout usage
2 ml	(¹/₂ c. à t.) poudre à pâte
1 ml	(¹/₄ c. à t.) sel
180 ml	(³/₄ tasse) noix de Grenoble hachées
20	grosses guimauves

■ Préchauffez le four à 175 °C (350 °F). Beurrez un moule de 23 x 33 cm (9 x 13 po).

■ Dans une grande casserole, faites fondre le beurre ; incorporez le cacao. Retirez du feu ; ajoutez le sucre, les œufs et l'essence de vanille ; mélangez bien. Réservez.

■ Dans un bol, tamisez la farine, la poudre à pâte et le sel. Ajoutez au mélange de cacao. Incorporez les noix. Étalez uniformément dans le moule. Faites cuire au four 20 minutes.

■ Retirez du four 7 minutes avant la fin de la cuisson. Disposez les guimauves sur le dessus. Remettez au four pour que les guimauves fondent.

■ Laissez refroidir 15 minutes. Coupez en carrés. Servez.

Recette illustrée ci-contre

Roses au caramel

8 ROSES	
180 ml	(³/₄ tasse) beurre
300 ml	(1 ¹/₄ tasse) cassonade
125 ml	(¹/₂ tasse) noix hachées
500 ml	(2 tasses) farine
15 ml	(1 c. à s.) poudre à pâte
2 ml	(¹/₂ c. à t.) sel
60 ml	(¹/₄ tasse) graisse végétale
210 ml	(⁷/₈ tasse) lait

■ Préchauffez le four à 220 °C (425 °F). Beurrez 8 grands moules à muffins. Réservez.

■ Dans un bol, défaites le beurre et la cassonade en crème. Ajoutez les noix ; mélangez. Déposez 15 ml (1 c. à s.) de ce mélange dans chaque moule. Réservez le reste.

■ Dans un bol, tamisez la farine, la poudre à pâte et le sel. Ajoutez la graisse végétale ; mélangez jusqu'à consistance granuleuse. Creusez une fontaine ; versez le lait. Remuez délicatement à la fourchette, jusqu'à l'obtention d'une pâte souple.

■ Enfarinez une surface propre et lisse. Abaissez la pâte en un carré de 30 cm (12 po) de côté et de 0,5 cm (¹/₄ po) d'épaisseur. Étendez le reste du mélange au caramel sur la pâte ; roulez.

■ Tranchez en 8 rondelles ; déposez dans les moules à muffins, sur le caramel.

■ Faites cuire au four environ 20 minutes. Démoulez aussitôt la cuisson terminée.

Recette illustrée ci-dessus

Barres aux fruits célestes

18 BARRES

1er étage

80 ml	(1/3 tasse) beurre
80 ml	(1/3 tasse) cassonade, tassée
125 ml	(1/2 tasse) farine tout usage
180 ml	(3/4 tasse) céréales de riz soufflé, du commerce
1 ml	(1/4 c. à t.) bicarbonate de soude

2e étage

2	œufs
60 ml	(1/4 tasse) crème à 35 %
5 ml	(1 c. à t.) essence de vanille
125 ml	(1/2 tasse) cassonade
125 ml	(1/2 tasse) raisins secs
125 ml	(1/2 tasse) cerises rouges, en moitiés
125 ml	(1/2 tasse) noix hachées
125 ml	(1/2 tasse) noix de coco râpée

3e étage

125 ml	(1/2 tasse) brisures de chocolat mi-sucré
60 ml	(1/4 tasse) beurre
300 ml	(1 1/4 tasse) céréales de riz soufflé, du commerce

1er étage

■ Dans un bol, défaites le beurre et la cassonade en crème. Incorporez la farine, les céréales et le bicarbonate. Pressez ce mélange au fond d'un moule carré de 23 cm (9 po). Réservez.

2e étage

■ Préchauffez le four à 175 °C (350 °F).

■ Dans un grand bol, battez les œufs, la crème et l'essence de vanille. Incorporez la cassonade. Ajoutez les fruits et les noix ; mélangez. Versez dans le moule, sur le premier mélange. Faites cuire au four 12 à 15 minutes.

3e étage

■ Au bain-marie, faites fondre les brisures de chocolat. Incorporez le beurre dès que le chocolat est fondu. Ajoutez les céréales ; mélangez.

■ Retirez les barres du four. À la spatule, recouvrez du mélange au chocolat. Placez 1 heure au réfrigérateur.

■ Coupez en barres de 10 x 2,5 cm (4 1/2 x 1 po).

Carrés aux céréales et aux noix

24 CARRÉS	
250 ml	(1 tasse) beurre d'arachides
250 ml	(1 tasse) cassonade
250 ml	(1 tasse) sirop de maïs
250 ml	(1 tasse) noix de Grenoble
500 ml	(2 tasses) céréales de riz soufflé, du commerce
500 ml	(2 tasses) céréales de flocons de maïs, du commerce
125 ml	(½ tasse) brisures de chocolat
125 ml	(½ tasse) brisures de caramel

■ Beurrez une lèchefrite.

■ Dans une grande casserole, amenez à ébullition le beurre d'arachides, la cassonade et le sirop de maïs ; laissez bouillir 2 minutes.

■ Retirez du feu. Ajoutez les noix et les céréales ; mélangez. Étendez ce mélange sur la lèchefrite. Réservez.

■ Au bain-marie, faites fondre les brisures de chocolat et de caramel. Étalez uniformément sur le premier mélange. Placez au réfrigérateur 20 minutes avant de couper en carrés.

VARIANTES
• Utilisez du beurre d'arachides croquant, des noisettes, des amandes, des pistaches, etc.

Carrés au sirop d'érable

16 CARRÉS	
125 ml	(½ tasse) beurre
250 ml	(1 tasse) farine tout usage
125 ml	(½ tasse) cassonade
160 ml	(⅔ tasse) cassonade
250 ml	(1 tasse) sirop d'érable
2	œufs, battus
60 ml	(¼ tasse) beurre, fondu
2 ml	(½ c. à t.) sel
125 ml	(½ tasse) noix hachées
2 ml	(½ c. à t.) essence de vanille ou d'érable
45 ml	(3 c. à s.) farine

■ Préchauffez le four à 175 °C (350 °F). Beurrez un moule carré de 20,5 cm (8 po).

■ Dans un bol, mélangez la farine et 125 ml (½ tasse) de cassonade. Pressez au fond du moule. Faites cuire au four 20 minutes.

■ Dans une casserole, mélangez 160 ml (⅔ tasse) de cassonade et le sirop d'érable. Amenez à ébullition ; laissez mijoter 5 minutes.

■ Retirez du feu ; laissez refroidir. Ajoutez les œufs. Incorporez le reste des ingrédients ; mélangez. Versez sur la première préparation. Faites cuire au four 30 minutes.

■ Laissez refroidir. Découpez en carrés ou à l'emporte-pièce.

Carrés au gruau et au chocolat

	16 CARRÉS
60 ml	(1/4 tasse) beurre
500 ml	(2 tasses) sucre
125 ml	(1/2 tasse) cacao
125 ml	(1/2 tasse) lait
5 ml	(1 c. à t.) essence de vanille
500 ml	(2 tasses) gruau
60 ml	(1/4 tasse) crème à tartiner aux noisettes et au chocolat, du commerce

- Beurrez un moule carré de 20,5 cm (8 po). Réservez.

- Dans une casserole, mélangez tous les ingrédients, sauf le gruau et la crème à tartiner. Faites chauffer jusqu'à ce que le sucre soit fondu ; laissez bouillir 1 minute.

- Retirez du feu. Ajoutez le gruau et la crème à tartiner ; mélangez. Versez dans le moule. Placez au réfrigérateur 20 minutes avant de couper en carrés.

Carrés aux dattes et aux fibres

	36 CARRÉS
375 ml	(1 1/2 tasse) eau
500 ml	(2 tasses) dattes, hachées
15 ml	(1 c. à s.) jus de citron
180 ml	(3/4 tasse) beurre
250 ml	(1 tasse) cassonade
180 ml	(3/4 tasse) farine de blé entier
125 ml	(1/2 tasse) farine tout usage
180 ml	(3/4 tasse) flocons de son
125 ml	(1/2 tasse) gruau
2 ml	(1/2 c. à t.) bicarbonate de soude
2 ml	(1/2 c. à t.) sel

- Préchauffez le four à 205 °C (400 °F). Beurrez un moule carré de 23 cm (9 po). Réservez.

- Dans une casserole, amenez à ébullition l'eau, les dattes et le jus de citron. Réduisez le feu ; en remuant, laissez mijoter jusqu'à ce que le mélange épaississe un peu. Réservez.

- Dans un bol, défaites le beurre et la cassonade en crème. Incorporez le reste des ingrédients.

- Au fond du moule, pressez les deux tiers de cette préparation. Couvrez du mélange de dattes ; versez le reste de la préparation sur le dessus.

- Faites cuire au four 25 minutes ou jusqu'à l'obtention d'une couleur dorée. Retirez du four. Attendez 15 minutes avant de couper en carrés.

Bouchées divines

24	BOUCHÉES
1	génoise à l'orange, pour gâteau roulé (p. 294)
250 ml	(1 tasse) marmelade
450 g	(1 lb) pâte d'amande, du commerce
30 ml	(1 oz) Grand Marnier
6	gouttes de colorant jaune (facultatif)
1	goutte de colorant rouge (facultatif)
60 ml	(¼ tasse) eau, chaude
500 ml	(2 tasses) sucre glace
60 ml	(¼ tasse) sirop d'érable
	pistaches, en moitiés

■ Sur le gâteau refroidi, étalez la marmelade. Réservez.

■ Dans un grand bol, faites bien imbiber la pâte d'amande de Grand Marnier. Réservez.

■ Faites diluer le colorant dans l'eau chaude, si désiré. Ajoutez le sucre glace et le sirop d'érable ; mélangez. Réservez.

■ À l'aide d'un rouleau à pâtisserie, abaissez la pâte d'amande jusqu'à ce qu'elle atteigne la dimension du gâteau. Étendez sur le gâteau. Avec un couteau dentelé, coupez une lisière de 1,25 cm (½ po) tout autour du gâteau, pour qu'il soit lisse et droit. Coupez en 24 morceaux rectangulaires.

■ Installez une grille à gâteau sur une plaque à biscuits. Déposez des morceaux de gâteau sur la grille. Recouvrez de sirop. Décorez de pistaches. Répétez ces opérations avec les autres bouchées, en récupérant le sirop dans la plaque à biscuits.

VARIANTES

• Utilisez différentes saveurs de génoise (p. 294 et 295) et de confiture. Variez les alcools, les colorants et les garnitures. Coupez en triangles, en carrés ou à l'emporte-pièce.

■ *Sur le gâteau refroidi, étalez la marmelade.*

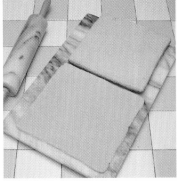

■ *À l'aide d'un rouleau à pâtisserie, abaissez la pâte d'amande jusqu'à ce qu'elle atteigne la dimension du gâteau.*

■ *Avec un couteau dentelé, coupez une lisière de 1,25 cm (½ po) tout autour du gâteau, pour qu'il soit lisse et droit. Coupez en 24 morceaux rectangulaires.*

■ *Déposez des morceaux de gâteau sur la grille. Recouvrez de sirop.*

Demi-lunes aux noisettes

24 BOUCHÉES	
80 ml	(⅓ tasse) sucre glace
250 ml	(1 tasse) pâte d'amande
5	gouttes de colorant rouge (facultatif)
125 ml	(½ tasse) crème à tartiner aux noisettes et au chocolat, du commerce
115 g	(4 oz) chocolat mi-sucré

■ Saupoudrez une surface propre et lisse de sucre glace. Pétrissez la pâte d'amande ; incorporez le colorant, si désiré.

■ À l'aide d'un rouleau à pâtisserie, abaissez la pâte en un rectangle d'une épaisseur de 0,5 cm (¼ po). Coupez le rectangle en deux parties égales. Étalez la crème à tartiner sur la première moitié de la pâte ; couvrez de l'autre moitié de pâte. Placez au réfrigérateur 5 à 10 minutes.

■ Au bain-marie, faites fondre le chocolat.

■ Retirez la pâte du réfrigérateur. À l'aide d'un verre, coupez des cercles de pâte, puis, à l'aide d'un couteau, découpez en demi-lunes.

■ Trempez une face des demi-lunes dans le chocolat fondu. Faites égoutter sur une plaque à biscuits ; laissez durcir le chocolat. Saupoudrez de sucre glace ou de noisettes tranchées, si désiré. Servez.

Boules aux figues et au chocolat

24 BOUCHÉES	
125 ml	(½ tasse) beurre
250 ml	(1 tasse) cassonade
1	œuf, battu
5 ml	(1 c. à t.) essence de vanille
250 ml	(1 tasse) figues, hachées
500 ml	(2 tasses) céréales de riz soufflé, du commerce
350 g	(12 oz) chocolat mi-sucré
60 ml	(¼ tasse) noix de coco râpée

■ Dans une casserole, défaites le beurre et la cassonade en crème. Incorporez l'œuf et l'essence de vanille. Ajoutez les figues ; mélangez.

■ À feu moyen, en remuant constamment, faites cuire le mélange 5 à 7 minutes ou jusqu'à ce que la cassonade et le beurre soient fondus.

■ Retirez du feu. Ajoutez les céréales de riz ; mélangez ; laissez refroidir un peu. Formez en boules, à raison de 30 ml (2 c. à s.) de préparation chacune. Placez au réfrigérateur.

■ Au bain-marie, faites fondre le chocolat. Ajoutez la noix de coco ; mélangez.

■ Retirez les boules du réfrigérateur. À l'aide d'une fourchette, trempez chaque boule dans le chocolat. Laissez égoutter ; faites refroidir sur une plaque à biscuits.

Friandises aux fruits secs

	20 BOUCHÉES
250 ml	(1 tasse) dattes
250 ml	(1 tasse) raisins de Corinthe
125 ml	(½ tasse) noix
80 ml	(⅓ tasse) noix de coco râpée
10	cerises rouges, en moitiés
250 ml	(1 tasse) sucre

▪ À l'aide d'un hache-viande ou d'un robot culinaire, hachez les 4 premiers ingrédients, jusqu'à l'obtention d'une pâte granuleuse et collante. Roulez cette pâte en petites boules.

▪ Pressez une demi-cerise sur le dessus de chaque boule ; roulez dans le sucre. Servez immédiatement ou placez au réfrigérateur.

Boules au rhum et à la noix de coco

	24 BOUCHÉES
250 ml	(1 tasse) pâte d'amande
180 ml	(¾ tasse) noix de coco râpée
15 ml	(½ oz) rhum
15 ml	(1 c. à s.) cacao
165 g	(6 oz) chocolat mi-sucré

▪ Dans un grand bol, mélangez la pâte d'amande, 125 ml (½ tasse) de noix de coco râpée, le rhum et le cacao, jusqu'à consistance homogène. Formez 24 boules.

▪ Au bain-marie, faites fondre le chocolat. À l'aide d'une fourchette, trempez les boules dans le chocolat. Faites égoutter sur une plaque à biscuits. Saupoudrez du reste de noix de coco râpée pendant que le chocolat est encore tiède. Laissez durcir le chocolat 5 minutes. Servez.

Boules au café irlandais

	24 BOUCHÉES
10 ml	(2 c. à t.) café instantané
15 ml	(½ oz) liqueur irlandaise à la crème
250 ml	(1 tasse) pâte d'amande, à la température ambiante
165 g	(6 oz) chocolat mi-sucré
60 ml	(¼ tasse) vermicelles de chocolat

▪ Dans un bol, délayez le café dans la liqueur. Incorporez la pâte d'amande ; mélangez jusqu'à ce que le liquide soit bien absorbé. Formez 24 boules. Réservez.

▪ Au bain-marie, faites fondre le chocolat. À l'aide d'une fourchette, trempez les boules dans le chocolat. Faites égoutter sur une plaque à biscuits. Saupoudrez de vermicelles de chocolat. Laissez durcir le chocolat 5 minutes. Servez.

VARIANTES
• Utilisez différents alcools.

Petits chocolats aux amandes

	24 BOUCHÉES
60 ml	(¼ tasse) sucre glace
250 ml	(1 tasse) pâte d'amande
225 g	(8 oz) chocolat mi-sucré
24	amandes blanches

▪ Saupoudrez de sucre glace une surface propre et lisse. À l'aide d'un rouleau à pâtisserie, abaissez la pâte d'amande en un rectangle d'une épaisseur de 1,25 cm (½ po). Découpez en 24 petits carrés.

▪ Au bain-marie, faites fondre le chocolat. À l'aide d'une fourchette, trempez les carrés dans le chocolat fondu.

▪ Laissez égoutter sur une plaque à biscuits ; décorez d'une amande. Laissez durcir le chocolat. Servez.

LES CRÊPES, LES BAGATELLES, LES SOUFFLÉS, LES MOUSSES...

Ces savoureuses crêpes s'avèrent un choix nutritif lorsque nous favorisons la garniture aux fruits, au fromage et aux noix plutôt que la garniture au chocolat et à la crème fouettée. Nappons notre crêpe d'un coulis de fruits ou d'un yogourt au lieu d'une sauce au caramel ou au chocolat. Également, remplaçons la confiture contenue dans certaines crêpes par une compote de fruits.

Dans cette section, on nous propose également des mousses très légères, sans gras et sans sucre ajoutés. Prenons soin, cependant, de bien rincer les fruits en conserve utilisés dans la recette (mousse aux trois fruits, p. 400) et la teneur en sucre en sera réduite d'autant !

LES CRÊPES

Préparation, cuisson et pliage des crêpes

Crêpes, recette de base

ENVIRON 20 CRÊPES	
250 ml	(1 tasse) farine tout usage
2 ml	(½ c. à t.) sel
60 ml	(¼ tasse) sucre
330 ml	(1 ⅓ tasse) lait
2	œufs, battus
	essence de vanille
30 ml	(2 c. à s.) beurre, fondu

- Dans un bol, tamisez la farine ; formez une fontaine. Réservez.

- Dans un autre bol, diluez le sel et le sucre dans le lait. Incorporez les œufs battus. Ajoutez quelques gouttes d'essence de vanille ; mélangez bien.

- Versez au centre de la fontaine. À l'aide d'un fouet, incorporez graduellement la farine au mélange liquide, jusqu'à ce que la pâte soit lisse et crémeuse.

- Ajoutez le beurre fondu ; mélangez. Placez au réfrigérateur ; laissez reposer environ 1 heure.

- Dans une poêle, versez la pâte, 30 à 45 ml (2 à 3 c. à s.) à la fois. Faites cuire à feu vif ; retournez lorsque de petites bulles se forment à la surface et que la crêpe semble se détacher de la poêle. Faites cuire le second côté environ 1 minute.

Note : les crêpes se conserveront 2 mois au congélateur.

CRÊPES AUX AGRUMES
- Ajoutez 30 ml (2 c. à s.) de zeste d'agrumes au mélange.

CRÊPES AU CHOCOLAT
- Remplacez 60 ml (¼ tasse) de farine par 125 ml (½ tasse) de cacao.

- *Versez le liquide dans la farine ; fouettez.*

- *Dans une poêle, versez la pâte, 30 à 45 ml (2 à 3 c. à s.) à la fois.*

- *Faites cuire à feu vif ; retournez lorsque de petites bulles se forment à la surface et que la crêpe semble se détacher de la poêle. Faites cuire le second côté environ 1 minute.*

- *Les crêpes peuvent être apprêtées de différentes façons : nature ou au chocolat ; pliées en deux, en portefeuille, en quatre, en huit ; roulées...*

- *Pour apprêter une crêpe en balluchon, déposez d'abord la garniture au centre de la crêpe. Ramenez ensuite les bords vers le centre, de façon à enfermer la garniture. Nouez avec un zeste d'orange.*

Crêpes fromagées à l'orange

10 PORTIONS	
250 ml	(1 tasse) fromage cottage
125 ml	(½ tasse) fromage à la crème, ramolli
1	œuf
15 ml	(1 c. à s.) sucre
15 ml	(1 c. à s.) zeste d'orange, râpé
10	crêpes (p. 380)
10 ml	(2 c. à t.) beurre
	sucre glace
500 ml	(2 tasses) sauce à l'orange (p. 416)

■ Dans un grand bol, mélangez les fromages, l'œuf, le sucre et le zeste d'orange, jusqu'à consistance homogène.

■ Répartissez ce mélange au centre des crêpes. Pliez deux côtés de chaque crêpe vers le centre ; ramenez les deux autres côtés sur le dessus, pour former de petits paquets. Réservez.

■ À feu moyen, faites fondre le beurre dans une grande poêle. Déposez les crêpes ; faites dorer des deux côtés environ 2 minutes. Saupoudrez de sucre glace. Servez chaudes, accompagnées de sauce à l'orange.

Crêpes fondantes aux noix et au chocolat

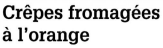

6 PORTIONS	
80 ml	(⅓ tasse) fromage à la crème, ramolli
180 ml	(¾ tasse) fromage ricotta
160 ml	(⅔ tasse) brisures de chocolat sucré
30 ml	(2 c. à s.) zeste d'orange
6	crêpes (p. 380)
125 ml	(½ tasse) noix de Grenoble, hachées finement

■ Pour la cuisson au four conventionel, préchauffez à 175 °C (350 °F).

■ Dans un bol, fouettez le fromage à la crème 2 minutes. Incorporez le fromage ricotta. Ajoutez les brisures de chocolat et le zeste d'orange. Répartissez sur chaque crêpe.

■ Pliez les crêpes en quatre. Saupoudrez de noix hachées. Déposez sur une plaque à biscuits. Faites cuire au four à micro-ondes 2 minutes à MOYEN ou 5 minutes au four conventionnel. Servez chaudes.

Crêpes barbaresques

6	**crêpes** *(p. 380)*
125 ml	**(¹/₂ tasse) confiture de framboises**
6	**poires fraîches ou en conserve, pelées, évidées, émincées**
375 ml	**(1 ¹/₂ tasse) sauce au chocolat** *(p. 416)*
125 ml	**(¹/₂ tasse) noix de coco râpée**

▪ Sur les crêpes, répartissez la confiture, puis les poires.

▪ Roulez les crêpes. Couvrez de sauce au chocolat. Saupoudrez de noix de coco râpée. Servez.

Recette illustrée

VARIANTES
● Remplacez les poires par des litchis, des bananes ou des kiwis.

Crêpes glacées aux amandes et aux bleuets

250 ml	**(1 tasse) crème glacée à la vanille**
6	**crêpes** *(p. 380)*
125 ml	**(¹/₂ tasse) amandes effilées**
180 ml	**(³/₄ tasse) bleuets frais**
	sucre glace

▪ Répartissez la crème glacée au centre des crêpes. Saupoudrez d'amandes effilées. Répartissez les bleuets.

▪ Repliez chaque crêpe. Saupoudrez de sucre glace. Servez.

VARIANTES
● Variez les saveurs de crème glacée au gré de votre fantaisie.

Crêpes Lucifer

	6 PORTIONS
45 ml	(3 c. à s.) sucre
45 ml	(3 c. à s.) beurre
80 ml	(1/3 tasse) jus d'orange
30 ml	(2 c. à s.) jus de citron
6	crêpes *(p. 380)*
30 ml	(2 c. à s.) zeste d'orange
60 ml	(2 oz) Grand Marnier

▪ Dans une grande poêle, faites chauffer le sucre et le beurre jusqu'à ce que le beurre soit fondu. Ajoutez le jus d'orange et le jus de citron. Laissez mijoter 7 minutes.

▪ Pliez les crêpes en quatre ; déposez dans la poêle. Faites cuire 2 minutes. Ajoutez le zeste d'orange. Réservez.

▪ Dans une petite casserole, faites chauffer le Grand Marnier. Versez sur les crêpes. Faites flamber, en remuant la poêle jusqu'à ce que les flammes s'éteignent.

Recette illustrée

VARIANTES

• Remplacez le jus d'orange par du jus de cerise, le jus de citron par 30 ml (2 c. à s.) de zeste de citron et le Grand Marnier par du sherry.

• Remplacez le jus d'orange par du jus de fruit de la passion, le jus de citron par 45 ml (3 c. à s.) de noix de coco râpée et le Grand Marnier par du brandy.

Crêpes des anges

	4 PORTIONS
250 ml	(1 tasse) fromage à la crème, ramolli
60 ml	(1/4 tasse) cassonade
180 ml	(3/4 tasse) dattes, hachées
4	crêpes *(p. 380)*
60 ml	(2 oz) sherry, chaud
4	cerises

▪ Dans un bol, fouettez le fromage et la cassonade. Ajoutez les dattes ; mélangez. Répartissez cette préparation sur les crêpes.

▪ Pliez les crêpes en quatre.

▪ Déposez dans une poêle ; faites chauffer. Versez le sherry ; faites flamber. Décorez chaque crêpe d'une cerise. Servez chaudes.

Recette illustrée ci-dessus

VARIANTES

• Remplacez les dattes par 125 ml (1/2 tasse) de figues ou d'abricots séchés et 60 ml (1/4 tasse) de pacanes hachées.

Crêpes estivales

8 PORTIONS	
8	crêpes *(p. 380)*
1/2	cantaloup, en tranches fines
1/2	melon miel, en tranches fines
250 ml	(1 tasse) miel
30 ml	(2 c. à s.) gingembre frais, râpé
	cannelle moulue
	boules de melon

- Sur les crêpes, répartissez les tranches de cantaloup et de melon miel. Arrosez de miel. Saupoudrez de gingembre.
- Refermez les crêpes. Saupoudrez de cannelle.
- Garnissez de boules de melon façonnées à la cuillère parisienne.

Crêpes à la menthe et aux framboises

6 PORTIONS	
250 ml	(1 tasse) crème fouettée
80 ml	(1/3 tasse) menthe fraîche, hachée grossièrement
6	crêpes *(p. 380)*
300 ml	(1 1/4 tasse) framboises fraîches
	sucre glace

- Dans un bol, mélangez délicatement la crème fouettée et la menthe.
- Sur les crêpes, répartissez les framboises, puis la crème fouettée.
- Repliez les crêpes. Saupoudrez de sucre glace. Placez au réfrigérateur ou servez immédiatement.

Crêpes au chocolat et aux fraises

6 PORTIONS	
60 ml	(¹/₄ tasse) confiture de fraises
6	crêpes au chocolat (p. 380)
180 ml	(³/₄ tasse) crème Chantilly (p. 413)
125 ml	(¹/₂ tasse) fraises fraîches, tranchées
60 ml	(¹/₄ tasse) banane, tranchée
	sucre glace
	coulis de fraises et de canneberges (p. 415)

■ Répartissez la confiture sur les crêpes au chocolat. Réservez.

■ Dans un bol, mélangez la crème Chantilly, les fraises et les bananes. Répartissez ce mélange au centre de chaque crêpe.

■ Roulez les crêpes. Saupoudrez de sucre glace. Servez avec le coulis.

Recette illustrée

VARIANTE
• Servez, accompagnées de sauce au chocolat (p. 416).

Crêpes renversées, glacées

8 PORTIONS	
125 ml	(¹/₂ tasse) fraises fraîches, tranchées
125 ml	(¹/₂ tasse) brisures de chocolat sucré
12	crêpes (p. 380)
60 ml	(¹/₄ tasse) sirop au Grand Marnier (p. 414)
375 ml	(1 ¹/₂ tasse) crème glacée aux fraises, ramollie
30 ml	(2 c. à s.) zeste d'orange

■ Dans un bol, mélangez les fraises et les brisures de chocolat. Réservez.

■ Dans un moule à gâteau un peu plus grand que les crêpes, déposez une crêpe.

■ Arrosez de 5 ml (1 c. à t.) de sirop au Grand Marnier. Étalez 30 ml (2 c. à s.) de crème glacée ; parsemez de 15 ml (1 c. à s.) du mélange de fraises et de brisures de chocolat.

■ Couvrez d'une autre crêpe ; répétez les opérations jusqu'à ce que tous les ingrédients soient utilisés.

■ Placez au congélateur 2 à 3 heures. Retirez du congélateur ; démoulez dans un plat de service (au besoin, trempez le fond du moule dans l'eau chaude 30 secondes).

■ Parsemez de zeste d'orange ; coupez en pointes. Servez, accompagnées d'une sauce (p. 416 et 417) au choix.

Torte de crêpes

	8 À 10 PORTIONS
350 ml	(1 ½ tasse) crème à tartiner aux noisettes et au chocolat, du commerce
45 ml	(3 c. à s.) zeste de citron
15 ml	(1 c. à s.) beurre
250 ml	(1 tasse) noisettes ou noix de Grenoble hachées
125 ml	(½ tasse) cassonade
6	crêpes (p. 380)
6	crêpes au chocolat (p. 380)
250 ml	(1 tasse) crème sure ou yogourt

■ Dans un bol, mélangez la crème à tartiner et le zeste de citron. Réservez.

■ Dans une poêle, faites fondre le beurre. Ajoutez les noisettes et la cassonade ; mélangez jusqu'à ce que la cassonade soit bien fondue et caramélisée. Réservez.

■ Placez une première crêpe (nature) sur un plateau à dessert. Recouvrez de 30 ml (2 c. à s.) du mélange de crème de noisettes ; étalez 30 ml (2 c. à s.) du mélange caramélisé. Couvrez d'une crêpe au chocolat. Répétez ces opérations jusqu'à ce que toutes les crêpes soient empilées les unes sur les autres. Couvrez la torte de crème sure. Servez.

Recette illustrée

Crêpes aux pommes

	6 PORTIONS
250 ml	(1 tasse) pommes, hachées en gros morceaux
250 ml	(1 tasse) compote de pommes
10 ml	(2 c. à t.) cannelle
6	crêpes (p. 380)
45 ml	(3 c. à s.) pacanes hachées
250 ml	(1 tasse) crème fouettée

■ Dans un bol, mélangez les pommes, la compote de pommes et la cannelle. Répartissez ce mélange sur les crêpes.

■ Roulez les crêpes. Décorez chacune de pacanes hachées et de crème fouettée.

Crêpes des îles

6 PORTIONS

796 ml	(28 oz) moitiés d'abricots, en conserve
15 ml	(1 c. à s.) zeste de citron, râpé
80 ml	(¹/₃ tasse) beurre ou margarine
30 ml	(2 c. à s.) sucre
60 ml	(2 oz) rhum brun
1	pincée de sel
6	crêpes (p. 380)
60 ml	(2 oz) liqueur d'orange

- Réservez 12 demi-abricots.
- Dans un bol, réduisez en compote le reste des abricots avec leur sirop et le zeste de citron. Versez dans une grande poêle ; ajoutez le beurre, le sucre, le rhum et le sel. À feu moyen, laissez mijoter 2 minutes.
- Pliez les crêpes en quatre. Déposez dans la poêle. Répartissez les abricots réservés sur les crêpes. Faites cuire jusqu'à ce que le tout soit bien chaud.
- Dans une casserole, faites chauffer la liqueur d'orange 30 secondes. Versez sur les crêpes. Faites flamber. Servez.

VARIANTES
- Remplacez les abricots par des prunes (tel qu'illustré ci-contre), des pêches, des nectarines, ou des poires (tel qu'illustré ci-dessous). Variez les liqueurs.

LES BAGATELLES

Bagatelle mousseline aux bananes

8 PORTIONS	
1/2	sachet de gélatine sans saveur
	eau
250 ml	(1 tasse) bananes bien mûres, en purée
15 ml	(1 c. à s.) jus de citron
15 ml	(1 c. à s.) zeste de citron
2	blancs d'œufs
80 ml	(1/3 tasse) sucre
250 ml	(1 tasse) crème fouettée
500 ml	(2 tasses) pain blanc, en cubes
160 ml	(2/3 tasse) purée de marrons
80 ml	(1/3 tasse) sirop de chocolat, du commerce
375 ml	(1 1/2 tasse) crème au beurre d'arachides et au chocolat (p. 331)
15 ml	(1 c. à s.) cacao
125 ml	(1/2 tasse) noisettes

Mousseline aux bananes
- Faites gonfler la gélatine dans un peu d'eau, selon les indications sur la boîte. Réservez.
- Dans un grand bol, mélangez la purée de bananes, le jus et le zeste de citron. Réservez.
- Dans la casserole supérieure d'un bain-marie, fouettez les blancs d'œufs et le sucre jusqu'à l'obtention d'une meringue bien mousseuse. Ajoutez la gélatine ; faites dissoudre, en fouettant sans arrêt. Retirez du bain-marie ; laissez refroidir.
- À la spatule, incorporez la crème fouettée à la meringue, en alternant avec la purée de bananes. Placez au réfrigérateur environ 1 heure.

Montage
- Dans un grand bol, déposez la moitié des cubes de pain. Étalez la moitié de la purée de marrons. Versez ensuite la mousseline aux bananes ; couvrez du reste des cubes de pain. Placez au réfrigérateur environ 1 heure.
- Retirez du réfrigérateur. Étalez le reste de la purée de marrons sur le pain; nappez du sirop de chocolat. À l'aide d'une spatule ou d'un sac à pâtisserie, étalez la crème au beurre d'arachides et au chocolat sur toute la surface. Saupoudrez de cacao. Décorez de noisettes. Replacez au réfrigérateur 1 heure. Servez.

Bagatelle au café et à l'Amaretto

6 PORTIONS	
500 ml	(2 tasses) génoise à la vanille (p. 294), en cubes
90 ml	(3 oz) liqueur d'amande
750 ml	(3 tasses) crème pâtissière au café (p. 412), tiède
250 ml	(1 tasse) crème fouettée
80 ml	(1/3 tasse) amandes tranchées, grillées

- Dans un bol, faites imbiber la moitié des cubes de génoise de la moitié de la liqueur d'amande. Recouvrez de la moitié de la crème pâtissière, des autres cubes de génoise, puis du reste de crème pâtissière. Placez au réfrigérateur 1 heure.
- À l'aide d'un sac à pâtisserie muni d'une douille cannelée, recouvrez la bagatelle de crème fouettée. Décorez d'amandes. Placez au réfrigérateur 3 heures. Servez.

Bagatelle
à l'orange

	6 PORTIONS
500 ml	(2 tasses) génoise à la vanille *(p. 294)*, en cubes
160 ml	(²/₃ tasse) abricots séchés, en gros morceaux
500 ml	(2 tasses) crème pâtissière à l'orange *(p. 412)*
80 ml	(¹/₃ tasse) marmelade à l'orange
180 ml	(³/₄ tasse) oranges, pelées à vif, en quartiers
250 ml	(1 tasse) crème fouettée
30 ml	(2 c. à s.) zeste d'orange, râpé
60 ml	(¹/₄ tasse) amandes effilées, grillées

▪ Dans un grand bol, étendez, en couches successives, la moitié des cubes de génoise, la moitié des abricots et la moitié de la crème pâtissière à l'orange. Couvrez de la marmelade. Répétez les 3 premières opérations. Disposez la moitié des quartiers d'oranges sur la crème pâtissière.

▪ Recouvrez d'une couche de crème fouettée. Décorez du reste des quartiers d'oranges, de zeste d'orange et d'amandes effilées. Placez au réfrigérateur.

Recette illustrée

VARIANTES

• Décorez de différentes sortes de noix, de fruits frais ou séchés. Remplacez la marmelade par de la confiture.

Bagatelle surprise

	6 À 8 PORTIONS
500 ml	(2 tasses) brisures de biscuits sandwich, à la vanille et au chocolat
250 ml	(1 tasse) crème pâtissière au chocolat *(p. 412)*
250 ml	(1 tasse) crème glacée à la vanille
250 ml	(1 tasse) crème Chantilly *(p. 413)*
125 ml	(¹/₂ tasse) friandises au chocolat enrobées de sucre

▪ Mélangez les brisures de biscuits, la crème pâtissière et la crème glacée.

▪ Versez dans un bol de service. Couvrez bien ; placez au congélateur environ 1 heure.

▪ Retirez du congélateur ; garnissez de crème Chantilly. Parsemez de friandises au chocolat.

▪ Servez immédiatement, pour que la bagatelle soit encore un peu congelée.

Bagatelle glacée

	6 À 8 PORTIONS
1	génoise à l'orange *(p. 294)*
500 ml	(2 tasses) crème légère, parfumée au Grand Marnier *(p. 413)*
250 ml	(1 tasse) sorbet aux fraises *(p. 406)*
180 ml	(³/₄ tasse) fraises, tranchées
125 ml	(¹/₂ tasse) confiture de fraises
250 ml	(1 tasse) crème fouettée
80 ml	(¹/₃ tasse) cacao
375 ml	(1 ¹/₂ tasse) crème anglaise *(p. 413)*

- Coupez la génoise en très petits cubes.

- Dans un grand bol, mélangez les cubes de génoise à la crème légère parfumée.

- Dans un grand bol de service, déposez la moitié du mélange de génoise. Par petites cuillerées, en alternant, couvrez du sorbet et des fraises tranchées. Recouvrez de l'autre moitié du mélange de génoise. À l'aide d'un sac à pâtisserie, garnissez de crème fouettée.

- Couvrez ; placez au congélateur 2 à 3 heures.

- Retirez la bagatelle du congélateur environ 15 minutes avant de servir.

- Séparez en portions. Saupoudrez de cacao. Décorez de feuilles de menthe et de fraises entières, si désiré. Servez, accompagnée de crème anglaise.

Bagatelle de campagne

	6 PORTIONS
500 ml	(2 tasses) pain aux raisins *(p. 421)*, **en cubes de 2,5 cm (1 po)**
250 ml	(1 tasse) framboises fraîches
125 ml	(¹/₂ tasse) cassonade
250 ml	(1 tasse) crème à 35 %
500 ml	(2 tasses) crème Chantilly *(p. 413)*

- Dans un bol, étendez, en couches successives, la moitié des cubes de pain, le tiers des framboises, la moitié de la cassonade, la moitié de la crème et la moitié de la crème Chantilly. Répétez les 4 premières opérations.

- À l'aide d'une spatule ou d'un sac à pâtisserie muni d'une douille, étendez l'autre moitié de crème Chantilly. Décorez du reste des framboises. Placez au réfrigérateur 2 heures. Servez.

Recette illustrée

VARIANTE

- Remplacez le pain aux raisins par du pain de blé entier ou du pain de seigle.

Bagatelle aux biscuits au chocolat

6 PORTIONS

560 ml	(2 ¼ tasses) biscuits aux brisures de chocolat, écrasés
160 ml	(²/₃ tasse) brisures de chocolat sucré
500 ml	(2 tasses) crème pâtissière *(p. 412)*, chaude
250 ml	(1 tasse) crème Chantilly au chocolat *(p. 413)*
60 ml	(¼ tasse) noix de coco râpée

■ Dans un bol, étendez, en couches successives, le tiers des biscuits écrasés, la moitié des brisures de chocolat et la moitié de la crème pâtissière. Répétez ces 3 opérations. Terminez par le reste des biscuits. Placez au réfrigérateur 1 heure.

■ À l'aide d'un sac à pâtisserie muni d'une douille cannelée, décorez de crème Chantilly au chocolat. Saupoudrez de noix de coco. Placez au réfrigérateur 1 heure. Servez.

VARIANTES
• Remplacez les brisures de chocolat par des fraises coupées, des bleuets entiers, des raisins secs ou des dattes.

Bagatelle forêt noire

6 PORTIONS

375 ml	(1 ½ tasse) génoise au cacao *(p. 295)*, en cubes
160 ml	(²/₃ tasse) cerises bing
80 ml	(¹/₃ tasse) sirop au Grand Marnier *(p. 414)* ou sirop d'érable
500 ml	(2 tasses) crème Chantilly *(p. 413)*
125 ml	(¹/₂ tasse) copeaux de chocolat *(p. 330)*

■ Dans un bol, étendez, en couches successives, la moitié des cubes de génoise au cacao, la moitié des cerises, la moitié du sirop et la moitié de la crème Chantilly. Répétez les 3 premières opérations.

■ À l'aide d'une spatule ou d'un sac à pâtisserie muni d'une douille cannelée, étalez le reste de crème Chantilly. Décorez de copeaux de chocolat. Placez au réfrigérateur 2 heures. Servez.

Bagatelle
à l'ananas

6 PORTIONS	
1	sachet de gélatine sans saveur
250 ml	(1 tasse) jus d'ananas
1	petite boîte de poudre pour gelée à l'ananas
250 ml	(1 tasse) eau, bouillante
1	gâteau des anges, du commerce
500 ml	(2 tasses) crème à 35 %
540 ml	(19 oz) ananas en morceaux, en conserve
	feuilles de menthe (facultatif)

■ Dans un bol, faites gonfler la gélatine dans le jus d'ananas. Réservez.

■ Dans un autre bol, faites dissoudre la poudre pour gelée dans l'eau bouillante. Incorporez le mélange de gélatine et de jus d'ananas. Laissez refroidir jusqu'à ce que le tout soit pris à moitié.

■ Entre-temps, coupez le gâteau des anges en petits cubes. Réservez.

■ Fouettez la crème ; incorporez à la gelée à moitié prise.

■ Au fond d'un moule à cheminée beurré, étalez, en couches successives, la moitié des cubes de gâteau, la moitié des morceaux d'ananas et la moitié du mélange de crème fouettée et de gelée. Répétez ces 3 opérations. Placez au réfrigérateur environ 4 heures.

■ Retirez du réfrigérateur ; démoulez dans un plat de service. Garnissez de feuilles de menthe, si désiré. Servez.

VARIANTES

● Utilisez d'autres saveurs de poudre pour gelée et d'autres variétés de fruit.

Bagatelle
aux fruits

4 PORTIONS	
330 ml	(1 ⅓ tasse) gâteau aux fruits (p. 308), en cubes
500 ml	(2 tasses) crème légère parfumée (p. 413)
180 ml	(¾ tasse) crème Chantilly (p. 413)
	feuilles de menthe (facultatif)

■ Dans un grand bol, étendez, en couches successives, la moitié des cubes de gâteau aux fruits et la moitié de la crème légère. Répétez ces 2 opérations.

■ À l'aide d'un sac à pâtisserie muni d'une douille cannelée, garnissez de crème Chantilly. Placez au réfrigérateur 8 heures. Décorez de menthe, si désiré. Servez.

Recette illustrée

Bagatelle au chocolat et au sherry

6 PORTIONS	
250 ml	(1 tasse) macarons, émiettés
60 ml	(2 oz) sherry
375 ml	(1 ¹/₂ tasse) génoise au cacao (p. 295), en petits cubes
300 ml	(1 ¹/₄ tasse) crème pâtissière au chocolat (p. 412)
125 ml	(¹/₂ tasse) confiture, au choix
425 ml	(1 ³/₄ tasse) crème Chantilly au chocolat (p. 413)
	sucre glace (facultatif)

• Dans un bol, faites imbiber la moitié des macarons de sherry. Réservez.

• Dans un grand bol, étendez, en couches successives, les cubes de génoise, la crème pâtissière au chocolat et la confiture. Recouvrez des macarons imbibés de sherry, puis de la moitié de la crème Chantilly au chocolat. Couvrez du reste des macarons.

• À l'aide d'un sac à pâtisserie muni d'une douille cannelée, recouvrez le dessus de la bagatelle du reste de crème Chantilly au chocolat. À l'aide d'un tamis, saupoudrez de sucre glace. Placez au réfrigérateur 8 heures. Servez.

VARIANTES
• Variez les saveurs de génoise et les alcools.

Bagatelle de chez nous

4 PORTIONS	
500 ml	(2 tasses) pain de Gênes (p. 424), en cubes de 1,25 cm (¹/₂ po)
180 ml	(³/₄ tasse) sirop d'érable
425 ml	(1 ³/₄ tasse) crème pâtissière (p. 412), chaude
250 ml	(1 tasse) crème Chantilly (p. 413)
60 ml	(¹/₄ tasse) noix de Grenoble, hachées

• Dans un bol, faites imbiber les cubes de pain de sirop d'érable.

• Dans un grand bol, étendez, en couches successives, la moitié des cubes de pain et la moitié de la crème pâtissière. Répétez ces 2 opérations. Laissez refroidir.

• À l'aide d'un sac à pâtisserie muni d'une douille cannelée, recouvrez la bagatelle de crème Chantilly, en dessinant des rosettes ou des zigzags. Décorez de noix de Grenoble hachées. Placez au réfrigérateur 12 heures. Servez.

LES SOUFFLÉS

Soufflé au chocolat

4 PORTIONS	
30 ml	(2 c. à s.) fécule de maïs
180 ml	(3/4 tasse) lait
115 g	(4 oz) chocolat non sucré
125 ml	(1/2 tasse) sucre
5 ml	(1 c. à t.) essence de vanille
4	jaunes d'œufs
5	blancs d'œufs
1 ml	(1/4 c. à t.) crème de tartre

- Préchauffez le four à 175 °C (350 °F). Beurrez et sucrez un moule à soufflé.

- Faites dissoudre la fécule de maïs dans 60 ml (1/4 tasse) de lait. Réservez.

- Dans une casserole, faites chauffer le reste du lait, le chocolat, le sucre et l'essence de vanille, en remuant sans arrêt. Ajoutez la fécule diluée ; à feu vif, en fouettant vigoureusement, faites chauffer 2 minutes ou jusqu'à épaississement du mélange et formation de cloques. Retirez du feu ; laissez refroidir.

- Dans un bol, battez les jaunes d'œufs environ 5 minutes. Ajoutez 45 ml (3 c. à s.) du mélange de chocolat. Incorporez au chocolat dans la casserole. Réservez.

- Dans un autre bol, montez les blancs d'œufs et la crème de tartre en neige ferme. À l'aide d'un fouet, incorporez délicatement le mélange de chocolat aux blancs d'œufs.

- Versez dans le moule à soufflé. Faites cuire au four 45 à 50 minutes. Servez avec de la crème fouettée, si désiré.

Soufflé froid au chocolat et à l'orange

4 PORTIONS	
Étage au chocolat	
1	sachet de gélatine sans saveur
30 ml	(2 c. à s.) sucre
2	œufs, séparés
180 ml	(3/4 tasse) lait
45 ml	(3 c. à s.) chocolat au lait, en morceaux
Étage à l'orange	
1	sachet de gélatine sans saveur
30 ml	(2 c. à s.) sucre
2	œufs, séparés
180 ml	(3/4 tasse) jus d'orange
5 ml	(1 c. à t.) zeste d'orange
60 ml	(1/4 tasse) sucre

Étage au chocolat

- Dans une casserole, mélangez la gélatine et le sucre.

- Dans un bol, battez les jaunes d'œufs et le lait. Combinez à la gélatine. À feu doux, en remuant constamment, faites chauffer 3 ou 4 minutes ou jusqu'à ce que le mélange épaississe et que la gélatine soit dissoute.

- Retirez du feu. Ajoutez le chocolat ; faites fondre, en remuant. Réservez.

(suite page ci-contre)

Étage à l'orange

- Dans une casserole, mélangez la gélatine et 30 ml (2 c. à s.) de sucre.

- Dans un bol, battez les jaunes d'œufs, le jus et le zeste d'orange. Incorporez à la gélatine. À feu doux, en remuant constamment, faites chauffer 3 ou 4 minutes ou jusqu'à ce que le mélange épaississe et que la gélatine soit dissoute.

- Retirez du feu ; laissez refroidir jusqu'à ce que la gélatine commence à prendre.

Montage

- Dans un bol, battez les 4 blancs d'œufs et 60 ml (¼ tasse) de sucre jusqu'à formation de pointes molles. Séparez ce mélange en deux parts égales.

- À la spatule, incorporez délicatement la moitié des blancs d'œufs à la préparation au chocolat et l'autre moitié à la préparation à l'orange.

- Versez la préparation au chocolat dans le moule. Couvrez de la préparation à l'orange. Laissez prendre au réfrigérateur 1 heure.

- Garnissez de morceaux d'orange trempés dans le chocolat.

Recette illustrée, page ci-contre

Soufflé froid à la milanaise

4 À 6 PORTIONS	
500 ml	(2 tasses) crème à 35 %
15 ml	(1 c. à s.) gélatine
60 ml	(¼ tasse) jus de citron
3	œufs, séparés
250 ml	(1 tasse) sucre
	zeste de 1 citron, râpé
	amandes effilées
	pistaches

- Dans un bol, fouettez la crème. Réservez au réfrigérateur.

- À l'aide d'une bande de papier de 5 cm (2 po) allant au four, augmentez la hauteur d'un moule à soufflé.

- Dans un bol, faites dissoudre la gélatine dans la moitié du jus de citron. Réservez.

- Dans la casserole supérieure d'un bain-marie, fouettez

les jaunes d'œufs, le sucre, l'autre moitié du jus de citron et le zeste, jusqu'à consistance épaisse. Ajoutez la gélatine diluée. Laissez refroidir.

- Dans un autre bol, montez les blancs d'œufs en neige. Incorporez délicatement à la préparation de jaunes d'œufs, en alternant avec la crème fouettée. Versez dans le moule. Laissez prendre au réfrigérateur 1 heure.

- Retirez le papier du moule. Décorez le contour d'amandes effilées et de pistaches.

Recette illustrée, photo du haut

VARIANTES

- Remplacez le citron par des limettes. Décorez de cacao, de noisettes, de noix de coco ou de graines de pavot.

Recette illustrée, photo du bas

Soufflé au Grand Marnier

4 PORTIONS

180 ml	(³/₄ tasse) lait
80 ml	(¹/₃ tasse) sucre
	zeste de 1 orange
45 ml	(3 c. à s.) beurre
80 ml	(¹/₃ tasse) farine
4	œufs, séparés
30 ml	(1 oz) Grand Marnier
30 ml	(2 c. à s.) jus d'orange
	sucre glace

■ Préchauffez le four à 190 °C (375 °F). Beurrez et sucrez 4 ramequins.

■ Dans une casserole, amenez à ébullition le lait, le sucre et le zeste d'orange. Réservez.

■ Dans une autre casserole, faites fondre le beurre. Ajoutez la farine, en fouettant sans arrêt, jusqu'à l'obtention d'un roux.

■ Versez le lait bouillant sur le mélange de farine, en fouettant sans arrêt. Amenez à ébullition. Laissez cuire 1 ou 2 minutes jusqu'à épaississement. Retirez du feu ; laissez refroidir 2 ou 3 minutes. Ajoutez les jaunes d'œufs, le Grand Marnier et le jus d'orange. Réservez.

■ Dans un bol, montez les blancs d'œufs en neige. À la spatule, incorporez délicatement au premier mélange. Remplissez les ramequins jusqu'à 1,25 cm (¹/₂ po) du bord. Faites cuire 15 à 20 minutes. Environ 5 minutes avant la fin de la cuisson, saupoudrez le soufflé de sucre glace.

Soufflé aux bananes et aux litchis

4 PORTIONS

30 ml	(2 c. à s.) beurre
30 ml	(2 c. à s.) fécule de maïs
1	pincée de sel
250 ml	(1 tasse) bananes, en purée
80 ml	(¹/₃ tasse) litchis, hachés
15 ml	(¹/₂ oz) rhum brun
15 ml	(1 c. à s.) jus de limette
5 ml	(1 c. à t.) zeste de limette, râpé
3	jaunes d'œufs
125 ml	(¹/₂ tasse) sucre
5	blancs d'œufs

■ Préchauffez le four à 175 °C (350 °F). Beurrez et sucrez 4 ramequins ou un moule à soufflé.

■ Dans une casserole, faites fondre le beurre, la fécule et le sel. Ajoutez la purée de bananes et les litchis. À feu doux, en remuant sans arrêt, faites cuire 3 minutes ou jusqu'à épaississement du mélange. Ajoutez le rhum, le jus et le zeste de limette. Retirez du feu. Réservez.

■ Dans un bol, battez les jaunes d'œufs et le sucre. Incorporez le mélange de fruits. Réservez.

■ Dans un autre bol, battez les blancs d'œufs jusqu'à formation de pointes molles. À l'aide d'une spatule, incorporez délicatement au premier mélange. Versez dans le moule à soufflé. Faites cuire au four environ 35 minutes (ou 25 minutes, si vous utilisez des ramequins).

Soufflé aux pêches et aux amandes

	4 PORTIONS
125 ml	(¹/₂ tasse) blancs d'œufs
80 ml	(¹/₃ tasse) sucre
1	pincée de crème de tartre (facultatif)
4	jaunes d'œufs
250 ml	(1 tasse) pêches, en purée
45 ml	(3 c. à s.) fécule de maïs
80 ml	(¹/₃ tasse) amandes blanches effilées
30 ml	(2 c. à s.) jus de citron
1	pincée de sel
15 ml	(¹/₂ oz) liqueur d'amande
2	gouttes de colorant orange (facultatif)
	sucre glace

■ Préchauffez le four à 190 °C (375 °F). Beurrez et sucrez 4 ramequins ou un moule à soufflé.

■ Dans un bol, montez en neige les 3 premiers ingrédients.

■ Dans un autre bol, combinez les autres ingrédients, sauf le sucre glace. Incorporez délicatement les blancs d'œufs au mélange. Versez dans le moule à soufflé ; faites cuire au four 35 minutes (ou 25 minutes, si vous utilisez des ramequins).

■ Avec précaution, retirez du four. Saupoudrez de sucre glace. Servez.

Recette illustrée

VARIANTES

• Remplacez les pêches par des abricots ou des mangues.

Soufflé aux pruneaux

	4 PORTIONS
	eau
500 ml	(2 tasses) pruneaux séchés, dénoyautés
15 ml	(1 c. à s.) beurre
15 ml	(1 c. à s.) farine
	zeste de 1 citron
2 ml	(¹/₂ c. à t.) cannelle
4	blancs d'œufs
2 ml	(¹/₂ c. à t.) sel
125 ml	(¹/₂ tasse) sucre
	sucre glace (facultatif)

■ Dans l'eau, faites tremper les pruneaux 3 à 4 heures.

■ Préchauffez le four à 205 °C (400 °F). Beurrez et sucrez un moule à soufflé. Réservez.

■ Égouttez les pruneaux ; versez dans un bol ; réduisez en purée. Ajoutez le beurre, la farine, le zeste de citron et la cannelle ; mélangez. Réservez.

■ Dans un autre bol, montez les blancs d'œufs et le sel en neige ferme. Incorporez délicatement le mélange précédent. Versez dans le moule à soufflé.

■ Faites cuire au four 30 minutes. Servez chaud, saupoudré de sucre glace, si désiré.

VARIANTES

• Remplacez les pruneaux par différents fruits séchés.

LES MOUSSES, GELÉES ET FLANS

Mousse aux cerises et au fromage

8 PORTIONS	
450 g	(1 lb) fromage à la crème, ramolli
1	petite boîte de poudre pour gelée à la limette
500 ml	(2 tasses) eau, bouillante
250 ml	(1 tasse) eau froide
625 ml	(2 ½ tasses) cerises, dénoyautées
1	petite boîte de poudre pour gelée aux cerises
250 ml	(1 tasse) jus de cerise

- Au robot culinaire, battez le fromage à la crème jusqu'à consistance homogène. Réservez.

- Faites dissoudre la poudre pour gelée à la limette dans 250 ml (1 tasse) d'eau bouillante. Ajoutez l'eau froide et les cerises. Incorporez au fromage à la crème.

- Versez dans un moule démontable ou répartissez dans des coupes. Placez au réfrigérateur.

- Faites dissoudre la poudre pour gelée aux cerises dans 250 ml (1 tasse) d'eau bouillante. Ajoutez le jus de cerise. Laissez refroidir.

- Retirez le premier mélange du réfrigérateur. Couvrez de la gelée aux cerises. Replacez au réfrigérateur au moins 1 heure avant de servir.

Mousse au café

4 PORTIONS	
1	sachet de gélatine sans saveur
180 ml	(¾ tasse) eau
10 ml	(2 c. à t.) café instantané
180 ml	(¾ tasse) sucre
4	jaunes d'œufs
375 ml	(1 ½ tasse) crème fouettée
80 ml	(⅓ tasse) crème sure
12	grains de café

- Dans un bol, faites dissoudre la gélatine dans un peu d'eau.

- Dans une casserole, faites chauffer l'eau, le café instantané et le sucre. Ajoutez la gélatine dissoute et les jaunes d'œufs ; fouettez.

- Retirez du feu. Déposez le fond de la casserole dans l'eau froide, pour accélérer le refroidissement. Fouettez jusqu'à ce que le mélange soit refroidi. Incorporez la crème fouettée au mélange, dès que la gélatine commence à prendre.

- Versez dans des coupes à dessert. Placez au réfrigérateur 15 minutes.

- Garnissez chaque coupe de 15 ml (1 c. à s.) de crème sure et de 3 grains de café. Servez.

Recette illustrée

VARIANTES
- Garnissez de crème Chantilly au chocolat *(p. 413)*, tel qu'illustré. Saupoudrez de sucre glace ou de cacao. Décorez de noix de coco râpée ou de noix hachées.

Mousse à l'érable

4 PORTIONS	
180 ml	(³/₄ tasse) sirop d'érable
1	sachet de gélatine sans saveur
45 ml	(3 c. à s.) eau froide
3	gros jaunes d'œufs
500 ml	(2 tasses) crème à 35 %
15 ml	(¹/₂ oz) rhum brun
60 ml	(¹/₄ tasse) amandes grillées

▪ Dans une casserole à fond épais, faites chauffer le sirop d'érable à feu doux.

▪ Entre-temps, dans un bol, diluez la gélatine dans l'eau froide. Laissez reposer 5 minutes. Placez le fond du bol dans l'eau chaude, jusqu'à ce que la gélatine soit bien dissoute.

▪ Incorporez au sirop d'érable, en remuant sans arrêt. Retirez du feu. Réservez.

▪ Dans un autre bol, fouettez les jaunes d'œufs jusqu'à consistance crémeuse. Incorporez au sirop d'érable. Battez jusqu'à refroidissement de la préparation.

▪ Dans un troisième bol, fouettez la crème. Incorporez au sirop d'érable (réservez un peu de crème fouettée pour la garniture). Versez dans un grand bol ou des coupes individuelles. Placez au réfrigérateur 2 heures ou jusqu'à ce que la mousse soit prise.

▪ Incorporez le rhum brun au reste de crème fouettée ; garnissez la mousse. Parsemez d'amandes grillées.

Mousse au chocolat

6 PORTIONS	
1	sachet de gélatine sans saveur
60 ml	(¹/₄ tasse) eau
3	blancs d'œufs
80 ml	(¹/₃ tasse) sucre
1	goutte de colorant rouge (facultatif)
115 g	(4 oz) chocolat mi-sucré
500 ml	(2 tasses) crème fouettée

▪ Dans un petit bol, faites dissoudre la gélatine dans l'eau. Réservez.

▪ Au bain-marie, faites chauffer les blancs d'œufs et le sucre jusqu'à ce que le sucre soit bien fondu. Réservez.

▪ Dans le bol du malaxeur, montez les blancs d'œufs en neige. Ajoutez la gélatine dissoute et le colorant.

▪ Dans une casserole, faites fondre le chocolat à feu doux. Incorporez au mélange de blancs d'œufs. À la spatule, incorporez délicatement la moitié de la crème fouettée. Versez dans les coupes à dessert. Placez au réfrigérateur 20 minutes.

▪ Décorez chaque coupe d'une rosace de crème fouettée. Saupoudrez de cacao ou de copeaux de chocolat, si désiré.

VARIANTES
• Décorez de fraises, de cerises, de framboises ou de bananes, trempées dans le sucre glace ou dans le cacao.

Mousse
aux trois fruits

4 PORTIONS

1/2	banane
6	demi-poires, en conserve, égouttées
6	demi-pêches, en conserve, égouttées
5 ml	(1 c. à t.) jus de citron
1	sachet de gélatine sans saveur
30 ml	(2 c. à s.) eau
2	blancs d'œufs
	fruits frais
	feuilles de menthe fraîche

■ Au robot culinaire, réduisez en purée tous les fruits, avec le jus de citron. Réservez.

■ Dans une petite casserole, faites dissoudre la gélatine dans l'eau. Faites chauffer un peu.

■ Au malaxeur, battez les blancs d'œufs en neige. Incorporez délicatement la purée de fruits et la gélatine.

■ Versez dans des coupes à dessert. Décorez de fruits frais et de feuilles de menthe. Servez.

Mousse aux bleuets
et aux bananes

4 PORTIONS

1 1/2	sachet de gélatine sans saveur
60 ml	(1/4 tasse) jus d'orange
375 ml	(1 1/2 tasse) bleuets
3	bananes, écrasées
45 ml	(3 c. à s.) yogourt nature

■ Dans une petite casserole, faites dissoudre la gélatine dans le jus d'orange. Faites chauffer un peu.

■ Au malaxeur, mélangez tous les ingrédients jusqu'à l'obtention d'une mousse lisse et crémeuse.

■ Répartissez dans des coupes à dessert. Décorez de fruits frais, si désiré. Servez.

VARIANTES
• Décorez de noix de Grenoble. Servez avec des gâteaux ou des biscuits secs.

Mousse
à la rhubarbe

8 PORTIONS	
500 ml	(2 tasses) rhubarbe, en cubes
60 ml	(¼ tasse) sucre
2	sachets de gélatine sans saveur
60 ml	(¼ tasse) eau froide
60 ml	(¼ tasse) eau, bouillante
750 ml	(3 tasses) crème glacée à la vanille
5 ml	(1 c. à t.) zeste de citron
2 ml	(½ c. à t.) muscade

■ Dans une casserole, faites cuire la rhubarbe et le sucre 10 minutes.

■ Dans un bol, faites dissoudre la gélatine dans l'eau froide. Ajoutez l'eau bouillante ; mélangez jusqu'à ce que la gélatine soit bien dissoute. Incorporez la rhubarbe sucrée. Laissez refroidir un peu. Incorporez les autres ingrédients ; mélangez bien. Placez au réfrigérateur 1 heure.

■ Garnissez de crème fouettée et d'une julienne de rhubarbe, si désiré.

Mousse aux fraises

6 PORTIONS	
1 ½	sachet de gélatine sans saveur
375 ml	(3 tasses) fraises, décongelées, égouttées (réservez le sirop)
250 ml	(1 tasse) yogourt nature
250 ml	(1 tasse) crème à 35 %
60 ml	(¼ tasse) sucre

Sauce aux fraises
	eau
15 ml	(1 c. à s.) fécule de maïs
10 ml	(2 c. à t.) zeste d'orange

■ Dans un bol, faites dissoudre la gélatine dans 60 ml (¼ tasse) du sirop des fraises. Laissez reposer 5 minutes. Placez le fond du bol dans l'eau chaude jusqu'à ce que la gélatine soit bien dissoute. Incorporez les fraises et le yogourt. Réservez.

■ Dans un autre bol, fouettez la crème et le sucre. Ajoutez aux fraises dès que la gélatine commence à prendre. Versez dans des coupes à dessert. Placez au réfrigérateur.

Sauce aux fraises
■ Ajoutez suffisamment d'eau au reste du sirop de fraise pour obtenir 250 ml (1 tasse) de liquide.

■ Versez dans une casserole ; faites chauffer à feu doux. Ajoutez la fécule de maïs délayée dans un peu d'eau; mélangez jusqu'à épaississement. Ajoutez le zeste d'orange. Laissez tiédir. Répartissez dans les coupes.

Aspic aux fruits

12 PORTIONS	
2	boîtes de poudre pour gelée à la limette
2	boîtes de poudre pour gelée aux fraises
2	boîtes de poudre pour gelée à l'orange
	eau
250 ml	(1 tasse) boules de melon miel
250 ml	(1 tasse) fraises, en moitiés
250 ml	(1 tasse) oranges, pelées à vif, en quartiers

■ Faites dissoudre séparément chaque saveur de poudre pour gelée dans 375 ml (1 ½ tasse) d'eau (et non selon les indications sur la boîte). Versez le mélange de gelée à la limette dans un moule démontable.

Couvrez de boules de melon miel façonnées à la cuillère parisienne. Placez au réfrigérateur 30 à 50 minutes ou jusqu'à ce que la gelée soit prise.

■ Retirez du réfrigérateur. Répétez ces opérations avec les autres saveurs de gelées et les autres fruits, en réfrigérant 30 à 50 minutes entre les étages. Une fois l'aspic monté, placez au réfrigérateur 2 heures.

■ Trempez le moule dans l'eau chaude 15 secondes pour démouler plus facilement. Retirez les charnières ; renversez sur un plat de service ; démoulez. Coupez à l'aide d'un couteau préalablement chauffé dans l'eau chaude.

Recette illustrée

VARIANTES
• Variez les fruits et les gelées.

Coupes aux abricots

6 PORTIONS	
12	demi-abricots, en conserve, égouttés — réservez 180 ml (³/₄ tasse) du sirop
1 ½	sachet de gélatine sans saveur
500 ml	(2 tasses) eau
60 ml	(2 oz) liqueur d'orange

■ Déposez 2 moitiés d'abricots dans chaque coupe à dessert.

■ Dans un bol, faites dissoudre la gélatine dans l'eau. Au besoin, faites chauffer un peu.

■ Ajoutez le sirop des abricots et la liqueur d'orange ; mélangez. Versez dans les coupes, sur les abricots. Placez au réfrigérateur 2 heures.

■ Démoulez, en trempant le fond des coupes dans l'eau chaude 15 secondes.

Recette illustrée, sur le dessus de l'aspic

VARIANTES
• Servez, accompagnées d'un coulis *(p. 414 et 415)*, de crème anglaise *(p. 413)* ou de crème fouettée.

• Remplacez 2 demi-abricots par 1 demi-pêche.

Cerises surprises

12 BOUCHÉES

1	boîte de poudre pour gelée aux fraises
375 ml	(1 ½ tasse) eau
12	cerises rouges, avec leur queue

- Dans un bol, faites dissoudre la gelée dans l'eau.

- Déposez les cerises dans les cavités d'un contenant à glaçons ; recouvrez de gelée diluée. Laissez prendre au réfrigérateur.

- Démoulez, en trempant le fond du contenant dans l'eau chaude 15 secondes.

Recette illustrée à gauche

Litchis à l'orange

8 PORTIONS

1	boîte de poudre pour gelée à l'orange
375 ml	(1 ½ tasse) eau
8	litchis
	zeste de 3 oranges, râpé

- Dans un bol, faites dissoudre la gelée dans l'eau.

- Roulez chaque litchi dans le zeste d'orange. Déposez au centre d'une coupe à dessert ; recouvrez de gelée diluée. Laissez prendre au réfrigérateur.

- Démoulez, en trempant le fond des coupes dans l'eau chaude 15 secondes.

Bavarois aux fruits

8 PORTIONS

1	boîte de poudre pour gelée, saveur au choix
	eau
1	sachet de gélatine sans saveur
1 L	(4 tasses) crème glacée à la vanille
	fruits frais, au choix

- Dans un bol, préparez la poudre pour gelée selon les indications sur la boîte. Incorporez la gélatine.

- Dans un autre bol, défaites la crème glacée. Incorporez à la gelée. Ajoutez les fruits.

- Versez dans de petits ramequins ; laissez prendre au réfrigérateur au moins 4 heures

Recette illustrée à droite

Cantaloups farcis

4 PORTIONS

2	cantaloups bien mûrs
1	boîte de poudre pour gelée, saveur au choix
	eau
500 ml	(2 tasses) raisins rouges, en moitiés
	crème Chantilly *(p. 413)*

- Coupez en deux les cantaloups ; retirez les noyaux.

- Préparez la gelée selon les indications sur la boîte.

- Répartissez les raisins dans les demi-cantaloups. Couvrez de gelée. Laissez prendre au réfrigérateur 30 minutes à 1 heure.

- Retirez du réfrigérateur ; garnissez de crème Chantilly.

Pouding chômeur

10 PORTIONS	
60 ml	(¼ tasse) beurre, ramolli
180 ml	(¾ tasse) sucre
1	œuf
375 ml	(1 ½ tasse) farine tout usage
15 ml	(1 c. à s.) poudre à pâte
2 ml	(½ c. à t.) sel
180 ml	(¾ tasse) lait
2 ml	(½ c. à t.) essence de vanille
125 ml	(½ tasse) noix de coco râpée

Sauce

500 ml	(2 tasses) cassonade
250 ml	(1 tasse) eau
10 ml	(2 c. à t.) beurre

■ Préchauffez le four à 175 °C (350 °F).

■ Dans un bol, fouettez le beurre. Incorporez le sucre et l'œuf. Dans un autre bol, tamisez la farine, la poudre à pâte et le sel. Réservez.

■ Dans un troisième bol, mélangez le lait et l'essence de vanille. Incorporez, en alternant, le premier mélange et les ingrédients secs.

■ Versez dans un moule carré de 20,5 cm (8 po). Saupoudrez de noix de coco. Faites cuire 25 à 30 minutes ou jusqu'à ce que le gâteau soit doré.

Sauce

■ Dans une casserole, faites chauffer les ingrédients 8 à 10 minutes, en remuant sans arrêt. Servez avec le gâteau froid ou chaud.

Pouding aux bananes

4 À 6 PORTIONS	
15 ml	(1 c. à s.) fécule de maïs
500 ml	(2 tasses) lait
125 ml	(½ tasse) noix de coco râpée
2	bananes, tranchées
3	jaunes d'œufs
125 ml	(½ tasse) sucre
5 ml	(1 c. à t.) essence de vanille
30 ml	(2 c. à s.) zeste d'orange
1	recette de meringue (p. 358)

■ Préchauffez le four à 230 °C (450 °F).

■ Dans un bol, délayez la fécule de maïs dans un peu de lait. Réservez.

■ Dans une petite casserole, faites chauffer le reste du lait. Ajoutez la fécule de maïs diluée. Laissez épaissir. Ajoutez la noix de coco râpée et les tranches de bananes. Faites cuire 1 minute. Réservez.

■ Dans un bol, battez les jaunes d'œufs, le sucre, l'essence de vanille et le zeste. Incorporez au mélange chaud.

■ Versez dans un plat carré. Couvrez de meringue. Faites cuire au four 3 minutes ou jusqu'à ce que la meringue soit dorée. Servez.

Crème de riz à l'ananas

6 À 8 PORTIONS	
250 ml	(1 tasse) crème à 35 %
125 ml	(½ tasse) eau
125 ml	(½ tasse) riz minute
398 ml	(14 oz) ananas broyés, en conserve, bien égouttés
125 ml	(½ tasse) sucre
	fraises, tranchées
	graines de pavot

■ Dans un bol, fouettez la crème jusqu'à la formation de pics fermes. Placez au réfrigérateur.

■ Dans une casserole, faites bouillir l'eau. Ajoutez le riz ; laissez cuire 5 minutes. Retirez du feu ; laissez refroidir. Placez au réfrigérateur.

■ Dans un bol, mélangez tous les ingrédients, sauf les fraises et les graines de pavot.

■ Répartissez dans des coupes à dessert ; garnissez de fraises fraîches ; saupoudrez de graines de pavot.

VARIANTES
• Utilisez d'autres fruits ou de la salade de fruits bien égouttée.

Crème brûlée à la liqueur d'orange

4 PORTIONS	
2	œufs
3 ou 4	jaunes d'œufs
375 ml	(1 ½ tasse) crème à 15 %
60 ml	(¼ tasse) sucre
45 ml	(1 ½ oz) liqueur d'orange
20 ml	(4 c. à t.) zeste d'orange
330 ml	(1 ⅓ tasse) abricots, en morceaux
30 ml	(2 c. à s.) cassonade

■ Préchauffez le four à 160 °C (325 °F).

■ Dans un bol, battez les œufs, la crème et le sucre. Incorporez la liqueur et le zeste d'orange ; mélangez. Réservez.

■ Au fond de 4 ramequins, déposez 80 ml (⅓ tasse) de morceaux d'abricots. Recouvrez du mélange d'œufs. Faites cuire au four 35 minutes.

■ Retirez du four ; laissez refroidir un peu.

■ Entre-temps, augmentez la température du four à GRIL (BROIL).

■ Saupoudrez de cassonade. Faites caraméliser sous le gril 3 à 5 minutes. Servez tiède.

VARIANTES
• Utilisez des ananas, des bananes, des framboises et différentes saveurs de liqueur.

LES SORBETS

Sorbet au pamplemousse

750 ML (3 TASSES)	
125 ml	(½ tasse) lait en poudre
500 ml	(2 tasses) jus de pamplemousse
250 ml	(1 tasse) pamplemousse rose, pelé à vif, en quartiers

- Dans un bol, mélangez le lait en poudre et le jus de pamplemousse. Placez au congélateur environ 2 heures ou jusqu'à ce que le mélange prenne.

- Dans le bol du mélangeur, fouettez le jus congelé et les quartiers de pamplemousse jusqu'à consistance lisse. Versez dans un contenant hermétique. Placez au congélateur jusqu'à ce que le mélange prenne une fois de plus. Laissez décongeler un peu. Servez.

VARIANTES

- Utilisez du jus d'orange et une orange pelée à vif, tel qu'illustré ci-contre, ou du jus de citron et une limette pelée à vif — dans ce dernier cas, ajoutez 125 ml (½ tasse) de sucre glace pour éliminer l'acidité.

- Ajoutez 15 à 30 ml (1 à 2 c. à s.) de liqueur d'orange ou de pastis.

(Voir la technique des sorbets, p. 92.)

Sorbet aux fraises

625 ML (2 ½ TASSES)	
250 ml	(1 tasse) jus de fraise, de framboise ou d'autres fruits des champs, mélangés
500 ml	(2 tasses) fraises congelées
125 ml	(½ tasse) sucre glace
15 ml	(1 c. à s.) jus de citron
15 ml	(½ oz) vodka

- Dans le bol du robot culinaire, fouettez tous les ingrédients jusqu'à consistance lisse. Versez dans un contenant hermétique ; placez au congélateur 2 heures.

- Retirez du congélateur ; fouettez à nouveau. Replacez au congélateur jusqu'à consistance ferme. Servez, accompagné de fruits ou de biscuits secs, si désiré.

Sorbet au melon

750 ML (3 TASSES)	
500 ml	(2 tasses) cantaloup
500 ml	(2 tasses) melon miel
30 ml	(2 c. à s.) jus de citron
30 ml	(1 oz) pastis (facultatif)
160 ml	(2/3 tasse) sucre glace

■ Au robot culinaire, fouettez tous les ingrédients jusqu'à consistance lisse. Versez dans un contenant hermétique. Placez au congélateur environ 2 heures. Fouettez de nouveau au robot.

■ Replacez au congélateur 2 heures. Servez.

Recette illustrée à gauche

Sorbet de la passion

4 PORTIONS	
300 ml	(1 1/4 tasse) sucre
	jus de 2 oranges
	jus de 2 limettes
	chair de 2 fruits de la passion bien mûrs
1	blanc d'œuf
2 ml	(1/2 c. à t.) vanille

■ Dans une casserole, amenez à ébullition le sucre et les jus de fruits ; laissez frémir 5 minutes. Laissez refroidir.

■ Réduisez en purée les fruits de la passion. Incorporez au sirop de fruits.

■ Versez dans un contenant hermétique ; placez au congélateur 2 heures. Retirez du congélateur ; battez le blanc d'œuf et la vanille en neige ferme. Incorporez au sorbet. Servez.

Terrine de sorbet

9 PORTIONS	
1/2	recette de sorbet aux fraises (p. 406)
1/2	recette de yogourt glacé aux bananes et aux kiwis (p. 408)
1/2	recette de sorbet de la passion

■ Tapissez le fond d'un moule à pain de papier ciré.

■ Étalez, par couches successives, les trois saveurs de sorbet. Couvrez de papier d'aluminium ; placez au congélateur 3 heures.

■ Trempez le fond du moule dans l'eau chaude environ 15 secondes. Renversez sur une planche ; démoulez.

■ Coupez, sur la hauteur, en tranches de 2,5 cm (1 po) d'épaisseur. Enveloppez bien. Placez au congélateur.

Recette illustrée à droite

VARIANTES

● Utilisez différentes saveurs de sorbet.

● Décorez d'une feuille de menthe. Servez, accompagnée d'un coulis au choix (p. 414 et 415).

LES GLACES

Yogourt glacé aux framboises

ENVIRON 625 ML (2 ½ TASSES)	
375 ml	(1 ½ tasse) yogourt nature
500 ml	(2 tasses) framboises
125 ml	(½ tasse) sucre
15 ml	(1 c. à s.) jus de citron
7 ml	(½ c. à s.) zeste de citron, râpé
15 ml	(½ oz) Grand Marnier ou autre liqueur (facultatif)

■ Au robot culinaire, mélangez tous les ingrédients jusqu'à l'obtention d'une consistance crémeuse. Versez dans un grand contenant hermétique. Placez au congélateur environ 2 heures, jusqu'à ce que le mélange ait un aspect granuleux, sans être trop ferme.

■ Versez de nouveau dans le robot culinaire ; broyez, jusqu'à l'obtention d'une texture crémeuse. Replacez au congélateur jusqu'à consistance ferme.

■ Avant de servir, laissez ramollir environ 10 minutes. Pour que le sorbet soit encore plus crémeux, broyez de nouveau.

■ Servez dans des tulipes *(p. 360)* ou sur un coulis de fruits *(p. 414 et 415)*, accompagné de fruits frais et de menthe fraîche, si désiré.

YOGOURT GLACÉ AUX PÊCHES ET AUX ABRICOTS

• Remplacez les framboises par des pêches et des abricots dénoyautés.

YOGOURT GLACÉ AUX BANANES ET AUX KIWIS

• Remplacez les framboises par des tranches de bananes et de kiwis. Aromatisez de rhum.

YOGOURT GLACÉ AUX MÛRES ET AUX BLEUETS

• Remplacez les framboises par des bleuets et des mûres.

YOGOURT GLACÉ AUX POIRES ET AUX ANANAS

• Remplacez les framboises par des tranches de poires et d'ananas en conserve. Prenez soin de bien égoutter les fruits.

YOGOURT GLACÉ AUX CERISES DE FRANCE

• Remplacez les framboises par des cerises dénoyautées.

Yogourt glacé aux noix

ENVIRON 625 ML (2 ½ TASSES)	
375 ml	(1 ½ tasse) yogourt
125 ml	(½ tasse) crème à tartiner aux noisettes et au chocolat, du commerce
125 ml	(½ tasse) noix
60 ml	(¼ tasse) sucre
30 ml	(2 c. à s.) jus d'orange
15 ml	(1 c. à s.) zeste d'orange, râpé

■ Au robot culinaire, mélangez tous les ingrédients ; procédez comme pour la recette de yogourt glacé aux framboises.

VARIANTES
• Utilisez des amandes, des noisettes, de la noix de coco râpée, des noix de Grenoble, des pacanes ou des pistaches.

Mousse glacée au chocolat, aux noix et au fromage

ENVIRON 1 L (4 TASSES)	
4	jaunes d'œufs
60 ml	(¼ tasse) sucre
250 ml	(1 tasse) fromage ricotta, à la température ambiante
160 ml	(⅔ tasse) chocolat mi-sucré, fondu, à la température ambiante
500 ml	(2 tasses) crème fouettée
180 ml	(¾ tasse) noix hachées

■ Couvrez de papier ciré un moule à pain de 20,5 x 10 cm (8 x 4 po).

■ Au malaxeur, battez les jaunes d'œufs et le sucre jusqu'à consistance lisse. Réservez.

■ Dans un bol, fouettez le ricotta et le chocolat fondu. Incorporez le mélange de jaunes d'œufs, sans cesser de fouetter.

■ Incorporez délicatement la crème fouettée et 125 ml (½ tasse) de noix. Versez dans le moule ; placez au congélateur au moins 4 heures.

■ Juste avant de servir, démoulez la mousse, en plongeant brièvement le moule dans l'eau chaude. Renversez sur un plat de service ; retirez le papier ciré. Saupoudrez du reste de noix hachées.

■ Tranchez. Servez, accompagnée d'un coulis *(p. 414 et 415)* ou d'une sauce *(p. 416 et 417)*.

Dans le sens horaire, commençant en haut, à gauche, les yogourts glacés : aux framboises, aux bananes et aux kiwis, aux mûres et aux bleuets, aux pêches et aux abricots, aux poires et aux ananas, aux cerises.

LES CONFITURES ET LES MARMELADES

Confiture de fraises de jardin

ENVIRON 1,25 L (5 TASSES)

15 ml	(1 c. à s.) eau chaude
2 ml	(½ c. à t.) jus de citron
2 ml	(½ c. à t.) vinaigre blanc
1 L	(4 tasses) fraises, équeutées
750 ml	(3 tasses) sucre

■ Dans une casserole, amenez à ébullition l'eau, le jus de citron et le vinaigre. Ajoutez les fraises. Couvrez ; retirez du feu ; laissez macérer 2 minutes.

■ Ajoutez le sucre. Ramenez à ébullition. Faites cuire à feu moyen environ 20 minutes.

Confiture de bleuets et de rhubarbe

ENVIRON 2 L (8 TASSES)

2 L	(8 tasses) bleuets frais
1 L	(4 tasses) rhubarbe, en morceaux de 1,25 cm (½ po)
250 ml	(1 tasse) eau
1 L	(4 tasses) sucre

■ Dans une grande casserole, mélangez les fruits et l'eau. À feu moyen, faites cuire 10 à 12 minutes, à découvert.

■ Ajoutez le sucre ; mélangez un peu. Amenez à ébullition ; laissez bouillir environ 10 minutes, à découvert.

Confiture de noix et d'abricots

ENVIRON 1,5 L (6 TASSES)

2 L	(8 tasses) abricots dénoyautés, en morceaux
1 L	(4 tasses) sucre
375 ml	(1 ½ tasse) noix hachées
30 ml	(2 c. à s.) jus de citron

■ Dans une grande casserole, mélangez tous les ingrédients. Amenez à ébullition ; à découvert, laissez bouillir environ 10 minutes ou jusqu'à consistance d'une confiture.

Confiture de rhubarbe

ENVIRON 2 L (8 TASSES)

1,5 L	(6 tasses) rhubarbe
1 L	(4 tasses) sucre
2	oranges, pelées, en petits morceaux
125 ml	(½ tasse) jus de citron
15 ml	(1 c. à s.) zeste de citron

■ Dans un bol, faites tremper la rhubarbe et le sucre toute une nuit.

■ Dans une grande casserole, faites cuire les ingrédients environ 10 minutes à découvert ou jusqu'à ce que le mélange épaississe.

Confiture de fraises et de rhubarbe

ENVIRON 2,5 L (10 TASSES)

1,5 L	(6 tasses) fraises fraîches, équeutées, écrasées
1 L	(4 tasses) rhubarbe, en morceaux de 1,25 cm (½ po)
1,5 L	(6 tasses) sucre

■ Dans une grande casserole, amenez à ébullition les fruits. À feu moyen, faites cuire 15 minutes, à découvert.

■ Ajoutez le sucre ; mélangez un peu. À découvert, faites bouillir environ 10 minutes ou jusqu'à consistance d'une confiture.

■ Versez dans des bocaux chauds et stérilisés. Laissez refroidir un peu. Scellez.

VARIANTE

● Remplacez les fraises et la rhubarbe par 2 L (8 tasses) de framboises écrasées et 375 ml (1 ½ tasse) de noix de coco.

Marmelade à la citrouille

ENVIRON 1 L (4 TASSES)

3	oranges avec leur pelure, en quartiers
1	citron avec sa pelure, en quartiers
500 ml	(2 tasses) sucre
750 ml	(3 tasses) chair de citrouille, sans pépins

■ Au robot culinaire, hachez les agrumes. Réservez.

■ Dans une grande casserole, amenez à ébullition le sucre et la citrouille. Ajoutez les agrumes.

■ À feu moyen, faites cuire 45 à 50 minutes, à découvert, en remuant fréquemment, jusqu'à épaississement.

Marmelade de poires et d'amandes

ENVIRON 1,5 L (6 TASSES)

2,5 L	(10 tasses) poires, tranchées
1,5 L	(6 tasses) sucre
	zeste râpé et jus de 2 citrons
375 ml	(1 ½ tasse) amandes blanches effilées
5 ml	(1 c. à t.) gingembre, haché

■ Dans une grande casserole, versez, en alternant, les poires, le sucre, le jus, le zeste de citron et les amandes. Laissez reposer 2 à 3 heures.

■ Ajoutez le gingembre ; amenez à ébullition. Faites bouillir 45 à 50 minutes, à découvert, en remuant fréquemment, jusqu'à épaississement.

LES CRÈMES

Crème pâtissière

ENVIRON **425** ml (**1 ³/₄ tasse**)

500 ml	(2 tasses) lait
180 ml	(²/₃ tasse) sucre
3	jaunes d'œufs
60 ml	(¹/₄ tasse) fécule de maïs
30 ml	(2 c. à s.) beurre non salé
2 ml	(¹/₂ c. à t.) essence de vanille

- Dans une casserole, faites chauffer le lait et le sucre. Réservez.

- Dans un bol, fouettez les jaunes d'œufs et la fécule. Délayez dans 80 ml (¹/₃ tasse) du mélange de lait chaud. Réservez.

- Amenez à ébullition le reste du lait sucré. Versez dans le mélange de jaunes d'œufs, en battant.

- Remettez le tout dans la casserole. Faites cuire environ 1 minute, en fouettant vigoureusement.

- Retirez du feu. Ajoutez le beurre et la vanille, en fouettant, jusqu'à l'obtention d'une crème lisse. Laissez tiédir. Placez au réfrigérateur.

CRÈME PÂTISSIÈRE AU CAFÉ
- Au lait chaud, incorporez 30 ml (2 c. à s.) de café instantané.

CRÈME PÂTISSIÈRE AU CHOCOLAT
- Au lait chaud, incorporez 45 ml (3 c. à s.) de cacao.

CRÈME PÂTISSIÈRE AUX AMANDES
- Au lait chaud, incorporez 5 ml (1 c. à t.) d'essence d'amande et, à la crème pâtissière refroidie, 45 ml (3 c. à s.) d'amandes effilées grillées.

CRÈME PÂTISSIÈRE AU RHUM ET AUX RAISINS
- Au lait chaud, incorporez 5 ml (1 c. à t.) d'essence de rhum et 45 ml (3 c. à s.) de raisins secs.

CRÈME PÂTISSIÈRE À L'ORANGE
- Au lait chaud, incorporez le zeste râpé de 2 oranges.

CRÈME PÂTISSIÈRE AUX POIRES
- Au lait chaud, incorporez 5 ml (1 c. à t.) d'eau de vie de poire et, à la crème pâtissière refroidie, 45 ml (3 c. à s.) de poires en conserve hachées.

Recettes illustrées, dans le sens horaire, commençant en bas à gauche, les crèmes pâtissières : nature, au chocolat, au café, à l'orange

Crème fouettée amandine

ENVIRON 625 ml (2 ¹/₂ TASSES)

500 ml	(2 tasses) crème à 35 %
2 ml	(¹/₂ c. à t.) essence d'amande
45 ml	(3 c. à s.) amandes effilées, grillées

■ Placez au réfrigérateur la crème et le bol dans lequel vous la fouetterez.

■ Au malaxeur, fouettez la crème quelques minutes à vitesse moyenne. Ajoutez l'essence. Fouettez à grande vitesse, jusqu'à l'obtention de pics fermes. Ajoutez les amandes.

CRÈME FOUETTÉE AU CHOCOLAT
● Remplacez l'essence et les amandes par 30 ml (2 c. à s.) de sirop de chocolat, du commerce.

Recettes illustrées en haut

Crème Chantilly

ENVIRON 625 ml (2 ¹/₂ TASSES)

500 ml	(2 tasses) crème à 35 %
125 ml	(¹/₂ tasse) sucre glace
2 ml	(¹/₂ c. à t.) essence de vanille

■ Placez au réfrigérateur la crème et le bol dans lequel vous la fouetterez.

■ Au malaxeur, fouettez tous les ingrédients quelques minutes à vitesse moyenne, puis à grande vitesse, jusqu'à l'obtention de pics fermes. Placez au réfrigérateur la crème Chantilly non utilisée.

Recette illustrée en bas, à gauche

CRÈME CHANTILLY AU CHOCOLAT
● Incorporez délicatement 80 ml (¹/₃ tasse) de cacao à la fin de la recette.

Crème anglaise

ENVIRON 625 ml (2 ¹/₂ TASSES)

500 ml	(2 tasses) lait
4	jaunes d'œufs
125 ml	(¹/₂ tasse) sucre
5 ml	(1 c. à t.) vanille

■ Au bain-marie, amenez le lait à ébullition. Réservez.

■ Au malaxeur, fouettez les autres ingrédients à grande vitesse, jusqu'à l'obtention d'une consistance crémeuse et épaisse. Incorporez au lait. Faites cuire jusqu'à épaississement, en remuant sans cesse.

■ Tamisez la crème chaude. Servez chaude ou froide.

CRÈME ANGLAISE À L'ORANGE
● Remplacez l'essence de vanille par de l'essence d'orange.

Crème légère

ENVIRON 500 ml (2 TASSES)

250 ml	(1 tasse) crème fouettée
250 ml	(1 tasse) crème pâtissière

■ Dans un bol, mélangez la crème fouettée et la crème pâtissière, jusqu'à l'obtention d'un mélange homogène.

Recette illustrée en bas, à droite

CRÈME LÉGÈRE PARFUMÉE
● Au mélange, incorporez 30 ml (1 oz) de la liqueur ou de l'alcool de votre choix.

LES COULIS ET LES SAUCES

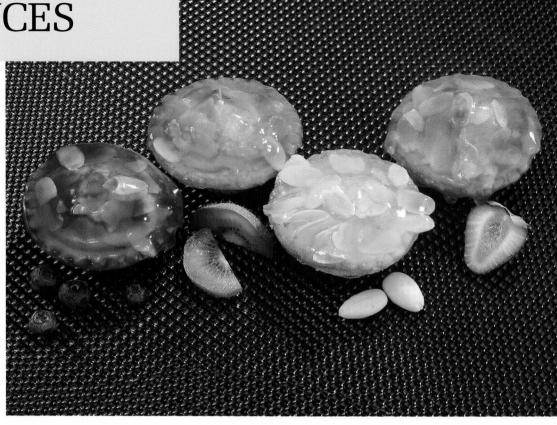

Nappage à l'abricot

ENVIRON 250 ML (1 TASSE)	
180 ml	(³/₄ tasse) confiture d'abricots
45 ml	(3 c. à s.) eau

- À l'aide d'une spatule, passez la confiture d'abricots au tamis, au-dessus d'une petite casserole.
- Faites fondre la confiture à feu doux. Laissez refroidir 2 minutes. Ajoutez l'eau, en remuant.
- À l'aide d'un pinceau à pâtisserie, nappez la surface du gâteau, du baba ou de la pâtisserie à couvrir. (Si le nappage est trop épais et s'étend mal, ajoutez un peu d'eau ; s'il est trop liquide, ajoutez un peu de confiture tamisée.)

Recette illustrée

VARIANTES
- Utilisez de la confiture de fraises, de framboises, de cerises ou autres. Ajoutez quelques gouttes de colorant rouge ou jaune, si désiré.
- Remplacez l'eau par du rhum ou tout autre alcool ou liqueur.

Sirop au rhum

ENVIRON 375 ML (1 ¹/₂ TASSE)	
180 ml	(³/₄ tasse) eau
250 ml	(1 tasse) sucre
1	quartier d'orange
90 ml	(3 oz) rhum brun

- Dans une casserole, amenez à ébullition l'eau, le sucre et l'orange. Laissez mijoter 3 minutes, sans mélanger.
- Retirez du feu. Laissez refroidir 5 minutes. Ajoutez le rhum. Retirez le quartier d'orange.

VARIANTES
- Remplacez le quartier d'orange par ¹/₂ citron et le rhum par du Grand Marnier, du kirsch ou toute autre liqueur.

Coulis de raisins verts

ENVIRON 750 ML (3 TASSES)	
160 ml	(²/₃ tasse) eau
180 ml	(³/₄ tasse) sucre
500 ml	(2 tasses) raisins verts
30 ml	(2 c. à s.) jus de citron
30 ml	(2 c. à s.) fécule de maïs

- Dans une casserole, amenez à ébullition l'eau et le sucre. Ajoutez les raisins et le jus de citron. Laissez mijoter 3 minutes.
- Diluez la fécule dans un peu d'eau. Versez dans la casserole. Faites cuire 1 minute, en remuant sans arrêt.
- Passez au mélangeur, puis au tamis, pour obtenir un coulis plus lisse. Servez froid.

Coulis de prunes

ENVIRON 750 ML (3 TASSES)	
160 ml	(²/₃ tasse) eau
180 ml	(³/₄ tasse) sucre
500 ml	(2 tasses) prunes, en conserve
30 ml	(2 c. à s.) jus de citron
30 ml	(2 c. à s.) fécule de maïs

- Dans une casserole, amenez à ébullition l'eau et le sucre. Ajoutez les prunes et le jus de citron. Laissez mijoter 3 minutes.
- Diluez la fécule dans un peu d'eau. Versez dans la casserole. Faites cuire 1 minute, en remuant sans arrêt.
- Passez au mélangeur, puis au tamis, pour obtenir un coulis plus lisse. Servez froid.

Coulis de fraises et de canneberges

ENVIRON **750 ml** (3 TASSES)

160 ml	(²/₃ tasse) eau
180 ml	(³/₄ tasse) sucre
250 ml	(1 tasse) fraises
250 ml	(1 tasse) canneberges
30 ml	(2 c. à s.) jus de canneberge
30 ml	(2 c. à s.) fécule de maïs

■ Dans une casserole, amenez à ébullition l'eau et le sucre. Ajoutez les fruits et le jus de canneberge. Laissez mijoter 3 minutes. Réservez.

■ Diluez la fécule dans un peu d'eau. Versez dans la casserole. Faites cuire 1 minute, en remuant sans arrêt.

■ Passez au mélangeur, puis au tamis, pour obtenir un coulis plus lisse. Servez froid.

Coulis de pêches et de mangues

ENVIRON **750 ml** (3 TASSES)

160 ml	(²/₃ tasse) eau
180 ml	(³/₄ tasse) sucre
250 ml	(1 tasse) pêches, hachées
250 ml	(1 tasse) mangues, hachées
30 ml	(2 c. à s.) jus de pêche
30 ml	(2 c. à s.) fécule de maïs

■ Dans une casserole, amenez à ébullition l'eau et le sucre. Ajoutez les fruits et le jus. Laissez mijoter 3 minutes.

■ Diluez la fécule dans un peu d'eau. Versez dans la casserole. Faites cuire 1 minute, en remuant sans arrêt.

■ Passez au mélangeur, puis au tamis, pour obtenir un coulis plus lisse. Servez froid.

Coulis de kiwis

ENVIRON **750 ml** (3 TASSES)

160 ml	(²/₃ tasse) eau
180 ml	(³/₄ tasse) sucre
500 ml	(2 tasses) kiwis bien mûrs, pelés
30 ml	(2 c. à s.) jus d'orange
30 ml	(2 c. à s.) fécule de maïs

■ Dans une casserole, amenez à ébullition l'eau et le sucre. Ajoutez les kiwis et le jus d'orange. Laissez mijoter 3 minutes. Réservez.

■ Diluez la fécule dans un peu d'eau. Versez dans la casserole. Faites cuire 1 minute, en remuant sans arrêt.

■ Passez au mélangeur, puis au tamis, pour obtenir un coulis plus lisse. Servez froid.

Coulis de bleuets et de cerises

ENVIRON **750 ml** (3 TASSES)

160 ml	(²/₃ tasse) eau
180 ml	(³/₄ tasse) sucre
250 ml	(1 tasse) bleuets
250 ml	(1 tasse) cerises
30 ml	(2 c. à s.) jus de cerise
30 ml	(2 c. à s.) fécule de maïs

■ Dans une casserole, amenez à ébullition l'eau et le sucre. Ajoutez les fruits et le jus de cerise. Laissez mijoter 3 minutes. Réservez.

■ Diluez la fécule dans un peu d'eau. Versez dans la casserole. Faites cuire 1 minute, en remuant sans arrêt.

■ Passez au mélangeur, puis au tamis, pour obtenir un coulis plus lisse. Servez froid.

Sauce au chocolat

ENVIRON 250 ML (1 TASSE)	
350 g	(12 oz) chocolat mi-sucré
15 ml	(1 c. à s.) cacao
250 ml	(1 tasse) crème à 35 %

- Au bain-marie, faites chauffer tous les ingrédients, en remuant sans arrêt, jusqu'à ce que la sauce soit bien lisse.
- Servez chaude ou tiède.

SAUCE AU CHOCOLAT PIRATE
- Ajoutez 45 ml (3 c. à s.) de rhum brun à la sauce, après l'avoir retirée du feu.

Sauce au caramel et aux pacanes

ENVIRON 500 ML (2 TASSES)	
80 ml	(1/3 tasse) beurre
160 ml	(2/3 tasse) pacanes hachées
300 ml	(1 1/4 tasse) cassonade
300 ml	(1 1/4 tasse) crème à 35 %

- Dans une casserole, à feu moyen, faites fondre le beurre ; en remuant sans arrêt, faites griller les pacanes environ 7 minutes ou jusqu'à ce qu'elles soient d'un brun doré léger.
- Sans cesser de remuer, ajoutez la cassonade et la crème. Faites chauffer à feu doux ; laissez frémir environ 3 minutes, en remuant constamment. Retirez du feu. Laissez tiédir un peu. Servez.

Sauce au Grand Marnier

ENVIRON 375 ML (1 1/2 TASSE)	
250 ml	(1 tasse) lait
1	œuf
45 ml	(3 c. à s.) sucre
1	pincée de sel
30 ml	(1 oz) Grand Marnier
60 ml	(1/4 tasse) pistaches (facultatif)

- Au bain-marie, faites chauffer, en fouettant vivement, le lait, l'œuf, le sucre et le sel, jusqu'à ce que la sauce épaississe.
- Retirez du feu. Ajoutez le Grand Marnier ; incorporez les pistaches, si désiré.

Sauce à l'orange

ENVIRON 500 ML (2 TASSES)	
30 ml	(2 c. à s.) fécule de maïs
500 ml	(2 tasses) jus d'orange
180 ml	(3/4 tasse) sucre
375 ml	(1 1/2 tasse) oranges, pelées à vif, en quartiers

- Dans un bol, faites dissoudre la fécule dans 80 ml (1/3 tasse) de jus d'orange.
- Dans une casserole, amenez à ébullition le reste du jus d'orange et le sucre. Retirez du feu. En fouettant, ajoutez la fécule diluée.
- Amenez de nouveau à ébullition. Retirez du feu. Laissez tiédir. Incorporez les quartiers d'oranges. Servez.

Sauce au citron

ENVIRON 375 ML (1 1/2 TASSE)

125 ml	(1/2 tasse) eau
80 ml	(1/3 tasse) sucre
80 ml	(1/3 tasse) zeste de citron
15 ml	(1 c. à s.) fécule de maïs
250 ml	(1 tasse) jus de citron

■ Dans une casserole, faites bouillir l'eau, le sucre et le zeste de citron 5 minutes.

■ Entre-temps, faites dissoudre la fécule dans le jus de citron. Incorporez en filet au liquide bouillant, en remuant sans arrêt. Faites cuire jusqu'à épaississement, sans cesser de remuer.

■ Retirez du feu. Laissez refroidir. Servez.

Sauce à l'érable

ENVIRON 500 ML (2 TASSES)

250 ml	(1 tasse) eau
250 ml	(1 tasse) sirop d'érable
15 ml	(1 c. à s.) fécule de maïs
2	gouttes d'essence de vanille
125 ml	(1/2 tasse) noix hachées

■ Dans une casserole, amenez l'eau à ébullition. Ajoutez le sirop d'érable.

■ Dans un petit bol, faites dissoudre la fécule de maïs dans 15 ml (1 c. à s.) d'eau froide; incorporez au mélange liquide. Faites cuire 4 minutes ou jusqu'à épaississement.

■ Ajoutez l'essence de vanille et les noix ; mélangez. Servez chaude ou froide.

Sauce épicée

ENVIRON 500 ML (2 TASSES)

500 ml	(2 tasses) lait
125 ml	(1/2 tasse) sucre
1	bâton de cannelle
1	jaune d'œuf
15 ml	(1 c. à s.) fécule de maïs
5 ml	(1 c. à t.) gingembre
1	pincée de muscade

■ Dans une casserole, faites bouillir le lait et le sucre. Ajoutez la cannelle.

■ Dans un bol, fouettez le jaune d'œuf et la fécule. Incorporez 45 ml (3 c. à s.) du lait chaud. En remuant, versez dans la casserole ; à feu doux, faites cuire 2 minutes ou jusqu'à épaississement.

■ Ajoutez les épices; mélangez bien. Servez froid.

Sauce au café moka

ENVIRON 500 ML (2 TASSES)

500 ml	(2 tasses) café fort
125 ml	(1/2 tasse) sucre
15 ml	(1 c. à s.) cacao
30 ml	(2 c. à s.) fécule de maïs
45 ml	(3 c. à s.) eau froide

■ Dans une casserole, faites bouillir le café, le sucre et le cacao.

■ Entre-temps, faites dissoudre la fécule de maïs dans l'eau. Incorporez au mélange liquide. Faites cuire 4 minutes ou jusqu'à épaississement. Servez chaude ou froide.

LA BOULANGERIE

Comment résister à l'arôme incomparable du pain chaud maison ? Succombons en toute quiétude, le pain contribuant à l'équilibre d'une bonne alimentation.

Les pains et muffins contenant de la farine de blé entier, du son, des noix, des légumes et des fruits séchés s'avèrent d'excellentes et délicieuses sources de fibres alimentaires. Au déjeuner, en collation ou comme dessert, quelle agréable façon de compléter notre apport en fibres de la journée !

Nous trouvons, dans cette section, un savoureux pain de son (p. 422) particulièrement recommandable, en raison des fibres alimentaires qu'il contient !

LES PAINS

Pain blanc classique, recette de base

1 PAIN

1	sachet de levure
30 ml	(2 c. à s.) sucre
60 ml	(¼ tasse) eau tiède
250 ml	(1 tasse) lait
5 ml	(1 c. à t.) sel
45 ml	(3 c. à s.) beurre
750 ml	(3 tasses) farine tout usage
30 ml	(2 c. à s.) huile
1	œuf, battu

▪ Préchauffez le four à 190 °C (375 °F).

▪ Dans un grand bol, faites dissoudre la levure et 4 pincées de sucre dans l'eau ; laissez reposer 10 minutes.

▪ Dans une casserole, faites bouillir le lait 1 minute. Retirez du feu. Ajoutez le reste du sucre, le sel et le beurre ; laissez refroidir.

▪ Incorporez la levure diluée ; mélangez bien. Ajoutez la farine ; mélangez jusqu'à l'obtention d'une pâte homogène et collante.

▪ Saupoudrez de farine une surface propre et lisse. Déposez la pâte ; pétrissez, en ajoutant de la farine, environ 10 minutes ou jusqu'à ce que la pâte ne colle plus aux mains et soit de texture lisse.

▪ Dans un bol métallique, versez l'huile ; déposez la pâte. Tournez la pâte dans l'huile pour éviter qu'elle ne se dessèche. Couvrez de papier ciré ; laissez lever 1 heure dans un endroit chaud et humide.

▪ Rompez la pâte ; déposez dans un moule à pain non beurré de 23 x 13 cm (9 x 5 po). Laissez monter la pâte jusqu'à ce qu'elle remplisse le moule aux trois quarts ; badigeonnez d'œuf battu ; faites cuire au four 30 à 40 minutes. Retirez du four ; laissez reposer 10 minutes avant de démouler.

VARIANTES

PAIN AUX BLEUETS
• À la farine, incorporez 250 ml (1 tasse) de bleuets.

PAIN AUX NOIX
• À la farine, incorporez 180 ml (³⁄₄ tasse) de noix hachées.

PAIN LÈVE-TÔT
• À la farine, incorporez 160 ml (²⁄₃ tasse) d'abricots séchés et 45 ml (3 c. à s.) de zeste de citron râpé.

PAIN GRAND-PAPA
• À la farine, incorporez 250 ml (1 tasse) de figues séchées, hachées en gros morceaux.

PAIN AUX FRAMBOISES
• À la farine, incorporez 250 ml (1 tasse) de framboises fraîches, coupées en moitiés. Augmentez la quantité de sucre à 60 ml (¼ tasse).

PAIN AUX GRAINES DE SÉSAME
• À la farine, incorporez 125 ml (¹⁄₂ tasse) de graines de sésame rôties.

PAIN AUX GRAINES DE PAVOT
• À la farine, incorporez 125 ml (¹⁄₂ tasse) de graines de pavot.

PAIN AUX BRISURES DE CHOCOLAT
• À la farine, incorporez 250 ml (1 tasse) de chocolat mi-sucré, en gros morceaux, ou 250 ml (1 tasse) de brisures de chocolat.

PAIN À LA NOIX DE COCO
• À la farine, incorporez 180 ml (³⁄₄ tasse) de noix de coco râpée.

PAIN AU CAFÉ
• Au lait chaud, incorporez 60 ml (¹⁄₄ tasse) de café instantané.

PAIN AUX POMMES ET À LA CANNELLE
• Dans un poêlon, à feu vif, faites fondre 5 ml (1 c. à t.) de beurre. Faites sauter 250 ml (1 tasse) de pommes en cubes et 10 ml (2 c. à t.) de cannelle. Incorporez ce mélange en même temps que la farine, dans la recette de base.

PAIN AUX CAROTTES ET À L'ORANGE
• À la farine, incorporez 250 ml (1 tasse) de carottes râpées et 60 ml (¼ tasse) de zeste d'orange râpé.

PAIN AUX TOMATES
• Au lait chaud, incorporez 45 ml (3 c. à s.) de pâte de tomates et, à la farine, 180 ml (¾ tasse) de tomates épépinées, en dés.

PAIN AUX RAISINS
• À la farine, incorporez 180 ml (¾ tasse) de raisins de Corinthe.

PAIN AUX ÉPICES
• À la farine, incorporez 15 ml (1 c. à s.) d'épices moulues mélangées (cannelle, clou de girofle, muscade, poivre).

PAIN AU CHOCOLAT
• Incorporez 125 ml (½ tasse) de cacao en même temps que la farine. Augmentez la quantité de beurre à 60 ml (¼ tasse) et la quantité de sucre à 45 ml (3 c. à s.).

PAIN AUX OIGNONS VERTS
• Dans un poêlon, faites fondre 30 ml (2 c. à s.) de beurre et 15 ml (1 c. à s.) de cassonade fondue ; faites sauter 375 ml (1 ½ tasse) d'oignons verts émincés. Incorporez le mélange en même temps que la farine, dans la recette de base.

Petits pains surprises

9 PETITS PAINS	
625 ml	(2 ½ tasses) farine
5 ml	(1 c. à t.) sel
30 ml	(2 c. à s.) sucre
1	sachet de levure
1	pincée de sucre
180 ml	(¾ tasse) eau tiède
30 ml	(2 c. à s.) huile
1	œuf, battu
30 ml	(2 c. à s.) blé entier

■ Préchauffez le four à 205 °C (400 °F).

■ Dans un bol, tamisez ensemble la farine, le sel et 10 ml (2 c. à t.) de sucre.

■ Dans un grand bol, faites dissoudre la levure dans l'eau tiède avec le reste de sucre ; attendez 10 minutes. Ajoutez d'un trait les ingrédients tamisés ; mélangez jusqu'à consistance homogène.

■ Saupoudrez de farine une surface propre et lisse. Pétrissez la pâte environ 5 minutes.

■ Dans un bol métallique, versez l'huile ; déposez la pâte. Tournez la pâte dans l'huile pour éviter qu'elle ne se dessèche. Couvrez de papier ciré ; laissez lever 1 heure dans un endroit chaud et humide.

■ Rompez la pâte ; façonnez 9 petites boules. Disposez sur une plaque huilée, en espaçant de 5 cm (2 po). Laissez doubler de volume dans un endroit chaud et humide. Badigeonnez d'œuf battu ; saupoudrez de blé entier. Faites cuire au four environ 10 minutes.

VARIANTES
• Remplacez le blé entier par du fromage râpé, de la noix de coco, des amandes, des graines (citrouille, tournesol, fenouil, aneth, coriandre) ou des grains de poivre.

• Saupoudrez la plaque à biscuits de graines ou de noix.

Pain de blé entier

1 PAIN	
1	sachet de levure
105 ml	(7 c. à s.) eau tiède
75 ml	(5 c. à s.) lait
5 ml	(1 c. à t.) mélasse
250 ml	(1 tasse) farine de blé entier
60 ml	(¼ tasse) blé entier
45 ml	(3 c. à s.) farine tout usage
15 ml	(1 c. à s.) cassonade
5 ml	(1 c. à t.) sel
15 ml	(1 c. à s.) beurre

■ Préchauffez le four à 190 °C (375 °F). Beurrez un moule à pain de 23 x 13 cm (9 x 5 po). Réservez.

■ Dans un grand bol, faites dissoudre la levure dans l'eau. Ajoutez le lait et la mélasse. Laissez reposer 10 minutes.

■ Dans un autre bol, mélangez tous les autres ingrédients, sauf le beurre. Incorporez à la levure diluée.

■ Pétrissez légèrement ; ajoutez le beurre. Pétrissez 5 minutes. Laissez lever 1 heure.

■ Abaissez avec les mains. Versez dans le moule à pain. Laissez lever la pâte jusqu'à ce qu'elle atteigne les bords du moule ; saupoudrez de 5 ml (1 c. à t.) de farine.

■ Faites cuire au four 20 à 30 minutes. Retirez du four ; laissez refroidir 10 minutes avant de démouler.

Pain de son

1 PAIN	
1	sachet de levure
250 ml	(1 tasse) eau tiède
20 ml	(4 c. à t.) sucre
5 ml	(1 c. à t.) sel
250 ml	(1 tasse) farine de blé entier
625 ml	(2 ½ tasses) farine tout usage
45 ml	(3 c. à s.) son
15 ml	(1 c. à s.) beurre

■ Préchauffez le four à 95 °C (200 °F) ; placez une casserole d'eau chaude sur la grille inférieure. Beurrez un moule à pain de 23 x 13 cm (9 x 5 po). Réservez.

■ Dans une tasse, faites dissoudre la levure dans 125 ml (½ tasse) d'eau tiède. Réservez.

■ Dans une autre tasse, versez le reste d'eau tiède ; faites dissoudre le sucre et le sel. Réservez.

■ Dans un bol, mélangez légèrement les farines, le son et le beurre. Incorporez les deux mélanges liquides.

■ Pétrissez la pâte jusqu'à ce qu'elle devienne tiède. Ajoutez un peu de farine ; laissez lever au four 30 minutes.

■ Retirez la pâte du bol ; abaissez avec les mains. Déposez dans le moule à pain. Replacez au four jusqu'à ce que la pâte double de volume.

■ Retirez le pain et la casserole d'eau du four ; augmentez la température à 190 °C (375 °F). Replacez le pain au four ; faites cuire sur la grille supérieure 30 minutes.

Tresse aux œufs

	1 TRESSE
2	sachets de levure
250 ml	(1 tasse) eau tiède
80 ml	(1/3 tasse) lait
10 ml	(2 c. à t.) sel
45 ml	(3 c. à s.) sucre
45 ml	(3 c. à s.) beurre, fondu
2	œufs, battus
1 L	(4 tasses) farine tout usage

■ Préchauffez le four à 95 °C (200 °F) ; placez une casserole d'eau chaude sur la grille inférieure.

■ Dans un grand bol, faites dissoudre la levure dans l'eau tiède ; laissez reposer 10 minutes. Incorporez tous les ingrédients, sauf les œufs et la farine ; mélangez.

■ Ajoutez les trois quarts des œufs battus ; mélangez. Ajoutez la farine, en pétrissant. Placez au four ; laissez lever la pâte 30 minutes.

■ Abaissez la pâte avec les mains ; laissez lever de nouveau au four 15 minutes.

■ Séparez la pâte en trois rouleaux ; faites-en une tresse. Déposez sur une plaque à biscuits beurrée. Remettez au four jusqu'à ce que la tresse double de volume.

■ Retirez le pain et la casserole d'eau du four ; augmentez la température à 190 °C (375 °F). À l'aide d'un pinceau, badigeonnez du reste d'œuf battu. Replacez la tresse au four ; faites cuire sur la grille supérieure 20 à 30 minutes.

Pain québécois

	1 PAIN
1	sachet de levure
250 ml	(1 tasse) eau tiède
5 ml	(1 c. à t.) sel
15 ml	(1 c. à s.) cassonade
45 ml	(3 c. à s.) orge
15 ml	(1 c. à s.) beurre
1 L	(4 tasses) farine
15 ml	(1 c. à s.) beurre
15 ml	(1 c. à s.) bière
30 ml	(2 c. à s.) huile

■ Préchauffez le four à 95 °C (200 °F) ; placez une casserole d'eau chaude sur la grille inférieure. Beurrez un moule à pain rond ou de 23 x 13 cm (9 x 5 po). Réservez.

■ Dans un grand bol, faites dissoudre la levure dans l'eau. Laissez gonfler 5 minutes.

■ Incorporez le reste des ingrédients, sauf l'huile. Pétrissez la pâte 5 minutes avec un peu de farine. Placez au four ; laissez lever 1 heure.

■ Abaissez avec les mains ; laissez lever 30 minutes.

■ Enduisez la pâte d'huile. Déposez dans le moule à pain. Remettez au four ; faites lever la pâte jusqu'à ce qu'elle double de volume.

■ Retirez le pain et la casserole d'eau du four ; augmentez la température à 190 °C (375 °F). Replacez le pain au four ; faites cuire sur la grille supérieure 45 minutes. Laissez reposer 10 minutes avant de démouler.

VARIANTE
● Remplacez la cassonade par 60 ml (1/4 tasse) de mélasse.

Petits pains
de Gênes

6 PETITS PAINS	
90 ml	(6 c. à s.) beurre
250 ml	(1 tasse) sucre
250 ml	(1 tasse) poudre d'amande
4	gros œufs
30 ml	(1 oz) rhum
2 ml	(1/2 c. à t.) essence de vanille
125 ml	(1/2 tasse) farine
10 ml	(2 c. à t.) poudre à pâte
5 ml	(1 c. à t.) fécule de maïs

■ Préchauffez le four à 175 °C (350 °F). Beurrez des moules à muffins. Réservez.

■ Dans un bol, battez les 3 premiers ingrédients. Ajoutez les œufs un à un sans cesser de mélanger. Réservez.

■ Dans un second bol, combinez le rhum et l'essence de vanille ; incorporez au premier mélange. Réservez.

■ Dans un troisième bol, tamisez les ingrédients secs ; incorporez au mélange liquide.

■ Versez la pâte dans les moules. Faites cuire au four 30 à 35 minutes. Servez chauds ou froids.

Pain aux cerises
et aux noix

1 PAIN	
500 ml	(2 tasses) farine
250 ml	(1 tasse) sucre
15 ml	(1 c. à s.) poudre à pâte
2 ml	(1/2 c. à t.) sel
2	œufs
60 ml	(1/4 tasse) jus de cerises
180 ml	(3/4 tasse) lait
45 ml	(3 c. à s.) huile de tournesol ou végétale
1 ml	(1/4 c. à t.) essence d'amande
250 ml	(1 tasse) cerises dénoyautées, en conserve, égouttées, en moitiés
125 ml	(1/2 tasse) noix de Grenoble hachées

■ Préchauffez le four à 175 °C (350 °F). Beurrez un moule à pain de 23 x 13 cm (9 x 5 po).

■ Dans un bol, tamisez les ingrédients secs. Creusez une fontaine. Réservez.

■ Dans un autre bol, battez les œufs, le jus de cerises, le lait, l'huile et l'essence d'amande. Versez dans la fontaine ; battez énergiquement jusqu'à l'obtention d'une pâte crémeuse et homogène. Réservez.

■ Enfarinez légèrement les cerises et les noix ; incorporez à la pâte ; mélangez.

■ Faites cuire au four environ 1 heure.

VARIANTE
● Remplacez les cerises par des framboises.

Pain trappeur

2 PAINS	
5 ml	(1 c. à t.) sucre
125 ml	(½ tasse) eau tiède
1	sachet de levure
500 ml	(2 tasses) eau, bouillante
45 ml	(3 c. à s.) beurre
250 ml	(1 tasse) flocons d'avoine
10 ml	(2 c. à t.) sel
125 ml	(½ tasse) mélasse
250 ml	(1 tasse) farine de blé entier
1 L	(4 tasses) farine tout usage
30 ml	(2 c. à s.) huile

▪ Préchauffez le four à 95 °C (200 °F) ; placez une casserole d'eau chaude sur la grille inférieure. Huilez une plaque à biscuits. Réservez.

▪ Dans un petit bol, mélangez le sucre, l'eau tiède et la levure. Laissez gonfler 15 minutes.

▪ Dans un grand bol, versez l'eau bouillante, le beurre, les flocons d'avoine et le sel. Remuez un peu ; incorporez la levure. Ajoutez graduellement la mélasse, la farine de blé entier et 500 ml (2 tasses) de farine tout usage, jusqu'à ce que la pâte soit de texture homogène et collante.

▪ Sur une surface propre et lisse, saupoudrez 250 ml (1 tasse) de farine tout usage. Étalez la pâte ; pétrissez à la main environ 10 minutes.

▪ Une fois la farine complètement absorbée par la pâte, ajoutez le reste de farine en 2 coups. La pâte sera prête quand elle ne collera plus aux doigts.

▪ Déposez sur la plaque à biscuits ; enduisez la pâte d'huile. Placez sur la grille supérieure du four ; laissez lever environ 90 minutes. Retirez du four. Rompez la pâte ; pétrissez encore 5 minutes. Remettez au four 30 minutes.

▪ Huilez 2 moules à pain de 23 x 13 cm (9 x 5 po) ou 30,5 x 9 cm (12 x 3 ½ po).

▪ Retirez la pâte du four ; séparez en deux. Déposez dans les moules. Réservez.

▪ Retirez la casserole d'eau du four. Augmentez la température à 190 °C (375 °F). Replacez le pain au four ; faites cuire environ 1 heure. Laissez reposer 10 minutes avant de démouler. Servez chaud ou froid.

Note : ce pain très nourrissant se conservera facilement, enveloppé de papier d'aluminium ou dans un sac de plastique.

Pain santé aux dattes

1 PAIN	
250 ml	(1 tasse) flocons de son
375 ml	(1 ½ tasse) dattes, hachées
375 ml	(1 ½ tasse) eau, bouillante
125 ml	(½ tasse) farine tout usage
125 ml	(½ tasse) farine de blé
2 ml	(½ c. à t.) bicarbonate de soude
5 ml	(1 c. à t.) poudre à pâte
2 ml	(½ c. à t.) sel
1	œuf
60 ml	(¼ tasse) mélasse

■ Préchauffez le four à 150 °C (300 °F). Beurrez un moule à pain. Réservez.

■ Dans un bol, déposez les flocons de son et les dattes ; versez l'eau bouillante ; laissez reposer 30 minutes.

■ Dans un second bol, tamisez le reste des ingrédients secs. Réservez.

■ Dans un troisième bol, battez l'œuf ; ajoutez la mélasse. Battez jusqu'à épaississement. Incorporez graduellement les ingrédients secs, en alternant avec la préparation de son et de dattes ; mélangez bien. Versez dans le moule.

■ Faites cuire au four 50 minutes à 1 heure. Retirez du four ; laissez refroidir un peu. Démoulez. Servez.

Pain à la farine de maïs

1 PAIN	
250 ml	(1 tasse) farine tout usage
60 ml	(¼ tasse) sucre
20 ml	(4 c. à t.) poudre à pâte
2 ml	(½ c. à t.) sel
250 ml	(1 tasse) farine de maïs
1	œuf
250 ml	(1 tasse) lait
60 ml	(¼ tasse) beurre, fondu

■ Préchauffez le four à 190 °C (375 °F). Beurrez un moule à pain de 23 x 13 cm (9 x 5 po). Réservez.

■ Dans un bol, tamisez les 4 premiers ingrédients. Ajoutez la farine de maïs ; mélangez. Creusez une fontaine. Réservez.

■ Dans un autre bol, battez l'œuf. Incorporez le lait et le beurre ; mélangez. Versez le liquide au centre de la fontaine. À la spatule, faites glisser la farine vers le liquide. Mélangez jusqu'à l'obtention d'une pâte homogène.

■ Versez la pâte dans le moule ; couvrez d'un papier ciré ; laissez reposer 20 minutes.

■ Faites cuire au four 25 à 30 minutes. Servez chaud ou froid.

PAIN DE MAÏS AUX POMMES

■ Procédez comme pour la recette de pain de maïs. Couvrez la pâte de 2 pommes, pelées et tranchées ; saupoudrez de 30 ml (2 c. à s.) de cassonade et de 5 ml (1 c. à t.) de cannelle. Faites cuire tel qu'indiqué.

Pain minute aux graines de pavot

1 PAIN	
30 ml	(2 c. à s.) graisse végétale
250 ml	(1 tasse) sucre
1	œuf
160 ml	(²/₃ tasse) lait
5 ml	(1 c. à t.) essence de vanille
375 ml	(1 ½ tasse) farine de blé entier
10 ml	(2 c. à t.) poudre à pâte
2 ml	(½ c. à t.) sel
60 ml	(¼ tasse) graines de pavot

■ Préchauffez le four à 175 °C (350 °F). Beurrez un moule à pain de 23 x 13 x 7 cm (9 x 5 x 3 po). Réservez.

■ Dans un bol, battez la graisse végétale jusqu'à consistance crémeuse. Incorporez le sucre et l'œuf ; mélangez.

■ Dans un second bol, fouettez le lait et l'essence de vanille. Réservez.

■ Dans un troisième bol, mélangez les autres ingrédients. Incorporez graduellement à la graisse végétale, en alternant avec le lait vanillé ; mélangez. Versez dans le moule.

■ Faites cuire au four 50 à 60 minutes ou jusqu'à ce que la croûte soit dorée. Retirez du four ; laissez refroidir 10 minutes avant de démouler.

Pain au fromage

1 PAIN	
500 ml	(2 tasses) farine tout usage
20 ml	(4 c. à t.) poudre à pâte
7 ml	(1 ½ c. à t.) sel
250 ml	(1 tasse) cheddar doux, râpé
2	œufs
250 ml	lait
60 ml	(¼ tasse) huile végétale

■ Préchauffez le four à 175 °C (350 °F). Beurrez un moule à pain de 23 x 13 cm (9 x 5 po). Réservez.

■ Dans un bol, tamisez les ingrédients secs ; incorporez le cheddar. Creusez une fontaine. Réservez.

■ Dans un second bol, battez les œufs ; incorporez le lait et l'huile sans cesser de fouetter. Versez le mélange liquide au centre de la fontaine.

■ À la spatule, faites doucement glisser la farine vers le centre du bol. Mélangez à l'aide d'une cuillère de bois. Ne pétrissez pas. Versez la pâte dans le moule. Couvrez d'un papier ciré ; laissez reposer 20 minutes.

■ Faites cuire au four 50 minutes à 1 heure. Démoulez. Servez chaud, froid ou grillé.

VARIANTE
● Utilisez du cheddar fort ou du fromage suisse.

LES BRIOCHES

Brioches rapides

	6 À 8 BRIOCHES
60 ml	(¼ tasse) beurre
125 ml	(½ tasse) cassonade
30 ml	(2 c. à t.) sirop de maïs
125 ml	(½ tasse) pacanes, en moitiés
60 ml	(¼ tasse) cerises au marasquin, en quartiers
280 g	(10 oz) pâte pour petits pains au beurre, du commerce

• Déposez un verre au centre d'un moule rond de 23 cm (9 po) de diamètre, allant au four à micro-ondes. Étalez le beurre autour du verre. Faites fondre 30 à 45 secondes, à ÉLEVÉ.

• Retirez du four. Saupoudrez le beurre de cassonade. Ajoutez le sirop de maïs ; mélangez délicatement. Garnissez de pacanes et de cerises. Disposez les petits pains en pétales sur le dessus. Faites cuire 6 à 8 minutes, à MOYEN.

• Retirez du four ; enlevez le verre. Renversez sur une assiette de service ; laissez reposer quelques minutes pour que le sirop puisse s'écouler autour des brioches. Servez tièdes.

Petites brioches individuelles

	2 DOUZAINES
80 ml	(⅓ tasse) sucre
5 ml	(1 c. à t.) sel
180 ml	(¾ tasse) eau
1	sachet de levure
5	œufs
625 ml	(2 ½ tasses) farine
300 ml	(1 ¼ tasse) beurre
1	œuf, battu

• Dans un bol, faites dissoudre le sucre et le sel dans la moitié de la quantité d'eau.

• Dans un autre bol, faites dissoudre la levure dans le reste d'eau. Ajoutez les œufs et la farine ; mélangez. Ajoutez l'eau sucrée et salée.

• Pétrissez la pâte jusqu'à ce qu'elle n'adhère plus au bol. Ajoutez le beurre en petits morceaux ; pétrissez la pâte jusqu'à consistance crémeuse. Déposez dans un bol ; laissez reposer au moins 12 heures.

• Préchauffez le four à 95 °C (200 °F) ; placez une casserole d'eau chaude sur la grille inférieure. Beurrez des petits moules à muffins.

• Divisez la pâte en 24 portions ; déposez dans les moules. Laissez lever la pâte au four environ 45 minutes.

• Retirez les brioches et la casserole d'eau du four. Augmentez la température à 190 °C (375 °F). Badigeonnez les brioches d'œuf battu. Replacez les brioches au four ; faites cuire 30 minutes.

Grosses brioches aux fruits

	2 GROSSES BRIOCHES
1	recette de pâte à petites brioches
45 ml	(3 c. à s.) beurre fondu ou crème pâtissière *(p. 412)*
250 ml	(1 tasse) fruits confits, hachés
250 ml	(1 tasse) gelée d'abricot
125 ml	(½ tasse) noix de coco râpée ou vermicelles de chocolat

• Préchauffez le four à 175 °C (350 °F). Beurrez 2 moules ronds de 23 cm (9 po) de diamètre. Foncez chaque moule de 300 ml (1 ¼ tasse) de pâte à petites brioches. Réservez.

• À l'aide d'un rouleau à pâtisserie, abaissez le reste de pâte à 60 cm (23 ½ po) de longueur et 36 cm (14 po) de largeur.

• À l'aide d'un pinceau, étendez le beurre fondu ou la crème pâtissière sur l'abaisse. Parsemez de fruits confits. Roulez ; coupez en tranches de 2,5 cm (1 po) d'épaisseur. Déposez à plat dans les moules, en espaçant. Laissez lever.

• Faites cuire au four 40 minutes. Démoulez ; badigeonnez de gelée d'abricot. Parsemez de noix de coco ou de vermicelles de chocolat.

Recette illustrée

VARIANTES

• Remplacez les fruits confits par des fruits séchés (bananes, abricots, pommes) ou des noix.

Brioches vite faites

12 BRIOCHES	
1	sachet de levure rapide
60 ml	(¹/₄ tasse) sucre
60 ml	(¹/₄ tasse) eau tiède
180 ml	(³/₄ tasse) lait à 2 %
810 ml	(3 ¹/₄ tasses) farine tout usage
2 ml	(¹/₂ c. à t.) sel
160 ml	(²/₃ tasse) beurre, fondu
1	œuf, légèrement battu
160 ml	(²/₃ tasse) cassonade, tassée
15 ml	(1 c. à s.) cannelle moulue
125 ml	(¹/₂ tasse) raisins secs
125 ml	(¹/₂ tasse) pacanes, hachées
	miel (facultatif)

■ Préchauffez le four à 190 °C (375 °F).

■ Dans un bol, mélangez la levure et la moitié du sucre dans un peu d'eau. Réservez.

■ Dans une casserole, faites chauffer le reste d'eau et le lait. Incorporez au mélange de levure. Ajoutez le reste de sucre, la farine, le sel, 60 ml (¹/₄ tasse) de beurre et l'œuf ; mélangez jusqu'à ce que la pâte ne colle plus au bol.

■ Pétrissez sur une surface propre et enfarinée jusqu'à consistance lisse et élastique. Couvrez ; laissez lever 10 minutes.

■ Abaissez la pâte en un carré de 36 cm (14 po). Étalez le reste du beurre sur la pâte. Réservez.

■ Dans un bol, mélangez la cassonade et la cannelle. Étalez sur la pâte. Parsemez de raisins et de pacanes. Roulez la pâte ; coupez en 12 tranches.

■ Déposez dans de grands moules à muffins. Laissez lever jusqu'à ce que la pâte double de volume. Faites cuire au four 18 à 20 minutes.

■ Retirez du four ; démoulez. Laissez refroidir.

■ Dans une casserole, faites chauffer le miel ; badigeonnez les brioches, si désiré.

VARIANTES
• Remplacez les raisins par de la compote de pommes, de la confiture de fraises ou de framboises ou par des bleuets entiers.

LES MUFFINS

Muffins renversés au blé entier

12 GROS MUFFINS	
125 ml	(¹/₂ tasse) cassonade
60 ml	(¹/₄ tasse) margarine
125 ml	(¹/₂ tasse) pacanes, hachées
2	œufs
180 ml	(³/₄ tasse) lait
125 ml	(¹/₂ tasse) margarine, fondue
375 ml	(1 ¹/₂ tasse) farine tout usage
250 ml	(1 tasse) farine de blé entier
80 ml	(¹/₃ tasse) sucre glace
30 ml	(2 c. à s.) poudre à pâte
5 ml	(1 c. à t.) cannelle moulue
2 ml	(¹/₂ c. à t.) sel

- Préchauffez le four à 205 °C (400 °F). Beurrez ou couvrez de papier de grands moules à muffins.

- Déposez 10 ml (2 c. à t.) de cassonade et 5 ml (1 c. à t.) de margarine dans chaque moule. Faites fondre au four environ 2 minutes. Retirez du four ; répartissez les pacanes dans chaque moule. Réservez.

- Dans un bol, battez les œufs à la fourchette. Ajoutez le lait et la margarine fondue. Réservez.

- Dans un autre bol, tamisez les ingrédients secs. Ajoutez le mélange d'œufs, en remuant juste assez pour imbiber le tout.

- À la cuillère, remplissez les moules de pâte. Faites cuire au four environ 20 minutes. Retirez ; renversez aussitôt sur une grille. Servez chauds.

Muffins pause café

8 GROS MUFFINS	
1	œuf
300 ml	(1 ¹/₄ tasse) lait
125 ml	(¹/₂ tasse) margarine, fondue
625 ml	(2 ¹/₂ tasses) farine
125 ml	(¹/₂ tasse) sucre glace
15 ml	(1 c. à s.) poudre à pâte
5 ml	(1 c. à t.) sel
60 ml	(¹/₄ tasse) cassonade
60 ml	(¹/₄ tasse) noix hachées
15 ml	(1 c. à s.) farine
15 ml	(1 c. à s.) margarine
5 ml	(1 c. à t.) cannelle

- Préchauffez le four à 205 °C (400 °F). Beurrez ou couvrez de papier des grands moules à muffins. Réservez.

- Dans un bol, battez l'œuf ; ajoutez le lait et la margarine fondue ; mélangez. Réservez.

- Dans un autre bol, mélangez la farine, le sucre glace, la poudre à pâte et le sel. Ajoutez le mélange d'œuf, en remuant juste assez pour imbiber les ingrédients secs.

- Dans un troisième bol, mélangez la cassonade, les noix, la farine, la margarine et la cannelle. Réservez.

- Remplissez à moitié les moules à muffins du premier mélange. À la cuillère, déposez 15 ml (1 c. à s.) du mélange de cassonade et de noix au centre de chaque muffin. Achevez de remplir les moules avec le reste de la pâte. Faites cuire au four environ 20 minutes.

Muffins à l'orange et aux carottes

	6 GROS MUFFINS
250 ml	(1 tasse) farine
125 ml	(½ tasse) raisins secs
60 ml	(¼ tasse) son de blé
60 ml	(¼ tasse) cassonade
2 ml	(½ c. à t.) poudre à pâte
1	pincée de sel
1	œuf
80 ml	(⅓ tasse) huile
60 ml	(¼ tasse) margarine, fondue
60 ml	(¼ tasse) mélasse
30 ml	(2 c. à s.) jus d'orange
10 ml	(2 c. à t.) zeste d'orange
250 ml	(1 tasse) carottes, râpées

Garniture aux pacanes

45 ml	(3 c. à s.) pacanes, hachées
45 ml	(3 c. à s.) cassonade
1 ml	(¼ c. à t.) cannelle

■ Beurrez ou couvrez de 2 épaisseurs de papier des moules à muffins allant au four à micro-ondes. Réservez.

■ Dans un grand bol, mélangez les ingrédients secs.

■ Dans un autre bol, battez l'œuf, l'huile, la margarine, la mélasse et le jus d'orange. Incorporez le zeste d'orange et les carottes. Versez dans les ingrédients secs ; mélangez. Remplissez les moules aux deux tiers. Réservez.

■ Dans un bol, mélangez les ingrédients de la garniture. Répartissez sur les muffins.

■ Au four à micro-ondes, faites cuire 6 muffins à la fois, 2 minutes à ÉLEVÉ. Tournez le moule d'un demi-tour à mi-cuisson. Laissez reposer 5 minutes avant de servir.

Muffins jardinière à l'avoine

	12 GROS MUFFINS
375 ml	(1 ½ tasse) flocons d'avoine à cuisson rapide
375 ml	(1 ½ tasse) lait
1	œuf
125 ml	(½ tasse) margarine, fondue
250 ml	(1 tasse) farine tout usage
250 ml	(1 tasse) farine de blé entier
125 ml	(½ tasse) cassonade
15 ml	(1 c. à s.) poudre à pâte
5 ml	(1 c. à t.) sel
5 ml	(1 c. à t.) cannelle
2 ml	(½ c. à t.) muscade
250 ml	(1 tasse) carottes, râpées
250 ml	(1 tasse) courgettes, râpées

■ Préchauffez le four à 205 °C (400 °F). Beurrez ou couvrez de papier des grands moules à muffins. Réservez.

■ Dans un bol, versez les flocons d'avoine et le lait. Laissez reposer 5 minutes. Ajoutez l'œuf et la margarine ; mélangez. Réservez.

■ Dans un second bol, mélangez les farines, la cassonade, la poudre à pâte et les épices. Incorporez les ingrédients liquides, en remuant juste assez pour imbiber les ingrédients secs. Ajoutez les légumes ; mélangez.

■ À la cuillère, remplissez les moules à muffins. Faites cuire au four environ 20 minutes.

VARIANTE

• À un des légumes, substituez des betteraves râpées.

Délicieux muffins au parmesan

12 PETITS MUFFINS	
1	œuf
250 ml	(1 tasse) lait
125 ml	(1/2 tasse) yogourt nature
125 ml	(1/2 tasse) margarine, fondue
625 ml	(2 1/2 tasses) farine
15 ml	(1 c. à s.) poudre à pâte
5 ml	(1 c. à t.) sel
125 ml	(1/2 tasse) parmesan, râpé
60 ml	(1/4 tasse) sucre
2 ml	(1/2 c. à t.) basilic séché

■ Préchauffez le four à 205 °C (400 °F). Beurrez ou couvrez de papier des moules à muffins. Réservez.

■ Dans un bol, battez l'œuf à la fourchette. Ajoutez le lait, le yogourt et la margarine ; mélangez. Réservez.

■ Dans un autre bol, mélangez la farine, la poudre à pâte, le sel, le parmesan, le sucre et le basilic. Ajoutez le mélange liquide, en remuant juste assez pour imbiber les ingrédients secs.

■ À la cuillère, remplissez de pâte les moules à muffins. Faites cuire au four environ 20 minutes.

Muffins aux pommes et au cheddar

12 GROS MUFFINS	
1	œuf
300 ml	(1 1/4 tasse) lait
60 ml	(1/4 tasse) margarine, fondue
625 ml	(2 1/2 tasses) farine
60 ml	(1/4 tasse) sucre glace
15 ml	(1 c. à s.) poudre à pâte
5 ml	(1 c. à t.) sel
250 ml	(1 tasse) pomme avec la pelure, râpée
300 ml	(1 1/4 tasse) cheddar fort, râpé

■ Préchauffez le four à 205 °C (400 °F). Beurrez ou couvrez de papier des grands moules à muffins. Réservez.

■ Dans un bol, battez l'œuf, le lait et la margarine. Réservez.

■ Dans un autre bol, mélangez la farine, le sucre glace, la poudre à pâte et le sel. Incorporez les ingrédients liquides, en remuant juste assez pour imbiber les ingrédients secs. Ajoutez la pomme et 250 ml (1 tasse) de fromage.

■ Remplissez jusqu'au bord les moules à muffins ; saupoudrez du reste de cheddar. Faites cuire au four environ 20 minutes.

Muffins au fromage et à la marmelade

8 GROS MUFFINS

500 ml	(2 tasses) farine
10 ml	(2 c. à t.) poudre à pâte
1 ml	(¼ c. à t.) sel
80 ml	(⅓ tasse) margarine
160 ml	(⅔ tasse) cassonade
1	œuf
10 ml	(2 c. à t.) zeste d'orange
160 ml	(⅔ tasse) lait
125 ml	(½ tasse) fromage à la crème, ramolli
30 ml	(2 c. à s.) sucre glace
125 ml	(½ tasse) marmelade d'oranges
45 ml	(3 c. à s.) noix hachées

- Préchauffez le four à 190 °C (375 °F). Beurrez ou couvrez de papier des moules à muffins. Réservez.

- Dans un bol, mélangez la farine, la poudre à pâte et le sel. Réservez.

- Dans un autre bol, fouettez la margarine et la cassonade ; incorporez l'œuf et le zeste d'orange. Ajoutez graduellement le mélange de farine et le lait. Réservez.

- Dans un troisième bol, mélangez le fromage à la crème et le sucre glace. Réservez.

- Remplissez à moitié les moules à muffins du premier mélange. À la cuillère, déposez 20 ml (4 c. à t.) du mélange de fromage, puis 20 ml (4 c. à t.) de marmelade au centre de chaque muffin.

- Remplissez les moules à muffins du reste de pâte. Garnissez de noix hachées. Faites cuire au four 25 à 30 minutes.

Recette illustrée ci-dessus

VARIANTES
- Remplacez la marmelade par de la confiture de prunes, de framboises ou de bleuets, tel qu'illustré ci-dessus.

Muffins au chocolat et au café

8 GROS MUFFINS	
250 ml	(1 tasse) brisures de chocolat mi-sucré
15 ml	(1 c. à s.) café instantané
60 ml	(1/4 tasse) margarine
300 ml	(1 1/4 tasse) lait
1	œuf
625 ml	(2 1/2 tasses) farine
80 ml	(1/3 tasse) sucre glace
15 ml	(1 c. à s.) poudre à pâte
2 ml	(1/2 c. à t.) sel

- Préchauffez le four à 205 °C (400 °F). Beurrez ou couvrez de papier des grands moules à muffins. Réservez.

- Dans une casserole, faites chauffer à feu doux la moitié des brisures de chocolat, le café, la margarine et le lait. Fouettez jusqu'à l'obtention d'un mélange homogène ; laissez refroidir.

- Dans un grand bol, battez l'œuf. Ajoutez les ingrédients secs ; mélangez. Ajoutez le mélange de chocolat refroidi, en remuant juste assez pour imbiber le tout. Ajoutez le reste des brisures de chocolat ; mélangez un peu.

- À la cuillère, remplissez les moules de pâte. Faites cuire au four environ 20 minutes.

Muffins danois au fromage à la crème

8 GROS MUFFINS	
1	œuf
425 ml	(1 3/4 tasse) lait
125 ml	(1/2 tasse) margarine, fondue
5 ml	(1 c. à t.) zeste de citron, râpé
625 ml	(2 1/2 tasses) farine
5 ml	(1 c. à t.) poudre à pâte
15 ml	(1 c. à s.) sel
125 ml	(1/2 tasse) sucre
125 ml	(1/2 tasse) fromage à la crème, ramolli
30 ml	(2 c. à s.) sucre glace
15 ml	(1 c. à s.) jus de citron

- Préchauffez le four à 205 °C (400 °F). Beurrez ou couvrez de papier des grands moules à muffins. Réservez.

- Dans un bol, battez l'œuf ; ajoutez le lait, la margarine et le zeste de citron ; mélangez.

- Dans un second bol, mélangez la farine, la poudre à pâte, le sel et le sucre. Incorporez le mélange liquide, en remuant juste assez pour imbiber les ingrédients secs.

- Dans un troisième bol, mélangez le fromage à la crème, le sucre glace et le jus de citron jusqu'à consistance crémeuse. Réservez.

- Remplissez à moitié les moules à muffins du premier mélange. Déposez ensuite 15 ml (1 c. à s.) du mélange de fromage au centre de chaque muffin. Achevez de remplir les moules avec le reste de la pâte. Faites cuire au four 20 minutes.

Muffins au son
et aux raisins

	8 GROS MUFFINS
625 ml	(2 ½ tasses) flocons de son
250 ml	(1 tasse) lait à 2 %
1	œuf, battu
60 ml	(¼ tasse) margarine, fondue
160 ml	(⅔ tasse) mélasse
250 ml	(1 tasse) farine
5 ml	(1 c. à t.) bicarbonate de soude
5 ml	(1 c. à t.) sel
125 ml	(½ tasse) raisins secs

- Préchauffez le four à 205 °C (400 °F). Beurrez ou couvrez de papier des moules à muffins. Réservez.

- Dans un bol, faites ramollir les flocons de son dans le lait. Ajoutez l'œuf battu, la margarine et la mélasse. Réservez.

- Dans un autre bol, mélangez les ingrédients secs. À la fourchette, incorporez au mélange liquide. Versez dans les moules. Faites cuire au four 20 minutes.

VARIANTE
- Remplacez les raisins par 375 ml (1 ½ tasse) de morceaux de pommes séchées.

Muffins aux ananas
et aux carottes

	12 MUFFINS
500 ml	(2 tasses) farine
80 ml	(⅓ tasse) cassonade
15 ml	(1 c. à s.) poudre à pâte
30 ml	(2 c. à s.) sucre
2 ml	(½ c. à t.) cannelle
2 ml	(½ c. à t.) gingembre
2 ml	(½ c. à t.) muscade
2 ml	(½ c. à t.) clou de girofle
2 ml	(½ c. à t.) sel
250 ml	(1 tasse) ananas en morceaux, dans le sirop
	lait
1	œuf, battu
180 ml	(¾ tasse) carottes, râpées finement
80 ml	(⅓ tasse) huile
2 ml	(½ c. à t.) essence de vanille

- Préchauffez le four à 205 °C (400 °F). Beurrez ou couvrez de papier des moules à muffins.

- Dans un bol, mélangez les ingrédients secs. Creusez une fontaine. Réservez.

- Faites égoutter l'ananas, en récupérant le sirop dans un second bol. Ajoutez assez de lait au sirop d'ananas pour obtenir 180 ml (¾ tasse) de liquide.

- Incorporez l'œuf, les carottes, l'huile, l'essence de vanille et les morceaux d'ananas au mélange de sirop et de lait. Versez d'un trait dans les ingrédients secs. Mélangez à la fourchette jusqu'à ce que la pâte soit bien imbibée.

- Versez dans les moules. Faites cuire au four 20 à 25 minutes.

Muffins au yogourt

12 MUFFINS	
250 ml	(1 tasse) yogourt nature ou crème sure
5 ml	(1 c. à t.) bicarbonate de soude
125 ml	(½ tasse) beurre
2	œufs
5 ml	(1 c. à t.) essence de vanille
500 ml	(2 tasses) farine
2 ml	(½ c. à t.) poudre à pâte
2 ml	(½ c. à t.) sel
250 ml	(1 tasse) sucre
180 ml	(¾ tasse) brisures de chocolat

Garniture

60 ml	(¼ tasse) brisures de chocolat
30 ml	(2 c. à s.) noix hachées
30 ml	(2 c. à s.) cassonade
5 ml	(1 c. à t.) cannelle moulue

- Préchauffez le four à 175 °C (350 °F). Beurrez des moules à muffins. Réservez.
- Dans un bol, mélangez le yogourt et le bicarbonate de soude. Réservez.
- Dans un autre bol, battez le beurre. Ajoutez les œufs, un à la fois, puis l'essence de vanille. Réservez.
- Dans un grand bol, mélangez la farine, la poudre à pâte, le sel et le sucre. Versez le mélange de yogourt, en remuant juste assez pour imbiber les ingrédients secs. Incorporez les brisures de chocolat ; mélangez un peu. Versez dans les moules.
- Mélangez tous les ingrédients de la garniture. Répartissez sur les muffins. Faites cuire au four 30 à 35 minutes.

Muffins à l'orange et au chocolat

12 GROS MUFFINS	
1	œuf
250 ml	(1 tasse) lait
125 ml	(½ tasse) margarine, fondue
2 ml	(½ c. à t.) zeste d'orange, râpé
60 ml	(¼ tasse) jus d'orange
375 ml	(1 ½ tasse) farine tout usage
250 ml	(1 tasse) farine de blé entier
125 ml	(½ tasse) sucre glace
15 ml	(1 c. à s.) poudre à pâte
2 ml	(½ c. à t.) sel
125 ml	(½ tasse) brisures de chocolat mi-sucré

- Préchauffez le four à 205 °C (400 °F). Beurrez ou couvrez de papier des grands moules à muffins. Réservez.
- Dans un bol, battez l'œuf. Ajoutez le lait, la margarine, le zeste et le jus d'orange ; mélangez. Réservez.
- Dans un grand bol, mélangez les farines, le sucre glace, la poudre à pâte et le sel. Versez les ingrédients liquides, en remuant juste assez pour imbiber les ingrédients secs. Ajoutez les brisures de chocolat ; mélangez un peu.
- À la cuillère, remplissez de pâte les moules à muffins. Faites cuire au four environ 20 minutes.

Recette illustrée ci-dessus

Muffins multigrains à l'érable

	18 MUFFINS
250 ml	(1 tasse) gruau
180 ml	(³/4 tasse) germe de blé
125 ml	(¹/2 tasse) son naturel
2 ml	(¹/2 c. à t.) sel
2 ml	(¹/2 c. à t.) cannelle moulue
250 ml	(1 tasse) babeurre ou lait caillé
180 ml	(³/4 tasse) sirop d'érable
2	œufs, battus
125 ml	(¹/2 tasse) huile
250 ml	(1 tasse) farine
10 ml	(2 c. à t.) poudre à pâte
5 ml	(1 c. à t.) soda à pâte
125 ml	(¹/2 tasse) raisins secs

• Préchauffez le four à 190 °C (375 °F). Beurrez des moules à muffins. Réservez.

• Dans un bol, mélangez les 6 premiers ingrédients. Laissez reposer 15 minutes. Ajoutez le sirop d'érable, les œufs et l'huile. Réservez.

• Dans un autre bol, mélangez la farine, la poudre à pâte et le soda à pâte. Incorporez au premier mélange ; remuez juste assez pour imbiber le tout. Ajoutez les raisins.

• Remplissez les moules aux trois quarts. Faites cuire au four 20 à 25 minutes. Retirez du four ; laissez reposer 10 minutes avant de démouler.

Muffins aux bleuets et au citron

	12 MUFFINS
15 ml	(1 c. à s.) jus de citron
250 ml	(1 tasse) lait
1	œuf, battu
60 ml	(¹/4 tasse) huile végétale
60 ml	(¹/4 tasse) mélasse
250 ml	(1 tasse) son naturel
180 ml	(³/4 tasse) farine de blé entier
180 ml	(³/4 tasse) farine
7 ml	(1 ¹/2 c. à t.) poudre à pâte
2 ml	(¹/2 c. à t.) bicarbonate de soude
80 ml	(¹/3 tasse) cassonade, tassée
7 ml	(1 ¹/2 c. à t.) zeste de citron
250 ml	(1 tasse) bleuets frais ou congelés

• Préchauffez le four à 190 °C (375 °F). Beurrez ou couvrez de papier des moules à muffins. Réservez.

• Dans un bol, mélangez le jus de citron et le lait. Laissez surir 1 minute. Ajoutez l'œuf, l'huile végétale et la mélasse, en remuant sans arrêt. Réservez.

• Dans un autre bol, mélangez les ingrédients secs. Incorporez le mélange liquide, le zeste et les bleuets, en remuant juste assez pour imbiber les ingrédients secs.

• À la cuillère, versez dans les moules. Faites cuire au four 20 à 25 minutes ou jusqu'à ce que les muffins soient fermes au toucher.

Les biscuits

Petits biscuits des Fêtes

Biscuits d'avoine et de fruits secs

80 ml	(1/3 tasse) graisse végétale
125 ml	(1/2 tasse) sucre
125 ml	(1/2 tasse) cassonade
1	œuf
125 ml	(1/2 tasse) farine tout usage
2 ml	(1/2 c. à t.) bicarbonate de soude
1 ml	(1/4 c. à t.) sel
60 ml	(1/4 tasse) pruneaux séchés, hachés
125 ml	(1/2 tasse) raisins de Corinthe
125 ml	(1/2 tasse) farine d'avoine

■ Dans un bol, défaites la graisse végétale, le sucre et la cassonade en crème. Ajoutez l'œuf ; fouettez. Réservez.

■ Dans un autre bol, tamisez ensemble la farine tout usage, le bicarbonate et le sel. Incorporez au mélange liquide. Ajoutez les pruneaux, les raisins et la farine d'avoine. Mélangez.

■ Façonnez deux rouleaux de pâte ; enveloppez de papier ciré. Placez au réfrigérateur 1 heure.

■ Préchauffez le four à 175 °C (350 °F). Beurrez une plaque à biscuits.

■ Retirez la pâte du réfrigérateur ; tranchez 12 biscuits par rouleau. Déposez sur la plaque à biscuits. Faites cuire au four environ 15 minutes.

Biscuits à l'orange

ENVIRON 1 1/2 DOUZAINE

500 ml	(2 tasses) farine
20 ml	(4 c. à t.) poudre à pâte
1	pincée de sel
250 ml	(1 tasse) sucre
1	œuf, battu
125 ml	(1/2 tasse) beurre, ramolli
	zeste de 1 orange
60 ml	(1/4 tasse) jus d'orange
18	amandes entières

■ Préchauffez le four à 190 °C (375 °F).

■ Dans un bol, tamisez ensemble les ingrédients secs. Ajoutez tous les autres ingrédients, sauf les amandes ; mélangez jusqu'à l'obtention d'une pâte lisse.

■ À l'aide d'un rouleau à pâtisserie, abaissez à 0,5 cm (1/4 po) d'épaisseur. Découpez les biscuits à l'emporte-pièce ou à l'aide d'un couteau. Déposez une amande sur chaque biscuit.

■ Faites cuire au four 10 minutes.

VARIANTES
● Remplacez le zeste et le jus d'orange par du zeste et du jus de pamplemousse, de citron ou de limette.

ENVIRON 3 DOUZAINES

625 ml	(2 1/2 tasses) farine
125 ml	(1/2 tasse) sucre
1	œuf
250 ml	(1 tasse) beurre

Garniture

3	œufs, battus
125 ml	(1/2 tasse) sucre
375 ml	(1 1/2 tasse) poudre d'amande
20	cerises confites, en moitiés

■ Préchauffez le four à 220 °C (425 °F). Beurrez une plaque à biscuits. Réservez.

■ Dans un grand bol, tamisez la farine. Creusez une fontaine. Versez le sucre et l'œuf. Réservez.

■ Coupez le beurre en petits dés ; dispersez sur la farine. À l'aide d'un coupe-pâte ou de deux couteaux, mélangez jusqu'à consistance granuleuse. Enveloppez la pâte ; placez au réfrigérateur 30 minutes.

■ Enfarinez une surface propre et lisse ; abaissez la pâte à 0,25 cm (1/8 po) d'épaisseur. À l'aide du bord d'un verre passé dans la farine, découpez des ronds de pâte. Déposez sur la plaque à biscuits.

■ Nappez chaque biscuit d'œuf battu ; saupoudrez de sucre et de poudre d'amande ; décorez d'une demi-cerise.

■ Faites cuire au four environ 8 minutes. Servez.

VARIANTES
● Coupez la pâte en carrés, en triangles, en losanges ou en demi-lunes.
● Une fois cuits, saupoudrez les biscuits de cacao ; trempez dans du chocolat fondu ou badigeonnez de miel ; garnissez de pistaches hachées ou d'amandes tranchées.
● Faites des biscuits sandwichs en joignant 2 biscuits avec de la confiture.

Recettes illustrées, page ci-contre

Galettes clin d'œil

125 ml	(¹/₂ **tasse) cassonade, tassée**
30 ml	(2 c. à s.) **sucre**
125 ml	(¹/₂ **tasse) graisse végétale**
1	**œuf**
60 ml	(¹/₄ **tasse) eau froide**
2 ml	(¹/₂ **c. à t.) essence de vanille**
375 ml	(1 ¹/₂ **tasse) farine tout usage**
2 ml	(¹/₂ **c. à t.) bicarbonate de soude**
5 ml	(1 **c. à t.) sel**
250 ml	(1 **tasse) noix de coco râpée**
375 ml	(1 ¹/₂ **tasse) confiture, au choix**
80 ml	(¹/₃ **tasse) sucre glace**

■ Préchauffez le four à 190 °C (375 °F). Beurrez une plaque à biscuits. Réservez.

■ Dans un bol, défaites en crème la cassonade, le sucre et la graisse végétale. Ajoutez l'œuf, l'eau et l'essence de vanille ; mélangez. Réservez.

■ Dans un autre bol, mélangez la farine, le bicarbonate, le sel et la noix de coco. Incorporez à la première préparation.

■ À la cuillère, faites de grosses galettes épaisses sur la plaque à biscuits. À l'aide du dos d'une cuillère à soupe, formez une cavité au centre de chaque galette. Déposez 15 ml (1 c. à s.) de confiture.

■ Faites cuire au four 10 à 12 minutes. Retirez du four ; saupoudrez de sucre glace.

Biscuits aux amandes

125 ml	(¹/₂ **tasse) graisse végétale**
125 ml	(¹/₂ **tasse) sucre**
30 ml	(2 c. à s.) **sirop de maïs**
30 ml	(2 c. à s.) **essence d'amande**
2	**œufs**
375 ml	(1 ¹/₂ **tasse) farine**
3 ml	(³/₄ **c. à t.) bicarbonate de soude**
1 ml	(¹/₄ **c. à t.) sel**
24	**demi-amandes**

■ Préchauffez le four à 190 °C (375 °F).

■ Dans un bol, défaites en crème la graisse végétale et le sucre. Incorporez le sirop, l'essence d'amande et un œuf.

■ Dans un autre bol, tamisez ensemble la farine, le bicarbonate et le sel. Incorporez au mélange liquide ; mélangez jusqu'à ce que la pâte soit lisse et n'adhère plus au bol.

■ Formez environ 24 petites boules de 2,5 cm (1 po) de diamètre. Déposez sur une plaque à biscuits non beurrée. Réservez.

■ Dans un petit bol, battez l'œuf restant. Trempez les 24 moitiés d'amandes dans l'œuf battu ; déposez sur chaque biscuit, en pressant légèrement. Faites cuire au four 15 à 20 minutes.

Biscuits au chocolat et aux pacanes

ENVIRON **4** DOUZAINES

250 ml	(1 tasse) graisse végétale
250 ml	(1 tasse) cassonade, bien tassée
125 ml	(¹/₂ tasse) sucre
2	œufs
5 ml	(1 c. à t.) essence de vanille
45 ml	(3 c. à s.) zeste d'orange, râpé
500 ml	(2 tasses) farine de blé entier
5 ml	(1 c. à t.) bicarbonate de soude
2 ml	(¹/₂ c. à t.) sel
250 ml	(1 tasse) pacanes hachées
250 ml	(1 tasse) brisures de chocolat

■ Préchauffez le four à 190 °C (375 °F).

■ Dans un bol, défaites en crème la graisse végétale, la cassonade et le sucre. Ajoutez les œufs, l'essence de vanille et le zeste d'orange ; mélangez.

■ Dans un autre bol, tamisez la farine, le bicarbonate et le sel. Incorporez au mélange liquide. Ajoutez les pacanes et les brisures de chocolat.

■ Formez des boules de pâte de 2,5 cm (1 po) de diamètre. Déposez sur une plaque à biscuits non beurrée. À l'aide du dessous d'un verre passé dans le sucre glace, aplatissez les boules pour leur donner une belle forme ronde. Faites cuire au four 8 à 10 minutes.

Biscuits aux pommes

ENVIRON **2** DOUZAINES

125 ml	(¹/₂ tasse) beurre
375 ml	(1 ¹/₂ tasse) cassonade
1	œuf
500 ml	(2 tasses) pommes, en petits morceaux
125 ml	(¹/₂ tasse) abricots séchés, en gros morceaux
60 ml	(¹/₄ tasse) jus de pomme
2 ml	(¹/₂ c. à t.) jus de citron
500 ml	(2 tasses) farine de blé
5 ml	(1 c. à t.) bicarbonate de soude
2 ml	(¹/₂ c. à t.) sel
1 ml	(¹/₄ c. à t.) clou de girofle moulu
2 ml	(¹/₂ c. à t.) cannelle

■ Préchauffez le four à 175 °C (350 °F). Beurrez une plaque à biscuits. Réservez.

■ Dans un bol, défaites en crème le beurre, la cassonade et l'œuf. Ajoutez les pommes, les abricots, le jus de pomme et le jus de citron ; mélangez. Réservez.

■ Dans un autre bol, tamisez ensemble les ingrédients secs. Incorporez au premier mélange.

■ Déposez la pâte sur la plaque à biscuits, à raison de 30 ml (2 c. à s.) par biscuit. Faites cuire au four 10 à 12 minutes. Servez tièdes.

Biscuits au beurre d'arachides

125 ml	(¹/₂ tasse) graisse végétale
125 ml	(¹/₂ tasse) sucre
125 ml	(¹/₂ tasse) cassonade
125 ml	(¹/₂ tasse) beurre d'arachides
1	œuf
2 ml	(¹/₂ c. à t.) essence de vanille
425 ml	(1 ³/₄ tasse) farine tout usage
5 ml	(1 c. à t.) bicarbonate de soude
2 ml	(¹/₂ c. à t.) sel
36	arachides

- Préchauffez le four à 190 °C (375 °F). Beurrez une plaque à biscuits. Réservez.

- Dans un bol, défaites en crème la graisse végétale, le sucre et la cassonade. Incorporez le beurre d'arachides, l'œuf et l'essence de vanille.

- Dans un autre bol, tamisez la farine, le bicarbonate et le sel. Incorporez à la première préparation ; mélangez jusqu'à l'obtention d'une pâte lisse.

- Formez des boules de pâte de 2,5 cm (1 po) de diamètre. Aplatissez-les doucement à l'aide d'une fourchette préalablement trempée dans l'eau chaude. Décorez chaque biscuit d'une arachide. Faites cuire au four 10 à 12 minutes.

Délices aux fruits secs

625 ml	(2 ¹/₂ tasses) farine tout usage
5 ml	(1 c. à t.) poudre à pâte
2 ml	(¹/₂ c. à t.) bicarbonate de soude
2 ml	(¹/₂ c. à t.) sel
80 ml	(¹/₃ tasse) beurre, ramolli
250 ml	(1 tasse) sucre
2	œufs
45 ml	(3 c. à s.) lait
250 ml	(1 tasse) noix hachées
250 ml	(1 tasse) dattes, hachées
125 ml	(¹/₂ tasse) cerises confites, hachées

- Préchauffez le four à 190 °C (375 °F). Beurrez une plaque à biscuits. Réservez.

- Dans un bol, tamisez la farine, la poudre à pâte, le bicarbonate et le sel. Réservez.

- Dans un autre bol, mélangez le beurre, le sucre, les œufs et le lait. Incorporez les ingrédients tamisés ; ajoutez les noix, les dattes et les cerises ; mélangez.

- Formez des boules de pâte de 2,5 cm (1 po) de diamètre. Déposez sur la plaque à biscuits. Faites cuire au four 12 minutes.

- Retirez du four. Laissez refroidir. Servez.

VARIANTES

- Utilisez différents fruits confits et noix.

Biscuits aux raisins

250 ml	(1 tasse) eau
250 mi	(1 tasse) raisins secs
1 L	(4 tasses) farine tout usage
7 ml	(1 ½ c. à t.) poudre à pâte
5 ml	(1 c. à t.) bicarbonate de soude
5 ml	(1 c. à t.) sel
250 ml	(1 tasse) huile
500 ml	(2 tasses) sucre
3	œufs
5 ml	(1 c. à t.) essence de vanille

- Préchauffez le four à 220 °C (425 °F). Beurrez 2 plaques à biscuits. Réservez.

- Dans une casserole, amenez à ébullition l'eau et les raisins.

- Dans un bol, tamisez la farine, la poudre à pâte, le bicarbonate et le sel. Réservez.

- Dans un autre bol, fouettez l'huile, le sucre, les œufs et l'essence de vanille 2 minutes. Incorporez graduellement les deux premiers mélanges. Évitez de trop mélanger. À la cuillère, déposez la pâte sur les plaques à biscuits, à raison de 30 ml (2 c. à s.) par biscuit. Faites cuire sur la grille supérieure du four 10 minutes.

- Retirez du four ; laissez refroidir.

Biscuits des prairies

80 ml	(⅓ tasse) cassonade
80 ml	(⅓ tasse) beurre, ramolli
125 ml	(½ tasse) crème à 35 %
1	œuf, battu
125 ml	(½ tasse) farine
375 ml	(1 ½ tasse) gruau
125 ml	(½ tasse) graines de tournesol
125 ml	(½ tasse) raisins secs
160 ml	(⅔ tasse) brisures de chocolat
125 ml	(½ tasse) amandes effilées

- Préchauffez le four à 175 °C (350 °F). Beurrez une plaque à biscuits. Réservez.

- Dans un bol, mélangez la cassonade et le beurre. Ajoutez la crème et l'œuf ; fouettez jusqu'à ce que le mélange épaississe. Incorporez le reste des ingrédients ; mélangez bien.

- Déposez la pâte sur la plaque à biscuits, à raison de 30 ml (2 c. à s.) par biscuit.

- Faites cuire sur la grille supérieure du four 20 minutes.

Variantes
- Utilisez des brisures de chocolat blanc ou des grains de caroube. Remplacez les amandes par des noix hachées.

Biscuits aux brisures de chocolat

3 À 4 DOUZAINES

500 ml	(2 tasses) beurre
180 ml	(³/₄ tasse) sucre
180 ml	(³/₄ tasse) cassonade
3	œufs
1 L	(4 tasses) farine tout usage
10 ml	(2 c. à t.) bicarbonate de soude
15 ml	(1 c. à s.) sel
625 ml	(2 ½ tasses) brisures de chocolat

■ Préchauffez le four à 175 °C (350 °F).

■ Dans un bol, défaites le beurre en crème. Incorporez le sucre, la cassonade et les œufs. Réservez.

■ Dans un autre bol, tamisez ensemble la farine, le bicarbonate et le sel ; incorporez au mélange de beurre ; ajoutez les brisures de chocolat.

■ Façonnez la pâte en rouleaux ; tranchez des rondelles de 1,25 cm (½ po) d'épaisseur. Pour éviter que les biscuits brûlent, doublez l'épaisseur de la plaque à biscuits (en installant deux plaques l'une sur l'autre) ou diminuez la température du four. Faites cuire au four 6 minutes. Servez.

Recette illustrée ci-dessus

BISCUITS AU CHOCOLAT ET À LA CONFITURE

● Avant de mettre au four, formez une cavité au milieu de chaque rondelle de pâte. Remplissez de confiture ou de marmelade au choix.

Recette illustrée ci-contre

Biscuits santé

ENVIRON 4 DOUZAINES

180 ml	(³/₄ tasse) beurre
375 ml	(1 ½ tasse) cassonade
3	œufs
5 ml	(1 c. à t.) essence de vanille
250 ml	(1 tasse) farine tout usage
250 ml	(1 tasse) gruau
60 ml	(¼ tasse) germe de blé
5 ml	(1 c. à t.) bicarbonate de soude
2 ml	(½ c. à t.) sel
180 ml	(³/₄ tasse) noix de coco râpée
180 ml	(³/₄ tasse) figues séchées, hachées
125 ml	(½ tasse) noix hachées

• Préchauffez le four à 175 °C (350 °F). Beurrez des plaques à biscuits. Réservez.

• Dans un bol, défaites en crème le beurre et la cassonade. Ajoutez les œufs et l'essence de vanille ; mélangez. Réservez.

• Dans un autre bol, mélangez la farine, le gruau, le germe de blé, le bicarbonate et le sel. Incorporez au premier mélange. Ajoutez la noix de coco, les figues et les noix ; mélangez.

• À la cuillère, déposez la pâte sur les plaques à biscuits. Faites cuire au four 12 à 15 minutes.

Recette illustrée

Galettes chaudes canadiennes

ENVIRON 1 DOUZAINE

60 ml	(¼ tasse) beurre
60 ml	(¼ tasse) cassonade
125 ml	(½ tasse) crème sure
500 ml	(2 tasses) farine tout usage
10 ml	(2 c. à t.) poudre à pâte
2 ml	(½ c. à t.) bicarbonate de soude
2 ml	(½ c. à t.) sel
160 ml	(²/₃ tasse) garniture au choix : noix, fruits séchés, morceaux de chocolat
1	œuf, battu
	sucre glace ou cacao

• Préchauffez le four à 190 °C (375 °F). Beurrez une plaque à biscuits. Réservez.

• Dans un bol, défaites en crème le beurre et la cassonade. Ajoutez la crème sure ; mélangez.

• Dans un autre bol, tamisez la farine, la poudre à pâte, le bicarbonate et le sel. Incorporez à la première préparation ; mélangez jusqu'à l'obtention d'une pâte lisse.

• Abaissez la pâte. Découpez à l'aide d'un couteau ou d'un emporte-pièce. Couvrez d'une garniture au choix ; badigeonnez de l'œuf battu. Déposez sur une plaque à biscuits. Faites cuire au four 12 minutes.

• Saupoudrez de sucre glace ou de cacao avant de servir.

Petits sablés
au beurre

ENVIRON **2** DOUZAINES

250 ml	(1 tasse) beurre non salé, ramolli
300 ml	(1 ¼ tasse) sucre
1	œuf
3	jaunes d'œufs
15 ml	(1 c. à s.) essence d'amande
680 ml	(2 ¾ tasses) farine tout usage
125 ml	(½ tasse) fécule de maïs
	noix ou fruits confits, hachés

- Préchauffez le four à 175 °C (350 °F).

- Dans le grand bol du malaxeur, fouettez le beurre et le sucre. Incorporez l'œuf, les jaunes d'œufs et l'essence d'amande ; battez bien.

- Dans un autre bol, tamisez la farine et la fécule de maïs. Incorporez graduellement au premier mélange, en remuant sans arrêt, jusqu'à l'obtention d'une consistance homogène.

- À l'aide d'un sac à pâtisserie muni d'une douille cannelée, pressez la pâte sur une plaque à biscuits non beurrée, en espaçant les biscuits de 2,5 cm (1 po). Décorez de noix ou de fruits confits. Faites cuire au four 10 à 12 minutes ou jusqu'à ce que les biscuits soient dorés. Laissez refroidir.

Biscuits roulés
au beurre

ENVIRON **2** DOUZAINES

180 ml	(¾ tasse) beurre salé, ramolli
300 ml	(1 ¼ tasse) sucre
3	jaunes d'œufs
5 ml	(1 c. à t.) essence d'amande
625 ml	(2 ½ tasses) farine, tamisée

- Préchauffez le four à 175 °C (350 °F). Beurrez une plaque à biscuits. Réservez.

- Dans le grand bol du malaxeur, défaites en crème le beurre et 180 ml (¾ tasse) de sucre. Incorporez les jaunes d'œufs et l'essence d'amande. Ajoutez la farine ; mélangez. Couvrez ; placez au réfrigérateur 40 minutes.

- Retirez du réfrigérateur. Formez deux rouleaux de pâte de 3,75 cm (1 ½ po) de diamètre. Roulez dans le sucre restant. Enveloppez d'une pellicule plastique. Placez de nouveau au réfrigérateur 20 minutes.

- Coupez les rouleaux en tranches de 0,5 cm (¼ po) d'épaisseur. Disposez sur la plaque à biscuits. Faites cuire au four environ 10 minutes. Laissez refroidir. Servez.

VARIANTE
- Enrobez les rouleaux de poudre d'amande au lieu de sucre.

Doigts de dame

8	jaunes d'œufs
1	œuf
500 ml	(2 tasses) meringue, en pics fermes *(p. 358)*
375 ml	(1 ½ tasse) farine

- Préchauffez le four à 220 °C (425 °F).

- Dans un bol, battez les jaunes d'œufs et l'œuf. À l'aide d'un fouet, incorporez graduellement, en alternant, la meringue et la farine ; évitez de trop mélanger. À l'aide d'un sac à pâtisserie muni d'une douille unie, dressez la pâte en bâtonnets de 7,5 cm (3 po), en les espaçant de 2,5 cm (1 po) sur une plaque à biscuits non beurrée. Pour une bordure de charlotte, espacez de 0,5 cm (¼ po). Faites cuire au four 5 à 8 minutes.

- Laissez refroidir les biscuits.

DOIGTS DE DAME AU CACAO
- Réduisez la quantité de farine à 180 ml (³/4 tasse) et ajoutez 60 ml (¼ tasse) de cacao.

BISCUITS CUILLÈRES
- Trempez les doigts de dame refroidis dans 125 ml (¹/2 tasse) de chocolat fondu.

Dressage des doigts de dame

- *À l'aide d'un sac à pâtisserie muni d'une douille unie, dressez la pâte en bâtonnets de 7,5 cm (3 po), en les espaçant de 2,5 cm (1 po) sur une plaque à biscuits non beurrée.*

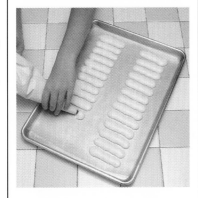

Bordure de charlotte

- *Sur la plaque à biscuits, n'espacez les bâtonnets que de 0,5 cm (¼ po), afin que les biscuits se joignent et forment une bande pendant la cuisson.*

- *Bordure de charlotte et doigts de dame, après cuisson.*

Biscuits cuillères

- *Trempez les doigts de dame refroidis dans du chocolat fondu.*

Biscottes au fromage

1 L	(4 tasses) farine
20 ml	(4 c. à t.) poudre à pâte
10 ml	(2 c. à t.) sel
60 ml	(¼ tasse) beurre
80 ml	(¹/3 tasse) cheddar, râpé
375 ml	(1 ½ tasse) lait
80 ml	(¹/3 tasse) parmesan, râpé

- Dans un bol, tamisez ensemble la farine, la poudre à pâte et le sel. Ajoutez le beurre ; mélangez jusqu'à l'obtention d'une consistance granuleuse. Incorporez le cheddar. Versez le lait ; mélangez jusqu'à ce que la pâte n'adhère plus au bol. Placez au réfrigérateur 1 heure.

- Préchauffez le four à 205 °C (400 °F). Beurrez une plaque à biscuits. Réservez.

- Sur une surface enfarinée, abaissez la pâte à 1,25 cm (¹/2 po) d'épaisseur. Découpez en carrés à l'aide d'un couteau ou à l'emporte-pièce. Déposez sur la plaque à biscuits ; saupoudrez de parmesan râpé. Faites cuire au four environ 15 minutes.

VARIANTES
- Utilisez différents fromages.

LES MENUS

Pour qu'un menu soit équilibré, il doit contenir au moins une portion de chaque groupe du Guide alimentaire canadien : produits céréaliers, fruits et légumes, produits laitiers, viandes et substituts. Les aliments riches en gras et en sucre ne sont pas inclus dans le Guide alimentaire canadien ; ceci ne signifie pas qu'il faille nécessairement les éliminer de notre menu ; consommons-les toutefois avec modération.

Découvrons, dans ce chapitre, différents menus qui sont composés de recettes puisées dans le présent ouvrage.

COMMENT CRÉER DES MENUS

LE MOT DU CHEF

Nous vous proposons, dans le présent chapitre, de nombreux menus pour diverses occasions ; nous les avons regroupés en quatre sections : les menus standard, les menus thématiques, les buffets et les menus santé.

« Qu'est-ce qu'on mange ?? volume 2 » vous propose des recettes qui vous permettront d'acquérir ou de conserver, à coup sûr, votre titre de cordon-bleu !

Cependant, le succès d'un repas ne dépend pas uniquement de la qualité ou de l'originalité d'une recette ; il est essentiel de savoir « construire » un menu et voici certaines règles de base pour le faire avec brio !

RÈGLES DE BASE POUR CONSTITUER DES MENUS RÉUSSIS

Il est important de se rappeler que, tous, nous mangeons avec nos yeux avant de consommer un repas ; aussi, les plats présentés doivent être attrayants par la variété des couleurs qui les composent.

Menu standard

À FAIRE

- *Varier les couleurs des sauces servies dans un même repas.*

- *Utiliser des accompagnements variés, dans le même service et d'un service à l'autre.*

- *Combiner des plats requérant un mode de cuisson différent.*

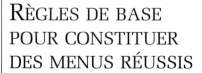

À ÉVITER

- *Ne pas servir, au même menu, des plats constitués de la même viande ou volaille, du même poisson ou fruit de mer.*

- *Ne pas servir des garnitures similaires au même repas.*
Exemple : *aiglefin à la grecque (p. 203) et champignons à la grecque (p. 248)*

- *Ne pas accompagner les plats de sauces de la même famille.*
Exemple : *mayonnaise et sauce tartare*

- *Ne pas présenter 2 éléments de même nature.*
Exemple : *potage aux poireaux (p. 30) et poireaux Alfredo (p. 257)*

- *Ne pas constituer un menu avec des plats ayant la même terminologie.*
Exemple : *boulettes aux œufs (p. 21) et ragoût de boulettes (p. 188)*

Menu thématique

Les règles de base, que nous avons nommées au menu standard et auxquelles il est judicieux de se référer pour constituer un menu, peuvent être, en certains cas, contournées. En effet, le repas dit thématique se veut, par définition, répétitif dans ses composantes.

EXEMPLES

■ Un menu d'été peut contenir plus d'un repas cuisiné sur un feu de charbons de bois.

■ Un menu d'été peut être composé de plusieurs plats où les mêmes fruits et légumes de saison seront en vedette.

■ Un menu « festival de... » est composé, nécessairement, de plusieurs plats de même nature.

Buffet

Les règles de constitution d'un menu buffet sont différentes. L'esthétique des plats présentés est primordiale ; les couleurs, les décorations et les garnitures doivent être diversifiées.

En raison du nombre important de plats constituant un même menu, il est difficile et même inutile d'éviter la répétition d'aliments de la même famille et/ou de même nature. Aussi, la règle de base est l'harmonie : harmonie des couleurs, harmonie des présentations, harmonie des saveurs...

LE MOT DE LA DIÉTÉTISTE

Constituer un « menu santé » est un objectif louable et accessible à tous ; il suffit de consulter le Guide alimentaire canadien. En termes de portions quotidiennes et d'équilibre alimentaire, ajoutons ou retranchons certains éléments de notre menu et le tour est joué !

Référons-nous, par exemple, à un menu standard qui, modifié selon le Guide alimentaire canadien, peut devenir un menu santé où les quatre groupes alimentaires sont présents, de façon équilibrée.

Menu standard

Potage aux poireaux
30
Poulet aux pêches
104
Salade verte garnie
272

DEVIENT

Menu santé

Potage aux poireaux
30
Poulet aux pêches
104
Pâtes aux épinards
265
Salade verte garnie
272
Yogourt glacé aux framboises
408

COMPOSITION DU MENU SANTÉ

selon le Guide alimentaire canadien

2 portions de légumes

1 portion de viande

1 portion de fruits

1 portion de pain et céréales

1 portion de produits laitiers

LES MENUS SANTÉ

Pour être un menu santé, votre menu doit satisfaire à 4 exigences :

- respecter l'équilibre du Guide alimentaire canadien,
- contenir peu de matières grasses,
- être riche en nutriments,
- être riche en glucides complexes et en fibres.

Menu santé

EXEMPLE 1

Potage santé
30

Rôti de veau à la ciboulette
147

Riz aux épinards et au fromage
76

Carottes glacées
246

Carrés aux dattes et aux fibres
373

LE GUIDE ALIMENTAIRE CANADIEN

Savourez chaque jour une variété d'aliments choisis dans chacun de ces quatre groupes du Guide alimentaire canadien.

Choisissez de préférence des aliments moins gras.

Mangez bon, mangez bien. Soyez bien dans votre peau.

Produits céréaliers

Choisissez de préférence des produits à grains entiers ou enrichis.

Légumes et fruits

Choisissez plus souvent des légumes vert foncé ou orange et des fruits orange.

Produits laitiers

Choisissez de préférence des produits laitiers moins gras.

Viandes et substituts

Choisissez de préférence des viandes, volailles et poissons plus maigres ainsi que des légumineuses.

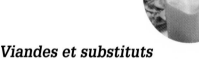

Autres aliments

D'autres aliments et boissons qui ne font pas partie des quatre groupes peuvent aussi apporter saveur et plaisir. Certains de ces aliments ont une teneur plus élevée en gras ou en énergie.

Consommez-les avec modération.

Menu santé

EXEMPLE 2

Fondue aux tomates
75

Saumon au four
197

Bouquets de brocoli relevés
244

Pommes de terre, sauce mornay
261

Salade de fruits
277

Qu'est-ce qu'une portion ?

Le tableau des portions du Guide alimentaire canadien décrit les portions de différents aliments.

Ainsi, dans les produits céréaliers, 1 tranche de pain = 1 portion, tandis que 1 bagel, 1 pain pita ou 1 petit pain = 2 portions.

La grosseur des portions dans le groupe viandes et substituts varie. Par exemple, 1 portion = 50 à 100 g (1 $\frac{2}{3}$ à 3 $\frac{1}{3}$ oz) de viande, volaille ou poisson.

De cette façon, 1 portion peut être plus petite pour un enfant et plus grosse pour un adulte.

Énergies = Calories

Les aliments fournissent de l'énergie. L'énergie se mesure en calories, kilocalories (kcal) ou en kilojoules (KJ). Donc, plus il y a de calories, plus vous recevez d'énergie. En suivant le Guide alimentaire canadien, vous obtiendrez entre 1 800 et 3 200 calories par jour.

Quelle quantité d'aliments devrions-nous manger ?

Puisque les gens ont besoin de différentes quantités d'aliments, le Guide alimentaire propose :

Produits céréaliers
5 à 12 portions par jour

Légumes et fruits
5 à 10 portions par jour

Viandes et substituts
2 à 3 portions par jour

Produits laitiers
2 à 4 portions par jour

Enfants (4 à 9 ans) : 2 à 3 portions
Jeunes (10 à 16 ans) : 3 à 4 portions
Adultes : 2 à 4 portions
Femmes enceintes ou allaitant : 3 à 4 portions

La quantité d'aliments que vous devez choisir chaque jour, dans les quatre groupes alimentaires et parmi les autres aliments, varie selon l'âge, la taille, le sexe et le niveau d'activité de chaque personne. Elle augmente durant la grossesse et l'allaitement.

Un trop grand nombre de portions !

Ces quantités peuvent sembler considérables. Vérifiez d'abord vos besoins réels. Il se peut aussi que vous mangiez un plus grand nombre de portions que vous ne le pensez. Ainsi, une assiettée de spaghetti peut représenter 3 à 4 portions de produits céréaliers et une boîte de jus constituer 2 portions de légumes ou de fruits.

Si vous ne mangez pas beaucoup, il est important de choisir vos aliments avec soin. Par exemple, les femmes devraient choisir des aliments riches en fer comme la viande de bœuf ou de gibier, les céréales à grains entiers ou enrichies et les légumineuses.

Si vous mangez en petite quantité et que vous avez faim ou que vous perdez du poids, vous devriez peut-être augmenter le nombre de portions que vous prenez dans les quatre groupes ou ajouter d'autres aliments.

LES MENUS DE SEMAINE

Pour bien équilibrer nos menus, c'est la règle des quatre groupes du Guide alimentaire canadien qui s'applique. Si un des groupes du Guide alimentaire n'est pas représenté dans notre menu, il faut le compléter avec un aliment de ce groupe, au même repas ou à l'heure de la collation.

TROIS SERVICES

Potage aux poireaux
30

Poulet aux pêches
104

Salade verte garnie
272

Petits pains farcis
86

Salade de pois chiches
282

Clafoutis aux pêches
352

Poires d'avocats surprises
60

Bœuf Olé !
136

Salade rafraîchissante
272

Velouté garbure
39

Médaillons d'agneau aux pistaches
et à la menthe
169

Crêpes estivales
384

Potage frisé
33

Aiglefin à la grecque
203

Salade de maïs
278

Fricassée de poulet diabolo
113

Salade de riz brun
281

Bagatelle aux biscuits au chocolat
391

Les menus de fin de semaine

Il faut bien comprendre l'importance de consommer des aliments de chacun des groupes d'aliments. En effet, chaque groupe est essentiel dans une alimentation équilibrée, chacun apportant des combinaisons différentes de vitamines et minéraux. L'insuffisance ou l'omission d'un des groupes d'aliments dans notre consommation quotidienne risquerait d'engendrer des problèmes de diverses natures : problèmes de peau, fatigue et autres.

Quatre ou cinq services

Potage au fenouil
31

Tarte au pâté de foie
68

Coq au vin
112

Charlotte au chocolat et
au café
327

Fondue parmesan
81

Bœuf aux tomates
137

Salade César
273

Shortcake aux ananas
325

Les menus des Fêtes

Buffet du Réveillon de Noël

Tomates tapenade
20

Petits choux au fromage
20

Canapés aux crevettes
26

Quiche au brocoli
73

Moules à la bière
214

Jambon garni
193

Betteraves parfumées   *244*
Pois gourmands lyonnais   *258*

Salade de pommes de terre
278

Salade florentine aux champignons
274

Fruits frais aux deux chocolats
369

Truffes au chocolat
370

Bûche de Noël
299

Dîner de Noël

Soupe aux pois verts
40

Fricassée de cailles à l'orange
88

Tourte au bœuf savoureuse
141

Purée de pommes de terre
au jambon   *260*
Brochettes de brocoli   *244*
Carottes à la moutarde   *246*

Salade cressonnette
270

Charlotte aux fraises et à
la noix de coco
327

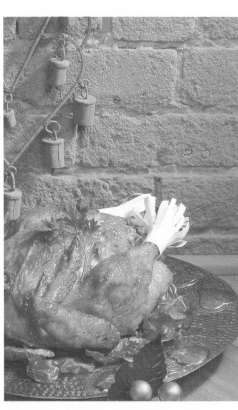

Souper de Noël

Menu 1

Velouté aux carottes
38

Saumon norvégien
66

Trou normand
96

Dinde farcie d'antan
118

Pommes de terre sautées   *260*
Mesclun de haricots   *254*
Tomates garnies   *262*

Salade rafraîchissante
272

Plateau de fromages
286

Gâteau aux fruits
308

Menu 2

Soupe aux huîtres
44

Tarte au caviar
68

Boulettes de veau aux pêches
87

Sorbet au muscadet
92

Pintade rôtie aux cerises
224

Riz frit aux œufs   *266*
Pleurotes frits   *248*
Purée de carottes   *246*

Brocoli en gelée
276

Fromage bleu pilé au porto
288

Charlotte royale
329

BUFFET DU RÉVEILLON DU JOUR DE L'AN

Petits choux au fromage
20

Bâtonnets au prosciutto
22

Canapés variés
26

Galantine
60

Tarte aux légumes
72

Saucisses en pâte
88

Salade au saumon
283

Salade croquante
280

Cornets aux fruits et au chocolat
361

Bouchées d'amour
369

Boules aux figues et au chocolat
375

DÎNER DU JOUR DE L'AN

Velouté de têtes de violon avec croûtons à l'ail
38

Mousse de saumon fumé
65

Carré de porc aux lentilles
183

Pommes de terre au four
261

Oignons frits aux graines de sésame
256

Navets deux couleurs
254

Salade mixte
274

Gâteau au fromage classique
316

SOUPER DU JOUR DE L'AN

Soupe au pesto
36

Aspic aux crevettes
62

Crêpes farcies aux betteraves
78

Fruits des champs givrés
95

Canard à l'orange
122

Endives au pastis   *253*
Macédoine extravagante   *258*
Purée de pommes de terre au jambon   *260*

Salade florentine aux champignons
274

Saint-Honoré
314

BUFFET DU JOUR DE L'AN

Pain garni au fromage
25

Bouchées aux champignons
24

Biscottes aux huîtres
22

Pain de veau
157

Poitrine de dinde farcie
120

Choux de Bruxelles au safran   *250*
Carottes à la moutarde   *246*

Salade de pommes de terre
278

Salade verte garnie
272

Plateau de fromages
286

Fruits des champs givrés
95

Bouchées divines
374

Profiteroles à la crème
357

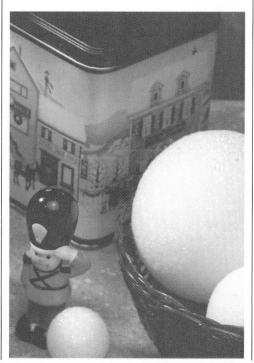

LES MENUS D'OCCASIONS SPÉCIALES

Les menus de réceptions ainsi que les buffets sont plus élaborés et contiennent généralement plus de gras et de calories que les menus de semaine, qui nous sont proposés dans ce livre.

Pour ces raisons, réservons-les aux occasions spéciales uniquement.

DÎNER DE PÂQUES

Menu 1

Potage au fenouil
31

Ananas des îles
63

Tarte au jambon
192

Oignons rouges confits	*256*
Poivrons verts au citron	*259*
Pommes de terre sautées	*260*

Brocoli en gelée
276

Gâteau au chocolat et aux bananes
302

Menu 2

Velouté aux carottes
38

Pêches farcies
59

Truites farcies aux champignons
199

Pommes de terre, sauce mornay	*261*
Parisienne de courgettes	
aux tomates	*252*

Salade surprise
274

Tarte renversée aux poires
et au pastis
341

SOUPER DE PÂQUES

Menu 1

Potage aux poireaux
30

Tomates farcies
65

Bananes plantains au bacon
73

Trou normand
96

Jambon de Pâques
190

Brochettes de brocoli	*244*
Macédoine extravagante	*258*
Pommes de terre au four	*261*

Salade César
273

Shortcake aux poires et au chocolat
324

Menu 2 ▪ Le buffet

Canapés variés
26

Tomates tapenade
20

Pailles au fromage
25

Jambon de Pâques (variante)
190

Cœurs d'artichauts tomatés   *240*
Asperges marinées   *241*

Salade de riz aux cinq légumes
280

Salade rafraîchissante
272

Plateau de fromages
286

Truffes au chocolat
370

Demi-lunes aux noisettes
375

Friandises aux fruits secs
376

Boules au rhum et à la noix de coco
376

REPAS DE LA FÊTE DES MÈRES

Menu 1

Potage frisé
33

Cœurs vinaigrette
55

Rôti aux poireaux et
aux champignons
126

Pommes de terre au four   *261*
Tomates garnies   *262*

Salade du jardin
270

Bagatelle à l'ananas
392

Menu 2

Soupe aux huîtres
44

Asperges gratinées
74

Escalopes de saumon à l'oseille
196

Pâtes aux épinards   *267*
Poivrons sautés   *259*

Salade de fruits
277

Gâteau au fromage et aux noisettes
318

REPAS DE LA FÊTE DES PÈRES

Menu 1

Potage de poivrons verts
48

Nachos en fête
80

Gigot d'agneau farci
162

Pommes de terre au four   *261*
Petits pois, sauce piquante   *258*
Choux de Bruxelles au prosciutto   *250*

Salade César
273

Tarte jardinière
346

Menu 2

Roulés aux asperges
53

Fondue parmesan
81

Biftecks au poivre « minute »
128

Pommes de terre frites au four   *261*
Poireaux Alfredo   *257*
Carottes à la moutarde   *246*

Salade verte garnie
272

Sorbet aux fraises
406

LES BUFFETS ET LES BRUNCHS

Les plateaux de fromages complètent très agréablement un menu de réception où les produits laitiers sont manquants. Cependant, le yogourt est plus recommandable lorsqu'il s'agit de compléter un menu de semaine.

Suggestions couleur et santé :

1 *si notre menu ne contient pas de fruit, accompagnons le fromage d'une belle grappe de raisins ou d'un autre fruit de saison ;*

2 *si notre menu ne contient pas de produit céréalier, accompagnons le fromage de petits pains de blé entier.*

LES BRUNCHS

Brunch 1

Soupe aigre et piquante
42

Steak tartare classique
222

Céviche
216

Omelette au poisson fumé
211

Pâté de veau
154

Riz pilaf nouvelle vague   *236*
Chou rouge au porto   *249*
Tombée de poireaux aux raisins   *257*

Salade d'automne
274

Plateau de fromages
286

Soufflé au chocolat
394

Brunch 2

Potage au crabe
46

Pain garni au fromage
25

Brochettes d'escargots surprises
22

Tarte aux légumes
72

Champignons farcis au poulet
77

Pain de veau
157

Pommes de terre, sauce mornay   *261*
Tomates en crêpes   *262*

Salade composée
283

Fromages marinés
288

Gâteau aux carottes,
nouvelle formule
307

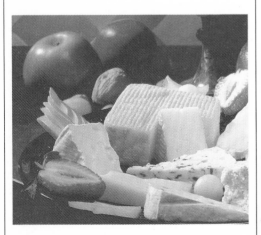

LES BUFFETS

Buffet 1 ▪ Froid

Boulettes aux œufs
21

Petits choux au fromage
20

Jambon roulé
58

Crevettes d'Orléans
66

Œufs garnis
68

Pâté végétal
76

Tomates en crêpes
262

Salade au saumon
283

Salade florentine aux champignons
274

Plateau de fromages
286

Rhubarbe en fête
368

Brownies à la guimauve
370

Buffet 2

Bâtonnets au prosciutto
22

Mini-pains pita au poulet
22

Bouchées au jambon
24

Pailles au fromage
25

Poires aux huîtres fumées
63

Croquettes de poulet croustillantes
115

Timbales de veau au Chili
157

Salade de pois chiches
282

Salade de légumes
278

Feuilletés aux fruits de saison
347

Buffet 4

Aspic aux crevettes
62

Antipasto
56

Croquettes de riz et de fromage
79

Petits pains farcis
86

Cigares au chou
140

Tarte au jambon
192

Salade d'oie fumée
122

Salade de pommes de terre
278

Concombres farcis aux œufs
252

Roulade crémeuse aux fruits
296

Lors de buffet, soyons vigilants quant à la conservation des aliments. Les mets contenant de la mayonnaise ou de la viande ne doivent jamais rester à la température de la pièce trop longtemps, soit plus de 60 minutes ; ces mets doivent être faits dans les 24 heures où ils seront consommés et gardés ensuite au frais, jusqu'au moment du service.

LES GRANDS MENUS ET LES MENUS GASTRONOMIQUES

LES GRANDS MENUS

REPAS À SEPT SERVICES

Menu 1

Soupe au pesto
36

Entrée de pétoncles
67

Asperges mimosa
74

Granité au melon
92

Médaillons de veau
aux pois chiches
150

Salade bien simple
271

Crêpes fondantes
aux noix et au chocolat
381

Menu 2

Potage santé
30

Coupes de carottes aux abricots
56

Trou normand
96

Filets de soles farcis aux crevettes
200

Salade florentine aux champignons
274

Douceur au brie
288

Mousse aux trois fruits
400

REPAS À HUIT SERVICES

Menu 2

Soupe aux crevettes
44

Cœurs vinaigrette
55

Rouleaux au fromage
81

Fruits des champs givrés
95

Médaillons d'agneau aux pistaches
et la menthe
169

Salade verte garnie
272

Fromages marinés
288

Crème brûlée à la liqueur d'orange
405

Menu 2

Soupe à la citrouille
48

Crêpes farcies au chou-fleur
78

Sorbet au muscadet
92

Cailles farcies
122

Salade du jardin
270

Fruits glacés
95

Plateau de fromages
286

Savarin
365

LES MENUS GASTRONOMIQUES

REPAS À NEUF SERVICES

Soupe à la morue fumée
45

Concombres au vert
54

Fricassée de cailles à l'orange
88

Trou normand
96

Ris de veau meunière
158

Salade cressonnette
270

Fruits des champs givrés
95

Fromage bleu pilé au porto
288

Sorbet de la passion
407

REPAS À DIX SERVICES

Velouté de têtes de violon
avec croûtons à l'ail
38

Avocats au crabe épicés
64

Champignons farcis
au poulet
77

Sorbet au muscadet
92

Roulade d'agneau au cresson
164

Salade aux deux chicorées
271

Fromage de chèvre
à l'huile aromatisée
288

Fruits glacés
95

Truffes au chocolat
370

Soufflé aux bananes
et aux litchis
396

L'INDEX GÉNÉRAL

On retrouve, dans cet index, toutes les recettes du livre, classées d'abord selon le chapitre où elles apparaissent et ensuite par ordre alphabétique.

L'index suit l'ordre de présentation des plats comme dans un repas, en commençant par les bouchées et hors-d'œuvre pour se terminer par les desserts.

LES POTAGES ET LES ENTRÉES

LES ENTREMETS

LES PLATS PRINCIPAUX

Les volailles

LES ACCOMPAGNEMENTS

LES SALADES

LES FROMAGES

L'INDEX COMPLÉMENTAIRE

L'index complémentaire a été créé dans le but de vous faciliter le repérage de certaines recettes. Voici ce qu'il contient :

1 Les recettes hors chapitre

Certaines recettes peuvent porter, dans leur nom, le titre d'un chapitre ou d'un sous-chapitre sans toutefois s'y retrouver. Ainsi, la recette de « mousse au bœuf » apparaît dans le chapitre des « entrées » sans paraître au chapitre du « bœuf ».

L'index complémentaire, sous la rubrique « bœuf », corrige cette situation et vous permet de retracer cette recette ainsi que toutes les autres recettes du livre qui sont classées hors de leur catégorie première, en faisant appel aux mots-clés qui apparaissent dans leurs titres.

2 Les recettes thématiques

L'index complémentaire fait aussi le regroupement de certaines recettes qui apparaissent à différents endroits dans ce livre. Ainsi, toutes les recettes d'abats, par exemple, sont réunies sous ce titre dans l'index complémentaire, alors qu'elles se retrouvent sous différents chapitres dans l'index général.

3 Les recettes classées par aliments vedettes

L'index complémentaire identifie plusieurs recettes du livre selon les aliments vedettes qu'elles contiennent ; conséquemment, une même recette contenant du café et du chocolat se retrouve à deux endroits dans l'index complémentaire : sous « café » ainsi que sous « chocolat ».

LES ABATS

LE BŒUF

LE CAFÉ

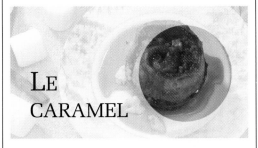

LE CARAMEL

LE CHOCOLAT

LE FROMAGE

LES FRUITS

Abricots

Agrumes

LA GUIMAUVE

LES LÉGUMES

● :   technique
■ :   micro-ondes

LES LÉGUMINEUSES

LE MIEL

LES NOIX ET LES GRAINES

LE SIROP D'ÉRABLE

LE TOFU

LE VEAU

LE VIN ET LES ALCOOLS

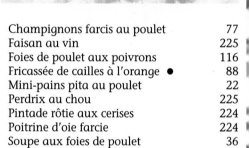

LES VOLAILLES